U0402847

TRAVELLERS IN THE THIRD REICH

THE RISE OF FASCISM THROUGH THE EYES OF EVERYDAY PEOPLE

第三帝国的旅人

〔英〕朱莉娅·博伊德 著
贾令仪 译

Julia Boyd

北京大学出版社
PEKING UNIVERSITY PRESS

TRAVELLERS IN THE THIRD REICH: THE RISE OF FASCISM THROUGH THE EYES OF EVERYDAY PEOPLE
by JULIA BOYD

This edition arranged with ANDREW LOWNIE LITERARY AGENT
through BIG APPLE AGENCY, INC., LABUAN, MALAYSIA.

目　录

导　言

1

想象一下，这是1936年的夏天，你在德国度蜜月。天空阳光灿烂，周围的人们十分友善——感觉生活是美好的。你沿莱茵兰驱车南下，欣赏沿途的城堡和葡萄园，望着满载货物的庞大驳船逆莱茵河水而上，不由为眼前的景象着迷。你来到法兰克福，停下有显著英国标志的汽车，准备饱览这座城市里那些欧洲中世纪建筑瑰宝。

忽然，一个犹太人模样的女人不知打哪儿冒出，朝你走来。只见她满脸焦虑神色，手拉一个脚穿厚底鞋的十几岁跛足女孩。你听到的有关纳粹的种种令人不安的传言，都集中表现在这位绝望母亲的脸上——对犹太人的迫害、滥用安乐死、酷刑、未经审判的监禁。她看到了你汽车上的英国标志，恳求你把她女儿带去英国。你该怎么办？你会惊慌失措地转身走开吗？你会表示同情后告诉她，你真的无能为力吗？抑或你会把她的女儿带走，为她提供安全庇护？

这是个真实的故事，是我从一对英国夫妇的一个女儿那里首次听到的。那是一个炎热的夏日午后，我们坐在她位于剑桥的宁静花园里啜饮柠檬水。爱丽丝·弗利特（Alice Fleet）让我看了

2 一张照片，照片中，格蕾塔（Greta）满脸笑容，怀抱着还是婴儿的爱丽丝。这是那个非凡旅行故事的快乐结局。我试着设身处地替她父母考虑，假如我处在相同情况下，会做出什么反应。仅仅用了几秒钟，我便得出结论：不论那个女人面临的严酷处境多么让人揪心，也不论纳粹多么令人深恶痛绝，我几乎肯定会选择第二种解决方式。单凭想象，要判断自己在这种情境下的反应并不难，但是，在真实情境下，我们真的确定自己会作出何种反应吗？对于眼前活生生的事实，我们该如何解释？

这本书描述了两次世界大战之间发生在德国的事情。本书基于外国人的第一手记叙，从身心两方面，都营造出亲临希特勒（Adolf Hitler）时代的德国旅行的感受。作者查找到大量以前未发表过的日记和信件，生动地展示出纳粹德国的全新形象，希望能优化甚至挑战读者现有的看法。对于第二次世界大战后出生的人们来说，要想超然地看待这段时期是不可能的。纳粹暴行的阴影实在太浓重，绝对不可能淡化或置之脑后。但是，如果没有受到战后回顾的影响，当时在第三帝国旅行会是什么感觉呢？假如不了解当时的真实情况，要把握纳粹主义的本质，想不受宣传或大屠杀预言的影响，还会容易吗？这种旅行经历是改变了还是仅仅强化了固有的偏见？

对这些问题以及许多其他方面问题的讨论，都参考了诸多到访者的个人证词。这些人中包括：查尔斯·林白（Charles Lindbergh）、戴维·劳合·乔治（David Lloyd George）、帕蒂亚拉的王公（Maharaja of Patiala）、弗朗西斯·培根（Francis Bacon）、保加利亚国王，以及塞缪尔·贝克特（Samuel Beckett）等名流。还有普通的旅行者，从遵行和平主义的贵格会信徒到犹太童子军，从非洲裔美国学者到第一次世界大战的退伍老兵。也不乏学生、政治家、音乐家、外交官、小学生、共产主义者、诗人、新闻记者、法西斯主义者、艺术家，当然还有游客——他们中的许多人年复一年到纳粹德国度假。这些人都表达了自己的看法。到访者中还有中国学者、奥林匹克运动会选手和挪威一位支持纳粹的诺贝尔奖得主。五花八门的旅行者得到的印象和给出的反应自然有很大差异，而且往往相互矛盾，但综合在一起，却构成了一幅非同寻常的希特勒时代德国的三维图像。

3

许多人访问第三帝国是出于职业原因，另一些人只是去享受一个愉快的假期。然而，更多人的动机是长久以来对德国文化的热爱、家庭渊源或往往只是好奇心。在其他地方民主遭遇失败、失业泛滥成灾的背景下，右翼支持者希望从“成功的”独裁统治中吸取经验，回国复制，而追随卡莱尔式英雄崇拜的人则渴望看到真正的超人行动。但是无论旅行者的政治态度或背景的差异有多大，有一个主题几乎是一致的——享受德国自然美景的乐趣。人们不必是亲纳粹者，也会赞叹这里乡村的绿茵、岸边满是葡萄园的河流和一望无际的果园。另外，这里原汁原味的中世纪城镇、整洁的村庄、干净的酒店、友好的人民和有益健康的廉价食品都十分诱人，更不用说还有瓦格纳（Wilhelm Richard Wagner）的音乐、窗槛花箱、泡沫丰富的杯装啤酒。这些因素年复一年地吸引度假者来此休闲，尽管该国政权在许多方面令人毛骨悚然，致使出行者的国家施加了越来越严格的审查。当然，那些年发生的人类悲剧仍然是头等重要的大事，但是在诸多日记和信件中，汉堡、德累斯顿、法兰克福、慕尼黑等城市在战前的非凡魅力仍然十分突出，这愈发显出德国因希特勒而遭受了多大的损失——整个世界也因此蒙受了多大的损失。

在游客人数方面，美英两国远远超过其他任何国家。尽管爆发了大规模战争，但英国公众大部分在感情上仍比较亲近德国人——认为后者在各种方面都比法国人更令人满意。美国驻德国大使的女儿玛莎·多德（Martha Dodd）曾表示："与法国人不同的是，德国人不是小偷，他们并不自私，也不急躁、冷酷或强硬。"[1]在英国，越来越多的人对《凡尔赛条约》（Treaty of Versailles）感到不安，与如今许多人认可的一样，他们认为这是一个对德国人特别不利的不公平协议。他们此时当然应该向这个前敌国表示支持和友好。此外，许多英国人认为，他们自己的国家有很多方面该向新德国学习。因此，尽管人们意识到纳粹是野蛮的，而且这一意识日益扩展深化，但英国人继续前往德国做生意、享受乐趣。

4

美国记者韦斯特布鲁克·佩格勒（Westbrook Pegler）在1936年的一篇报道中坦言，英国“有一种乐观的错觉，认为纳粹就像个巨人。他们目前的容忍并非接受其野蛮倾向，而是希望通过鼓励而激发出他较好的本性，让他未来有可能变得彬彬有礼”[2]。这个看法很有道理。

截至1937年，美国每年到第三帝国旅游的人数达到五十万。[3]绝大多数人的意图是充分享受在欧洲的旅行，把政治看成烦人的干扰因素，索性不管不顾。做到这一点十分容易，因为德国人在尽最大努力吸引外国游客——特别是英美两国游客。在种族问题上，美国游客尤其不愿过分追究纳粹还有另外一个原因。在迫害犹太人问题上作出贬损评论，会引发人们对该问题与美国对待黑人群体的手段进行对比。普通美国人很少有人情愿探索这一话题。大多数游客回想到战前在德国度假的经历，真心认为他们无法预知纳粹的真实意图。诚然，在前往莱茵兰或巴伐利亚等热门度假景点的普通游客看来，纳粹罪行的明显证据十分有限。当然，外国人注意到大批身穿制服的士兵，他们高举旗帜，呼喊口号，正步游行，但那只不过是德国人在表现对自己国家的忠诚，不是吗？旅行者往往对到处充斥的反犹太主义告示感到不满。但是，不管犹太人的待遇多么令人不快，许多外国人认为这属于别国的内部事务，不该由自己操心。此外，他们自己往往也反对犹太人——在许多人看来，犹太人有必要为自己辩解。对于报纸上对德意志

5

帝国的攻击，他们认为这种情况言过其实，毕竟人人都知道，记者从来嗜好小题大做，为的是引起轰动。人们还记得，在第一次世界大战的最初几周，报纸上报道的德国暴行后来被证明是虚假的。正如路易斯·麦克尼斯（Louis MacNeice）所言：

> 但是，我们心里认为，这不关我们的事，
> 游客们想看到的无非是，
> 经过加工后呈现在浏览者面前的现状。
> 我们认为报纸就像一只云雀，
> 为其政党政治唱高调，还搞无端谩骂。[4]

虽然以上大部分情况对一般游客来说都是真实的，但那些出于职业原因或是专门为了探知新德国而去第三帝国旅行的人们是怎么想的呢？在纳粹统治的最初几个月中，许多外国人发现很难确定该相信什么。希特勒是个怪物还是个奇迹？虽然一些访客仍然心怀疑虑，但证据表明，随着岁月的流逝，多数人甚至在踏上这个国家之前就已经得出了结论。他们去德国的意图是确认自己原先的预期，而不是挑战自己的预想（与他们对待苏联的态度相同）。令人惊讶的是，似乎很少有人因旅行的直接结果而改变初衷。右翼人士发现那里的人民勤劳而自信，承受着《凡尔赛条约》的不公平对待，与此同时还保护了欧洲其他国家免受布尔什维克主义的影响。在他们看来，希特勒不仅是一位鼓舞人心的领袖，还是个谦虚而绝对真诚的人，他致力于和平，有无数爱国的

狂热追随者。相反，左翼人士却认为那是一个执行种族主义罪恶政策的政权，残酷而具有压迫性，通过使用酷刑和迫害来恐吓公民。但是，在某个方面，双方的看法一致：受到千百万人崇拜的希特勒完全掌控了这个国家。

学生构成了一个尤为奇特的团体。即使在如此令人不快的政权背景下，德国的文化成分似乎仍被视为青少年成长的一个重要部分。但是，很难解释为何直到战争爆发前，众多英美青少年仍被送往纳粹德国求学。鄙视纳粹的父母嘲笑德国“文化”粗野，但为孩子收拾行装送他们去德国长住时，却不感到丝毫内疚。去德国的年轻人则认为，尽管与最初的想象并非完全相同，但这是一次非凡的经历。众多学生和其他许多从德国归来的人曾努力警告自己的家人和朋友，那里有潜在的危险。但是公众对此表现冷漠，或者对纳粹的“成就”表示赞同，还心怀对啤酒园和紧身连衣裙的愉快回忆。最重要的是，人们对再打一场战争有着深切的恐惧，于是，他们对种种警告往往充耳不闻。

对战争的恐惧，是影响许多外国人看清德意志帝国真实面目至关重要的因素，这一点在退伍军人身上尤为明显。他们渴望相信希特勒确实是个和平主义者，相信纳粹革命会很快平息，最终德国会成为文明国家，相信德国公民不断作出的承诺：德国的确是善意的。结果导致他们中许多人经常去新德国提供自己的支持。考虑到他们的儿子到头来仍有可能不得不承受与他们相同的梦魇，他们的这种态度不难理解。但也可能是纳粹强调的规则、纪律和效率，对军人有天然的诱惑力。

7 作为第三帝国的一个突出特征，壮观的火炬游行和异教形式的庆典自然会经常被外国人提到。有些人对此表示反感，但另外一些人认为，它们恰恰表现出德国重新找回了自信。在许多人看来，纳粹主义似乎取代基督教而成了国教。雅利安人至上观加强了血与土的种族意识形态，如今成了人民的福音，元首就是他们的救世主。其实，就连不太支持纳粹的许多外国人，在诸如纽伦堡集会或大规模火炬游行的盛大活动中，都会不由自主地被此类活动的强烈情绪感染。谁也不及纳粹更了解如何操纵大批人群的情绪，许多外国人常常吃惊地发觉，自己并不能免疫。

所有前往德意志帝国的旅行者，无论他们是什么人，也不论他们的目的是什么，都不断地接触到各种形式的宣传：《凡尔赛条约》是邪恶的，纳粹革命成就惊人，希特勒为和平作出了贡献，德国需要保卫自己、需要夺回其殖民地、需要向东方扩张，等等。从纳粹最持久的宣传内容是“布尔什维克和犹太人的威胁”，他们最初确信这种宣传会说服美国和英国与之联手。他们不停向外国人宣讲，红色部落欲横扫整个欧洲大陆、摧毁文明，只有德国挡在它们面前。许多人听腻了，便不再倾听。试图清晰地界定纳粹主义与布尔什维克主义之间的差别，的确让比较有思想的旅行者感到困惑。他们当然知道纳粹是共产党的死敌，但两者各自的目标和手段究竟有何不同呢？在非专业研究人士看来，希特勒剥夺所有人的个人自由，控制国家和家庭生活的方方面面，使用酷刑和象征性的审判，部署强大的秘密警察部队，推行无耻的宣传，这至少从表面上看与斯大林（Joseph Stalin）非常类似。南希·米特福德（Nancy Mitford）曾轻描淡写地提道："共产党跟纳粹之间从来插不进一根针。如果你不是工人，共产党会折磨死你。如果你不是德国人，纳粹会折磨你到死。贵族倾向于纳粹，而犹太人则偏爱布尔什维克。"[5]

8

到了1937年，反纳粹大合唱的声音变得更加洪亮，除了一些明显的例外，记者和外交官成了主角。这些人在整个德国游历，努力描绘准确的画面，试图提请人们关注纳粹的暴行。但是他们的报告遭到反复编辑或删改，或者被认为过于夸大。就记者而言，他们中的许多人常年在德国工作，工作环境让他们精神非常紧张，他们知道自己随时可能因捏造的指控而被开除或遭逮捕。记者们的旅行札记，与短期访问者在日记和信件中经常表现出的愉快描述大相径庭，后者倾向于相信事情完全不像新闻记者说的那么糟糕。消息灵通的居民与普通旅游者对一个国家的印象自然不同，但在纳粹德国，这两种观点的对比尤其显著。

从战后的角度看，二十世纪三十年代到访德国的旅行者面对的问题，很容易被认为非黑即白。希特勒和纳粹是邪恶的，那些无法理解的人不是愚蠢，就是法西斯。这本书并未对外国人在纳粹德国的游历进行全面研究，但通过许多旅客当时对所见所闻的记叙，本书试图展示，要想恰当理解纳粹德国，并不像很多人认为的那么简单。这些旅行者的故事让人感到不安、荒唐、动人，从家长里短到国族悲欢，为人们洞察第三帝国的复杂属性、内在悖论及其最终毁灭提供了新的角度。

第一章

裸露的伤口

《德国邀请你》（Germany Invites You），一本以美国游客为目标的旅游宣传册有这样的标题。在封面上，一位年轻男子身穿短裤，帽子上插一根羽毛，正在穿越一道树木繁茂的峡谷。在他旁边高耸着一座哥特式城堡；他身后白雪盖顶的群山闪耀着迷人的光芒。这位徒步旅行者显得精力充沛，他对着一个有框的画板做欢迎手势，画板上面描绘着一艘在纽约港的班轮，自由女神像后面升起的太阳在预示着一个崭新的未来。 13

这个画面非常迷人，但更加引人瞩目的是这个小册子的日期。印刷时间仅仅在第一次世界大战结束几个月后。这是德国几家主要酒店所做的大胆尝试（其中有柏林的布里斯托尔酒店和法兰克福的英格丽切霍夫酒店），为的是刺激旅游业发展。当然，小册子没有暗示出不久前才将欧洲消耗殆尽的恐怖，而德国被广泛认为该为那场恐怖负责。尽管爆发过战争，宣传册上的许多乐观信息却是真实的，德国的风光仍然秀丽，基本上未遭破坏。因为战斗发生在德国边界之外，大多数德国城镇至少在外观上看起来毫发无损。这本小册子重点介绍了二十座城市，仅在对埃森市的描述 14

中暗示到战争（“这里曾经是世界上最大的武器库，如今却成为一个为促进和平发展的中心”）。对于那些在比较快乐的时代熟悉这个国家的美国人，介绍册勾起了他们的怀旧之情，召唤旅行者们返回“浪漫而富有诗意的德国，让欢乐的记忆在内心升腾”，重访这里的大教堂和城堡，观看这里的艺术宝藏，聆听巴赫、贝多芬和瓦格纳。

哈里·A. 弗兰克（Harry A. Franck）就是这样一位重游德国的美国人。他年仅二十七岁就成为了一位知名旅行作家。* 1919年4月（停战后仅五个月），他便开始游历探索莱茵河东岸未受占领的德国领土。那是一次大胆的冒险，因为在小册子诱人的景象背后，现实状况十分严峻。宣传册封面上那位年轻人可能从未见过战壕，也从未看到过他的朋友们被炮弹炸得粉身碎骨，但在有参战经历的人和德国千百万饥饿的市民看来，小册子上的欢快宣传准是个糟糕的笑话。弗兰克是个健康热情的年轻人，他期待此次旅行，但他渴望接触的普通德国人在战后几乎都感到前途渺茫，只有悲痛、饥饿和对未来的不确定。

魏玛共和国成立仅两天，其代表就于1918年11月11日签署停战协定，德国新领导人面临着内外崩溃的噩梦。甚至在战争尚未结束时，基尔发生的海军兵变就引发了革命，继而在整个国家

---

* 截至1918年，弗兰克已经出版了五本旅游类书籍，其中最著名的是《环球漫游记》[*A Vagabond Journey around the World*（New York：Century Co.，1910）]。

迅速蔓延，导致劳工罢工、逃兵潮和内战的发生。陷入争斗的两派，一个是斯巴达克斯同盟［名称取自古罗马反叛角斗士斯巴达克斯（Spartacus）］，很快发展成了德国共产党；另一个是名叫自由军团的右翼民兵组织，意图摧毁布尔什维克。罗莎·卢森堡（Rosa Luxemburg）和卡尔·李卜克内西（Karl Liebknecht）领导的斯巴达克斯同盟几乎无力抵抗由训练有素的复员军人组成的准军事部队，1919年8月，叛乱被粉碎，斯巴达克斯同盟的领导人遇害。然而，由于骚乱仍在全国蔓延，即使是没有直接卷入战后暴力交火的人也面临着悲惨的未来。他们对领导人失去了信心，害怕共产主义，战时封锁仍在持续，他们依然挨饿。在1919年，德国是个荒凉而又令人绝望的地方，远不是旅游宣传册所承诺的诱人度假胜地。

15

德国的新领导人是社会民主人士弗里德里希·艾伯特（Friedrich Ebert）。他是一个裁缝的儿子，自己的职业是马具商，他与德国前国家元首［维多利亚女王（Queen Victoria）之孙、德国皇帝、普鲁士国王威廉二世（Wilhelm II）］可谓判若云泥。然而，尽管艾伯特长相粗俗，身材粗壮，缺乏高雅风度，他的直截了当却能立刻让外国人感到亲切。一位英国观察者描述道，他"精明的眼睛闪烁出坦诚的善意"[1]。1918年12月10日，他站在柏林的勃兰登堡门前，迎接皇家普鲁士卫队返回。以自己姓氏命名旅馆的著名旅馆创始人洛伦茨·阿德隆（Lorenz Adlon）当时站在一个阳台上，看着士兵们随着“向右看”的命令一齐响应。对于他这样的君主主义者，这是个痛苦的时刻。士兵们凝视着的不再是骑着骏马、身穿华丽军服的元首，而是讲台上体形矮壮、身穿黑色上衣、头戴高顶帽的人民代表委员会主席（艾伯特当时的职位）。然而，即使是坚定的君主主义者，听到艾伯特对士兵们的呼声，也一定感到振奋：“你们已完胜归来。”[2]

外国人很快便发现，德国军队没有被打败是个根深蒂固的信念。弗兰克启程之前，曾在驻莱茵河畔科布伦茨市的美国远征军（American Expeditionary Forces，AEF）任军官。他的职责包括与多名德国士兵交谈。他报告称，这些德国士兵认为，自己在军事声望方面无疑是胜利者，只是因为柏林那些奸诈的政客从背后捅了他们一刀，以及懦弱的协约国的封锁造成食物短缺，德国才被迫投降。弗兰克一再听到这个说法，他在北方城市什未林的表亲也如是说。他们对他说：“要不是英国让我们挨饿，他们休想获胜。在前线，我们英勇的战士从未让步。要不是国内崩溃，我们一步也不会后撤。”[3]弗兰克根本没有察觉到他们的内疚感。他不记得有任何一个德国人表示过悔恨。“他们似乎把战争看成一种自然而然、不可避免的事情，”他写道，“无非是生活的一部分，就像赌徒看待赌博，失败并不后悔，只怪运气不佳。”[4]

16

弗兰克有德国血统，因此，在莱茵兰的军事占领让普遍民众羞愤难平，他对此特别敏感。“占领意味着一群武装的陌生人渗透到你们城镇的每个角落，闯进你家，打扰你的私生活。这意味着他们会看到你家烟囱后面的壁橱里藏了什么东西；意味着你得让出自家的备用床……意味着你得屈服，至少得按规则来安排活动，有时甚至得顺从占领者心血来潮的意愿。”[5]他写道，未经美国人许可，德国人不准旅行、写信、打电话、发电报、出版报纸，也不允许饮用酒精度数超过啤酒或葡萄酒的饮料，没有书面准许就不得在咖啡馆里聚会。诸如强迫住户夜间必须开窗等规则提醒人们，占领对平民生活最私密的细节产生了多么深刻的影响。[6]假如科布伦茨有人还需要提醒才知道谁是这里的主宰，只要抬头看看埃伦布赖特施泰因要塞上飘扬的那面巨大的星条旗就行了。这座要塞威风凛凛，矗立在莱茵河东岸，方圆数英里都能看到那面旗帜。一位英国上校的妻子口吻辛辣地评论说，那可是“占领者的旗子中最大的一面”[7]。这是在炫耀胜利。

17

乡野道路变成了“美国大兵的河流”，他们的军车上涂画着斧头砍裂德军头盔的图案。到处都是穿着合身制服的小男孩在分发纪念品：雕刻着“上帝与我们同在”的皮带扣或尖顶头盔。田间再次出现身穿灰色破制服的年轻人，朝马车上装畸形的大萝卜——在战争的大部分时间里，德国人就靠这种东西充饥。如今，道路上军车拥堵，莱茵河上则到处是乘游艇一日游的协约国士兵，他们高唱反德歌曲，航行通过莱茵河最著名的地标——罗蕾莱岩。弗兰克评论说："贝德克尔*本人从未打算让自己的土地在1919年春季挤进这么多游人和观光客。"[8]

美国军官杜鲁门·史密斯（Truman Smith）中尉在这次战争中参加过许多战役，他像弗兰克一样，后来也在美国远征军服役。他认为，莱茵河有着"壮丽的美景"，但是两岸松树覆盖的丘陵、葡萄园和塔楼废墟也让人感觉"黑暗而诡异"[9]。停战几个星期后，他写信给住在新英格兰的妻子："我猜你准想知道关于这里的'蛮族战士'的情况，以及民众的感受，诸如此类。可这是桩难事。谁也无从了解。"[10]但他很快就转而把德国人描述成"斯芬克斯般骄傲的人"，讲述他们尽管缺乏合适的工具，却迅速恢复了传统的勤奋劳作。史密斯还指出，虽然他们似乎毫无疑问接受了美国的占领，却对自己的新共和国冷嘲热讽。他补充说："他们对布尔什维克主义怕得要死。"[11]

史密斯肯定会赞同另一位（匿名）美国观察者的评论："在德国停留的时间越长，就越会为本地人的质朴感到惊讶（有时是令人怜悯的天真，有时是令人恼火的愚蠢），也为人民的友善感到吃惊。"出乎意料的人情温暖让这位作家迷惑，后来，是一位住在科隆英国占领区的德国妇女作出了解释：

18

英国人来之前我们几乎饿死。现在有资金流通，商店里

---

* 即卡尔·贝德克尔（Karl Baedeker），19世纪著名出版商。他推出的一系列旅行指南手册在全欧具有广泛的影响力。——编注

满是食品，甚至有英国、法国和斯堪的纳维亚运来的乳制品。我们感觉许多英国军官和男子都很友善。我嫁给了一个英国人。当时我家住了两名英国军官。他们邀请另外几个人来过夜，我为他们准备潘趣酒。一位客人尝了一口，就说他不离开科隆了，除非我同意嫁给他。这就是后来的结果。[12]

美国占领区的禁止结交政策比英国占领区严格得多，然而执行却很困难，因为许多战士有德国血统。战争爆发时，大约八百万美国人在德国有父辈或祖辈。尽管这些年轻士兵愿意与德国政府作战，但他们与德国人民并无冤仇。德国家庭主妇像母亲一样为他们洗衣服、烤饼干，他们怎么会怨恨呢？至于跟女孩子的关系，"普通士兵并不关心她是个法国小姐还是位德国小姐，"史密斯评论说，"他只想赢得芳心，然后把她带回家。"[13]

胜利者与被占领者之间的关系错综复杂，学识渊博的自由主义者维奥莉特·马卡姆（Violet Markham）为此着迷。她是建筑师和园艺家约瑟夫·帕克斯顿（Joseph Paxton）爵士的孙女。1919年7月，她陪同担任上校的丈夫在科隆驻扎。她也感到惊讶："我们作为征服者与德国人生活在一起，而他们却对我们表现出文明礼遇……他们为何至少在表面上对打败他们的人没有多少怨恨呢？"[14]对于德国人的习惯，她感到无法理解。英国人在大教堂广场上举行的每一次军事庆典，都会有众多德国人出面观看。她指出，大教堂高耸在协约国士兵卡其色制服的海洋之上，仿佛在

19

"冷酷地抗议"。她在想："假如德国占领军在白金汉宫前举行阅兵游行，我们能想象伦敦居民蜂拥而出集体围观吗?"其中一个场合尤其令人心酸。在1919年11月11日，停战一周年纪念日，她站在刺骨的寒风中，号手们演奏着《最后的岗位》(Last Post)沿大教堂台阶拾级而上，"只有风的呻吟打破片刻的寂静"[15]。

她和丈夫在驻扎地的家是舒适的(像驻扎在科隆的其他许多人一样，他们的住处有暖气)，随着时间的流转，他们与德国女主人关系日益友好，而楼梯下的生活却是另一回事。"为双方做饭的厨师格特鲁德(Gertrude)是一位体面而有美德的人，"马卡姆评论道，"她恨英国人，那是一种彻头彻尾、水火不容的仇恨，因此与大量勤务兵发生过无数次争执。"[16]格特鲁德坚持的观点也许是马卡姆这样的人平时无法认可的。作家威妮弗雷德·霍尔特比(Winifred Holtby)当然也是这样认为的。她在一封写给朋友薇拉·布里顿(Vera Brittain)的信中，形容科隆是一座"心碎的城市"，在那里，

> 英美士兵随意走动，显得心情愉快、待人友好，但不可靠。他们的餐厅在几家最好的酒店里，其中之一位于莱茵河畔的漂亮楼宇中。门外有大字告示："德国人不得入内。"他们的食物皆由德国税收支付，德国孩子围在他们明亮的窗户外，眼巴巴看着他们吞食牛排。这是我见过的最粗俗的景象之一。[17]

令人惊讶的是，战后不久，像弗兰克和史密斯这样的士兵就清楚地表明，他们更喜欢德国而不是法国。他们认为，这里不仅城镇更清洁，人民更勤奋，供水设施更好，物价较低，而且如史密斯所说，“不会遭到抢劫”[18]。1919 年 3 月，他写信给岳母： 20

> 我认为，绝大多数美国士兵离开法国时都会憎恨和轻视那个国家。他们不喜欢法国人对待钱的态度，这是个事实，而且他们在法国的几乎所有时间里都感觉不舒服。美国人觉得处处遭欺骗。美国士兵感觉，法国所有被毁坏的教堂和城镇让他们产生的同情，都被一张手帕竟然收费十五法郎的遭遇所破坏。而在德国，美国人即使在军事控制松散的地方也不会遭遇过度收费的情况。[19]

考虑到法国遭受到德国的种种摧残，这个说法听起来有点奇怪。然而，这种看法绝不是孤立的。这种反法偏见是两次世界大战之间关于在德国旅行的记录中反复出现的主题，也是各种阶级和不同政治态度的评述者一再重复的话题。

没过多久，史密斯就写下他对德国人工作效率的钦佩。他在写给妻子的信中说：“这里没有多少古老帝国的迷人魅力。让人感觉像是面对着一个野兽般的国家，精力充沛至极；这个国家曾经气焰嚣张，目空一切，如今却在困惑中与无政府状态搏斗。”[20]德国可能在被击败后遭到了毁灭性打击，他继续说，“但你可以感觉到空气中洋溢着力量和活力”[21]。在协约国军队占领的相对繁荣的莱茵兰，这无疑是对的，但在德国其他地方，情况却不同，哈里·弗兰克即将发现这一点。

他厌倦了在美国远征军服役的生活，迫不及待地脱掉军服，独自上路。但是，最终获得许可后，他发现，停战后要想进入未占领的德国地区，跟以前一样困难。然而，弗兰克凭借着运气，再加上他的虚张声势和纯粹的诡计，终于在1919年5月1日身穿不合身的荷兰西装（他经荷兰乘火车抵达德国）站在柏林安哈尔特火车站的站台上，急切地开始了他的冒险之旅。火车站有大教堂般的拱门和高耸的拱顶，放射出一个伟大城市的力量和信心，仿佛在对德国首都作一番戏剧性的介绍。在这一方面，至少从表面上看，自从弗兰克十年前访问后，柏林几乎没有改变。诚然，在他看来，德国国会似乎“冷漠而沉默”，德国皇帝的宫殿现在活像“废弃的仓库”；但霍亨索伦家族的祖先们巨大的雕像仍然矗立在蒂尔加滕的胜利大道两侧，商店里货物充足，人们上街身穿体面的服装，城市里的许多娱乐场所里，人群摩肩接踵。[22]

战争刚刚结束，弗兰克不是在这惊人的表面常态下游历德国的唯一游客。但是，正如国防部长古斯塔夫·诺斯克（Gustav Noske，曾经的屠宰专家）向威廉·斯图尔特·罗迪（William Stewart Roddie）中校解释的那样，他们被欺骗了，这“就像一个即将死于晚期肺痨的病人面露潮红，显出健康外貌”[23]。

斯图尔特·罗迪由伦敦的英国陆军部派往柏林，收集有关德国确切情况的信息。由于他本地语言讲得流利（他曾在萨克森受过部分教育），而且对德国及其人民有亲和力，所以非常适合这项任务。他写道："我们深入每一个阶层的生活，以使自己信服，我们不会形成片面的意见或偏见。我们在所有地方都受到宽容和礼遇。"在后来的七年中，斯图尔特·罗迪在德国许多地方旅行，执行各种军务。他接着写道："这也许是个奇怪的事实，虽然我要履行自己的多种职责，这自然让我成为德国人仇恨的对象和憎恶的人，但是，在我记忆中，我从未受到过他们的粗鲁对待或侮辱。困难的确有，阻碍亦有，愚蠢的情况也有发生，但从未遇到过无礼的情况，也从未见到过奴性的一面。"[24]

与斯图尔特·罗迪一样，弗兰克也感到惊讶，没料到柏林民众对征服者表现得如此宽容，协约国士兵自由漫游在这座德国城市里，完全不用担心自己的安全。他写道："士兵们在菩提树下大街上漫步，就像走在家乡得梅因市的大街上一样自在。"然而，很多证据表明，反共产主义和反犹太主义成为德国在两次战争之间那段岁月的标志。在每一面可张贴的墙上都布满了恶毒的彩色海报，警告称，如果人民屈服，布尔什维克将对人民强行采取残酷的血腥行动。有人呼吁志愿者和基金会"制止已经敲响祖国东部大门的威胁"。这类信息引起了柏林人的共鸣，因为人们对斯巴达克斯同盟的暴力起义仍然记忆犹新。斯图尔特·罗迪就是在这种情况下抵达柏林波茨坦火车站的，"机关枪的哒哒声越来越近，让

22

人不安，我犹豫了片刻才踏上站台”[25]。他上了一辆出租车，司机告诉他，站在勃兰登堡门顶上开枪的是“罗杰·凯斯门特（Roger Casement）* 麾下的爱尔兰人”，是跑来柏林跟红军作战的。听了这番话，他仍然没有感到安心。

《凡尔赛条约》的条款于 1919 年 5 月公布后，弗兰克注意到口吻更加尖酸的海报开始出现。他记录下了一个典型的海报信息：

军国主义的终结是犹太人统治的开端！

五十个月来，我们英勇地在前线浴血奋战，并未战败。现在我们回到家，是可耻的逃兵和反叛者出卖了我们！我们希望有一个自由的德国，有一个人民的政府。可我们得到了什么？

犹太人的政府！

犹太人在前线参战的人数几乎为零，他们在新政府的参与人数却达到 80%！然而，犹太人在德国人口中的比例只有 1.5%！

23

睁开你们的眼睛！

同志们，你们要认清那帮吸血鬼！

同志们，是谁志愿上前线？

什么人在满是泥泞的战壕里作战？是我们！

---

* 爱尔兰独立运动领导人，第一次世界大战期间曾赴德国寻求对爱尔兰独立运动的军事支持。——编注

什么人躲在后方人满为患的国防部？犹太人！

什么人悠然坐在安全的餐厅和办公室里？

哪位医生保护过在战壕中奋战的同胞？

我们已经让枪炮打得遍体鳞伤，

是什么人总是报告称我们“适于服役”？

同志们，我们希望作为自由人，自己作决定，并由我们种族的男子统治国家！国民大会必须把代表我们血统和我们意见的人选入政府！我们的座右铭必须是：

德国是德国人的德国！

打倒犹太人！

除了无处不在的海报，弗兰克还记录下报纸广告的内容，其中许多内容证明了蓬勃发展的以物易物经济形式：“一双牛皮靴交换一只纯种达克斯猎犬”或“四件衬衫交换一套工作服上衣和工装裤”[26]。

但是，弗兰克和斯图尔特·罗迪很快便发现，在1919年，柏林人面临的难题只有一个，那就是食物短缺。任何谈话都很快回到这个话题上，除了奸商和富人，这个问题渗透到了每个人的生活中。德国各地的人们都在挨饿，柏林的情况尤其糟糕。尽管到处张贴着警告人们“不要去柏林”的海报，但当局却难以阻止人们为找工作涌入这座城市。

24

协约国要在和平条约签署之前对德国人实施武装封锁，自1914年以来强加的封锁仍然严格到位——这是整个国家深感痛苦的原因之一。弗兰克第一次越过边界时，亲眼目睹了荷兰官员搜获食品的技巧，无论食品多么微不足道，也不论隐藏得多么巧妙，他们都能查获。就连一个女人的一点儿午餐也遭到没收，后来她坐在车厢的一个角落默默流泪。安全进入德国后，只见两个人拿出各自的违禁品。一个人从裤腿里抽出一根香肠，第二个人掏出一小包不比名片大的纸香皂。“他塞给同伴三四张。同伴推辞说不能接受如此厚礼。他坚持要送，接受者感激不尽，向他深鞠一躬，还两次抬起帽子致谢，这才把纸香皂夹在自己的个人证件中。”[27]

外国人一眼就能辨认出柏林人：突出的颧骨、蜡黄的肤色，衣服显得宽大而不合身。并非只有穷人在挨饿，这个时期中产阶级也同样受到了影响。斯图尔特·罗迪描述说，市场转化成了公共厨房，来自社会各阶层成千上万的人每天在这里填肚子。“饥饿是个终极平等杠杆。拾荒者跟教授脸贴脸站在一起。他们全是一副悲惨模样——痛苦、憔悴、消瘦、浑身颤抖。”[28]在这里，大家绝口不提最忌讳的话：“天哪，你瘦成这样！”弗兰克注意到，在教室里，“与战前相比，孩子们没有几张红脸颊，只有最近从乡下回来的孩子，脸蛋才会像雾中的新月般闪亮，比其他孩子苍白的面孔好上几倍”。由于对食物普遍敏感，或者说是因为缺乏食物，所以舞台上不能出现饮食场景，因为“一个人假装进食，肯定会把最逗乐的喜剧变成一场催人泪下的活报剧”[29]。

25

弗兰克觉得有霉味的“战争”面包特别恶心，“看上去半是锯末半是泥巴，黑黢黢的，比土坯砖还重”。他写道：“然而，自1915年以来，德国群众主要靠这种可怕的东西维生。难怪他们消瘦呢！”[30]即使偶尔涂抹点萝卜酱或代用果酱，情况也没什么改善。这种食物营养实在太少，人们持续工作一整天的能力因此严重受损。并非只有食物才使用代用品。从绳子到橡胶，从衬衫到肥皂，一切都是代用品，有的还算巧妙，但大多数起不到什么作用。报纸宣称，德国已成为一个代用品的国度。

然而，援助到来了。1919年复活节的这个星期日，获准通过封锁线的两辆卡车抵达柏林。车上的货物包括人们闻所未闻的奢侈品——毛毯、新鲜牛肉、炼乳、可可、尿布和睡衣。每个包裹上都附着一张纸条，上面写着：“爱心礼物。给饥饿的婴儿和他们可怜的母亲。来自英国贵格会及其支持者。”[31]三个月后，在7月5日，四位“颇感困惑的”英国贵格会信徒（两男两女）站在安哈尔特火车站的站台上。没人去接他们，他们无处可去，也不敢接近任何人，生怕引起注意。[32]但信仰的力量是神奇的，夜幕降临时分，他们便在战前驻伦敦最后一任大使的漂亮住所安顿下来，尽管主人利赫诺夫斯基亲王（Prince Lichnowsky）并不是贵格会信徒。四个人中最突出的是琼·玛丽·弗赖（Joan Mary Fry），她那位属于布卢姆斯伯里团体的兄弟罗杰·弗赖（Roger Fry）曾是利赫诺夫斯基王妃的密友。她写道，他们的第一个行动是在王妃的一间豪华卧室举行会议。弗赖直到四十五岁之前从未单独外出过，甚至去剧院也要有人陪同（她的父系母系八代人均是贵格会信徒），但她在自己的使命面前，显得非常无畏，这一使命便是：减轻协约国封锁造成的痛苦，展示贵格会对广大士气低落者的同情。

26

当时的德国正处于第一次世界大战的余波中，那个时期不是外国人在德国游历的最佳时机。但弗兰克、斯图尔特·罗迪、史密斯和弗赖等少数几个人设法在被占领的区域之外漫游，获得了深刻并往往十分动人的经验。他们带回了对骄傲、勤奋的德国人民的记忆——面对不幸的命运，德国人民不是认命，而是以典型的坚韧与之抗争。

第二章

苦难日益深重

贵格会信徒们丝毫也不懈怠。抵达后没几天，便在一家医院举办了一次野餐会，向儿童散发美食，例如：葛兰素红十字会的普莱尼小姐做的鸡肉冻和大串的多萝西·帕金斯（葡萄）。弗赖的一位同事说："不断向孩子们递送人造牛油、糖浆和大块面包，让人感到欣喜。"[1]美国贵格会一个人数更多的团体也抵达了柏林，在赫伯特·胡佛（Herbert Hoover）的支持下，发起了一个名叫"喂养儿童"的援助计划，在巅峰时期，该计划为大约175万名儿童提供了营养品。 27

琼·弗赖和她的小组没有在柏林逗留。1919年7月28日，在《凡尔赛条约》签署一个月后，她写信给家人，描述了去埃森和杜塞尔多夫的旅程，他们一直在那里调查煤炭短缺状况，结果让他们沮丧。弗赖向伦敦报告说："我们处处遇到煤炭短缺问题，情况非常严峻。"由于缺乏燃料，他们乘坐的火车经常一停就是几个小时，而且火车上乘客拥挤得令人绝望。一位站长对她说："有什么指望呢？法国人和英国人把煤运走了，我们无法开动火车。"[2]延误并不是让旅途充满焦虑的唯一原因。旅途中几乎没有食物。车 28

座早已被剥成光秃秃的，其毛绒面被改制成了衣服，向上拉开车窗的皮带没了，车窗不是卡住打不开，就是破碎了。贵格会的信徒们是不知疲倦的旅行者，这趟旅程只是他们无数次旅程中的第一次。在后来的七年中，弗赖和她的同伴们以柏林为基地，组织救济工作，参加会议，向任何愿意聆听的人传播和平与和解的信息。

1919年夏天，琼·弗赖和哈里·弗兰克等少数外国平民前往莱茵河以东旅行时，他们无法忽视《凡尔赛条约》（于6月28日签署）让普通人感到的震惊和绝望。德国百姓坚定地认为，德国虽败犹荣，并相信，总统会保证让德国得到公平对待，因而，大多数德国人对《凡尔赛条约》强加给本国的耻辱完全缺乏心理准备。德国失去了所有殖民地（最重要的殖民地位于非洲），本国生产力最强的工业区至少要在今后十五年内受外国控制，而且必须支付难以想象的巨额战争赔款。德国陆军人数将裁减到仅仅十万，海军人数也将大幅削减。为了给波兰留出进入波罗的海的出海口，但泽港要划归波兰（虽然该地的人口主要是德国人）；同时，为了开辟“波兰走廊”，德国要从东普鲁士省割让大片领土。此外，德国必须签署“罪责条款”，承担发动战争的责任。许多人认为，最有辱国格的规定（不过最后，这条要求并未得到履行）是要将德国皇帝和一千位知名人士移交给协约国，由后者对他们所犯的战争罪进行审判。

那年夏天，弗兰克和弗赖与铁路旅客之间的谈话特别具有启迪意义。一位老太太向琼·弗赖解释说，尽管战争期间她没有感到过仇恨，但那个和平条约激起她强烈的怨恨，“被当成弃儿对待，比挨饿或持续的焦虑更糟糕，因为没人可能伸出援手”。另一个女人说，正常情况下她喜欢说英语，“但现在人们心都碎了，谁也不想听到英语”[3]。弗兰克发现，总的来说，这些妇女反对《凡尔赛条约》的口吻最刻薄，而老年人最在意的是丧失了殖民地，“我们宁可支付任何数额的赔款，也不愿失去领土……协约国试图割裂我们，想要歼灭我们，彻底消灭我们……我们相信威尔逊（Wilson），可他背叛了我们”。更加不祥的预兆是，其他人表达了对未来的恐惧：“现在我们必须在孩子年幼时就开始对他们灌输仇恨，三十年后，时机成熟时……”[4]

29

停战后的几个月里，斯图尔特·罗迪和杜鲁门·史密斯一直在德国人中间生活，既钦佩他们的美德，也对这些情绪产生了共鸣。史密斯为条件苛刻的《凡尔赛条约》指责法国：“当然不能指望法国给予同情或者创建世界的未来，所以我们也必须喝下这杯绝望的苦酒。我曾希望会有一个更好的时代出现在不远的将来，让我们的劳动、牺牲和亲人间的分离有可能在‘博大’的和平中结出果实。”[5]斯图尔特·罗迪后来在文字中表示，协约国的最大的错误，是在停战与1920年1月批准《凡尔赛条约》之间消耗了漫长的十四个月：

> 协约国对德国作出判决的正确时机早已失去了。德国本来有时间对自己及其前任领导人作出判断，并认定，对德国及其领导人最糟糕的指控无非是过失杀人罪，但德国对此并不承认，结果，德国不但被指控犯下了谋杀和暴力抢劫的罪行，还被判定有罪并接受了惩罚。[6]

30

但是，在沉沉阴霾中，偶尔闪现出一些比较光明的景象。琼·弗赖回忆道，在梅克伦堡经过一大片玉米田时，她曾见到过九组马在同一片田地上拉犁耕作，看到过易北河口以北的广袤水面上映射着夕阳的美景。还有一个夜晚她也永远不会忘记：当晚她坐在星空下，听她的朋友阿尔布雷希特·门德尔松（Albrecht Mendelssohn）* 弹奏他祖父创作的钢琴曲——但是，在这个时期，“饥饿的婴儿们四肢短小萎缩，脸色灰白起皱”[7]。那是人人都非常熟悉的人类痛苦标志。在维奥莉特·马卡姆的记忆中，莱茵兰是一座“魅力花园”，碧绿如茵的田野、深黄斑斓的芥菜、色调参差的树木，还有灌木和鲜花，“都在透亮阳光下融为一体，熠熠生辉”[8]。弗兰克的回忆中也有许多宁静祥和的片段。他决定花

---

* 阿尔布雷希特·门德尔松（1874—1936），著名作曲家费利克斯·门德尔松（Felix Mendelssohn）的孙子，生前是国际法教授并且是一位活跃的和平主义者。1912 年他受任命加入一个委员会，寻求改善英国与德国的关系。1920 年，他成为汉堡大学的外国法教授。1923 年，他创立了外国政策学院——这是有史以来第一所从事和平研究的研究院。1933 年希特勒执政后，他被迫辞去所有学术职位。1934 年，他前往英国，被牛津大学贝利奥尔学院推选为资深研究员。他于 1936 年 11 月在牛津去世。

六个星期从慕尼黑徒步前往魏玛，第一个晚上下榻在小村庄霍恩卡默的一个客栈。他写道："假如一个人同样闯入美国农民的聚会，大胆宣称自己是个刚刚退伍的德国人，我无法想象会发生什么事。但我可以肯定，他不会像我在霍恩卡默乡村客栈那样，度过一个如此惬意的夜晚。"[9]第二天，天气晴好，

> 他动身穿过植物随风轻轻翻滚的田野，春天的碧绿中点缀着常青树的片片浓荫，浅灰色的公路在其间蜿蜒起伏，仿佛一艘巨大的远洋班轮在舒缓起伏的海面上破浪前行，让人感到欣慰。每隔几英里，地平线上就会冒出一座小镇：有的在公路两旁；有的立于山坡上，仿佛在向下俯视。那些城镇都漂亮而清洁，地面擦洗得一尘不染，教堂尖顶粉刷得洁白无瑕，周围的一切如同画卷。在天鹅绒般的碧绿草地或肥沃的田地上，男女居民在辛勤劳作，哪怕持续了整个白天，看上去也有条不紊。很难想象，这些质朴温和的人们竟赢得了全世界最野蛮残忍的好斗者的恶名。[10]

31

1923年2月28日，维奥莉特·博纳姆·卡特（Violet Bonham Carter）由她的女仆陪同，在伦敦的利物浦街车站登上一列火车。她是赫伯特·阿斯奎斯（Herber Asquith，英国首相）的女儿，不久后会当选全国自由联盟主席，她当时要前往柏林。

她的目的是调查法国对鲁尔区的占领，她认为这是一种"危

险而疯狂的”行动。1923年1月11日，六万名法国和比利时士兵长驱直入，进逼德国的工业中心区域。按照《凡尔赛条约》的约定，德国承诺向这两个国家提供煤炭，但德国未能兑现，他们要武力夺取。博纳姆·卡特认为，法国坚持的赔款额（1923年前德国向协约国赔偿六十六亿英镑，相当于2013年二千八百亿英镑的币值）在道德上不公平，在政治上是疯狂的。许多英国人和美国人对此表示赞同，认为德国的经济崩溃只会致使共产党人获胜。

这趟柏林之旅让她不快。火车又脏又挤。由于燃煤质量糟糕，火车的速度慢得让人沮丧。到了边境，维奥莉特首次经历了德国的通货膨胀——不久便会发展成恶性通货膨胀。她用两英镑兑换到了二十万马克，“不值钱的大捆纸币，多得让我几乎无法携带。三个活像杂耍班成员的滑稽美国人吵闹得让人难以忍受，他们认为这汇率是个大笑话（一枚五美分硬币兑换到五千马克）”。可她并不觉得有什么可笑。然而，她很高兴与一位来自苏格兰阿伯丁的鱼商聊天，这个鱼商正要去德国购买一艘德国船，还打算雇用德国船员。他解释说，这里的船比他们国内的船质量好得多。他对她说：“我现在成了德国的支持者了。我们都支持德国。”[11]

32

1923年3月1日，晚上10点30分，旅行十五个小时后，她们抵达了柏林，直接乘车前往英国大使馆，此前，维奥莉特已经应大使达伯农（Edgar Vicent D'Abernon）勋爵和他的妻子海伦（Helen D'Abernon）之邀，将入住大使馆。维奥莉特在日记中写道："到达后，我浑身肮脏，疲惫不堪，能住在清洁舒适的使馆，感觉像进了天堂。好心的泰勒开门迎接，告诉我说，海伦昨晚舞会后十分疲惫，已经睡了，埃德加在独自等待。在一间令人愉快的大房间见到他，让我十分欣喜。舞厅挂着黄色织锦窗帘，在几个难看的德国浮雕上方有一张漂亮的小挂毯。"[12]使馆位于威廉大街，显得威风凛凛，只是缺乏一点儿魅力。小楼正面临街，后面高耸着黑黢黢的阿德隆酒店。

达伯农勋爵是第一次世界大战后首任英国驻德国大使，自1920年10月以来一直在此任职。他身高超过六英尺，具有奥运选手般的体魄，言行举止处处表现出大使的风度。他的工作可能是困难的，但是比法国大使皮埃尔·德·马哲睿（Pierre de Margerie）的工作容易得多。鲁尔区被占领后，他和他的同胞都面临着遭德国社会排斥的境地。阿德隆酒店是柏林唯一仍愿为法国人和比利时人服务的地方。在其他商店，窗口几乎都贴出告示：*Franzosen und Belgier nicht erwünscht*（恕不接待法国人和比利时人）。据博纳姆·卡特说，这种情况让德·马哲睿深感痛苦。他抵达柏林后仅几周，就开始"渴望被爱"了。[13]

达伯农勋爵夫人是她那个时代的大美人，而且十分勇敢，战争期间曾在法国担任麻醉护士。她对在柏林的任务没抱任何幻想。在1920年7月29日的个人日记中，她写道："要想重新建立相对愉快的正常关系，就需要付出巨大的努力和不懈的善意。"由于她

33

不喜欢德国，也不喜欢德国的一切，所以她的角色是完成职责而不是享乐。无论这座城市为游客提供什么旅游景点，其魅力都不足以让她兴趣盎然。用达伯农勋爵夫人的话说：“这里没有狭窄的街巷，没有地形高低变化，没有幽幽曲径，没有意料之外的庭院和角落。”[14]不过，她在蒂尔加滕看到马拉雪橇在雪地上滑行，还是感到非常高兴：

> 马儿身上总是挂满了小铃铛，一路叮当作响，马头上装饰着一个白色马毛制作的巨大冠冕，活像卫兵头盔上的羽饰，只是大得多。雪橇往往涂成深红色或鲜蓝色，雪橇上的乘客常常裹在厚厚的毛皮中，看上去诗情画意，颇有法国十八世纪的时尚气息。[15]

尽管她对德国保留自己的看法，但事实证明海伦·达伯农是个敏锐的观察者。“在柏林，表现贫困和节俭是一种时尚，”她在首次拜会外交部长及其夫人后写道，“因此，为了与盛行的气氛协调一致，我穿了身清教徒般朴素端庄的鸽子色女装。”[16]然而，在举办首次外交招待会时，她却将节俭彻底抛在脑后，决心让英国大使馆表现出战前的辉煌与高贵。舞厅里摆满了鲜花。仆人们提供服务时，身穿华丽的浅黄色和深红色制服。弗里茨和埃尔夫二人战前就是随从，他们头戴三角帽，身穿金花边长大衣，站在使馆大门两侧，手持精工细作的法杖（上面镶嵌着皇家徽章），持杖的手臂舒展开来。每一位重要客人到来，他们都要用法杖在地上重击三响。事后，达伯农夫人称："除了乌克兰的一位布尔什维克主义者，我与任何人交谈都不曾超过十个字。"她评论说，"那个人的政治信条绝不妨碍他享受旧制度国家举行的聚会"[17]。

她不是个感情用事的人，在大多数情况下，她对德国的困难无动于衷。琼·弗赖没能打动她。她在记录中写道："弗赖浑身散发着自我牺牲精神，激情燃烧，但她似乎把同情心完全留给了德国人，却回避了英国遭受的苦难和匮乏。"[18]对德国的真实状况，达伯农夫人没有给维奥莉特·博纳姆·卡特留下任何质疑的空间，对后者直言："相信我，德国人并不像他们说的那样遭受痛苦。这里没有严重的贫困。95%的人生活富足，只有5%的人在挨饿。"在参观了柏林最贫穷的地区之后，维奥莉特倾向于同意达伯农夫人的看法，认为看到的情况"不比我国的贫民窟差。所有的街道都很宽，房子都挺大，窗户与使馆的窗户尺寸相当"[19]。

34

在通货膨胀肆虐的德国，维奥莉特像许多其他观察者一样，极大地同情中产阶级的困境。由于没有人再负担得起他们的专业服务，而且通货膨胀摧毁了他们的资本，许多人沦为赤贫者。维奥莉特得知，在他们整洁、干净、堂皇的家中，每天都发生着"寂静中的可怕悲剧"。他们变卖掉最后的财产，包括医生、律师和教师在内的许多人宁愿服毒自尽，也不愿忍受饥饿的耻辱。[20]恶性通货膨胀在1923年11月达到顶峰，"蒂尔加滕的名流也怯生生地伸出双手求助，景象令人痛心”。就连持怀疑态度的达伯农夫人也受到了触动。[21]维奥莉特·博纳姆·卡特觉得，这种令人沮丧的事态，与她在柏林最漂亮的街道上那些昂贵商店里看到的珠宝、毛皮和鲜花不太协调。但是，正如达伯农夫人所解释的，只有投机商能买得起这样的奢侈品。那种大摇大摆养尊处优的人占住了所有豪华酒店。她还指出：“他们的女人身穿毛皮大衣，佩戴宝石珍珠，黄色高筒皮靴更是增强了惊人的奢华效果。”[22]

35

汤姆·曼（Tom Mann）是共产党人和英国工会会员，他在1924年春季赴柏林参加一个政党会议时，一眼就识别出了投机商。他写道：“他们有典型的资产阶级外表和行为，吃大餐，抽又长又粗的雪茄，种种举止仿佛表现出他们有成吨的现金。”但是，在曼的眼中，更令人痛心的是“年轻激进分子”与“老反动工会官员”之间令人担忧的裂痕。他报告说，共产党期望在下届选举中将自己在国会的议员从十五名增加到五十名。他对妻子说，他没有太重视柏林普遍存在的政治混乱，“鱼龙混杂，有不少于十五个政党或团体在竞选中提出自己的候选人”。比较让他满意的是在一天晚上欣赏了歌剧《纽伦堡的名歌手》（*Die Meistersinger Von Nürnberg*）。“我觉得那位老鞋匠自言自语的部分太冗长，”曼评论说，“但演唱精彩极了……他们在一个非常大的舞台上演出，演员有二百五十位，还打着旗帜，举着族徽，却并不显得拥挤——大合唱气势宏伟。”[23]

他当然不是唯一注意到音乐对普通德国人之意义的外国人。维奥莉特·博纳姆·卡特写道："在这样的时刻，音乐是他们最出色和最有力的表达方式。人们无法想象英国的政治游行会以一首特别冗长的弦乐四重奏拉开序幕。"[24]参加了一次这样的活动后，她回到使馆，遇见达伯农"正以高贵的风度招待三十位德国人的英国妻子——真是一群可怜人"。一个女人跟丈夫住在一间屋子里，而丈夫已经一年没跟她说过话了。然而，维奥莉特口吻轻松地搁置起这位女同胞的悲惨困境，报告说："当罗迪中校边弹奏钢琴边歌唱时，人们都欢呼喝彩，大家一道喝茶。"[25]当天的晚宴上，她身旁坐着德国第二任总统、战地元帅保罗·冯·兴登堡（Paul von Hindenburg）。她不怎么感兴趣。"我坐在兴登堡和一个没有名气的意大利人之间。兴登堡是那种我不喜欢的矮个子男人。"[26]

36

1920年，斯图尔特·罗迪被指定去协约国间军事控制委员会（总部在阿德隆）任职，其任务是解除德国的武装。但是，从他的回忆录《和平巡逻队》（*Peace Patrol*）来看，他在安慰前皇室家族的苦恼成员方面花费的时间，与追查非法武器的时间一样多。他原来在因弗内斯当过音乐教师，长相酷似鲁珀特·布鲁克（Rupert Brooke），神色中透出同情心，在人群中间活动时举止谨慎，倾听他们诉苦，向他们提出忠告，还不时替他们向自己上司求情。《和平巡逻队》读起来像一本国际《名人录》（*Who's*

Who)。除了霍亨索伦家族的成员，这本书中还罗列出了大量军事将领、政治名人、欧洲皇室成员和英国贵族的名字——他们似乎都与无处不在的中校保持着亲密关系。

1919年夏天，斯图尔特·罗迪拜访了普鲁士的玛格丽特（Margaret）公主——前德国皇帝最小的姐妹和维多利亚女王的孙女。虽然她和她丈夫——黑森伯爵弗雷德里克·查尔斯（Frederick Charles）——仍然住在法兰克福附近克龙贝格的腓特烈宫大城堡里［继承自她母亲腓特烈皇后（Empress Fredrick）］，可他们的生活既悲痛又贫困。他们不仅在战争中失去了两个儿子，而且土地也被没收了。国家没有给他们任何补偿，他们自己的资产被通货膨胀吞光噬净。斯图尔特·罗迪描述说，他当时站在门厅里，公主顺着宽阔的楼梯缓缓走下来迎接他。他写道："她身穿庄重的黑色长裙，小衣领和袖口由白色细麻制成，看上去仿佛一幅无限悲伤的图画。"[27]几年后，琼·弗赖和贵格会的一个团体也访问了腓特烈宫：

> 我们鼓起勇气去了城堡，只等待了很短的时间就被引入一间漂亮的客厅。窗外是一片悦目的草坪。过了一两分钟，伯爵和伯爵夫人——也许我们该说"前皇室成员"——从相邻的房间走进来，以非常单纯而友好的方式与我们交谈。我们都没有落座，因为他们似乎不希望我们待太久。玛丽昂说，她看到在他们走出的房间里，餐桌已经安排好了……[28]

37

1924年，玛格丽特公主写信给科克伦女士（Lady Hilda Corkran）*，信中的内容让人明白他们多么缺钱："非常非常感谢来信，也感谢那些发套，那些桌子只卖两英镑看起来确实太少了，或许我们应该等待一个更棒的机会。你能为白色那件给我一张支票吗？我非常感谢你为它争取到尽可能多的数额，当然再多一些就更好了。"[29]尽管玛格丽特公主有很多烦恼，但她的信显示出，她并没有完全失去对当代世界的兴趣。一封信上用大头针别着一则报纸广告："十分钟内自己卷好头发。不加热，无需用电。只需将头发卡进一个'西部电气卷发器'。"对此，德国皇帝的妹妹潦草地批注："你认为这一切都是真的吗？你会建议尝试卷发器吗？这肯定全是言过其实。"[30]

斯图亚特·罗迪访问腓特烈宫时被激怒了，因为他"发现这个地方住满了黑人士兵"。事实上，法国部署殖民地士兵激起了众口一词的批评，而不仅仅是来自德国人的批评。那是个肆无忌惮的种族主义时代，许多英国观察家认为，这是法国意图进一步羞辱德国的尝试。琼·弗赖注意到，一些德国人的怨恨日益增强，这些人不得不为"许多褐色皮肤的弃婴找到寄养家庭，因为他们不能把这些弃婴塞给想要收养白人儿童的家庭"[31]。多萝西·德策尔（Dorothy Detzer）是美国贵格会信徒，她的直言不讳令人

* 希尔达·科克伦女士曾是维多利亚女王最小的女儿比阿特丽斯公主（Princess Beatrice）的侍女。

震惊：

38 9月3日，我大约下午四点抵达了美因茨。我们下火车踏上站台时，站台上的景象忽然让我感到恶心。因为早已听到过很多关于法国占领的情况描述，我预料会看到像我国南方黑人一样的士兵。结果，我们看到的是成群的野蛮人。我在菲律宾群岛住过一年多，我的第一反应是，这里变成了莫科岛——只是当地人穿起了军服，而不是他们的本土“服装”(遮羞内裤)。我最强烈的反应就是对他们的怜悯。我真不明白对这个人种的期待为什么应该高于穿戴了军装的猴子。从他们脸上看，他们似乎不比猴子更开化。

让她同样感到惊骇的是，在威斯巴登一个非洲士兵举行的大规模火炬游行中，他们高举着许多“德国兵”漫画。一位法国旁观者告诉她，这种游行经常举行，目的是提醒德国人谁赢得了战争。德策尔写道：“我永远不会忘记德国人默默站在一旁观看游行时的表情。”[32]

在1923年一个特别寒冷的冬日，一名法国占领军的年轻军官雅克·伯努瓦-米琴（Jacques Benoist Méchin）在杜塞尔多夫穿过一条马路时，也震惊于服役的摩洛哥军队（人数约一个排）与周围的不协调：“非洲太阳把他们的面孔晒成了古铜色。”与多萝西·德策尔一样，他承认看到他们觉得恶心。他问道：“他们来这个雾蒙蒙的肮脏地方做什么？”[33]他叙述自己在鲁尔区被占领后的生活时表示，如果这对德国人是悲惨的，对法国人也好不到哪里去。他第一次报到就职时，上级军官解释说，他们或多或少仍处于战争状态——电线被切断，他们完全被隔离——因而劝他不要独自去任何地方。在政府的支持下，德国的劳动大军选择了唯一可采取的方式对抗法国人——被动抵抗。这倒不是说他们的抗议总是被动的。2月1日，伯努瓦-米琴记录到1 083起破坏行为。他描绘了被占领地区的阴郁状况，述说了自己护送二十名法国工程师前往埃森的克虏伯工厂的情景："又下雪了。映入眼帘的主要景象是起重机、电线塔架和高耸的烟囱。四座巨大高炉的剪影刻在天空的背景上，高炉停用了，残骸遭到遗弃，眼前所见仿佛末日。"[34]

在德国的旅行者（尤其是英国公民），个人无论对所见所闻如何解释，都很难不为当地人民战后不久遭遇的困境所触动。各行各业的德国人一再向他们讲述遭背叛的感觉，说德国皇帝背叛了他们，他们的政治家和将军背叛了他们，特别是威尔逊总统和《凡尔赛条约》背叛了他们。尽管他们自己没有过错，但他们失去了殖民地、煤炭、自己的健康、国家的繁荣——最痛心的是，丧失了自尊。货币变得毫无价值，而高昂得荒谬的赔款永远无法凑齐，因为协约国决意剥夺他们的原材料。他们也无法理解为什么英国总是听任法国肆意报复德国。他们称，残暴的黑人士兵任意强奸妇女，谋杀百姓。[35]他们如何对下一代解释这一切？如何解释儿童营养不良、虚弱多病？如何解释由于所谓的和平条约，导致未来面临布尔什维克和犹太人的践踏？虽然外国旅游者意识到，在部分农村，生活正在缓缓恢复常态，而且当地人的节俭、勤勉和自律并未受到损害，但是这些游客大多带着国家的痛苦压倒一切的感觉返回家园。他们发现，太多的德国人经历了饥饿、寒冷、失望。

就是在这种背景下，1922 年 11 月 15 日，杜鲁门·史密斯中尉抵达了慕尼黑——这座城市在内乱和政治阴谋中继续溃烂着。史密斯现在是美国驻柏林大使馆的副武官，曾去慕尼黑就纳粹党问题做过汇报。这个政党被认为不太重要，但美国大使希望得到更多的信息。因此，史密斯被要求在希特勒的随从中进行调查，如果可能的话，可以会见希特勒本人，以便评估他的能力和潜力。三天后，史密斯用铅笔在笔记本上写道：“兴奋极了。我应邀与阿尔弗雷德·罗森伯格（Alfred Rosenberg）一起去科尼利厄斯街，观看希特勒检阅‘百人队’（Hundertschaften）大游行。”之后他写道：

40

> 确实是个引人瞩目的景象。我一生从未见过一千二百个神情如此坚定粗犷的硬汉，他们打着以前的德意志国旗，戴着印有纳粹“卐”字党徽的红色臂章，正步前进，接受希特勒检阅……希特勒高呼“犹太人去死吧！”等口号。人群爆发出疯狂的欢呼声。我一辈子从未见过这样的景象。[36]

几天后，史密斯被引荐给希特勒。希特勒同意在星期一会见他。

访谈于11月20日下午4点在格奥尔根大街四十二号的三楼房间举行。这位美国人记得，那间屋子就像“纽约一个破败公寓中位于里间的卧室，单调沉闷得令人难以置信”[37]。史密斯晚年回首往事，后悔当时不该仅仅记录希特勒的政治观点，而应该更加关注他的个性和气质。

几个月后，雅克·伯努瓦-米琴的指挥官走进他的办公室，问他是否知道最近在慕尼黑一个名叫阿洛依修斯·希特勒（Aloysius Hitler）的人建立的政党？这一请求直接来自法国陆军部，陆军部注意到，这个名叫希特勒的人曾多次向挤满会场的狂热分子发表演讲，谴责一切，谴责所有人——其中包括法国。伯努瓦-米琴从未听说过希特勒或他的政党，便建议他们向英国人咨询。

两天后，得到了回答。据英国消息来源，没有什么值得惊慌的。纳粹党不过是麦秆上的一枚火星，很快就会熄灭。有关人物是毫不重要的巴伐利亚分离主义分子，不可能影响巴伐利亚以外的事态。事实上，希特勒甚至可能值得鼓励，因为他想要求巴伐利亚独立，这或许会导致维特尔斯巴赫王朝的复辟，甚至可能导致德意志帝国解体。那条消息接着说：“顺便说一下，希特勒的名字是阿道夫，而不是阿洛依修斯。”[38]1923年11月10日，在史密斯采访希特勒差不多整整一年后，达伯农勋爵夫人在她的日记中写道，她丈夫半夜被一位资深的德国外交官唤醒，急于征求如何应付慕尼黑暴动的建议。她评论说，为首的煽动者是“一个出身低微的人”，名叫阿道夫·希特勒。[39]

41

第三章

性自由与阳光

43　在希特勒1923年11月份发起暴动前的几个月里，魏玛共和国的前景空前黯淡。对法国占领鲁尔区的被动抵抗可能缓解了德国人的耻辱，但政府必须狂印钞票支付给罢工者，这为恶性通货膨胀推波助澜。英国大使馆财务顾问霍勒斯·芬利森（Horace Finlayson）保留着每日汇率记录。他的第一条记录是1923年8月15日的，当天1英镑兑换1 236.9万马克，到了11月9日（希特勒的暴动失败当天），1英镑兑换28亿马克，五个星期后，1英镑可兑换的数额竟达到令人目眩的180亿马克。[1]在慕尼黑学习工程的瑞士人努马·泰塔兹（Numa Tétaz）经历了整个危机过程：

> 几乎每个人都在进行交易。今天花一百万买的东西明天可以卖十亿。关键是找到思考速度慢于卖家的人。人人都知道这种情况无法维持，但谁也不知道该怎么办。就像在不知深浅的肮脏溪流中游泳，每个人都生活在恐惧中，却不得不继续游下去。我们在学习小组中不谈论太多政治问题。第二天，我得知发生了暴动。[2]

44

暴动于1923年11月8日至9日发生在慕尼黑。希特勒、鲁登道夫将军和其他主要纳粹头目连同大约两千位支持者示威游行到市中心，打算首先夺取巴伐利亚的控制权，接着推翻国家政府。但是，他们遭遇到武装警察的抵抗，警察枪杀了十六个游行者，暴动被挫败。两天后，希特勒被捕，被指控犯下叛国罪。尽管暴动失败了，但随后对希特勒的审判吸引了大量的关注，为他提供了一个向全国传播自己观点的绝佳机会。他被判处五年徒刑，但实际上只服刑了九个月。他在狱中享受着良好的待遇，被允许接见来访者，还获得了充足的纸张，用于撰写他的书——《我的奋斗》（*Mein Kampf*）。

如果说恶性通货膨胀和希特勒的暴动还没有对政府构成足够的挑战，自身意见分歧巨大的政府还得应付莱茵兰的分离主义分子、萨克森州的共产党人起义，以及一支忠诚度不稳定的军队。许多观察家认为，德国简直要分崩离析了。然而对一些外国游客来说，正是这种极度的危机感让德国成为诱人的旅游目的地。许多人对此表示同情，但另一些人并无这种感受，比如来自加利福尼亚州十七岁的多萝西·博根（Dorothy Bogen）：

> 看到了大批英国士兵——非常令人兴奋的景象！热烈鼓掌！在波恩有很多法国人。第一次吃甜酒巧克力。乘火车从科隆到柏林——一场漫长的旅途，但食物很好。只看到孤伶伶一位德国士兵，他显得很寂寞，但不寒酸，也不贫穷——

> 哦，真快！到柏林了。不错的酒店，但服务员傻头傻脑，根本无可救药。再也不来柏林了。发誓要离开德国，再也不见德国人和柏林了。决不！决不！他们惹人气恼！[3]

然而，在琼·弗赖和斯图尔特·罗迪于1926年离开德国前，局势发生了变化。商人霍瑟姆·卡德伯里（Hotham Cadbury）甚至写信给贵格会杂志《挚友》（*The Friend*），问他们为什么还在继续救济德国，他刚刚目睹了德国人在阿罗萨畅饮香槟，购买昂贵汽车、内衣和巴黎家具。这种富裕状态就算在德国境外也难得一见。卡德伯里注意到，汉堡正忙于推进新的投资项目——开凿能航行轮船的运河、建造发电厂和内陆港口。[4]

45

在德国的复苏中，功劳首屈一指的是魏玛共和国最伟大的政治家古斯塔夫·施特雷泽曼（Gustav Stresemann）。他仅仅担任了三个月总理（1923年8月至11月），但是继而在几届政府中担任外交部长，直到1929年去世。历史学家约翰·惠勒-贝内特（John Wheeler-Bennett）在魏玛时期的德国生活过数年，认识每一位值得认识的人物。他描述说，在他见过的人之中，施特雷泽曼属于“模样最难看的人”之列。“他的面孔像猪，一对小眼睛挤在一起，稀疏的头发贴在几乎秃顶的粉红色脑袋上和脖子后面隆起的皮肉褶皱里。”[5]然而，按照达伯农勋爵夫人的记载，施特雷泽曼的妻子却是她在德国见过的最漂亮的女人，但她补充写道：“在柏林，人们不会忘记，施特雷泽曼夫人有希伯来血统。”[6]

尽管施特雷泽曼有如此长相*，但他有引导国家摆脱危机的必备素质。达伯农勋爵把他跟温斯顿·丘吉尔（Winston Churchill）相提并论："才华横溢，勇气过人，敢于拼搏。"[7]施特雷泽曼深信，德国的唯一出路，是以政治中间立场为核心理念结成联盟，因而努力包容左翼和右翼势力的极端分子。他认识到，消极抵抗对德国自身的伤害胜于给法国造成的损失，于是在1923年9月结束了罢工，从而迈出了稳定马克币值的第一步。接着，他启用了一种新的货币：地产抵押马克。在地产商和工业生产商的稳定支持下，对国家造成重创的通货膨胀终于得到了控制。很快，一个地产抵押马克的币值就相当于原一万亿马克。施特雷泽曼是说服其政府接受1924年道威斯计划（Dawes Plan）的主要推动者——该计划是德国复兴的另一个重要里程碑。在根本上，德国将重新控制鲁尔区，而同时也要按浮动计算法偿还高昂的战争赔款。这是一个短期修复政策，但施特雷泽曼将其描述为"在黑暗地平线上的一线曙光"[8]。随着马克币值的稳定和道威斯计划的落实，急需的外国贷款和投资——尤其是来自美国的贷款和投资——开始流入德国。

46

1925年12月1日在伦敦签署的《洛迦诺公约》（Treaty of Locarno）确立了国际上对德国复兴的认可，并迎来了一段缓和期，一直延续到施特雷泽曼去世。外交官和出版商哈里·凯斯勒

---

* 施特雷泽曼的一幅画像悬挂在纽约州水牛城的诺克斯—奥尔布赖特美术馆，画家是奥古斯塔斯·约翰（Augustus John）。

(Harry Kessler) 伯爵在日记中写道，(马焦雷湖畔) 洛迦诺镇的人们“完全被施特雷泽曼的魅力迷住了。那里到处是他的照片。他受到极大的欢迎，他对每个人都极其友善。他每天去四次舍鲁勒夫人的糕点店，店主对他赞不绝口”[9]。《洛迦诺公约》签订后，德国于1926年加入国际联盟，此后经济复苏速度加快，停战仅仅十年后，德国便可自称是世界第二大工业强国了。

尽管有如此好转，达伯农勋爵的继任者罗纳德·林赛 (Ronald Lindsay) 爵士并不盼望就任他的新职位。“我觉得，阅读《凡尔赛条约》冗长乏味的条款和段落实在太枯燥了，让人站着都能睡着。照我看，在柏林工作就像用一把破扫帚扫水上坡。”[10] 但是，在《洛迦诺公约》和华尔街崩盘之间令人振奋的岁月里，在德国访问或居住过的其他外国人却持不同观点。突然之间，德国 (尤其是柏林) 变得富有现代感、创新性、性魅力，并且激动人心。就连长期的政治不稳定也为那里的生活提供一个优势——尤其吸引那些渴望逃避英国古板习俗的人们。

47

正如克里斯托弗·伊舍伍德 (Christopher Isherwood) 在他的一本书 [《他的同类》(*His Kind*)] 标题中所述，在他看来，柏林“意味着男孩子们”[11]。但是，选择刚杀害了他们父兄的国家，也带着些许叛逆意味。摆脱阶级和逃离祖国令人感到自由 (甚至令人陶醉) ——不仅在柏林的男孩酒吧和夜总会，而且在相当普通的经历中，也能体会到这样的感觉。埃迪·萨克维尔-韦斯特 [Eddy Sackville-West，后来的萨克维尔勋爵，是维塔·萨克维尔-韦斯特（Vita Sackville-West）的表亲］写道，他很高兴在德累斯顿附近的“苏格兰薄雾”中漫步。1927 年，他在那里住了好几个月，沉浸在德语和音乐之中。“乘坐巴士返回时，我体会到像以前一样的自主，巴士经过每个商店都让我高兴，我还喜欢听到报站：‘中央火车站到了。’”[12]

然而，仅仅三年前，萨克维尔-韦斯特曾前往德国，不是去追求男孩子，而是寻求对同性恋的治疗。1924 年，他在弗赖堡的卡尔·马腾（Karl Marten）博士的诊所度过了几个月，像同行的其他同性恋者一样，他接受了江湖医生的治疗和虚假的精神分析。马腾向埃迪解释说，他这种不良癖好的根源是一种产科综合征。为了治愈他的同性恋，马腾在“晚饭结束时”给他饱灌了一种东西。对此，倒霉的萨克维尔-韦斯特在日记中写道：

> ……对睾丸突然发生了作用，我承受了三个半小时难以忍受的痛苦。马腾说，我的潜意识已经准备好让那儿感受痛苦了。天哪！多大的痛苦啊！我觉得疼痛就像一盏灯在风中摇曳，在痛苦的狂风中来回摇曳。[13]

3 月份，萨克维尔-韦斯特和一位名叫埃迪·盖索恩-哈迪（Eddie Gathorne-Hardy）* 的病友策划了一次草率的逃跑行动：

---

* 埃迪·盖索恩-哈迪是克兰布鲁克伯爵（Earl of Cranbrook）的第三个儿子，还是“睿智青年帮”（Bright Young People）的成员。他身为一名颇受器重的古文物研究者，曾在英国领事馆工作过一段时间。

48

> 5点30分出发前往柏林。美好的一天。感觉就像离开私立学校回家度假。柏林乡下的黎明太可爱了。大片的松树、银桦树以及白霜覆盖的大地，还有一轮白色的太阳。歌剧《阿里阿德涅在纳克索斯岛》（*Ariadne auf Naxos*）美得无法用言语形容。小镇柏林毫无特色，就像外省巴黎，全没有维也纳的魅力。除了菩提树下大街，一条像样的街道都没有。

几天后，两个名字都叫埃迪的男孩出发去但泽，结果，他们的旅行文件不对。“护照出问题了！在波兰边境一个肮脏的小镇劳恩堡被赶下车，困在大草原上。我们是英雄！可恶的昂贵旅馆。在雪地上行走，掉进水里。多悲惨啊！难看的房子和丑陋虚幻的人们；空洞的声音和虚渺的空气！”但他们最终成功抵达了但泽。“多美的地方啊！房子像英国伊丽莎白时代的，有黄色和深红色的砖墙。黑白相间的巨大仓库矗立在冰冻的摩特拉瓦河岸上。克兰山显得相当神圣，大教堂难以形容。”然而，游览三天足够了，回到柏林使他们感到宽慰。“在阿德隆多舒服啊！我身穿睡衣，埃迪身穿毛皮外套，我俩吃了顿美味的晚饭。”[14]

克里斯托弗·伊舍伍德的名字与柏林酒店有着密切的联系，但他的第一次德国体验却与那家酒店不相关。1928年，他与担任英国副领事的表亲巴兹尔·弗莱（Basil Fry）在不来梅度过夏天。弗莱是个滑稽人物，他身上集合了伊舍伍德、W. H. 奥登（W. H. Auden）、斯蒂芬·斯彭德（Stephen Spender）和他们那一代其他许多人坚决抗拒的特点。弗莱出版的一首诗《英格兰》（“England”）中表达了他的全部态度：

> 去英国吧，让你紧锁的眉头获得片刻歇息
>
> 躺在她起伏的怀抱里，凉爽而自由，
>
> 此时她将伸出双臂搂着你
>
> 用她怀抱中的海洋保护你。[15]

49

伊舍伍德第一次看到德国，是在威悉河口的布卢门塔尔。一个夏天的早晨，他搭乘的客船停靠在那个港口。一位领事馆官员在距离不来梅约三十英里处的河上游迎接他。“我们驱车穿过种植葡萄的郊区。周围是浓密的紫丁香，干净的房子临街一面有粉刷过的浮雕，有轨电车令人愉快。林荫大道旁有一个拉奥孔喷泉，炎热的阳光下喷水的巨蟒淋湿了雕像的肩膀，看着让人感到惬意。”不出所料，“男孩”在他的第一印象中占显著地位：德国完全是男孩子的国度。他们身穿镶着奇怪的“英格尔斯”（ingle's）* 彩色花边的衬衫，脚上穿着袜子，头戴编织的帆船运动帽。所有男孩都骑着自行车。[16]

尽管这位表亲以奇怪的模样挑逗他，伊舍伍德却瞧不起他，不喜欢跟他待在一起。但在不到一年后再次访问柏林时，他收获了完全不同的经历，虽然他仅仅待了一个多星期，但他后来

---

* 这是伊舍伍德和他的朋友爱德华·厄普沃德（Edward Upward）创造的一个字眼。

认为，那是自己一生中最具有决定性意义的事件之一。[17]已经在这个城市待了好几个月的老朋友W. H. 奥登，介绍他见识了一个与沉闷的战后英国迥然不同的世界。1929年圣诞节，他回到柏林，准备无限期地居留。他在回忆录中写道，当他被问及旅程的目的时，他如实回答："我在寻找我的祖国，我来看看这儿是不是我的祖国。"[18]

那时，奥登已经返回英国，伊舍伍德在柏林只有一个英国熟人——行为混乱、嗜酒如命的考古学家弗朗西斯·特维尔-彼得（Francis Turville-Petre）。当时，弗朗西斯在性病研究所接受梅毒治疗——这个研究所是柏林在现代性方面最引人注目的新式表征之一。该机构于1919年由马格努斯·赫希菲尔德（Magnus Hirschfeld）博士组建，致力于尝试用科学方法应对范围广泛的种种性行为，并非简陋的小诊所。赫希菲尔德的主要使命之一，是让世界了解同性恋既不是一种疾病，也不是犯罪，而是人类生活中一个完全正常的部分。作为诊所和研究中心（它有令人印象深刻的档案馆和藏书大约三万卷的图书馆），该研究所寻求通过众多讲座向广大公众讲授有关性的所有方面的知识。这里每年有成千上万来自欧洲各地的访客，许多人的具体病症得到了治疗，但另一些人只是想探知自己的性取向。毫无疑问，还有些人只是对奥登提到的博物馆内容感兴趣，该博物馆被奥登形容为："以科学为目的的色情，太监的趣味。"[19]

50

> 这里有皮鞭、铁链和为体验痛并快乐着的人而设计的刑具；为恋物癖者准备的高跟鞋、装饰复杂花哨的高筒靴和野蛮的普鲁士男军官穿在制服下的女士蕾丝内衣。那里还有能够用松紧带固定在膝盖和脚踝之间的下半截裤腿。穿戴上这些，只需再套上大衣和鞋，便可以佯装穿戴完整，走在街上，待合适的观赏者出现，便可向他快速展露。[20]

这样的展示跟研究所正式房间里精美的家具形成醒目的对照。房间和精美家具提醒人们，这座建筑曾属于勃拉姆斯的挚友——小提琴大师约瑟夫·约阿希姆（Joseph Joachim）。特维尔-彼得租用了研究所旁边的几个房间（位于蒂尔加滕西北角），就在这里，在能够俯瞰内部庭院的一个黑暗小房间里，伊舍伍德也安顿了下来。每天晚上，两个年轻人都要去男孩酒吧，一个他们最喜欢去的酒吧位于该市工人聚居区中的措森那街，名叫“舒适角落”（Cozy Corner）。伊舍伍德后来写道，他过去常把他们两个想象成商人：

> 经商误入了丛林。丛林中的当地人（工人阶级的德国男孩）包围着他们——孩子们天真烂漫，满是好奇、不信任、狡猾，他们很容易在不经意间变得友好或充满敌意。两个商人有当地人想要的钱。至于他们会得到多少，以及为了得到钱不得不付出什么，则是讨价还价的主题。当地人喜欢为讨价还价而讨价还价，弗朗西斯对此有深刻的了解。他从不

51

着急。[21]

尽管他们滥交，但是奥登、伊舍伍德和斯彭德（起初住在汉堡）渴望建立比较长久的关系。斯彭德向以赛亚·伯林（Isaiah Berlin）解释他如何应对这个需要：

> 我在竭力寻找一个非常合适的男孩，以便长久和他在一起，这使得我需要跟遇到的几乎每一个男孩搭讪。在德国，这事很容易办到。我见到一个男孩，请他给我一根火柴点烟。接着，我提几个无比荒唐的问题。他会显得迷惑不解，于是我告诉他，我是英国人，无法解释得十分贴切。接着我敬他一支烟，关系就拉上了。然后我就跟他定个约会。不幸的是，有个障碍，如果他回家告诉他父母，说遇到个英国人，他父母就会禁止他再次见我。这是我业余生活中最多见的情形。[22]

“舒适角落”或“威斯腾斯”［Westens，鲁珀特·布鲁克在这里写作了《格兰切斯特》（*Grantchester*）］这种酒吧十分低俗，跟1972年电影《歌厅》（*Cabaret*）中描绘的夜总会有天壤之别。伊舍伍德写道：“没有哪里比‘舒适角落’更颓废了。那里直截了当，简单而露骨。”[23]

柏林无疑能向来访者——特别是英国人——提供在自己国家得不到的性和智力的极端体验。1927年，萨克维尔-韦斯特与哈罗德·尼科尔森（Harold Nicolson）在柏林度过了圣诞节。他记载了“怪诞、狂野的夜生活”，向一位朋友承认，他喜欢“相当淫秽和鬼鬼祟祟的行为”。他解释了那一切是如何发生的：那是“在一个九十年代建造的巨大而庄严的哥特式教堂周围，当时那里是克伦威尔路的一部分。现在，它看起来相当凄凉，被广告灯牌和各种声名狼藉的东西可怕地包围起来，活像聚会上一个假装并不感到吃惊的人。”他向 E. M. 福斯特叙述了自己让人“从一个同性恋酒吧拖到另一个这类酒吧。此种行为完全是开放的……还能看到一些大块头男人，他们胸脯丰满得像女人，长相活像奥托琳·莫雷尔（Ottoline Morrell），却身穿西班牙女性舞者的服装，真是莫名其妙……他们精神恍惚得就像个巨大的问号……”那天晚上，他和一个衣服上装饰着珍珠母贝的立陶宛农夫待在一起。事后他叙述说，这个“标致的人儿”坚持将一把上了膛的左轮手枪放在床头睡觉，他丝毫也没感到害怕，还补充写道：“他非常友善，相当迷人。”[24] 1927 年，艺术家弗朗西斯·培根也在柏林短暂居住过。他当时只有十七岁，由父亲的一位朋友带到那里，这位朋友得到指示，要把他培养成男子汉。培根四十年后谈起那段经历，回忆道：“也许柏林在我看来有暴力倾向，是因为我来自爱尔兰。爱尔兰有军事意义上的暴力，而没有柏林那种情绪上的暴力。”然而，那不是“非常、非常令人激动的夜生活”，没有给青少年时期的培根留下至为深刻的印象，只有阿德隆酒店的早餐是个例外，那是“用四角装饰着巨大天鹅的美妙手推车送上

52

的”[25]。

尽管柏林先锋派能体验到种种性自由和兴奋，但是，这一代许多“睿智青年”同样因德国城市和德国人整体上的丑陋而感到震惊。根据许多外国人的叙述，人们已经习惯对后者外貌的轻蔑评论了。德国人在讽刺漫画中的特征是肿胀的脖子和眼睛，这些特征非常接近事实。一个刚从莱茵兰回来的旅行者抱怨称：“德国人吃肉太多，下午茶吃很多营养过于丰富的蛋糕。假如发起一场运动，倡导每日两顿饭，并且不吃点心，国民健康将大大改善。”[26]在一次非外交聚会上，有人听到就连亲德的达伯农勋爵也问道：“为什么德国人脖子后面有三层皮肉褶皱？”[27]埃米莉·波拉德（Emily Pollard）的叔叔是弗吉尼亚州州长约翰·加兰·波拉德（John Garland Pollard）。她在日记中叙述，自己非常热爱德国人民，但她忍不住补充写道：“但他们肥胖过度！”[28]斯彭德向以赛亚·柏林承认，德国人的丑陋外貌是多次长途铁路旅行导致他神经官能症的因素之一：

53

> 我的同行旅客惹得我非常生气，让我在旅程中的每一分钟都觉得恶心，同时反胃、出汗，心绪恶劣，气得发疯。下了火车也总是处在紧张和疲惫不堪的状态，心里不断出现肥胖幼稚、剃成光头的中产阶级德国人那副野蛮模样；德国女孩放荡的高声嬉笑和粗野的自发快乐，激起了我心中压抑着的对所有丑陋虚伪女人的全部厌恶感。[29]

布赖恩·霍华德（Brian Howard）有时是一位诗人和评论家，可他更是个经常醉酒、满嘴怨言的人。1927年10月，他写信给柏林临终关怀医院的一位朋友，便清楚表达了自己的感受：

> 我感到很郁闷，也非常孤独。我太讨厌柏林了，几乎想要马上动身回家。这里的丑陋令人难以忍受，相当、相当可怕……我不知道什么地方的丑陋能与这里相提并论。我没有钱，这家酒店令人惊骇……我到达时，他们正在唱赞美诗。谁也不说话，他们觉得我吸烟是一种过分行为……菩提树下大街糟糕透了。到处是噪音，粗鄙不堪，过度拥挤，过度商业化。巴士以每小时五十英里的速度飞驰，是名副其实的死亡陷阱……从心理学家的角度来看，柏林的同性恋生活很棒，但从个人的角度来看却很沉闷。上帝啊，我多么孤独。[30]

几年后，美国作曲家保罗·鲍尔斯（Paul Bowles）[伊舍伍德在《别了，柏林》（*Goodbye to Berlin*）中借他的姓氏用在另一个人名上：萨莉·鲍尔斯（Sally Bowles）] 写道："我已经认定，柏林是我见过的最无趣的地方，简直是愚蠢的代名词。如果今后再也见不到这个城市，我会很高兴的……很难摆脱伸向前方悬在空中致敬的手臂，那仿佛是个压在人心头的威胁。柏林不是个美丽的城市。"[31] 54

引致外国人指责其丑陋的，还不仅仅是这个首都。埃迪·萨克维尔-韦斯特住在德累斯顿一个中产阶级家庭里，那是一栋舒适的中产阶级别墅，“房舍建造得很大，很浪费，模样丑陋，十分丑陋”。他承认，他的主人对他极为和善，他甚至开始感到“平静的快乐”，但他被主人家的儿子激怒了，那小伙子“走进他屋子时总是击一下手掌，这简直让他发狂。那小子长相丑陋，满脸雀斑”。

尽管像萨克维尔-韦斯特这样的英国人认为，逃避到德国后，他们便掩盖起了上层阶级的背景，但实际上他们（除了伊舍伍德和奥登）仍无法摆脱原来强烈的文化优越感。汤姆·米特福德（Tom Mitford）是雷德斯代尔勋爵夫妇（Lord and Lady Redesdale）的独生儿子，是个热心的亲德者。他从奥地利写信给表亲伦道夫·丘吉尔（Randolph Churchill），谈到在国外与“自己的同类”混迹一处的优势：“我知道，与彻底的中产阶级家庭住在一起，无论他们多么和蔼，近距离接触有时也会非常恐怖。”[32]正如埃迪所说：“任何外国人都引不起我多少喜爱，我只喜爱英国人，真的！”[33]英国大使霍勒斯·朗博尔德（Horace Rumbold）的夫人埃塞雷德·朗博尔德（Ethelred Rumbold）描述，哈罗德·尼科尔森（在英国大使馆任职时）在柏林大学做过一次演讲，其中提到的内容绝不算是轻描淡写：

> 他昨天在大学里用英语作了一次最为令人愉快的演讲，比较了英国人和德国人的性格差异。内容半开玩笑半认真，我认为那让学生相当迷惑，不知该如何理解。我们大家却觉得十分愉快。他对英国人性格的描述是好奇的羞怯，没

55

有其他国家的人具有这样的性格。这话说得太对了。英国人会本能地保护这种敏感性，方法是以一种特殊的礼仪和“良好形式”的准则形成一种表象，有时还会表现出比外国人优越的气度，这些都是为了掩饰其羞怯。哈罗德说，英国人和德国人永远不会相互理解。[34]

然而，哈里·凯斯勒在他的住处用茶点招待尼克尔森夫妇和伍尔夫夫妇时，显然完全了解他的英国客人：“伦纳德·伍尔夫（Leonard Woolf）聪明而富有想象力，是个一说话就神经紧张的人……弗吉尼亚·伍尔夫（Virginia Woolf）属于非常典型的中上层阶级，是最好的类别——绅士的女儿；而尼科尔森夫人（维塔·萨克维尔-韦斯特）则是典型的贵族、了不起的贵妇，她身段苗条，风度高雅，举手投足极为得体，是一个从未经历过片刻尴尬、从未在社会中受阻的人。”[35]对于哈罗德·尼科尔森本人，凯斯勒写道：“他是个性格招人喜爱的人，但不知何故，我不喜欢他，也没有认真思索为什么不喜欢。”[36]凯斯勒的这两位女客人都对柏林没有好感。据朗博尔德夫人说：“手脚硕大，而且相当明显”的维塔在丈夫任职英国大使馆期间尽可能少地在那里居住；而弗吉尼亚声称，那是座“恐怖”的城市，她再也不去那里访问了。[37]

皮尔斯·布伦登（Piers Brendon）在他的《黑暗山谷》（*The Dark Valley*）中归纳了柏林的特征，结果大大开罪了知识分子们：

“柏林，笔直灰暗的街道比比皆是，均以国家英雄命名；单调雷同的一座座广场上矗立着早已被人遗忘的将军们的塑像，似乎更像普鲁士人的精神纪念地，而不是个新兴繁华都市。”[38]诚然，到了夜晚，这座首都或许配得上它作为一个现代所多玛的声誉，但是在白昼，其外观倒是与德国传统的家庭主妇有更多的共同点。

56

外国人可能对老一辈迟钝的外表嗤之以鼻，但他们也对德国的现代性印象深刻，他们的裸体——绝不限于在夜总会——是令人兴奋的表现。他们在乡下远足或泳池旁晒日光浴时，常遇到健康活泼、衣着极少的年轻人，这种情况在他们自己的国家闻所未闻。看到两对年轻男女在柏林附近的树林里玩球类运动，英国小说家和妇女权利活动家西塞莉·汉密尔顿（Cicely Hamilton）大为喜悦，她在魏玛共和国晚期游历过整个德国，在那里度过了好几个夏天：

> 聚会中的两个年轻男子只穿着短裤。一位女子身穿短裤或者说宽松的游泳裤和胸罩，两个乳房大部分裸露在外。另一位是个动作敏捷的小姑娘，她只穿一条游泳裤，臀部以上全裸。女孩和男孩在路过的旁观者面前完全没有表现出尴尬。[39]

这种对裸露的热情不仅仅是少数人的时尚，而是所有社会阶层的德国人共同拥有的。外国人吃惊地看到，铁路建筑工人和农场工人腰部以上晒黑的躯体都裸露在外。一位旅行者指出：“在德国永远不会看到一个园丁修剪草坪时身穿厚背心、厚长裤，头戴圆顶帽，可我回到英国后第二天就看到，园丁在炎热的天气中也是这副装束。”[40]

奥登、伊舍伍德和斯彭德喜欢（在不同男孩子的陪同下）在波罗的海的一个岛屿吕根岛上度假。这里漫长的海滩上，数以百计赤裸的游泳者躺着享受日光浴。斯彭德描述，男孩子们“已经晒成了最深的红木色皮肤，他们在皮肤仍比较白的人们之间走动，活像国王走在朝臣中间一样得意”。他补充说：“太阳治愈了经历多年战争的身体，并使他们意识到，覆盖着自己疲惫精神的血肉之躯如动物皮毛般洋溢着勃勃生机。”[41]法国雕塑家阿里斯蒂德·马约（Aristide Maillol）一定习惯了裸露的身体，但是就连他也对在法兰克福露天游泳池里看到的裸泳者感到惊讶。他的东道主哈里·凯斯勒解释，这是战争以来新式人生观的一部分。“人们真的希望生活在享受光明、暖阳、幸福和身体健康的感觉中。这是……一场激发所有德国青年的群众运动。”

对太阳和光明的向往还反映在了当代建筑中。马约对法兰克福公益住房试点建筑罗梅斯塔特住宅（景观化住宅）格外钦佩，“这是我第一次看到完美的现代建筑。是的，没有一丝瑕疵”[42]。为了适应新一代的需要和愿望，建筑师厄恩斯特·梅（Ernst May）在平等原则基础上建造他的罗梅斯塔特住宅，确保所有住户在享受到阳光和新鲜空气方面具备同等的机会。西塞莉·汉密尔顿同样为德国现代建筑所触动，她惊叹于沃尔特·格罗皮乌斯（Walter Gropius）为德绍包豪斯设计的玻璃墙，阳光洒满了工作场所的每个角落。她记叙道，如今，抵达汉堡的游客更有可能被引向那座令人激动的十层楼建筑“智利之家”（Chile-haus）——一个“砖石表现主义”的典型——而不是城市中风景如画的中世纪区域。[43]

一位年轻的新西兰人杰弗里·考克斯（Geoffrey Cox）是获得罗德奖学金的研究生，他在前往牛津大学途中，同样受到这种非传统模式的鼓舞。他刚刚参观过柏林的展览“太阳，空气和每个人的家”，便从海德堡写信给母亲：“今天在德国最值得一提的事，就是看到了新类型的人。他们无处不在，皮肤晒得黝黑，着装得体，体格健美。这里有数不清的体育文化俱乐部和游泳社团等组织，每一种努力都是为了让人们走向开放。”他接着赞美人们的穿着方式：

58

> 甚至比新西兰人还明智。男士穿柔软的衬衣时往往不系领带，穿短裤也并不稀罕。许多女孩不穿长筒袜，只穿短袜。在柏林，人们可能穿着高度时尚的服装，但柔软的衬衫和灰色法兰绒外套的颈部纽扣却敞开着。此外，他们穿颜色鲜艳的衣服，就连男人也穿黄色和蓝色的衬衫，我现在就穿着这样一件衬衫，感觉既舒适又漂亮。价格仅仅四块六！[44]

并非只有男性享受这种新出现的自由。记者莉莲·莫勒

（Lilian Mowrer）的丈夫埃德加·莫勒（Edgar Mowrer）是《芝加哥每日新闻》（*Chicago Daily*）的记者，她写道：在魏玛时期的德国，一个女人可以做她喜欢的任何事。德国国会里有三十六名女议员，可以自称比任何其他国家的女议员都多。至少从理论上讲，妇女可以从事她们选择的任何职业。莫勒举出例子，证明她们中有电气工程师、机器制造者，甚至有屠宰工，“只消一击，玛格丽特·科恩（Margarethe Cohn）就能用手中的棍棒打倒一头阉牛”[45]。

但是，除了那些被性自由、阳光和勇敢新世界的承诺吸引到德国的外国人，还有很多人到那里为的是找寻古色古香的房子、鹅卵石街巷、铜管音乐和啤酒。埃米莉·波拉德在日记中没有提到那些前卫的乐趣——奇装异服、爵士乐或约瑟芬·贝克（Josephine Baker）的香蕉舞——而且她很可能从未听说过马克斯·莱因哈特（Max Reinhardt）、贝尔托·布莱希特（Bertolt Brecht）或包豪斯建筑学派。她的旅行札记是在提醒人们，在德国魏玛时期存在的十五年中，作为其象征的自由的现代主义对德国很多地方并未产生影响。在希尔德斯海姆，当地人盯着埃米莉和她的朋友玛吉（Marge），眼神中露出不加掩饰的好奇，他们对美国游客非常不习惯。埃米莉描述了那里的妇女（她们身穿紧身连衣裙，脚踩木屐，腰间围着深蓝色围裙），还记叙了她和玛吉爱上这座城市里狭窄的街巷和“七百座中世纪建筑”的经过。“在很多时

59

候，我觉得再也迈不动步子了，但是，一看到大片的中世纪房子，我就忘了自己有多疲惫。”

埃米莉和玛吉还在哈茨山的戈斯拉尔住过，在那里，她们遇见一群年轻的徒步旅行者：

> 那是一队背着背包、拄着手杖的小学生，看来他们跟年纪稍大的学生一样，崇尚这种户外运动，没有让汽车宠坏。他们的手杖上贴满了银色的标贴。每个小镇都有自己的标贴，每参观一个新地方，手杖上就会添加一个标贴。从标贴的数目就能看出，哪位是老资格，哪位是徒步上路的新手。[46]

对于任何在德国魏玛时期旅行的外国人来说，都不可避免要与青年运动的热心参与者相遇。外国人往往会被打动。对于崛起的一代人，还有什么方式更适合向他们灌输爱国主义、团队精神和热爱自然的健康情绪呢？徒步旅行者过夜的廉价旅馆是整齐、洁净和简朴的典范——这些特质是“好”德国的国家观念之核心要素。

然而，仔细观察这些年轻人团体，会发现他们并不像看上去那么天真。西塞莉·汉密尔顿用词很谨慎。她写道：“青年运动中存在着危险，可以概括为一个词——政治。”她很快就注意到，这些团体中的大多数属于现有教会社团或政党的下级分支机构，他们刻意将自己特定的宗派主义意识灌输给年轻人。汉密尔顿指出：“在这些年轻人中，有些人很早就选择了政治立场，而且十分积极。”她周末漫步时，经常见到“小鬼们的聚会——他们都是些小孩子，应该不懂得政治为何物。孩子们组成鳄鱼形状的队伍，跋涉到树林里，领头的孩子举着红旗”。并非只有年幼的共产主义者令她感到不安。她评论说：“褐衫队是训练年轻人接受党派思维最为引人瞩目的例子。”她补充道：“这并非不适当的例子。他们的信条可能是危险的，他们的方法具有煽动性。不过在我看来，孩子们自己是纯洁正直的。”她接着向读者们介绍，“青年褐衫队是德国国家社会主义工人党的一个分支”。她指出，（德国国家社会主义工人党）这个名称日常使用时显得太长，于是，“为了方便，就压缩成一个短词：纳粹”[47]。 60

第四章

“沸腾的酿造锅”

61　埃米莉·波拉德喜欢德国人。她欣赏他们的良好举止和勤奋作风；她喜欢吃德国饭菜，甚至学会了喜欢羽绒被（“他们似乎不使用毯子，也许他们在中世纪不曾有过毯子”）。虽然她逛过的商店比参观过的表现主义艺术展览多，但她也并非完全对新氛围不感兴趣。她指出：“德国在采用现代化手段方面远远领先于我们”。只要参观一下柏林的滕珀尔霍夫机场，即可证实这个观点。那里以前是普鲁士人的阅兵场，到了1930年，它已经成为世界上最大的机场，每天约有五十架来自欧洲各地的飞机着陆。在柏林的旅游景点列表中，这个机场的排名高居榜首，在那里，只要支付很小一笔入场费，任何市民就可以进去，喜欢逗留多久都行。埃米莉注意到，“大群的人们聚集在那里，听着外面引擎的轰鸣，坐在小桌旁吃喝”[1]。西塞莉·汉密尔顿也为之着迷。“这里总有一些事情在发生，或即将发生；一头可爱的新怪物迎风冲出，从天知道什么地方呼啸着降落下来。”[2]

两年前，滕珀尔霍夫机场是个引起轰动的地方——当时，约翰·亨利·米尔斯（John Henry Mears）和查尔斯·科利尔

（Charles Collyer）驾驶单翼单引擎飞机成功挑战了环游世界耗时最短的纪录，途中在这座机场降落。到达柏林前，他们一度在柏林西面广袤的农田上空迷失方向，认定唯一的选择便是降落问路：

62

> 突然间，我们听到了喊叫声，一位面色红润的农夫挥舞着双臂朝我们跑来，身后跟着三个胖乎乎的金发小男孩也在呼喊。接着我们看到两个小女孩，身上围裙飘飞，黄色发辫在身后甩来甩去，兴奋地发出幼稚的尖叫。一大群鹅摇摇摆摆，从谷仓里匆匆赶来，显出可爱的得意模样，将它们嘎嘎的叫声汇入这阵条顿人制造的喧闹中。[3]

两人在与时钟赛跑，因此在柏林只待了几小时，但这足够让米尔斯发表评论，赞叹这里宽阔的林荫道“像德国家庭主妇的厨房一样干净”，警察“像军官一般英俊庄严”。他们落脚在阿德隆酒店，早餐吃过火腿、鸡蛋和大杯的冰镇发泡黑啤，从滕珀尔霍夫机场起飞时，已经比预定时间晚了十二个小时。他们摇晃机身致敬后，飞往俄罗斯。两人于 1928 年 7 月 22 日飞抵纽约，以耗时 23 天 15 小时 21 分 3 秒打破了此前环球飞行最短用时纪录。[4]

对于每年涌入英国大使馆的数十位访客，浓缩了新魏玛精神的滕珀尔霍夫机场往往是他们的第一个入境口岸。朗博尔德男爵夫妇 1928 年 9 月抵达柏林后，访客的人数越来越多。这并不奇怪。那是一个特别舒适的落脚点，从那里出发可以探索这座城市，或进一步计划德国之旅。埃塞雷德·朗博尔德对她的新住处印象深刻，“有五间起居室，有舞厅和‘完美的’宽敞卧室”。但

63 她不喜欢那里“着实吓人的楼梯间，一路向上途中，有高高的铜灯与白色玻璃球状灯照亮台阶”。令她惊讶的是，她发现德国人安静得令人愉快，并且态度十分谦逊，“全然没有先前那种傲慢”；事实上，“与法国人、比利时人和西班牙人相比，德国人更加和蔼可亲”[5]。

霍勒斯爵士的任期将持续五年，随着政治局势日益晦暗，他的提醒让许多来访者感到安慰，他让大家认识到当时的政治局面对英国意味着什么。按照一位客人的形容，他有一张“婴儿般又圆又红的面孔，戴着滑稽的单片眼镜，大智若愚，憨厚的表情背后，隐藏着真正英国人的那种虚伪和思维敏锐的大脑”[6]。哈罗德·尼科尔森在火车站与家人见面后，写信给妻子：“朗比（Rumbie）*、朗比太太、朗比小姐、朗比少爷……大家都鱼贯下了火车，每人手中都抓着一本约翰·高尔斯华绥（John Galsworthy）的小说，我从来没见过任何人这么有英国人样，可靠而体面。”[7]朗博尔德夫人是外交家的女儿，还是朗斯代尔（Lonsdale）勋爵的侄女，天生就注定要成为大使夫人，她既热情又风趣，人人都为她着迷。他们携二十二岁的女儿康斯坦蒂娅（Constantia）一道抵达了柏林，未来笃

---

* Rumbie 是 Rumbold 的昵称。——编注

定入职外交部的儿子安东尼（Anthony）将前往牛津。

朗博尔德家的第一次社交活动是“一次三十人参加的平静小型晚宴”，为的是庆祝工党领袖拉姆齐·麦克唐纳（Ramsay Mac Donald）执政。仆人们身穿黑色与银色相间的国家制服（“比红色和黄色低调”），餐桌上摆的却是豪华的镀金餐具和粉红色的康乃馨。来宾名单中包括阿尔伯特·爱因斯坦（Albert Einstein）和奥斯瓦尔德·莫斯利（Oswald Mosley）夫妇（莫斯利夫人可爱而美丽，看起来全无工党气质*）。“时髦”的德罗伊达（Drogheda）夫人和寇仁（Curzon）勋爵也出席了。但真正吸引朗博尔德夫人的是赫尔曼·穆勒（Hermann Müller）总理。** “他是人们见过的最富于德国特征的人，”她对母亲写道，“身躯庞大、肥胖、沉重，有一颗巨大的方脑袋，脖子后面堆积着脂肪卷，实在是典型的德国人！但他易于交谈，性格迷人，质朴自然，不摆架子。”[8]

64

两天前，拉姆齐·麦克唐纳（“一个极富魅力的人，非常英俊且与众不同”）曾向德国国会全体议员发表讲话——他是享有这一殊荣的首位外国人。朗博尔德夫人愤怒地报告称：“议长介绍说，战争爆发时，他支持英国持中立立场，这让我很恼火。其他方面倒还算持平之论，他谈到的更多是未来。奇怪的是，我们身

---

* 她以前是辛西娅·寇仁（Cynthia Curzon）夫人，第一任寇仁勋爵的次女，于 1933 年死于腹膜炎。

** 赫尔曼·穆勒曾在 1920 年、1928 年至 1930 年两次出任德国总理。他是《凡尔赛条约》德方签署者之一。

后坐着一群布尔什维克，附带说一下，我当时在正式哀悼俄国皇后！”[9]

有些客人赖着不走。几个月后，朗博尔德夫人抱怨道：“我们的下议院议员还跟我们待在一起。他本来说待两个晚上，可他离去时，已经在这里待了八天！他是个好陪伴者，但待这么久实在不够慎重。”[10]她提到的议员是奇彭纳姆选区三十二岁的保守党议员维克托·卡扎勒特（Victor Cazalet），好在这位议员对他“迷人”的女主人的愤怒完全不知情。他评论说，他很少有过比这段日子更愉快的一周时光。1929 年 1 月 5 日抵达柏林前，他曾赴俾斯麦（Otto Von Bismarck）故居参观：

> 非常舒适的房子（言外之意“外表丑陋”），热水很充裕。离汉堡约二十英里，位于森林之中。主宾共十八位，有奥地利人、德国人和瑞典人。瑞典人多迷人啊，质朴而充满乐趣。我喜爱所有人……大家都说英语。我们在另一处就餐，有冷鲤鱼肉、兔肉等，不够美味。这个庄园大部分在林地上，这在德国要花上大价钱。星期四，我们去打野兔野鸡。

第二天，他们猎捕鹿和野猪：

> 午饭后，我们都以典型的普鲁士方式认真检查行装。晚饭后，在火光映照下，所有动物的尸体被摆放在屋前。我们都出去看热闹，号角手演奏出各种曲调——演奏得非常不热情。节拍全凭号角手控制。护林人态度积极，出尽风头。他

65

> 戴着两副眼镜（双筒望远镜），在请我们逐一上车时，表现得非常礼貌，满脸敬意。

卡扎勒特对强制参观博物馆和这位铁血宰相的私人住宅不感兴趣："非常、非常丑陋——难以置信的丑陋，丑陋得令人非常难忘。"对于像这位议员般精力充沛的打猎爱好者，参加一次普鲁士人的狩猎射击活动，是有趣的体验，尽管如此，这天1点33分乘火车前往柏林，返回了舒适的大使馆，还是让他感到宽慰。一到首都，他立刻被德国人对英国人表现出的友善所打动。"似乎没有人感受到敌对情绪。几乎每个人都很高兴见到你，也乐于谈论战争。"[11]

确实，约克公爵［Duke of York，后来的乔治六世国王（King George VI）］1929年3月作为战后第一位访问柏林的英国王子，没有遇到任何敌意。他和公爵夫人在前往挪威参加王储奥拉夫（Olaf）的婚礼途中，在大使馆短暂停留。"我们都让小公爵夫人迷住了，"朗博尔德夫人写道，"她是一颗无价明珠。如此美丽，如此娇柔，微笑如此可爱，毫无矫揉造作，举手投足庄重高贵。"[12]这次来访意外延长了，原因是火车晚点，导致皇室夫妇住了一晚，还多待了一个白天。朗博尔德夫人未受到打扰。"他们不想观光，也不想去教堂，于是，在平静的早晨之后，我们带他们去万塞的高尔夫俱乐部，由哈罗德·尼科尔森作陪。幸运的是，王储没有在那里用午餐。"[13]她致信一位朋友说，她知道，德国前皇室成员若跟他的英国王室表亲不期而遇，会引发一场相当严重的外交尴尬。前一天，公爵和公爵夫人受邀游览了城堡，那是德国皇帝的前住所：

66

> 就连他从不示人的小卧室看起来也相当凄惨，里面堆满了杂物，墙纸破旧不堪。黑黢黢的小屋子前面是个庭院，屋子旁边有个小更衣间。他的书房里有那张著名的书桌。1914年8月1日，他就是在这张桌子上签署军队动员令的。这张书桌是用“胜利号”中的木材制作的，桌面上的巨大墨盒就是“胜利号”的模型，上面有纳尔逊用彩旗发出的著名信号：“英格兰希望……”等等。挺有趣的，不是吗？[14]

公爵在沉思中回顾了这个短暂存在的帝国，睹物生情，让他沮丧。“他认为这极其令人悲哀，”朗博尔德夫人说，“他不断地说，在如此短的时间内，一切都彻底改变了，似乎谁也不再关心。真是这样。看起来确实非常冷血。霍亨索伦王朝如今只是历史中的一页！”[15]

然而，霍亨索伦家族的命运继续吸引着外国人，尽管他们同时也对柏林的现代性着迷。卡扎勒特在日记中指出：“柏林是个有意思的城市，风景如画，设施便利，物价高昂，市民有趣。每晚都有三场受到资助的歌剧上演，场场客满。戏剧非常出色，电影院条件相当好。我看了两部布尔什维克的电影，摄影一流，但宣传很糟糕——我身处的这个时代真是奇妙！”[16]

他像许多游客一样，也对魏玛时期德国艺术的高质量和多样性感到惊讶。1927 年，埃迪·萨克维尔-韦斯特选择住在德累斯顿，因为他知道在那里每晚都可以听“一场绝妙的音乐会”或看一场歌剧。理查德·施特劳斯的五部歌剧在德累斯顿歌剧院首演——该歌剧院当时在欧洲是最好的。1929 年 4 月 12 日，歌剧院取消了预告上演的节目，改由十二岁的耶胡迪·梅纽因（Yehudi Menuhin）进行表演。那天晚上，他演奏了巴赫、贝多芬和勃拉姆斯的小提琴协奏曲，让观众欣喜若狂。《人民国家报》（*Volkstaat*）写道：“满座的剧场里洋溢着欢乐的热情。”一周前，耶胡迪曾在柏林与布鲁诺·沃尔特（Bruno Walter）指挥的爱乐乐团一起演奏，收获了同样热烈的反应。一位评论家写道：“一个胖乎乎的金发小男孩走上舞台，立即以让人无法抵御的滑稽方式赢得了所有观众的心。他像只企鹅一样，交替抬起一只脚，放下另一只。但是，当他把琴弓搭在小提琴上，演奏巴赫的《E 大调第二小提琴协奏曲》时，人们的笑声立刻停止了。”[17]曾赠送梅纽因小提琴［琴名为“基文胡勒王子”（Prince Khevenhüller）的斯特拉迪瓦里小提琴］的纽约银行家亨利·戈德曼（Henry Goldman）专程从纽约赶来，出席这场音乐会。《柏林晨报》（*Berliner Morgenpost*）报道说，“包括爱因斯坦、马克斯·莱因哈特、

67

柏林所有诗人和音乐家在内的观众为耶胡迪天生的魅力所折服，爆发出飓风般的掌声”。演出后，据说爱因斯坦眼含泪水，在后台见到了这位美国神童：“我亲爱的孩子，已经有好些年不曾有人给我上课了，可今晚我有幸听了你这一课。”[18]但是，对一个犹太男孩的天赋流露出这样的喜悦，只是暂时掩盖了持续的反犹声音。希特勒在二十世纪二十年代末只是个外围人物，但这时他经常谴责犹太音乐家。在那天晚上为年轻的耶胡迪指挥的布鲁诺·沃尔特看来，不详的时钟已经在滴答作响。

歌剧和音乐会门票并不便宜。莉莲·莫勒认为，剧场入场券昂贵得“骇人听闻”，所以她成为伦敦一家杂志的戏剧评论家，以便可以随自己所愿看到尽可能多的戏剧。她很快便得出了结论，德国不仅有欧洲最了不起的剧院观众，而且也是受教育程度最高的国家——尽管与伦敦或巴黎的时髦观众相比，德国观众看来属于资产阶级。按照莫勒的统计，这里有一百多个城镇拥有自己的剧场，三十个城镇拥有一座固定的歌剧院。这是统一前留下的一笔幸福的遗产，而当时“德国”由三十八个主权国家和四个自由邦组成。德国的舞台艺术让莫勒非常着迷。“场景的完全转换机制令人惊讶。整个布景要么从视线中下降退出，要么在黑暗中消散，演员已经各就其位的新场景自动升上来，或从上方降下。”[19]对于喜欢在知识上探索的人们，这里可提供的有豪普特曼、韦德金德、布伦宁和（表面“堕落的”[20]）布莱希特等剧作家的戏

68

剧，也可欣赏勋伯格、欣德米特和理查德·施特劳斯的最新音乐作品。包豪斯建筑、表现主义、达达主义、格奥尔格·格罗茨（George Grosz）的辛辣漫画，这些因素既令人躁动不安又富有刺激性。正如莫勒所说："在德国，你强烈地感到自己活着。"[21]

当代德国影院同样令人激动，外国访客渴望参观乌发电影公司［乌发电影公司片场，1929年《蓝天使》（*Der Blaue Engel*）在此拍摄］。朗博尔德男爵夫妇在正常的一轮外交工作中休息了一天，前往片场观看拍摄，在现场与玛琳·黛德丽合了影。他们还观摩了一部俄罗斯影片的壮观拍摄情景，其中有大约一百名哥萨克骑兵"骑马冲向彼得格勒"。"为了形体相符，那群演员都是真正的俄罗斯人，"朗博尔德夫人向她母亲叙述道，"率领部队的还有一位真正的俄罗斯将军，他的出镜收入是每天二十五马克，为此他心存感激。"然而，她补充道，因为雪景其实是用盐制造的，而且场景中所有东西都是劣品或赝品，"看了反而感觉失去了所有幻想"[22]。

布伦达·迪安·保罗（Brenda Dean Paul）是伦敦一位"睿智青年"，她是那里许多有抱负的演员之一，希望在乌发电影公司发迹。她的演艺生涯惨淡收尾，但她为自己在柏林追求名利的几个星期倒也留下一段生动的描述。经英国大使馆一位年轻专员介绍，布伦达在那里开始了夜生活。没出几天，她便遇到了莱克西亲王普莱斯的霍赫贝格（Hochberg of Pless）、马克斯·莱因哈特和当时柏林最走红的男星康拉德·维德（Conrad Veidt）。她讲述了她的“普通一日”：

69

> 大约一点钟起床，午餐通常很晚（这是德国习惯），我会去……库夫斯坦达姆大街的罗伯特酒吧，一般是在去同一条街上著名的费加罗美发店之后。在罗伯特酒吧，可以享用任何东西，从薄荷朱利酒到花式牡蛎菜肴，应有尽有。坐在长长的吧台旁，一定会看到众多舞台明星和电影名人。午餐在三点或四点结束，随后就去伊甸园酒店或阿德隆酒店，那里会有人跳舞。想象一下，茶点时间在伦敦的酒店跳舞，那景象将会多么乏味而奇怪啊。但是在柏林，这是日常时髦活动的一部分。此后，在赛马俱乐部喝鸡尾酒，直到七八点钟。通常，柏林人回家休息准备吃晚餐是在大约十点钟。我非常贪吃，赫舍是一家我经常去的餐馆。那是个美食家的乐园，是古老而一度奢华的私人住宅，如今仍保持着爱德华时代的奢华氛围；在曾经的私人图书馆墙边，深红色的墙和桌子按照赛马场包厢的风格布置过……响亮的谈笑声会招来无情的一瞥。难得有个社交宴饮的地方，却处处都需要遵守宗教礼仪。要是不在赫舍吃饭，我就去一家著名的俄罗斯餐厅……其后，到了夜里十一二点钟，人们开始想要跳舞，夜晚这才真正开始。[23]

夜生活的重要部分发生在午夜后的豪华夜总会，这些夜总会与奥登、伊舍伍德和斯彭德经常光顾的那些地方风格极为不同。在埃尔多拉多夜总会里，洛利娅·庞森比（Loelia Ponsonby）［后来的威斯敏斯特公爵夫人（Duchess of Westminster）］“瞪着”相邻桌子旁“令人陶醉的有酒窝的金发小伙子”，可他“在现实中是一位枪骑兵（波兰轻型骑兵）中士”。有个俱乐部挂着一个告示，“跳舞仅限男士”。她从那里走出来后评论：“身穿运动服的中年男子结伴庄重地跳探戈，脸贴脸，看起来像漫画上和善的德国老爹，让人无法把他们的态度当真。”[24]她那位二十五岁的朋友康斯坦蒂娅·朗博尔德在描述柏林的夜生活时，提到一系列的时尚场馆，包括比津酒吧——柏林蓬勃发展起来的暗光酒吧中的第一家：

70

> 这是一个昏暗的拱廊，里面亮着红色灯光，弥漫着地铁里那种气味。拱廊尽头是一扇半开的门。里面传出一阵低沉的鼓声，还有萨克斯嘈杂刺耳的声音。一缕淡淡的蓝色烟雾笼罩着排列紧密的一张张桌子。在这里，学生、百万富翁、商人和艺术家跟艺术家的模特儿及城里的淑女们搂在一起闲混。他们为音乐所陶醉，眼睛半闭，并不交谈，只是在舞池中有节奏地摇摆着身体。有一个身穿低胸缎裙的胖胖的黑人歌女在歌唱……昏暗的灯光时而变得更黯淡，她开始哼唱，用脚敲打着节拍。她哼唱的速度越来越快，声音越来越响亮，也越来越刺耳……肥胖的身体仿佛随着痛苦的痉挛扭

曲转动，两臂伸出，疯狂尖叫："每个知道卡罗莱娜在受着什么折磨的人，都在为她哭泣。"舞厅里不断爆发出雷鸣般的掌声。她一遍又一遍地唱着，浑厚圆润的嗓音在舞厅里回荡，身体不停扭动。

夜晚仍未结束。"艺术家的角落"深藏在一个安静的街巷里，"疲惫的闲逛者们"在这里得到的最后款待是鸡汤和热香肠。沉重的外门应门铃打开一道缝。访客走进来，穿过寂静的庭院，顺着一道石阶走进下面一个小房间，屋里只摆放着一张桌子和几条长凳。在一个角落里，一位盲人乐师在轻声弹奏钢琴。"那道热汤十分美味，啤酒金黄里透着红润色泽。在这里，可能会遇到艺术家或画家、作家和伪知识分子，瞅见他们聚在牌桌旁交谈。"[25]

后来，在1929年10月24日——就是那个黑色星期四——华尔街股市崩盘，德国持续繁荣的希望便随之而去。其实，即使在金融危机爆发之前，已经有迹象显示，魏玛"黄金"年代的镀金层已经被磨蚀得薄如婵翼了。斯蒂芬·斯彭德回想起前一年夏天在汉堡看到的贫困景象，不禁感到压抑，他补充写道："我现在几乎不想放纵自己随心所欲……这个国家承受着共同的苦难，对于以前被视为商品的成群娼妓，我一念及她们，就不由得联系到腐肉，想到自己扮演的角色是只外国秃鹫，就兴致全无。"[26]

71

莉莲·莫勒声称看到了危机的来临。除剧评外，她也创作更综合性的文章。和其他记者一样，她经常被德国国家铁路当局邀请参观该国较不知名的地方。她对目睹的各地公款支出“狂欢”感到震惊：

> 当我参观这些壮观的新建筑时……只见绿树成行的一座座庭院中有面积宽敞的公寓楼群，新住宅区里有一所所样式迷人的独家住房。我往往将它们与我在其他国家看到的房子对比。与奢华的德国住房相比，法国重建的区域看上去非常廉价，质量低劣。[27]

但是，正如莫勒所意识到的，这场“公款支出嘉年华”的致命缺陷在于它依赖的是美国的短期贷款，一旦泡沫破灭，贷款收回，德国要承受的后果就是灾难性的。

股灾发生一年后，霍勒斯注意到，政府部长们不再主持或参加大型晚宴。“他们实在无力回报外国人对他们的好意，但除此之外，他们无疑也相当害怕造成不良影响。一张盛大宴会的照片可能会在被削减工资的官员中间产生恶性反响……犹太银行家举办的大型盛宴，迄今一直是柏林狂欢季的特色，但今年将不再举办。然而，这一切对个人消化系统却大有裨益。”[28]

一般性的困难很快就加剧了。例如，斯彭德注意到，在柏林，走进一家商店前不可能不受到乞丐的打扰。然而，许多法国游客对此持怀疑态度，认为德国人再次以经济危机为借口逃避支

72

付赔款。作家安德烈·纪德（André Gide）对哈里·凯斯勒说："从柏林归来的法国人带回令人难以置信的浪费作风和明显的奢华气派。"[29] 1930年夏天，埃米莉·波拉德在戈斯拉尔县就餐时，仍能享受到"神眼中的普通筵席"，包括绿龟汤和精烹蟹等六道菜。[30]

股灾发生一年后，克里斯托弗·伊舍伍德与现任男友的家人住在一个贫民窟里。他后来的叙述比较接近真实情况："这里是正在酿造历史的沸腾大锅，酿造工序将检验种种政治理论，这就像真实的烹饪是对菜谱的检验一样。柏林的酿造锅中沸腾着失业、营养不良、股市恐慌、对《凡尔赛条约》的憎恨和其他有效成份。"[31]换言之，恰好满足了纳粹分子取信于选民所需的条件，希特勒自己酿造的独裁、仇恨和歪曲的爱国主义为国家复兴提供了唯一的希望。

1924年2月26日，希特勒因暴动失败在慕尼黑的一个法庭受审，几乎所有人都确信他的政治生涯就此结束了。然而两天后，《曼彻斯特卫报》（*Manchester Guardian*）载文称："希特勒是这一时刻的英雄。在今天上午的报纸上，他的辩护内容占了好几栏版面，给人留下了很深的印象。"三十四岁的希特勒以"戏剧性情感主义的洪流，激情澎湃地"引起了整个国家的注意。他慷慨激昂地谴责魏玛政府、犹太人和《凡尔赛条约》，引起了许多德国人的共鸣——其中尤其包括荒唐地轻判他九个月监禁的法官。但是，《曼彻斯特卫报》记者旁听审判时，对希特勒明显缺乏动机这一点感到迷惑。他写道："他胸中并未充满为遭践踏者和受压迫者而斗争的意识。他策划阴谋，冒着自己和他人的生命危险，却没有明显的动机。"他补充写道，也没有任何迹象显示，希特勒的动机是私人利益或个人野心，无法解释其为何要承担如此巨大的风险。然而，希特勒在审判中取得了公关胜利却是无可争议的，在他获释后的几年中，纳粹分子继续存在于德国政治的边缘。尽管如此，在这个相对平静的时期，希特勒成为其党内无人质疑的领导者。从那时起，他一直是"元首"。

73

在 1930 年 9 月 14 日，纳粹党在大选中赢得了一百零七个席位，政治格局发生了戏剧性的变化。长时间的等待已经结束。不止如此，希特勒还从失败的起义中汲取了教训，通过合法斗争取得了成功。当时在慕尼黑，报业巨头罗瑟米尔（Harold Rothermere）勋爵欢欣鼓舞，他相信希特勒为德国开辟了一个新时代。他促请德国同胞认识德国法西斯主义可以为欧洲提供的优势——特别是在反对共产主义斗争中的优势。[32]朗博尔德却持比较怀疑的态度。一个月后，1930 年 10 月 13 日，在德国国会大选投票结束并举行首次会议后，他向英国国王乔治五世递交了书面汇报：

> 德国法西斯分子身穿违禁的制服走进国会时，我就在国会大厦里。他们身穿卡其衬衫、马裤和军用绑腿，手臂上佩

戴着纳粹“卐”字臂章。其中一位领导人穿着灯笼裤，显得十分难看。他们都身披大衣走进来，为的是掩饰里面的制服，他们进场的画面活像在音乐厅上演歌剧《墨索里尼》中的场景。虽然他们的行动往往是非常不体面和幼稚的，但可以肯定地说，他们已经成功地在这个国家激发出一种新的精神，这种精神呈现在一种“行动起来”的心愿中。[33]

74 在霍勒斯爵士看来，新出现的纳粹代表似乎只是在演戏，法西斯敬礼也十分新奇——就连他们自己也有此感觉。“他们很快就跟共产党人遭遇了。”他在给母亲的信中写道，“两党代表在国会里互相咆哮辱骂。临时议长是八十三岁的可敬而高尚的‘海狸’，他无力阻止这场既幼稚又不体面的争辩。”[34]

当天晚些时候，街上爆发了暴力事件。在深深的震惊中，朗博尔德向他儿子描述了一群年轻纳粹分子如何砸碎犹太人商店的橱窗，其中有著名的韦特海姆百货店和蒂茨百货店。霍勒斯爵士很清楚，自己对这种行为感到了真正的苦恼，这跟他的阶级和这一代人时常不经意冒出的反犹情绪并不矛盾。他抵达柏林后不久，曾写信给他的前任罗纳德·林赛爵士：“我对这个地方的犹太人数量感到震惊。人们无法避免跟他们打交道。我在想，该用一根火腿骨头做个护身符以‘避开邪恶的鼻子’，可我担心，即使这种物件也不会构成威慑。”[35]他提到，在“带着些犹太复国主义倾向的国会”，他应邀“在晚宴上会见许多希伯来人”[36]，他的口吻中带着明显的轻蔑。他心地善良的妻子也难以避免地抱有同样想法："我们真是跟最古怪的人混迹一处呢。昨天我们陪阿富汗人喝茶。今天，我们先跟一些称为以色列人的犹太人喝茶（她无法掩饰自己的轻蔑），然后是陪土耳其人。明天我们要去装点波斯客厅的门面。露西在奥斯陆遇到过这样的人吗？"[37]

经济学家、《和平的经济后果》（*The Economic Consequences of Peace*）的作者约翰·梅纳德·凯恩斯（John Maynard Keynes）随时乐意称赞爱因斯坦和银行家卡尔·梅尔基奥尔（Carl Melchior）等犹太朋友，但即使是他，在参观了柏林后也写道："然而，如果我居住那里，没准我可能转而反对犹太人，因为比起犹太人，可怜的普鲁士人脚步太缓慢、太沉重。犹太人不是淘气的小鬼，而是恶魔的使者，他们头上长着短角，身后拖着油腻腻的尾巴，手握叉子。"他补充说，看到一个文明"受到掌握着所有钱财、权力和头脑的肮脏犹太人控制"[38]，这种情形实在令人不快。

75

西塞莉·汉密尔顿是一位有思想的旅行者，她当然不是纳粹的支持者，但她试图为德国反犹太主义辩解，这也反映了许多同胞的意见。她认为嫉妒是仇视犹太人的主要原因：

> 一个受苦受难、极度贫穷的民族眼睁睁看着另一个种族在自己财富的废墟上崛起、繁荣，如果他们心生嫉妒，咆哮着指控该种族的所有人谋取暴利，这丝毫不足为奇。难道犹

太人不是靠其他人的苦难养肥了自己，如今占据了往日贵族居住的库夫斯坦达姆大街？那可是帝国时期柏林的上流居住区呢。[39]

温德姆·刘易斯（Wyndham Lewis）是一位作家、艺术家、漩涡派运动的共同创始人，他在自己的作品《希特勒》（*Hitler*）中讨论了“犹太问题”。奥登把他描述成“一座孤独的右翼老火山”[40]。刘易斯的态度更加明显，他用“种族红鲱鱼”的说法描述这个现象：

> 我要对盎格鲁-撒克逊人说：不要过分操心这类困难问题（尽管要警告这些条顿人，和你在一起时要文明）。看在血缘关系的份上……我们还是站在这些勇敢、愤怒、贫穷的亲戚一边。不要受犹太人问题这类区区小事阻碍！[41]

《希特勒》的封面上印有一个纳粹党徽，这本书首次对元首进行了全面分析，刘易斯1930年11月在柏林短暂旅行后，仅仅花了四个月便出版了此书。他告诉读者，暴力行为完全是共产党煽动的，共产党还怂恿警察枪杀无辜的纳粹党员。

76

刘易斯出席了在体育宫举行的“一次示威活动”，新当选的国会议员赫尔曼·戈林（Hermann Göring）和宣传天才约瑟夫·戈培尔（Joseph Goebbels）向两万名群众发表演讲。刘易斯发现：“现场有一种宛如物理压力的宏大的愤怒思潮。”[42]莉莲·莫勒和埃德加·莫勒出席了类似的聚会，莉莲记录道：“到达波茨坦大街之前，我们的出租车被褐衫队的中坚分子拦住，他们检查过邀请卡后准许我们通过。”最后，他们获准走进大厅，大厅墙壁用未来派的色彩油漆过。她注意到，不仅两万个席位都坐满了人，连座位之间的过道也挤满了观众。还有更多人聚集在后面，“像个大唱诗班”。一排排身穿制服，脚踏高筒皮靴，头戴大檐帽的人在维持秩序。“他们以极为呆板的姿势立正站定，但随时准备对最轻微的质疑采取行动。他们表现出挑衅、目中无人和好斗的态度，他们的表情极为咄咄逼人。整个会场的气氛就像火药工厂一样高度紧张。”[43]然而，即使是在目睹这样的事件之后，温德姆仍写道：“阿道夫·希特勒不是个黩武主义者，了解这一点是必要的。”[44]为了强调这一点，他为书中的一章取了这样一个标题：“希特勒：一个和平的人。”

纳粹党在取得首次重大选举成功后，便迫不及待地表现出傲慢与残暴。然而，在许多外国观察家看来，他们似乎也给这个国家注入了新的活力。即使是像朗博尔德男爵这样老练的外交官，要品出这杯政治茶的味道也不容易。尽管如此，正如他向外交大臣阿瑟·亨德森（Arthur Henderson）报告的那样，他深信无论纳粹党发生什么事，他们从两方面着手提高德国国内和国际地位的决心“都将保持下去，并成为鞭策这一届政府或未来德国政府的动机”。[45]

第五章

绞索在拉紧

77 1931 年春季，德国人的生活条件每况愈下，与朗博尔德向英国外交部的明确汇报相符：

> 谁也没有钱，面包不降价，失业率居高不下……人们不知道该如何安然过冬。他们似乎觉得，自己没什么可失去的，也没有什么好希望的……正因为没有任何希望，人们才对局势深感沮丧，布吕宁（总理）* 才感到无法控制大局。[1]

旅游业受到重创。1930 年夏季，度假胜地的游客人数下降了 30%。在欧洲，经济萧条造成了类似的问题，但德国人受到的打击尤其沉重，因为他们还要额外承担赔款责任。此外，开汽车旅行的人数增加了，这意味着，以前游客在一处花费一周时间，如 78 今只停留几个小时。但是，对传统旅游业威胁最大的是有组织的旅游突然发展起来了。虽然新的旅游大巴能让更多的人访问德国，但他们运送的旅游团人均花费大大少于每位单独的游客。德国南部以旅游景点众多著称，其中还有拜罗伊特（瓦格纳节日剧院所

* 海因里希·布吕宁（Heinrich Brüning，1885—1970），于 1930 年至 1932 年任德国魏玛共和国时期的总理。

在地）和上阿默高［以世界著名的《耶稣受难剧》(Passion Play）驰名］，因此比北部受影响要小。《观察家报》（*Observer*）报道说，在巴伐利亚，“装饰华丽的房子中以公道的价格提供着精美的食物和良好的服务”，不像“柏林周围的所谓周末度假村，那些地方一直没有走出通胀期暴发户的不利影响”[2]。但是，尽管外国游客人数在二十世纪三十年代初显著放缓，德国的创新、技术和文化仍然吸引着商人、科学家、知识分子，以及一些有怪癖的人们。凯斯勒在日记中写道：“埃里克·吉尔*在四点钟抵达。在车站，他的非凡装束立刻吸引了人们的注意：过膝长袜、一袭黑色短斗篷、一条刺眼的花哨围巾。”[3]

当然，英国大使馆并不缺少访客。大多数人受到热情欢迎，而另一些人则受到比较冷淡的接待。“我们这里很热闹”，朗博尔德夫人写道：

> 对昨晚的舞会非常满意，这让人备受鼓舞。参加舞会的人数超过六百人，召集起这么大一群人真是个奇妙的感觉！这相当具有“历史意义”，因为这是1914年以来海军和陆军官员首次共同出席……埃德加·华莱士（Edgar Wallace）是位名人，但他看起来平凡得要命，有一张非常不讨人喜欢的脸。不过人们见到他仍激动不已。[4]

79

---

* 埃里克·吉尔（Eric Gill，1882—1940）英国雕塑家和版画家，与“工艺美术运动”关系密切。

尽管朗博尔德夫人并没有对《金刚》（*King Kong*）的作者（华莱士的出版商称，当时，在英国读到的所有书籍中，有四分之一是他写的）产生什么好感，但二十七岁的飞行员埃米·约翰逊（Amy Johnson）却令她着了迷，去年她驾驶“杰森号”吉普赛蛾型飞机独自飞抵澳大利亚。悉尼市民曾热烈欢迎她，把她当成“令帝国无比骄傲的小女人”，如今，她成了世界名人，可她自己并不情愿，渴望摆脱公共生活的压力。她于1931年1月初的一个晚上从科隆飞抵柏林，接下来要飞往华沙、莫斯科。她希望最终能飞往北京。尽管当时已是隆冬，她仍然计划沿横跨西伯利亚的铁路飞越四千英里，一路飞往中国。在朗博尔德夫妇看来，这几乎等于自寻死路。“她飞上蓝天前，没有进行任何形式的事先安排。”霍勒斯爵士简直不敢相信自己的耳朵。“除了英语，她不会说任何其他语言，身上携带的只有英国货币（英镑），也没有详细的比例图。”[5]埃米纯属愚蠢的计划激发了朗博尔德夫人的母性本能：

> 这么个可爱的小人儿，看上去根本与坚强无关，只有柔和的嗓音和温柔的举止。她抵达柏林前又冷又累，迷失了方向，在黑暗中飞行了一个半小时。真让人想要保护她免受她自己意志的伤害。她看上去那么年轻，那么可怜，一丁点儿也不像个让人肃然起敬的意志坚强的乡村丫头。她身穿绿色皮革飞行服，显得十分优雅。她从一只小手提箱里取出一条

可爱的深蓝色午后休闲连衣裙，那是她唯一可更换的服装。

第二天早上，埃米只带了一壶热茶和一包三明治便起飞去华沙，好在她还配备了一顶俄罗斯毛皮衬里的头盔——这是大使馆的牧师送给她的。“我真希望她能回来。”朗博尔德女士评论道。* 80

几个星期后，查理·卓别林于1931年3月9日抵达柏林，宣传他最后一部也是最成功的一部无声电影《城市之光》(*City Lights*)。朗博尔德在写给康斯坦蒂娅的信中写道：“你妈妈直到联系上他才肯休息。他今晚要来吃饭，还要陪我们一起玩。我们会吸引大量关注。”[6]他这话没错。百代电影公司的新闻片段报道了卓别林抵达柏林，标题是：“狂喜的人群对著名电影喜剧演员的接待，可能连国王都羡慕。”成千上万的人挤站在从腓特烈大街车站到阿德隆酒店的街道两旁。他身为贵宾，下榻在这座酒店的皇家套房。然而，并非所有迎接他的人都很友善。纳粹分子误认为卓别林是犹太人，便聚集在阿德隆酒店外对他大喊大骂，而一群共产党人威胁说，如果他不接见他们的代表，就打碎阿德隆酒店的窗户。[7]纳粹反对他的言论刊登在由戈培尔编辑的喉舌报纸《进攻》(*Angriff*) 上，叫他“犹太人卓别林”，还斥责他的“典型犹太人

---

* 1931年1月7日，朗博尔德夫人写信给母亲：埃米·约翰逊在去华沙的途中迷路，在大雾中迫降。后来她乘火车去了莫斯科，在那里她取得了巨大的成功。她没去成北京，但是她在1931年7月与飞行员杰克·汉弗莱（Jack Hamphreys）合作，成为首次从伦敦飞往莫斯科的飞行员。接着穿越西伯利亚后，他们创下了从英国飞往日本的最快飞行纪录。

屏幕形象误导德国青年偏离了富有男子汉气概的德意志齐格弗里德（Siegfried）英雄理想”，从而“侵蚀德意志民族的未来”[8]。纳粹的宣传战是如此恶毒，以至于卓别林早早便离开柏林，没有出席他的电影首映式。

英国人和美国人在魏玛时期的德国相对比较受欢迎，而法国人则特别不受欢迎。事实上，许多德国人为自己的不幸追究责任时，认为法国人应负的责任仅次于德国犹太人或德国政府。幸运的是，法国大使安德烈·弗朗索瓦-庞塞（André Francois-Poncet）是个性格开朗的人。他于 1931 年 9 月 21 日抵达柏林，一周后，法国总理皮埃尔·赖伐尔（Pierre Laval）和外交部长阿里斯蒂德·白里安（Aristide Briand）正式访问柏林。这是自拿破仑时代以来法国政界主要领导人首次访问德国。朗博尔德夫人说，每个人都很紧张。很明显，尽管双方政界人士尽了最大努力，法德关系仍与以往一样糟糕，公众和新闻界都没有任何缓和的愿望。在法国大使馆举行的一次宴会后，“街道上传来低沉的鼓噪声，”弗朗索瓦-庞塞记录道，“走到阳台上，我们见一小群人在广场上游荡。突然听见有人用法语呼喊。我们认为是在说‘Sauvez-nous（拯救我们）！’但白里安的耳朵更敏锐，头脑也更精明，纠正了我们。他解释说，不是的，那个声音在喊的是‘Sauvez-vous（从这儿滚出去）！’”[9]

81

朗博尔德夫人也不太喜欢法国人：

> 昨晚我参加法国大使馆的一次晚宴，稍感疲惫。那是一次品尝各种香槟的小型晚宴。法国大使是一个非常健谈的人，但不够机敏圆滑。考虑到有两个德国人在场，他的一些言论令霍勒斯不太高兴。在某些方面，我不太喜欢法国人。我认为他们自视甚高，就像厚脸皮的小男孩。[10]

两个月前，英国首相拉姆齐·麦克唐纳和外交大臣阿瑟·亨德森也访问过柏林，但受到了非常不同的待遇。朗博尔德满意地记录道："首相受到人们热情的欢呼。我注意到人群中有很多纳粹分子，他们向他行法西斯礼。我跟随着走去，人群中有人喊，'Es lebe der Englische Botschafter. Hoch！（英国大使万岁！）'于是，群众跟着欢呼。我不得不说，我从没想到德国群众会对我欢呼。"[11]

82

英法两国领导人是在经济严重萧条的时期访问德国的。1931年5月，奥地利银行倒闭，触发了整个欧洲的金融崩溃，加剧了本已严重的萧条。苦难和恐惧倍增，这就像给法西斯的磨坊中增加了粮食。朗博尔德夫人写道："这是多么令人讨厌的时刻啊。我想到10月1日要支付沉重的月度账单，而昨天，英镑贬值到一英镑兑换十三马克六芬尼，这让我实在沮丧。"[12]像往常一样，她把这事怪到法国人头上。

受货币汇率波动的影响，旅行者们经常受困，没有足够的钱回家。即使是像托尼·朗博尔德（Anthony 'Tony' Rumbold）的牛津朋友这样富有的年轻人，也会因住不起旅馆而突然出现在大使馆。汤姆·米特福德在柏林大学学习德国法律，他在那年 11 月寄给表亲伦道夫·丘吉尔的信中写道："人们终于体会到了绝望的处境，很少把钱浪费在不必要的享乐上。"他补充写道，"如果你有意，可以把欠我的十英镑还给我，因为我发现，非常不利的汇率让生活成本变得高昂"[13]。

然而，现金对国会议员南希·阿斯特（Nancy Astor）女士和乔治·萧伯纳（George Bernard Shaw）来说不是问题。尽管他们有不同的政治观点，但两人是关系亲密的朋友，跟许多前往柏林的游客一样，他们选择在那里待几天，然后前往真正的目的地——莫斯科。朗博尔德夫人认为，萧伯纳的"爱尔兰血统真是名副其实，他有奇怪的迷人仪态，闪亮的蓝眼睛，说话带有柔和的喉音"！后来，她从文章中读到，他在俄罗斯受到"自称"是他朋友的人们热情欢迎。这让她乐不可支。尽管资金减少，但朗博尔德夫妇继续以流行的方式招待游客；然而，朗博尔德夫人注意到，在使馆外，一切都瘫痪了。"人们不能旅行，不能购买任何东西，而且对食物短缺怀着极大的恐惧。当然，当人们回忆起通货膨胀的日子时，个个都感到紧张。这一切都显得很平静，但人们看起来既悲伤又焦虑。灰蒙蒙的天空让人感到压抑。"[14]

83

1932 年 3 月举行了总统选举。这是一个非常重要的事件，为了应对魏玛政府的日益动荡，兴登堡的权力显著增强了。他现在能够通过法令进行立法，并随意任命或解雇政府人员。表决前几个星期，朗博尔德夫妇出席了一次晚宴，主办人是当时担任了七年总统的陆军元帅。朗博尔德夫人写道：“我很高兴伟大的兴登堡亲自挽着我走进晚宴厅。这很可能是他最后一次举办正式晚宴，因为他可能不会连任总统。”与这位老先生竞争的是阿道夫·希特勒和共产党领袖恩斯特·台尔曼（Ernst Thälmann）。结果，兴登堡轻松连任，但是，在斯蒂芬·斯彭德等讨厌“大街上持续发生政党、警察和军队游行”的人们看来，希特勒是个让人担忧的强大亚军。由于持续的政治动乱和公众不满，现在的形势十分明显，魏玛共和国的日子屈指可数了。斯彭德后来写道，他们进入了“魏玛的黄昏”。“受到外国列强和外国债权人、实业界密谋者、愤怒的将军们、贫困的乡村贵族、潜在的独裁者、来自东欧的难民等国内外种种力量的牵制，政府举步维艰，从一个危机滑向另一个危机，永远处于危机状态。”[15]

政治动乱（德国国会有二十九个不同党派）导致那一年举行了五次选举。英国保守党议员鲍勃·布思比（Bob Boothby）一月份在汉堡和柏林演讲之后，告诉温斯顿·丘吉尔说，德国人“陷入了绝望的困境。他们没有政治天分；他们的党派是相互冲突的力量和理论的疯狂混合物，其基础是完全不该染指政治的工会和天主教等机构”。但他认为人民仍然“非常强大”，他补充说，“难怪法国人感到害怕”。希特勒对此不服气，布思比在对他进行

84

了长时间的访谈后，总结了对德国人的看法："有两件事最让我触动——他们的工人住着华丽的房子；他们在绝望中也保持井然有序。"[16]

1932 年 7 月举行大选时，二十二岁的杰弗里·考克斯碰巧在柏林。虽然纳粹党在这次大选中收获颇丰（二百三十个席位）并成为德国国会中最大的党派，但他们仍然没有构成大多数。考克斯在写给母亲的信中描述了选举前的情况：

> 由于禁止公众集会，所以街上没有大规模人群，只有许多人在买报纸，等待选举结果。街上部署了众多武装警察，在兴登堡的门外有哨兵。偶尔出现一辆警车，上面乘坐着一队手握带刺刀和步枪的警察，大声鸣喇叭开道。接着涌来大量汽车、自行车、摩托车，人们都想来看热闹。我觉得他们很喜欢眼前的一切，尽管这种状况无疑让他们绝望。我预测，六个多月后，德国要么走向共产主义，要么（决心扩大东部领土）与波兰发生战争。我认为，独裁政党一旦让德国军队强大到具有能对抗共产主义的势力，就会发动战争，这是最大的危险。这将是最可惜的事，因为德国人民是如此杰出的人民。在年轻人当中，有一种紧迫的绝望感，他们意识到自己将成为炮灰。一位德国学生对我说："我们该怎么办？唯一能做的就是走向街垒，进行反抗！"[17]

考克斯把暑假的剩余时间花在海德堡大学城，用来学习德语。

大学城背后是松树覆盖的山丘，让他联想到家乡新西兰的达尼丁市。他喜欢这里红砂岩的城堡废墟，跨在内卡河上的拱桥和古老的大学建筑。“连学生都令人赏心悦目。大多数学生戴着各种击剑俱乐部的制服帽，令人惊讶的是，大多数学生脸上都有击剑的疤痕。”击剑的疤痕成了等级和荣誉的标志，十九世纪初以来，在学生中尤其被视为荣誉徽章。丰富多彩的音乐是个额外的乐趣：

> 清晨，女佣一边把床垫拖上木质阳台晾晒，一边放开歌喉；河面的独木舟上，唱机在播放音乐；一队队徒步旅行者走向山丘时弹奏着曼陀铃；晚上，城堡花园的咖啡馆里，爵士乐队在演奏；流浪者们放开低沉浑厚的德国嗓门一直唱到深夜。在河的上游，海尔布伦村红顶白墙的房屋坐落在碧绿的山丘顶上，通向村子的道路是一条白色土路，路两旁的苹果树下是收割整齐的饲草地，一个小型管弦乐团在村里的咖啡馆一直演奏到天明。[18]

让考克斯感到舒适的不仅是周围的景观，他还为教授们的不拘礼节所打动。教授们在城里走动时，身穿衬衫，携带着游泳衣，吃着冰淇淋。“这些人一点也不冷漠，在学生面前从不摆老师的架子。”在魏玛共和国最后那年的夏天，考克斯和几个意气相投的同学与女房东的孙女每天早上一起在河里游泳，还有野餐、划独木舟、打网球。只有远处曼海姆的工厂烟囱让他们想到，外部世界“存在着法西斯主义、布尔什维克主义、战争、革命和危机"[19]。

但即使是在田园牧歌般的海德堡，德国社会的紧张局势也显而易见。考克斯的女房东总是身着黑色衣服，战争中，她失去了丈夫和全部三个儿子。与她的邻居一样，她因税收和战后无法避免的种种困难而在经济上陷入困境。此外，考克斯的教授是个坚定的亲纳粹分子。"希特勒来了，一切都会好的。"这是他的口头禅。那个夏天，托尼·朗博尔德也在学习德语——在慕尼黑。他也寄宿在一个贫穷的中产阶级家庭，但他的老师不是纳粹分子。"托尼可怜的小教授在纳粹监狱*里关了三个星期，"朗博尔德夫人对母亲写道，"他的喉咙让人灌过蓖麻油，仅仅因为他是个社会主义者。他一文不名，恳求托尼提前付给他十节课的学费，因为他必须养活母亲。"[20]

1932年在海德堡大学学习的所有外国学生中，没有一个比米尔顿·赖特（Milton S. J. Wright）更引人注目，原因很简单：他是个非裔美国人。他自己都承认，他"有点让人好奇"。公众很熟悉黑皮肤的拳师、爵士乐师、球员和吟游诗人，但海德堡很少有人真正遇到过黑人。莱特指出，"有文化的黑人淑女和绅士"这一概念对大多数人来说是完全新奇的。他记得路人经常会停下来凝视他，好像期待他随时会跳起舞。有时候，有人问他是不是位非洲王子。其实，赖特毕业于哥伦比亚大学，当时在海德堡攻读

* 并不清楚朗博尔德夫人在纳粹掌权前写的"纳粹监狱"究竟是什么意思。

经济学博士学位。十年后，“珍珠港事件”刚刚发生之际，他接受《匹兹堡信使报》（*Pittsburgh Courier*）一次采访时，讲述了他会见希特勒的非凡经历。

每年夏天，海德堡都有一场壮观的声光表演。开始时，俯瞰内卡河的城堡沐浴在红色“火焰”中，纪念它在十七世纪遭法国破坏。接着，投射在城堡上的灯光渐渐黯淡，焰火照亮了天空。1932 年，米尔顿·赖特和他的兄弟会会友们在一艘挂着灯笼的小船上观看了这场表演。表演结束后，观众齐唱《德意志高于一切》（“Deutschland über alles”），接着聆听希特勒发表他照例充满仇恨的演讲。之后，赖特和他的同伴们返回希特勒下榻的欧洲酒店，准备在那里就餐。但是赖特被发现了。他们走进餐厅时，希特勒的两个党卫军卫兵过来跟他搭讪，对他说，元首想见他。走进会见希特勒的房间之前，赖特把自己的护照交给一位朋友，说如果他没出来，就通知美国领事馆。他其实用不着担心。赖特回忆道：“跟希特勒在一起的时间中，几乎完全是他问我关于美国黑人的种种问题。当然，我没有机会回答，因为他刚提出一个问题，马上就自己作答。”尽管如此，赖特没料到，希特勒竟然彬彬有礼。赖特对记者说：“我感到有点出乎意料，他似乎非常了解美国的黑人。”不过，希特勒带着敬意提到的人名只有布克·华盛顿（Booker T. Washington）和保罗·罗伯逊（Paul Robeson）。希特勒对赖特说，他认为“黑人”属于第三等人，注定永远是某

87

种形式的奴隶，他说，如果他们有骨气，就不会允许白人对他们施以私刑，殴打和隔离他们，会起而反抗。他问赖特，既然到头来根本不能像白人一样运用受到的教育，为什么还要接受“白人的教育”。希特勒暗示，赖特在海德堡的经历只会让他回国后感到更加悲惨。起初，希特勒称赞赖特的德语讲得好，让他受宠若惊。希特勒说，他的德语比任何美国人或英国人讲得都好。然而，希特勒接着说，他总是听人说，“黑人”有与生俱来的模仿天分，这显然是赖特精准掌握这门“大师语言”的原因。

88

这位美国人总结了这次会面的情形，回顾了希特勒的平静表现，以及他对赖特所说一切表现出的强烈兴趣。“尽管如此，他说话声音响亮，态度从容，口吻不容置疑，一直保持着镇静和沉着。”让赖特离去之前，希特勒示意一名保镖给他一张签过名的照片，并建议在慕尼黑再次会面。这个奇怪的故事有一个结尾。赖特的博士论文题目是《前德国殖民地的经济发展和本土政策，1884—1918》（“The Economic Development and Native Policy of the Former German Colonies，1884—1918”）。他回到美国后，论文从原来的德文被翻译成了法文和英文，后来又被返送到德国。随后，这篇论文由纳粹在欧洲广为传播，成为德国夺回非洲殖民地企图的一部分。不知是否有人会想到，这篇论文的作者是位黑人。[21]

霍勒斯爵士的腰围一直是个值得担心的问题，于是，在1932年9月，上了年纪的朗博尔德夫妇在马林巴德的波希米亚温泉水疗中心度过魏玛共和国最后那个夏天。人们认为，那里一百多眼富含多种有益物质的天然矿泉能治愈消化系统疾病，还能缓解风湿病。朗博尔德夫人在信中对母亲说：“霍勒斯的治疗进行得很好，他的体重已减轻了十二磅。”温泉水疗中心的宏伟酒店建于十九世纪末叶，但在历史上早就吸引了众多富人和名人，包括歌德、爱德华七世国王、肖邦、瓦格纳、弗朗茨·约瑟夫皇帝等。温泉水疗中心的名声延续到了第一次世界大战之后，以致朗博尔德夫妇发现，自己同一些英国贵族人士、西班牙的阿方索国王、冯·梅特涅伯爵等均在此饮用过泵水。主要负责给他们治疗的是“伟大的”波格斯（Porges）医生：

> 昨晚波格斯举行了一次晚宴，那是一场精彩的盛会。我们受到了邀请，他的病人们围坐在摆满美食的漂亮餐桌旁。他先做了个简短的演讲，说“休战”令已经发出，大家尽可以吃喝玩乐啦。这是个有趣的主意，对于非常特殊的病人，治疗过程中总是会有这样的活动！他娶了一位颇为富有、性情和蔼的希伯来妻子，这对他是桩好事。[22]

在波格斯医生挑选的少数病人中，美国计划生育的先行者玛格丽特·桑格（Margaret Sanger）惹人注目地缺席了。她那年夏天也在马林巴德，有严重的疲劳感，并且全身无力。她在写给一位朋友的信中说："在这里，我睡在曾属于歌德的房间里，使用他本人的炉子，看着他的时钟，他和他最后一位爱人的肖像挂在我头顶上方。"[23]波格斯医生向她的卵巢里注射了各种东西，并给了她一个泥包，让她抱着贴在自己肝脏位置。她还像温泉水疗中心的其他病人一样，要把大量味道可怕的水灌下喉咙。桑格对她的病友们评价不高：

> 看到成群的成年肥胖男女听着音乐到处走动，手里拿着绿色、蓝色、红色的玻璃瓶，用玻璃管像婴儿般从玻璃瓶里吸水，这倒怪滑稽的。他们长相都太丑，身材也丑陋得吓人，真不敢相信上帝竟造出这种怪物。[24]

一天，朗博尔德夫人开车到附近的卡尔斯巴德温泉去看望"几位悲伤的西班牙人和两位同样悲伤的德国人。真奇怪，'我们的'两个国家竟然都在如此不幸的日子里倒下了！（霍勒斯爵士来柏林前曾在马德里任大使。）几位以前非常富有的西班牙人，如今住在狭小肮脏的小旅馆。我们坐在可怕的小饭馆里。那两个德国人经济上还过得去，但非常艰苦，也很悲惨。他们夫妻二人一直在搞政治，丈夫是位受欢迎的知名人物"[25]。然而，几天后，在朗博尔德夫人为阿方索国王举行的午餐会上，却没有经济困难的迹象：

> 这次午餐会是一个巨大的成功。阿方索国王心情极好，说了很多爱德华国王和其他人特别逗乐的趣闻轶事。每

个人都为此着迷。此外，午餐特别美味，有青鳟鱼、鹧鸪、冷火腿、桃子果盘和奶酪。这张桌子上摆放着红色和黄色的大丽花（西班牙国旗的颜色），国王立刻注意到了，还补充说，绿色代表“贝尔德”（Verde），西班牙保皇党说这个字眼时，意思是“万岁西班牙国王！（Viva el Rey de España!）”所以一切都很顺利。午餐后，我们去打了高尔夫球。[26]

阿方索国王在马林巴德饮用矿泉水的时候，特尔玛·卡扎勒特（Thelma Cazalet）正在莱茵兰参观空荡荡的工厂和青年失业者营地。这个营地的目的是向十八至二十五岁的青年人提供短期、低薪工作。特尔玛的哥哥维克托是英国保守党议员，当时她跟哥哥与一群议员在德国进行实地调查。她用铅笔潦草地归纳出自己的印象：

德国人讨厌波兰人，主要因为他们有亚洲人血统。他们理所当然地认为，我们会站在他们一边对抗法国人，觉得我们可以而且应该采取更加坚定的立场支持他们。他们对英国的情况一无所知。在他们的想象中，我们几乎没有遭受过战争的苦难，而且已经忘记了那场战争。这个国家的人感觉非常迟钝。毫无疑问，希特勒的政党通过分裂人民把德国从社会主义或共产主义政府中拯救了出来。几乎所有的年轻人都是希特勒信徒。德国人都一厢情愿地认为，在下一场战争中我们将与他们并肩作战。[27]

91

就在魏玛共和国的最后几个月期间，安德烈·纪德仍未完全放弃法德和解的希望。在所有最重要的方面，他相信德国领先法国三十年。他的同胞，罗杰·马丁·杜加尔（Roger Martin du Gard）* 1932年11月首次访问柏林时，态度更加热情。他对柏林的街头生活进行专门调研后，相信“德国正在创造未来的新型的人民……这种类型的人民将会崛起，他们将体现过去与未来、个人主义和社会主义的结合”。[28]

然而，在朗博尔德夫人的叙述中，那年秋天街道上呈现出的却是一幅相当不同的景象。“过去几天，柏林让人兴奋的是警察遍布，”她写信给母亲时说，“人们会认为我们处在一场革命的边缘。两天前，人们在整条莱比锡大街上进行打砸，好一幅疯狂景象。韦特海姆百货店的大橱窗没剩下一片完整玻璃，他们砸碎了大多数犹太人商店的橱窗。”她解释说，“搞破坏的是‘纳粹分子’，他们是一种法西斯主义者”，免得她母亲因为不熟悉这个字眼而一头雾水。在一个星期日，朗博尔德夫人从大使馆走向城堡，绕过一个角落时，看到“整整一队纳粹党人追逐着一个悲惨的共产党人，追上后便大肆殴打。一辆辆卡车满载着警察，在菩提树下大街来回疾驰。到目前为止，没有发生枪击，人们似乎乐在其中。这当然让走上街头的乐趣陡增”[29]。但是，希特勒被任命为总理

---

* 罗杰·马丁·杜加尔于1937年获得诺贝尔文学奖。十年前他的密友安德烈·纪德也获得此奖项。

后，这种“乐趣”很快就变成了恐怖。

即使当希特勒1932年7月胜选后，在他尚未被提名担任总理前，兴登堡还发表过一番著名的评论：“让那个人担任总理？我会让他当邮政局长，让他伸出舌头去舔印有我头像的邮票。”[30]但是，六个月的政治波折过后，兴登堡被说服，改变了初衷。1933年1月30日中午过后不久，新一届德国政府总理阿道夫·希特勒和他的内阁成员聚集在总统府。希特勒站在兴登堡面前，发誓维护宪法，尊重总统的权利，维护议会统治。然而，仅仅五十二天后，3月23日，《授权法案》（Enabling Act）获得通过，这标志着魏玛共和国的终结。该法案让希特勒有权在不必得到国会同意的情况下进行统治，从而实际上赋予了他独裁大权。如果说，希特勒升任总理从严格上讲还不算魏玛共和国的终结，他那天发出的誓言则真正地宣布了它的灭亡。 92

第六章

怪物还是奇迹？

93

希特勒就任总理几周前，克里斯托弗·伊舍伍德抱怨德国政治变得无比沉闷：“在乞丐和电车售票员的姿态中，不再有一点点令人振奋的危机意识。”[1]但无论如何，在1933年1月30日希特勒的就职典礼上，壮观的火炬游行并不沉闷。规模极尽宏伟的纳粹盛会带来了一个高潮，这一天注定将永远改变世界。

康斯坦蒂娅·朗博尔德从她的卧室窗户向外观望，只见：

> 火炬游行队伍像一条闪光的巨蟒，蜿蜒穿行在大道上，穿过勃兰登堡门，横跨巴黎广场，涌向威廉大街。那天晚上，德国所有的青年都在游行。他们六个人一排，穿着褐色上衣，每人举着一把燃烧的火炬，整整五个小时的游行没有间断。火炬在平时简朴的灰色街道上投射出一片片怪异的粉红色的跳跃光亮，往房屋墙壁投下巨大的扭曲阴影。千百
>
> 94
>
> 面血红色的旗帜在翻腾，上面点缀着纳粹“卐”字党徽，正式擎旗者把大旗高举过肩，就连小娃娃手中也挥舞着一丁点儿大小的纸旗。[2]

她壮起胆子走到外面，设法挤过人群，最后站在总理府前。

透过一扇窗户，她看到兴登堡总统的巨大身躯让窗帘遮住一半。她再往前走了几百码，只见希特勒以刻板的立正姿势站在一个阳台上，向前伸出胳膊。虽然他背后灯光明亮，只能看到他的轮廓，但康斯坦蒂娅看得出，他“面容紧张苍白，白得像他特别宽大的白色衣领”。莉莲·莫勒记得，那天晚上冷得厉害，火炬迸出的火星在冰冷的空气中噼啪作响，在无休止的游行过程中，她还记得自己不停地轮流跺着双脚，试图让自己暖和些，结果终归徒劳。任何在场的人都不会忘记那天晚上正步游行者靴子踏出的整齐践踏声和乐队的鼓声，不会忘记纳粹行军歌声和“德国快醒来，犹太人到了”“让人人面露胜利的狂喜”等喧嚣的口号声。康斯坦蒂娅写道：“德国女人们——那些游行男子的母亲、妻子和姐妹——被挤得紧靠两旁的房子，在人行道上相互碰撞。她们放开喉咙嚷叫，手里挥舞着手帕和围巾，挤在门前台阶上或窗台边，歇斯底里地狂笑着。”[3]

对于英国外交官头脑冷静的女儿或者莫勒夫妇这样崇尚自由的美国人来说，这是一次令人不安的经历。康斯坦蒂娅意识到，这不是个外国人该待在街上的夜晚，她返回大使馆，见她父亲独自坐在后面的房间里，试图不理睬外面的喧嚣。他们上楼睡觉时，霍勒斯爵士考虑着此事究竟会导致什么结果。这是个设问句，因为康斯坦蒂娅认为，很明显，“任何人见证了那次游行的精神之后，都不会有疑问”[4]。然而，希特勒强制实施自己的独裁统

95 治还需要几个月时间。为了通过赋予他完整权力的《授权法案》，他需要得到一个更令人信服的授权。一次大选将在 1933 年 3 月 5 日举行。

希特勒就职几个星期后，欧文·特威迪（Owen Tweedy）和吉姆·图尔詹（Jim Turcan）在一条乡间小路上驱车前往波恩。这是一辆花费十英镑买到的莫里斯牌二手汽车。他们二人自从在剑桥上大学以来就一直是朋友，当时特威迪在攻读现代语言学。两名男子此时四十五岁上下，都在战争中受过伤。特威迪后来在中东度过多年时光，不过眼下是一名自由记者，在伦敦谋生。他希望能以新德国为题材撰写足够多的报道，投给《每日电讯报》（*Daily Telegraph*）等感兴趣的报社，这便是他此行的目的。吉姆虽然言行有点糊涂，但和蔼可亲，他辞去工程设计工作，只为了一路陪伴特威迪。两人都情绪高涨。这是个“美好的日子，阳光明媚，空气清冽，让人心怀渴望”。特威迪写道，“我们到达莱茵河附近时，眼前展现出非常宜人的景象，村庄看上去朴实而美丽，田地打理得很好，没有多少树篱，树木繁茂”。唯一不和谐的景象是每转过一个弯都有选举宣传迎面扑来。特威迪觉得，比起共产党缺乏美感的大标语，纳粹党的“卐”字徽还不那么讨厌，墙上的标语有些足足长达三四十码。[5]

尽管有讨厌的口号，但看到“波恩还是波恩——干净、健康、令人快活”，还是让他们感到宽慰。向东七十英里，可爱的老城魏尔堡市是另一番让人欣慰的景象，让人想到了昔日的德国：狭窄的街巷在山坡和木结构房舍之间蜿蜒，屋顶上还有洁白的积雪，这是特威迪自学生时代以来就熟悉的景象。在卡塞尔，他们发现一个古老的客栈，这儿“就像英国拉德洛城的羽毛酒店”，客栈老板是个大胖子，有个肥胖的老婆，仆人性情欢快，房间价格低廉，饭菜美味。人们都很友好，对他们该走哪条路线提出种种建议。

到抵达卡塞尔为止，他们来德国已经有一个星期了，但尚未看到竞选期间纳粹党使用的任何恐怖战术、暴力和恫吓手段。的确，纳粹暴行有效地压制了所有反对派，只有外国记者才敢写抗议文章，其中大半是英美记者。《十九世纪及未来》（*The Nineteenth Century and After*）报道称，因为害怕报复，一位驻德国的英国记者被迫匿名发表文章。* 他写道：“德国人发表带有敌意的批评就等于自杀——通常是受到经济制裁，有时甚至会受到人身伤害。”[6]不过，即使是那些显然处于危险之中的人也完全没有料到会受纳粹的袭击。一位犹太血统的俄裔美国左翼活动家亚伯拉罕·普洛特金（Abraham Plotkin）对德国同事的自鸣得意感到惊讶。1933 年 2 月 6 日，他在柏林会见了几位富有的犹太人后，在日记中写道：“他们对希特勒的崛起并不关心。这看起来可能很奇怪，至少我觉得奇怪。他们的态度是，这种情况必然会发生……

96

* 这是该杂志有史以来首次允许匿名投稿。

也许最好让希特勒之火自生自灭。”[7]

在接下来的那个周末，普洛特金和一个荷兰工团主义者在柏林附近的树林里散步，一直走了好几个钟头，与他们同行的德国服装工会主席竭力让他相信，工会面临着危险：

> 我问了十几个其他问题——假如希特勒这样做或那样做，结果会如何？他听了笑着说，我提出的每一个问题他们都已经充分讨论过，对可能的后果都做过权衡……兴登堡不会容忍通过纯粹的恐怖手段或违宪手段建立起来的任何独裁专政……我们能说的话和已经说的话都没有扰乱他的平静。[8]

97

希特勒在竞选期间，乘坐着他的私人飞机“里希特霍芬号”在全国飞行拉选票，那是当时德国速度最快的飞机。1933年2月23日，加雷斯·琼斯（Gareth Jones）和《每日快报》（*Daily Express*）的丹尼斯·塞夫顿·德尔默（Denis Sefton Delmer）冒雪站在滕珀尔霍夫机场，等待新总理的到来。这两名年轻人应邀陪同希特勒参加在法兰克福的政治集会。德尔默用他的电影摄影机记录现场情况，大胆的调查记者琼斯刚从俄罗斯回来，匆匆做着笔记：“有人喊道，‘领袖来了’。只见一辆汽车在雪地上驶来。车上走下一个模样非常普通的人。看起来像个中产阶级的杂货商。”琼斯观察到，希特勒面对戈培尔的新车露出孩子气的喜悦。琼斯对他的随和举止感到惊讶：“没有装腔作势，态度自然，没有做那种不幸的手势。”半个小时后，琼斯和德尔默已经升到柏林上空六千英尺的高度，这次飞行中，只有他俩是非纳粹分子。“如果飞机坠毁，”琼斯在笔记本上潦草地写道，“德国的整个历史都得改写。”飞越蜿蜒的易北河时，琼斯记录下希特勒耳塞棉花研究地图的模样。坐在琼斯身后的戈培尔一直在笑，此人身躯矮小，皮肤黝黑，“两只眼睛异常活泼”，让琼斯联想到南威尔士的矿工。“他将成为德国最重要的人物之一，看起来是个聪明的‘智囊’。”在此期间，希特勒的保镖们特别饶舌，他们身穿装饰有银色骷髅和交叉骨头的黑色制服。其中之一“是个身材高大健壮的青年男子，露出两排洁白的牙齿，像个聪明的公交车司机”。他对琼斯说，就在几天前的一个晚上，他抓住一个共产党抗议者，在一台钢琴上“砸碎了他的脑袋”。尽管有这么一段插曲，但琼斯发现，同行乘客没有露出冷淡的表情，“即使我是个狂热的纳粹分子，他们的态度也不可能更友好、更礼貌了”[9]。

四天后，1933 年 2 月 27 日晚上 9 点 05 分，已经返回柏林的塞夫顿·德尔默接到车库服务员打来的一个电话，告诉他一条惊人的消息：德国国会大厦失火。他从办公室出发奔跑了一英里半，是最先到达失火大楼的人之一，只见浓烟烈焰从巨大的玻璃圆顶喷出去，形成了一根烟火交织的柱子。“每一分钟都有一批新的消防车到来，鸣叫着的消防车在街上飞驰。”朗博尔德夫人和康斯坦蒂娅在听完威廉·富特文格勒（Wilhelm Furtwängler）指挥的贝多芬音乐会后开车回家。看到一片骚乱，她们停下车，挤进旁

98

观的人群。德尔默从警戒绳下钻过，走到国会大厦的一个入口。正在这时，希特勒的车到了，他跳下车，戈培尔和他的保镖紧跟其后，“他一步两级冲上台阶，风衣后摆飘飞，黑色艺术家软帽松松垮垮地耷拉在头上”。走进大厦，他们找到了戈林。戈林身穿一袭驼毛大衣，身躯看上去比以往任何时候都要庞大，他两腿岔开，“活像乌发电影公司某部影片中的普鲁士卫兵”。他向希特勒报告说，是共产党人纵火，纵火犯已经被捕。德尔默跟随希特勒和他的随从走进这座建筑，“经过一摊摊积水、烧焦的碎屑和难闻的烟雾，我们穿行在一个个房间和一条条走廊里。有人打开一扇上过清漆的黄色的门，就像打开了烤箱门。我们瞥见辩论厅已成了个炽热的熔炉”。希特勒转身对德尔默说：“上帝作证，这是共产党人的作为。你正在见证德国历史上一个新时代的伟大开端，德尔默先生。这场火就是这个开端。”[10]

“天呐，这是个多么喧闹骚乱的地方。”朗博尔德夫人几个小时后写道。[11]她在给母亲的信中归纳了民众对这场灾难的反应。她说，虽然任何人都不可能查清事件真相，但包括希特勒支持者在内的大多数人都认为，纵火者是纳粹自己，这么做是为了在选举前诋毁共产党人。*

---

* 弗里茨·托比亚斯（Fritz Tobias）在他 1963 年的著作《国会之火：传说与真理》（*The Reichstag Fire：Legend and Truth*）中令人信服地辩称，纳粹实际上不该对烧毁国会大厦负责，是荷兰人马里纳斯·范德尔卢贝（Marinus van der Lubbe）出于个人动机独自纵火，他因为该罪行被处决。

德国国会大厦失火的前一天，特威迪和图尔詹不经意间走进了吕贝克市最好的酒店——汉堡宫酒店——中“非常漂亮的‘茶舞之屋’（thé dansant）”。他们到那儿时，“模样活像《瑞普·凡·温克尔》（*Rip Van Winkles*）* 中的主人翁”。他们刚刚访问过遥远而寒冷的乡间一个备受赞誉的失业劳工营。那座营地是一片长而低矮的建筑群，活像一艘倾覆的小船，让特威迪联想到《大卫·科波菲尔》（*David Copperfield*）中辟果提（Peggotty）的房子。他们俩参观了整个营地，查看了一间整洁干净的宿舍，觉得那儿“就像个行李寄存处”。他们应邀在营地用午餐。领导人猛吹一声口哨，人们站起来放声高唱一首中世纪的行军歌《永不言死》（“Never Say Die”）。可可豆和西米熬的汤让人倒胃口，接着是大量肉汁炖土豆、一点点肉和半根腌黄瓜。这些年轻人的困境让特威迪沮丧。“对于这些男孩子，生活本该刚刚开始，结果却走进一个死胡同，这实在太残酷了。”然而，开车前往吕贝克途中，他的精神很快得到了恢复。行驶在未经修筑的路段上，他们穿过一座座迷人的村庄，暮色中，柔美的红砖房在雪地上投下了长长的阴影。吕贝克有十四世纪的迷人街巷、尖屋顶和山形墙，这些让他们感到享受，特威迪写道：“这是我参观过的最好的中世纪城镇。”

99

---

* 《瑞普·凡·温克尔》是小说家及历史学家华盛顿·欧文（Washington Irving，1783—1859）的名篇，主要讲述了主人公瑞普·凡·温克醉酒之后在梦中历经奇遇，并在醒后顿悟人生的故事。——译注

第二天，他们踏上前往柏林的一百八十英里之旅。他们厌倦了“乏味得要命”的德国北部风景，厌倦了没有尽头的道路，决定在路德维希斯卢斯特的一个小镇过夜。第二天早上，他们正要离去，女房东匆匆跑来，她刚听到德国国会大厦失火的消息，双手紧紧绞在一起，嚷道：“柏林的一切全没了，到处都在燃烧!”特威迪不由想道：“会耽搁我们吗？这以后会发生更多事情吗？”到了距离柏林四十英里的一个小村庄，他们停下来吃午饭，传言像长了翅膀般在村子里到处传播：希特勒在准备作战；是共产党人纵火；他们的领导人都被关起来了；柏林实施了戒严法。“祝你们好运。你们是英国人，可能会让你们通过的。但是，如果你们过不去，回这儿来吧。我们的床很好，饭菜很棒。”他们小心翼翼驱车前往市中心以西十英里处的施潘道区。一切平静。然后去夏洛滕堡、蒂尔加滕，最后抵达勃兰登堡门。结果他们发现，在那里，最大的威胁莫过于交通拥挤。

100

1933 年 3 月 2 日，也就是在选举前三天，特威迪经人介绍走进一家小酒馆，这里因为在柏林的外国记者最喜欢光顾而出名。里面是个烟雾笼罩的低矮房间，摆满了木制长桌椅，散发出葡萄酒、啤酒和咖啡的气味，鼎沸的谈话声淹没了管弦乐队的演奏声。[12]每天晚上，记者们聚集在那里，分享有关暴行的最新消息。最近当选英国自由党议员的罗伯特·伯奈斯（Robert Bernays）起初觉得，酒馆的阴谋论调有点荒谬，后来他才意识到，记者们确实处于危险之中，尤其是听到有人捏造他们犯有间谍罪。然而，特威迪对那里并没有留下深刻印象：“这种颇为恶劣污秽的地方，让我联想到了伦敦布卢姆斯伯里区最糟糕时的情况。”较为有趣的是，他出席了在埃及大使馆的一次聚会，其中有玻利维亚人、瑞士人、瑞典人和美国人，有一位来自芬兰的女士“看起来活像一块牛油”。在另一次聚会上，他们会见了“希特勒的一位主要高级官员，那是个时髦花哨的人，好像一枝头重脚轻的米迦勒雏菊套了件海军制服”。*

他们首次遭遇新德国的阴暗面，是在选举前夕。他们看到一个男孩遭一队纳粹分子拳打脚踢。特威迪记录道，“我们都吓坏了，连忙拔脚狂奔而去。进了酒店关上大门安全了，我们才感到庆幸”。另一位在竞选期间游览柏林的英国游客说：“恐惧让我们所有人都变成了懦夫。”[12]

1933 年 3 月 5 日的民意调查结果显示希特勒取得了成功，这并不令人感到意外。特威迪在酒店拥挤的大厅里接听了无线电报告的结果。“人们并没有真正感到兴奋，也没有人鼓掌。希特勒一直在赢，没什么好奇怪的。”一周后，特威迪对这么短时间里发生的惊人变化表示惊讶。“选举让德国发生了外在和内在的彻底改变，让我们很难认出这是我们一个月前来到的同一个国家。纳粹

101

* 经查证，此人是恩斯特·汉夫施丹格尔（Ernst Hanfstaengl），绰号“普奇”（Putzi）。他有一半美国血统，在哈佛受过教育，是希特勒的密友。1933 年，他是外国新闻局的负责人。

党是个超法西斯主义的法西斯政党。”两天后，他们离开柏林，庆幸自己逃离了大选后的骚乱。

到目前为止，特威迪像其他许多外国人一样，完全糊涂了。这个粗俗的新社会有很多情况令人讨厌，但这是因为他太挑剔吗？毕竟，希特勒“不是个坏人”。诚然，他有“歇斯底里的疯狂”这种倾向，但是，哪个伟大的运动不是源于怪诞的灵感？此前几个星期，特威迪做过无数次采访，采访对象的背景五花八门。许多人对希特勒怀有敌意，但更多的人受到了新“信仰”的诱惑。这是“轻快的、令人兴奋的、鲜活的感觉，而不是自视高人一等的。它打破了社会壁垒，提供盛况和激励。简而言之，这是一种新的福音”。此外，特威迪写道，“警察很有魅力”。

由于德国国会大厦成了废墟，1933 年 3 月 21 日，议会的开幕仪式在波茨坦的加里森教堂举行，教堂前面是腓特烈大帝的陵墓。各外交使节团均出席仪式。朗博尔德夫人记录道：“我们被安排坐在面对总统座椅的漂亮旁听席，因此，我们视野开阔，听得真切。我必须说，仪式组织得堪称完美，任何地方和一切事物都毫无瑕疵。”在皇帝的空座后面坐着王储，上层旁听席挤满了老将军和海军上将——“他们一色的田野灰制服和配饰令人肃然起敬。”教堂的观众席上坐着大批褐衫冲锋队成员。朗博尔德夫人描述，“希特勒比以往任何时候都更像查理·卓别林［电影《大独裁者》（*The Great Dictator*）直到 1940 才解禁上映］，他坐在椅子边上，身穿黑色双排扣长礼服，显得又矮小又可怜”[14]。那天晚上，另一场大规模的火炬游行几乎阻碍了朗博尔德夫妇抵达国家歌剧院，大批纳粹分子齐聚歌剧院，欣赏瓦格纳的喜庆歌剧《纽伦堡的名歌手》。

102

那时，特威迪和图尔詹已经抵达了耶拿——“一座迷人的旧世界城镇”。他们入住的一家旅馆（“很像剑桥的红狮旅馆”）聚集着庆祝国会开幕的纳粹支持者：

> 客栈的喧闹者们十分欢乐。幸福射击俱乐部的人简直是在把啤酒往脖子里灌，目光深邃的老太太们仿佛觉得过去的好时光现在可能再现，在场的还有学生们、几家人和一个身穿某种纳粹制服的女孩。这里嘈杂得厉害，但人们都兴致勃勃，非常温和。

两天后，1933 年 3 月 24 日，兴登堡签署了《授权法案》，把希特勒一直坚持寻求的所有权力都赋予了他。随着国会成为摆设，最后一丝民主之光也熄灭了。

选举结束后，天气变得异常温和。伊舍伍德住在诺伦多夫街一所公寓，公寓守门人妻子说，这是“希特勒天气”。就像柏林的其他街道一样，诺伦多夫街现在到处插着纳粹的“卐”字旗。伊舍伍德评论道，不挂这种旗帜是不明智的。另外，不给身穿制服的纳粹党人让路是不明智的，走进餐馆、电影院时，拒绝向他们晃动得哗啦啦作响的捐赠箱投币也是不明智的。在任何地方都无法避开播放着戈林和戈培尔的演说“德国快醒来”的高音喇叭声。

不久，男孩酒吧渐渐不复存在了。比较聪明的男孩子们放弃了同性恋，“傻孩子们却在镇上游荡，嚷嚷着说冲锋队员身穿制服看着真性感”[15]。人们都知道，纳粹冲锋队领导人恩斯特·罗姆（Ernst Röhm）是个同性恋，乐观的同性恋群体一定觉得，他们的好时光来了。但是，没出几个星期，他们中有数以百计的人，以“为了保护他们”为名，在达豪新近开设的集中营里被杀害或监禁。

103

然而，与犹太人相比，同性恋者遭到的迫害只是个微不足道的插曲。4 月 1 日上午，德国各地的纳粹冲锋队部署在犹太商店门前，挡住入口，贴出告示：“德国快醒来！犹太人是我们的灾难。”前一天，特威迪在莱比锡附近给他的莫里斯牌汽车加油，见相邻的加油机旁停着一辆卡车，车上堆满了家用物品。他跟主人交谈时，得知这对夫妇是“逃离的犹太人”。饱受几个月的恐吓，他们决定不顾损失，关闭商店，前往瑞士。他们的做法当时让特威迪感到“古怪但合理”，但这很快就变得司空见惯了。到那时为止，他已经有了足够丰富的在纳粹德国的游历经验，足以意识到“犹太人该受谴责”。但是，他听了广播中详细介绍精心策划的抵制计划后，写道：“这是我同情犹太人的少数情况之一。”选举后不到一个月，特威迪已经对希特勒的德国有了足够多的了解，便在提交行李供边防警察检查前，涂掉了日记中的所有人名。

特威迪庆幸此时离开德国，没有留下来目睹抵制计划的全部影响。朗博尔德夫人却目睹了。“彻头彻尾的残忍、野蛮。”她在给母亲的信中写道。[16]柏林的库夫斯坦达姆大街是这座城市最有名的购物街，但整条街的橱窗上贴满了明黄色告示，上面的信息全都雷同，许多告示上点缀着犹太人鼻子的漫画。一些外国人挑衅般地在空荡荡的犹太商店里购物。莉莲·莫勒在西方百货公司疯狂购买，伊舍伍德则选择在犹太人的商店购买。在入口处，他认出一个在“舒适角落”见过的男孩，如今成了个褐衫冲锋队员。104 外国人很快便明白，他们的许多德国熟人，不论以前政治立场如何，如今都倒向了纳粹，只为求得生存。1933 年 5 月，伊舍伍德在永远离开柏林前写道，他的房东：

> 已经作出了适应性调整，因为她必须顺应每一个新政权。今天早上我甚至听到她对守门人的妻子虔诚地谈论“元首”。如果有人提醒她，在去年 11 月的选举中，她投了共产党的票，她很可能会矢口否认，而且完全是出于真心。她只是趋炎附势，顺应自然规律，就像动物为适应冬季换毛一样。[17]

外交政策协会主席詹姆斯·格罗夫·麦克唐纳（James Grover McDonald）不久将成为国际联盟负责德国难民问题的专员，在抵制计划实施之后的几天内，他从美国抵达柏林。麦克唐纳身材高大，金发碧眼。他在日记中记录道，纳粹认为他是体现北欧人种优越性的理想样本。他一再被问及，为何他没有他们的种族信念？一位经济学家说："但你作为一个完美的雅利安人，难道就不能赞同我们的观点吗？"据解释，德国是在"为白种人而战斗"，而且得不到衰败的法国人提供的任何帮助，因为他们正在"变成黑种人"，也得不到美国人的帮助，因为他们自己的人种显然需要纯化。人们敦促麦克唐纳参加一次纳粹的葬礼，好让他亲眼目睹新实施的道德规范。如今谁也不再注意"满口胡言"的神父，只有纳粹官员才引人瞩目，他们敬礼、讲话时，人群便开始激动起来。4 月 7 日，希特勒在一次私下采访中对麦克唐纳说："这才是精神领导能力。"[18]他说："我要做世界上其他人想做的事情。世人不知道该如何摆脱犹太人，我要做给他们看。"[19]

105　但麦克唐纳很快便发现，反犹太主义并不局限于纳粹分子。他乘火车从柏林到巴塞尔时，跟一位乘客交谈，那人曾是一名推销员，虽然不是纳粹，但观点很明确："犹太人是败坏德国血统和种族的芽孢杆菌。生为犹太人永远是犹太人，他们不可能从一种动物转变成另一种。犹太人在德国人口中只占 1%，但他们主宰了我们的文化，这是不能容忍的。"他接下来的补充令人颇为奇怪，"他们对拉丁种族的影响并不像对德国人的影响那么严重"[20]。

尽管有很多外国人（其中以记者为主）试图在第三帝国的头

几个月揭露纳粹革命的本质，但是也有很多人准备赞美这个帝国。那些人认为，希特勒是个有远见的、能够鼓舞人心的领导人，在众多其他国家经济停滞的时期，他却让本国人民重返工作岗位，建设出令人振奋的新基础设施，最显著的是，恢复了国民的自豪感。在希特勒接管政权之前，到德国的外国游客人数一直在下降。但是现在，那些有职业兴趣的人开始返回，渴望亲眼目睹新生的第三帝国，并对来自各方的混杂信息作出自己的判断。这是个其他国家应该努力效仿的现代乌托邦，还是像许多报纸试图让他们相信的那样，是一场充斥着残暴、镇压和反犹太主义的恐怖表演？

英国学者菲利普·康韦尔-埃文斯（T. Philip Conwell-Evans）是该政权最早的辩护者之一，不过卡琳娜·乌尔巴赫（Karina Urbach）在她的《与希特勒牵线的人们》（*Go-Betweens for Hitler*）一书中指出，即使到了现在，仍不清楚康韦尔-埃文斯是个真正的纳粹支持者，还是在为英国情报部门工作。[21] 1933年初，他在柯尼斯堡大学教授外交史，哲学家康德曾在这所大学度过一生中大部分时间。由于柯尼斯堡是东普鲁士的首都，且邻近波兰和波罗的海诸国，他的学生们对外交事务怀有浓厚的兴趣便不足为奇了。106 “大家每天四点钟坐在走廊里的一张桌子旁，就时事进行激烈的讨论。”康韦尔-埃文斯记录道。他从不否认纳粹使用暴力，但是，他像其他许多亲德评论员一样，确信新闻界对此的报道过分夸大了。报纸着重报道的是街头争吵殴打，让读者得到个错误印象，仿佛这种行为是纳粹不可分割的一部分，康韦尔-埃文斯写道，但实际上，“给运动蒙羞的这类野蛮行为只是极少数。让绝大多数人受到激励的是理想主义和为社会牺牲与服务的愿望”[22]。康韦尔-埃文斯和许多右翼人士一样，与德国人有着深厚的亲缘关系。他们支持纳粹不仅因为希特勒扭转了《凡尔赛条约》的不公正性，还因为共有的血统渊源，这是值得称赞的。英国人和美国人不该争论诸如“犹太人问题”或少数心怀不满的激进分子这类琐事，而应该与同样源自盎格鲁-撒克逊祖先的德国兄弟并肩站在一起，准备抗击共同的敌人——共产主义。

罗伯特·伯奈斯与康韦尔-埃文斯不同，他对纳粹持激烈的批评态度。不过，他对纳粹学生钢铁般的坚定也深有感触。在一次短暂的探索性访问中，他对德国学生做了访谈。一个年轻人邀请他到柏林大学自己的宿舍房间。伯奈斯说，房间本身就是这场运动的宣传包装。虽然露骨而粗糙，但其中每一件物品都具有特殊意义——尤其是墙上那幅巨大的德国地图和一份用红字标出被夺走的殖民地的列表。房间里唯一的照片是希特勒的肖像，唯一的家具是一张牌桌和两把硬背椅。屋里一个角落摆放着攀登设备，另一个角落放着击剑装备。房间里的其他物品只有一台无线电收音机和一排啤酒杯——那就像是学生豪饮的奖杯。按照伯奈斯的评论，即使是一位想要图解纳粹崛起的电影制片人，也不可能创造出更加令人信服的布景了。[23]

伊夫林·伦奇（Evelyn Wrench）是《旁观者》（*The Spectator*）的董事长，他也是希特勒时期德国的早期访问者，他的访问目的是决心要"理解其他同事的观点"。虽然他毫无保留地谴责该政权对待犹太人的做法，但他试着把这个问题放在大背景下看待。他四月份回到英国后报道说，许多德国朋友相信，他们政府的反犹太主义将很快终止。他们都热切地提醒伦奇，德国刚刚经历过一场几乎不流血的革命，在这样的时代，"正如你们英国人从历史中所了解的"，自然发生了一些令人遗憾的事情。尽管伦奇是个喜欢火上浇油的人，但反思1920年爱尔兰王室警吏团的行为，他愿意承认，这种不愉快的事情不仅仅发生在德国。他总结说，反犹太运动是由一个普遍的观念造成的（按照推论，这种观念并非不合理），在高失业率和经济困难时期，犹太人分得的"蛋糕"大得不成比例。尽管伦奇在柏林听到年轻人呼喊"杀死犹太人"的口号，但他回到英国后相信，德国政府正处于放弃反犹太人宣传攻势的边缘。他说："我们可以为德国犹太人提供的最佳帮助，就是努力保持对德国的公正态度，并且表明我们确实渴望了解德国的愿望。"[24]

观察第三帝国最初几周表现后，最近回国的其他外国人同意康韦尔-埃文斯热情洋溢的评论。给他们留下深刻记忆的是慷慨的款待、整洁的房子、密集耕种的田地、五颜六色的窗台花盆箱、泡沫丰富的啤酒，最重要的是德国复兴的青春气息，这些远远超过了目睹褐衫队进行侵害的奇怪遭遇。“空气中弥漫着春天的气息”，美国剧作家马丁·弗莱文（Martin Flavin）在 1933 年 3 月写道：

> 花蕾正在绽放，可爱得无可挑剔。表面上未见到任何形式的痛苦。乡村美丽而宁静，城市里，一根针掉在地上的声音也听得到。法兰克福（撰写这篇文章的地方）可能是世界上最可爱的小城市。也许我偏爱德国和德国人。清洁、高效、有能力、守秩序——我喜欢他们的这些特质。我喜欢青春和力量，喜欢带着目标地去往某个方向的美好现实或幻觉。他们面临困境的悲惨性质吸引了我，他们的落后和奋起直追也让人怜悯，而（具有讽刺意味的是）追赶上的东西很可能已经过时，只能束手等待厚厚的乌云从东部天空滚滚而来。[25]

108

然而，戈培尔下一步的宣传手腕必然让狂热者也止步思索。在德国三十多座大学城举行焚烧图书仪式，这让纳粹的意图昭然若揭，让人们回忆起海因里希·海涅的名句：“他们焚毁书籍，最终也会在同样的地方烧死人民。”

十六岁的丁夫娜·罗迪威克斯（Dymphna Lodewyckx）最近从澳大利亚来到慕尼黑，准备在该市一所高中学习一年。她很快就习惯了在每节课前后呼喊希特勒万岁，并就“德国女孩如何为我们的国家效力”等主题写论说文。在 5 月 10 日，她与母亲挤在人群中观看“美妙的火炬游行，壮观的学生队伍穿过灯火通明的城市”。学生们到达国王广场后，点燃一大堆篝火。篝火周围堆放着数以千计的书籍——被批判为堕落的或“非德国”的书籍，等待被人们扔进火焰。丁夫娜太年轻了，也许无法认识到这一事件的全部意义，只觉得“闪烁的火炬、着火的书籍、耀眼的火焰、学生的服饰都令人惊叹”[26]。但是，像康韦尔-埃文斯（拥有牛津大学博士学位）等学者竟然以平静的心态看待这种野蛮行为，就让人很难理解了。他写道：“我饶有兴趣地见证了（柯尼斯堡）大学焚烧书籍。”他仿佛是在评论一场足球赛。他指出，德国的焚书是始于路德教派的传统，“这当然只具有象征意义，而不是全面焚烧书籍”[27]，他试图给一种令人震惊的恶行套上一个体面的包装，在未来的年代中，这项战术常常由希特勒的外交捍卫者所使用。

109

与此同时，焚书在柏林大规模进行。四万名群众聚集在大学和歌剧院之间的广场上观看这一壮观的场面。沿着五英里长的街道，学生们高举火炬，护送被征用来运输受谴责书籍的卡车和汽车。《纽约时报》（*New York Times*）的弗雷德里克·伯查尔（Frederick Birchall）对现场作了如此描述：

> 各学生组织都有不同的标志——红帽、绿帽、紫蓝相间的服装，各击剑队穿戴着自制毛呢便帽、白色马裤、蓝色外套、高筒靴和马刺。他们走来时举着一面面旗帜，高唱纳粹歌曲和大学校歌。他们到达大广场时已经是午夜，在一片花

岗岩的路面上，铺了厚厚一层保护路面的沙子，用木头交叉堆起一个十二英尺宽五英尺高的木柴堆。

朗博尔德夫人和康斯坦蒂娅也在现场，由三位健壮的年轻外交官陪同。康斯坦蒂娅描述了学生们经过时如何把燃烧的火炬抛向柴堆。不久，柴堆就变成熊熊篝火，巨大的火舌喷向天空。朗博尔德夫人认为学生们相当疯狂，“缺乏幽默感”，奇怪他们以如此强烈的热情毁坏犹太文学时，为何没有烧毁《圣经》——“那才合乎逻辑”[28]。他们听到，穿戴全套纳粹制服和徽章的学生主席敦促同学们保护德国文学的纯洁。他们把书投入火焰时，大声念出有罪的作者名字：“西格蒙德·弗洛伊德——伪造我国历史，贬低我国伟大人物”，埃里希·玛丽亚·雷马克［《西线无战事》（*All Quiet on the Western Front*）的作者］——“贬低德语语言和崇高爱国思想”；名单似乎无穷无尽。除了犹太作家，托马斯·曼（1929年诺贝尔文学奖得主）、海伦·凯勒和杰克·伦敦等作家也受到诅咒。从马格努斯·赫希菲尔德博士的性科学研究所洗劫的文件和书籍，被特别疯狂地付之一炬。最后，活动抵达了高潮，午夜，戈培尔登上讲台宣布，“犹太主智论已死……德国的灵魂要重新表达自己”。

110

篝火烧遍全国各地期间，伯查尔在为《纽约时报》撰写的报道中如此结尾：“随烟雾升腾而上的不但有大学生的偏见和激情，还有许多旧德国的自由主义思想——即使此前还有残存，今晚也被焚烧得一干二净了。”[29]截至这天，希特勒已经掌权整整一百天。

第七章

夏日假期

1933年夏天，与纳粹革命相关的困惑加深了。尽管政治观点根深蒂固的旅行者——无论右翼还是左翼——都发现了支持各自论点的充分证据，但其他一些人回国后仍拿不准该相信什么。社会主义原则的践行是源自理想主义还是独裁行径？志愿劳动营是真正的慈善事业还是对邪恶事物的掩护？一眼望不到尽头的游行队伍、纳粹“卐”字党徽和制服是民族复兴自豪感的愉快表现，还是预示着要发生新的侵略？即使是富有政治经验的人们也觉得难以认清希特勒掌权下的德国。至于有关半夜从家里抓人、酷刑和恐吓的报道，许多外国人对此不理不睬，他们希望如果他们侧重于纳粹的积极方面，那些龌龊勾当也许很快会消失。但是，对犹太人的迫害却令人难以忽视。在1933年，许多游历德国的外国游客本人就是反犹太主义者，即便只是下意识的。在他们看来，少数犹太人遭罪对于一个伟大国家的复兴来说，只算是一点小小的代价，并且这个国家还是欧洲抵御共产主义的主要堡垒。 111

然而，法国左翼记者丹尼尔·盖林（Daniel Guérin）对纳粹德国的本质却有坚定不疑的看法。1933年5月，他骑自行车从科 112

隆出发，经汉堡和柏林到莱比锡。仅仅在一年前，他曾在当时的魏玛共和国徒步游览，所以有资格描绘希特勒掌权后短时间内发生的变化。他发现这些变化具有毁灭性：

> 游览莱茵河之外的纳粹德国，就像考察地震后的城市废墟。仅仅在不久之前，这里只有一个政党的总部、一个工会、一家报社，还有一家工人的书店。如今，这些建筑上悬挂着一面面巨大的纳粹“卐”字旗。这里曾经是一条危险的街道，人们只知道斗殴。如今，在这里只能见到沉默的人们，他们凝视的目光中透出悲伤和忧虑，孩子们则用震耳欲聋的嗓音高呼“希特勒万岁！”[1]

仅仅一年前，埃森青年旅社还住满了和平的背包客。现在却挤满了脚踏长筒靴、腰系皮带的年轻纳粹分子，“希特勒青年团的领带仿佛是溅在他们卡其色衬衫上的黑色污点”。盖林上次来这时，曾听到人们在吉他伴奏下柔声歌唱波西米亚歌曲。这一次，在充满汗水和皮革臭气的令人窒息的房间里，听到的却是人们大声喊唱的《突击队进行曲》（“The Storm Troopers are on the March”）和《希特勒的旗帜召唤我们去战斗》（“Hitler's Flag Calls Us to Battle”）。他记录道：“人们合唱时，不会感到饥饿，不会试图去对事物追根究底。人们感觉自己一定是正确的，因为有五十个人在合唱同样的副歌。”他向一个希特勒青年团员提出质疑，那个年轻人的唯一反应是：“你看，难道不是我们在使世界免受布尔什维克统治吗?”[2]

纳粹这个一再重复的说法让与许多外国人产生了共鸣，特别是像英国议会议员陆军中校托马斯·穆尔（Thomas Moore）爵士这样的人士。俄国革命后，穆尔爵士曾在俄国服役过两年。他于二十世纪三十年代定期前往德国，1933 年 9 月首次会晤希特勒后，他写道：“根据我个人对希特勒的了解来看，和平与正义是他的政策核心。”[3]穆尔是个极端仇恨共产主义的人，但是，从 1916 年起即担任英国政府内阁秘书的莫里斯·汉基（Maurice Hankey）爵士的政治观点，却可以作为慎重判断的依据。然而，即使是他，在和妻子（唱着巴赫的合唱曲）开车游历德国各地时也观察到，德国人惊人地恢复了信心，是希特勒让国家摆脱布尔什维克主义的结果。

113

在朗博尔德之后继任英国大使的埃里克·菲普斯（Eric Phipps）爵士直截了当地反驳了这个论调。他坚持认为，希特勒把共产主义这张牌打得太过了，但这手牌的确产生了极好的效果。纳粹非常清楚，共产党的威胁实际上微乎其微，但是，通过不断重复的令人作呕的广告，不仅给德国公众洗了脑，还让许多外国人信以为真，以为元首单枪匹马便防止了“红潮”席卷德国和西方其他国家。[4]

尽管汉基坚持说他去德国的唯一目的是休假，但他此行所反馈的信息在白厅得到了重视。他很快意识到，尽管激烈的运动为的是确保每一位德国公民，每一个高中、大学、政府和机构都能虔诚信奉纳粹信条，但对这个信条的热情程度，每个地区之间却有明显差异。例如，巴登-符腾堡州的公民仍然坚守自由的传统，在某些方面近似法国而与普鲁士有差异。汉基夫妇发现，在达姆施塔特、海德堡和卡尔斯鲁厄等城镇，房屋和汽车上的纳粹党徽少得多。德累斯顿以其顽固的"红色"著称，这是又一个对希特勒的支持远远不够普遍的城市。至于莱茵兰，汉基认为这是一个特别繁荣而令人愉快的地区——诺拉·沃恩（Nora Waln）也有同样的看法。沃恩是美国畅销书作家，二十世纪三十年代中期曾在波恩居住。在莱茵兰，纳粹主义的传播相对较晚，况且天主教的影响也令其打了折扣，同时，那里的人们担心，军国主义的公开表现可能会引起法国再次入侵。沃恩抵达后不久，一位柏林的朋友告诉她说，"这些莱茵兰人的血管里流淌的是酒，而不是血。他们更关心狂欢节而不是政治"。他明确表示，一旦德国重新占领莱茵兰，这种态度将不得不改变，他还补充了一句令人不快的话："他们的生命与活力必须得到更实际的驾驭，用于为国家服务。"[5]

114

尽管有这样的地区差异，但是在1933年夏天，纳粹横扫整个德国的压倒性势力还是未能避免。"回过头来看，"汉基在几周后归纳说，"我得到的印象是一场持续不断的盛会，是纳粹不断的示威游行和抗议游行。到处充斥着铜管乐、高歌，但没有音乐性，只是一个个干巴巴的音符。到处是巡逻队、法西斯式敬礼，卡其色制服无处不在。”汉基报告说，整个国家处于一种非同寻常的亢奋状态。“希特勒又让我们走上了进步道路”，从著名律师到车库服务员，人人都对他重复这句话。

对于纳粹强加的额外负担，中产阶级的接受意愿使他感到惊讶。妇女们似乎也乐于放弃在魏玛时期刚刚赢得的自由。如今她们不仅不被鼓励参加工作，而且在公共场所吸烟或化妆都会受到严厉斥责。然而，总的来说，每个人似乎都非常乐于按要求作出任何牺牲，汉基写道，这都是为了德国人民的利益。但这绝不是牺牲一切。他报道说，商店里货物充足，有轨电车极其干净，酒店卧室里有热水供应，到处都有衣着考究的人们在消费大量啤酒和葡萄酒。他评论说，“好像整个德国都在度假”[6]。

1933 年，在德国的外国旅行者无论如何不注意观察，也不会注意不到年轻人卷入纳粹运动的非凡程度，他们会参加突击队、党卫军、希特勒青年团，或者当志愿劳工。汉基密切观察他们三个星期后，觉得他更加理解法国的被害妄想了，因为这些守纪律的热血青年似乎必然会一见到麻烦就要求动用武器。考虑到这可以迅速得到批准，他心中无疑认为，“希特勒播种下了龙的牙齿”[7]。

115

因为游行、仪式、乐队和敬礼对雅利安年轻人产生的影响太有效了，所以不仅仅在全国劳动日（希特勒以此取代了国际劳动节）等纳粹的重要节日，而是在每个星期日，都要在每一座城镇和村庄一再上演。按照盖林的描述，这种每周一次的“集体疯狂”始于上午7点钟，高音喇叭响起纳粹党歌《霍斯特·威塞尔之歌》（Horst Wessel Lied），活动一直持续到接近午夜，在必不可少的火炬游行中达到高潮。这个夏天的一个星期日，盖林碰巧跟一个退伍军人代表团的人们走到一起。他们身穿旧制服，头戴有尖的头盔，从方圆数英里分别赶来参加欢庆。当他们站着听冲锋队第四十二排的演唱会时，盖林注意到，刚听到军靴踏出的微弱声音，预示远处有冲锋队走来，周围的女孩便做出狂喜的反应，这暗示出纳粹主义潜藏着令人不安的色情因素。他写道：“若是没有高筒靴，没有皮革的气味，没有武士的僵挺刚性的步伐，如今就不可能征服这些少女的心。”[8]

几个星期后，盖林与他的共产党同志们一道去参观汉堡市易北河下面黑暗潮湿的隧道，这里的环境与欢庆活动的色调和嘈杂的声音有着天壤之别。盖林还参观了贫民窟，那里的人们住在“虫蛀的木屋”里，在墙上可以看到挑衅性的涂鸦——“杀死希特勒”和“革命万岁”等口号。[9]显然，德国仍有一些就连纳粹也不敢贸然涉足的地方。

116

汉基为德国的孤立所震惊。德国人不仅不能出国旅行，而且他们的报纸也受到严格审查，对外部世界发生的事也没有多少报道。然而，他遇到的德国人对英国极为好奇。他的汽车上的英国标志，成了与官员、纳粹和公众顺利打交道的通行证。起初他也感到困惑，为什么他这辆普普通通的莫里斯八型车能引起人们如此大的兴趣，后来他才意识到，只因为这是英国车。汉基记录道，发现英国得到如此崇高的敬意，并意识到普通德国人多么渴望得到同等的看待，令汉基感到愉快。

汉基夫妇的假期结束后，越过边境回到比利时，心里感到宽慰。他们尽管在三周的假期中受到款待，尽管处处看到美丽的风景，尽管酒店舒适饭菜美味，但最终他们得到的是一次令人不安的体验：

> 抵达宁静的比利时水疗中心后，我和妻子都体会到回归文明的震颤感。持续的口号声、喧嚣声、纳粹的歌唱声、兴奋和刺激统统消失了。我们感到，自己属于生活在正常环境下的普通百姓，自从离开德国回国以来，我感觉到英国无比平静而稳定。[10]

汉基和盖林都是训练有素的观察者，热衷于把握政治局势；但诸如美国艺术家马斯登·哈特利（Marsden Hartley）等外国人却觉得，在纳粹德国过完全狭隘的生活是可以容忍的。就在盖林骑自行车出发开始长途旅行时，哈特利抵达了汉堡，并准备无限期停留。他德语讲得好，对这个国家非常熟悉，既不是法西斯分子也不是反犹太主义者，还是个纳粹非常厌恶的当代艺术的热心倡导者，可他在那年夏天写的信天真得出奇。虽然哈特利承认犹太人“受到的待遇相当糟糕”，但他相信，“希特勒个人确实代表了理想主义和国家忠诚的新感觉”。[11]他在另一封信中写道：

> 我几乎没有留意到自己是在德国……我难得跟任何人交谈，因为我从未见过任何人……照我看，人的确应该更有人情味，关心数以百计挨饿的人们……但我没看到挨饿的人们，因为他们就待在自己的房中——他们不能乞讨，因为他们会因此被关进监狱。我只看到人们吃得很好，他们有成桶的鲜奶油，成吨的食物……走进别人家里是件很复杂的事，而且我觉得自己是个外国人，也不敢轻易和街上的那些人攀谈……所以我埋头做我自己的事。[12]

哈特利到达汉堡时，已经成了个确信无疑的亲德派，但到了1933年夏天，就在希特勒掌权六个月后，普通游客开始警惕德国。“对犹太人的迫害”、焚书、绝育法、集中营，以及对所有反对派进行无情清洗等话题都没有在国外成为新闻报道的好题材，在希特勒最想要拉拢的英国和美国，这类报道尤其少见。将纳粹与三K党进行比较的一些文章（焚书事件后不久在《曼彻斯特卫报》上发表[13]）也几乎没有引发更多的报道。

虽然纳粹憎恨国际主义，但他们对旅游业作为宣传工具的重要性有很明确的认识。他们在国外的负面形象必须得到反驳，并且不仅仅由德国人自己作出反驳。必须让外国游客在第三帝国得到一次难忘的经历，他们回国后，便会自发地赞美这个国家。因此，吸引游客到德国是成立于1933年6月的德意志帝国旅游委员会一个优先处理的任务。这个强大的机构接受了这一挑战。他们向潜在的来访者保证，无论他们在“犹太”报纸上读到过什么，第三帝国的生活都是完全正常的——德国是“一个热爱和平、值得信赖的进步国家，是节日庆典参与者、开心食客、面带微笑的农民和音乐爱好者的国度”[14]。旅游宣传册展示出风景如画的村庄、多彩的服饰、友好的警察，寄往国外的这些宣传册删除了反犹太的恶毒宣传，此时只有为国内市场保留的宣传册上才有反犹太内容。“你们自己亲自来看吧，”一本宣传册吹嘘说，“看看德国是如何进步的：零失业率，顶尖的生产水平，社会保障，宏伟的工业发展项目，经济规划，有序的高效率，同心协力的能动意识——这里有精力充沛的愉快人民，他们很高兴与你分享他们的成就。”[15] 118

最终，这场宣传活动奏效了。在接下来的几年里，许多一度犹豫不决的度假者向德国的魅力屈服了，他们发现这个国家非常令人愉快，便反复光顾。然而，在1933年夏天，帝国旅游委员会的宣传尚未取得预想的成果，外国游客人数十分稀少。十五岁的布拉德福德·沃瑟曼（Bradford Wasserman）和他的童子军同伴们去参加在匈牙利举办的第四届世界童子军大露营，途中的经历曾引起了轰动。布拉德福德是个犹太男孩，家乡在弗吉尼亚州里士满，他也许对政治不甚了了，但他对希特勒的看法却很明确：“我们穿过德国时必须戴蓝色领巾，因为那个娘娘腔希特勒不允许穿戴红色衣饰。他满口都是胡言。”他简短的日记记载独具悲怆意味，其中混合了关于旅行的那些陈词滥调和对纳粹噩梦的管窥：

> 我们乘火车去慕尼黑，这趟旅途非常无聊。我们十点钟抵达慕尼黑。我洗了洗睡了。我们到慕尼黑时，一个纳粹分子登上我们的火车，下火车后我看到一个约摸七到九岁的男孩，他身上穿着纳粹制服。我们看到了几个古老的城堡，我们还看到了黑森林。天下着雨。这个纳粹分子是希特勒的手下。

119 布拉德福德在日记中记载普遍反对希特勒的德累斯顿时写道：“我给几位同伴买了些冰淇淋。我们抵达之前，在德累斯顿有一百五十到二百人被杀害。明天我们要去观光。我们去不同的酒店领取了旅游标签。我看到了一些希特勒的人。”布拉德福德是个精明的购物者，他失望地发现在柏林不能讨价还价。“我去购物了。钱似乎花得飞快。我看到许多纳粹旗帜和出售纳粹制服、刀子等物品的商店。这里很难杀价，我试着跟他们杀价，他们让我看一个标牌，上面写着‘固定价格’。”* 然而，波茨坦之行十分成功。“逆河流而上，风景优美。我在德国皇宫地板上捡到了一小块木

* 意为杀价的短语“to jew down”（jew 本意为犹太）如今已成为禁忌，而当时却被广泛使用。2013 年，曾有一位共和党政客在俄克位何马州一次公开辩论中使用过该短语，受到强烈抗议。

头。经常能看到希特勒的那伙人和小孩子们身穿那种制服。我拍了一张橘园的照片，因为太漂亮了。一队纳粹分子刚刚唱着歌从我们身旁经过。”

对于第一次出国的十多岁孩子，这次旅行一定是难忘的。然而，尽管他的日记很简短，但从中能感觉到布拉德福德对新德国的情况已经了解得足够多。返回美国后，他为此感到庆幸，尽管那艘船“并不太热”。到了海上，他见“船上有很多犹太人和德国人，我想这些人一定很高兴离开德国。我看到一个头戴小圆帽的男人。我困了”[16]。

那年夏天，克拉拉·路易丝·希弗（Clara Louise Schiefer）随学校组织的一个旅行团从纽约州罗切斯特市到德国度过了一个月。他们徒步旅行，集体歌唱，享用了大量冰淇淋。在克拉拉的日记中，饮食是个重要的内容。“在戈斯拉尔，我们享用了一顿大餐，吃了西红柿和各种美食。”她记录道，在伍珀塔尔，享受了“一次非常好的茶点，有许多不同种类的蛋糕和一种特别精美的樱桃饼”[17]。青少年住在青年旅社，包括科隆东北部六十英里开外的世界首创的阿尔特纳青年旅社。这家旅社由当地一位校长理查德·希尔曼（Richard Schirrmann）于1912年开始经营，地点在俯瞰城镇的山丘上一座十二世纪的城堡中。

120

战后，希尔曼的首创方案很快被人仿效，随着青年旅社在欧洲迅速涌现，他放弃学校管理，专门经营，竟催生一种运动。他是个理想主义者，在1932年成立了国际青年旅社协会，希望来自不同背景的青年人能更好地了解彼此，促进世界和平。他的时机挑选得不能更糟了。这种懦弱的思想根本无法将年轻德国人塑造为不受情感摆布、纪律严明的优等民族成员。希尔曼不可避免地失业了。克拉拉和同学们不久前与德国新朋友一道在那唱歌的青年旅社，很快变成了希特勒青年团唱纳粹行军歌曲的场所。克拉拉没有在日记中提到纳粹、希特勒或“犹太人问题”。在她笔下，德国是个和善的、开朗的国家，充满阳光和歌唱。在肯塔基州的一位教师路易丝·沃辛顿（Louise Worthington）的日记中，同样没有政治评论。尽管8月份她在德国各地旅行了三个星期，但她唯一提到犹太人，是描述犹太人在纽伦堡的居住地：“后来走上犹太人的街道霍夫街和加森街——道路狭窄、弯曲、肮脏。”[18]

玛丽·古德兰（Mary Goodland）想提高自己的德语水平，为1933年秋季上牛津大学打基础，便联系好在杜塞尔多夫的一个家庭中住几个星期。她即使在一百岁还可以十分清晰地回忆那个场景，她当时对德国发生的重大变化可谓一无所知。但她的房东其实也是如此。只是在当地犹太人的蒂茨百货公司优雅而具有艺术性的新橱窗被砸碎时（4月1日凌晨4点钟），特鲁斯特（Troost）夫妇认真讨论后，决定最好模仿邻居张贴一些纳粹宣传海报。出于同样的原因，特鲁斯特先生认为，参加下一场冲锋队

121

的火炬游行可能在政治上是必须的。他不是个精力充沛的人，去参加活动和返回时都乘坐了出租车。他回来后讨论的不是德国的复兴，《凡尔赛条约》的不公正，也不是对犹太人的仇恨，而是游行期间特别大的蚊子叮咬了他的脚脖子。[19]

1933年夏天，在朗博尔德夫妇离开柏林前不久，康斯坦蒂娅收到一个奇怪的邀请。一位年龄与她相仿有过一面之交的年轻女子莱克茜（Lexie），问她是否想见见希特勒的私人保镖，那人是党卫队的。莱克茜解释说，那些人都是巴伐利亚人，从希特勒在慕尼黑策划暴动开始就一直支持他。

第二天晚上，康斯坦蒂娅搭乘莱克茜的豪华汽车往东驶向柏林运河区。她们在一所大而阴沉的房子外面停下车，她得知，房主人是恩斯特·罗姆上尉。莱克茜在门上敲了三下，前门“猛然打开”，里面没人。但是，在陡峭的楼梯上面站着一个突击队员，带她们走到“明亮的灯光”下。十二个人磕响鞋跟，还用僵硬的点头欢迎康斯坦蒂娅。他们黑色和银色相间的制服上装饰有骷髅和交叉腿骨图案。在这个舒适的柏林会客厅中，他们的黑色高筒靴、宽皮带和刺眼的左轮手枪让她觉得极不协调。只见会客厅中摆放着沉重的红木家具、瓷质火炉，桌子上点着蜡烛。接着，她注意到房间里有些奇怪的摆设——几张折叠弹簧床靠在墙上。她天真地问：“为什么有这么多床?”一阵尴尬的停顿之

122

后，有人解释说，罗姆上尉有许多来自遥远地区的客人，有必要为他们提供床铺过夜。她被告知，罗姆很遗憾没能来，但让人转达了他个人的问候。上尉希望她享受为她准备的典型的巴伐利亚盛宴。康斯坦蒂娅回忆说，落座后，“我就不时地掐自己一下，确认我是不是真的坐在那张长木桌的一端，面对着坐在另一端的莱克茜。在我俩之间，闪烁的烛光中，是十二个我所见过的最彪悍的人”。接下来，正式宣传开始了。他们深信，无论对她说什么，都会通过她父亲直接传达给英国政府，这些年轻人毫不迟疑：

> 他们在吃香肠大餐的过程中十分卖力，每个人说一段话，好像是用留声机播放预先录制的内容。要想在他们讲话时插嘴是不可能的。起初，我会冒昧地争论某一点，或者把自己的看法插入对话中，可我发现，这一来他们忽然完全失常了。他们瞪着看我，显得茫然不知所措。一段暂停之后，紧接着是用啤酒敬酒，接下来“留声机”再次开始播放。我放弃争论了。[20]

宴席将尽时，门突然打开，鲁道夫·赫斯（Rudolf Hess）走了进来。康斯坦蒂娅注意到，他额头上的黑发竖立起来，引人注目的浓密眉毛下，一双灰色的眼睛十分明亮。希特勒的这些门徒聚集到他们的副元首周围，急于听到最新的党内新闻，对英国大使女儿的兴趣瞬间消失了。

约阿希姆·冯·里宾特洛甫（Joachim von Ribbentrop）与罗姆

和赫斯不同，他在1933年夏天相对不为人所知。因为他的妻子是汉凯香槟酒庄家族的成员，而且他英语讲得很好，所以被认为在社会上优于希特勒内部圈子的大部分成员，尽管他的贵族名号“冯”是假的。里宾特洛甫成了外交圈子里大家熟悉的人物，当时很少有外国人知道他与纳粹的关系。康斯坦蒂娅在法国大使馆第一次见到他之后，经常去他位于达勒姆的家打网球。“里宾特洛甫的别墅是白色的，富有现代感，周围有个小花园。别墅的家具陈设讲究，挂满了当代法国画。别墅里有个网球场和一个游泳池。让人感觉有法国南部情调。”她回忆道。她和里宾特洛甫经过一场艰苦的比赛后（他是个好球员），两人一边喝柠檬水，一边谈论政治。他说，你们在英国似乎没有意识到，德国是横在布尔什维克主义和欧洲其他国家之间的堡垒，他不断重复着这句大家都非常熟悉的话。康斯坦蒂娅观察到，他的妻子安娜丽丝因不间断的头疼和一大群喧闹的孩子，“从来都是一副烦躁模样”。多年后，“一位著名的德国人”告诉她，里宾特洛甫仅仅因为自尊心受到伤害才成为纳粹。伯爵们和容客们将他嘲笑为“做酒水推销员发家的，没有世袭贵族头衔的暴发户”，并拒绝了他加入德国最负盛名的俱乐部的申请。正因为这样他才倒向了纳粹。[21]

123

朗博尔德夫妇在举行了数周令人精疲力竭的告别晚会后，最终在1933年7月1日离开德国。同一天下午，奇切斯特教会的教长阿瑟·邓肯-琼斯（Arthur Duncan-Jones）乘坐的飞机在滕珀尔霍夫机场降落，“除了噪音”，他非常享受那次飞行。院长在执行一项使命。英格兰教会最近成立的外交关系委员会由格洛斯特主教主持，主教要求他报告德国福音派教会的状况。虽然奇切斯特教会的特罗洛普信徒与柏林的纳粹分子之间有着显著的差别，但教长投入使命的热情显然有着斗篷与短刀*的意味。“我无法描述过去二十四小时有多么繁忙，”他写信给妻子说，“我原以为这样做是明智的，但其实并不明智。我有一种感觉，他们已经知道我来了。”他参加了在卡尔·弗里德里希纪念教堂举行的一个仪式，人们在拥挤的教堂里听纳粹主教约阿希姆·霍森菲尔德（Joachim Hossenfelder）讲道。他写信给妻子说：“《我们感谢（上帝）》（Nun Danket）《（上帝是我们）坚实的堡垒》（Ein Feste Burg）《哈利路亚大合唱》（Hallelujah Chorus），诸如此类。有这么多纳粹分子。天呐，天呐！我现在正在享受一支雪茄和一杯摩泽尔葡萄酒，将于星期二飞回。我觉得好像走进安东尼·霍普、菲利普斯·奥本海姆、埃德加·华莱士的故事中了。”在信的末尾他补充，“啊，德国人多么富有德国味呐，马丁·路德（Martin Luther）是他们中最糟糕的”[22]！

124

在飞机上，教长曾遇到一个纳粹党的法西斯分子。没料到，经那人介绍，教长竟面见了元首本人。教长向外交关系委员会报告说：“我认为，得到那次见面机会十分不容易，我进去见到

* 指与间谍活动有关。——编注

他时，觉得气氛有点紧张。”然而，会见结束出来后，他相信希特勒说的总归是实话。希特勒对他说，自己是个天主教徒，不愿卷入新教的事务，也不愿干涉教会的自由。

虽然这位教长的行程非常短暂，但他认为已经充分掌握了情况，能够向委员会提交报告。他得知，即使是在新政权下受苦的人们也继续支持希特勒，因为他们认为，支持纳粹是反对布尔什维克主义的不二选择。基督现在作为一位与共产主义作斗争的领导者比作为救赎者更重要。这位教长写道：“他们中的许多人真的相信，希特勒是上帝派来的使者，在微不足道的开端后经历了十年的奋斗，运动终于取得成功，这是上帝创造奇迹的确凿证据。”如果有什么大的问题，那就是英国教会应该采取什么行动？教长采访了许多在一线的神职人员后，很清楚地认识到这是个应当考虑的问题：英格兰教会对遭受迫害的人表达出哪怕一点点同情，都将被视为“绝对的灾难”[23]。

其他关心教会利益的外国人很快就开始意识到，许多纳粹所青睐的“宗教”与传统基督教几乎毫无关系。记者兼作家菲利普·吉布斯（Philip Gibbs）记录了1934年他在德国会晤的一位法国商人对纳粹信仰的有力分析。这位法国人告诉他，那完全是一种类似部落和种族的异教崇拜。那种新宗教断然否定立宪政府、议会和自由讨论。其酋长统治着最高首领之下的所有人，他的话语就是法律。按照昔日神灵的模式，他一半是神一半是勇士。国

125

家边界将不复存在，因为在他那个信仰系统中，人们血脉相连。其最终目标是形成一个植根于原始森林的日耳曼部落的松散联邦。在波兰、匈牙利和俄罗斯的斯堪的纳维亚群体将被接纳进这个联邦，因为他们也起源于德国森林。昔日的神灵没有死，只是在休眠。那些神灵受到基督教神话的放逐，而基督教神话对本能和天性怀有敌意，因此削弱了德意志的精神，使之衰弱，变得非人格化了。现在，力量、勇气和活力将再次崛起，成为男子汉的真正美德，抛开反省、理智主义和病态的意识。异教的神和异教精神将大跨步返回生活中。[24]

很难说奇切斯特教会教长能从短暂的柏林之旅所见所闻中汲取到多少认识。（格洛斯特主教向奇切斯特主教保证，院长此行费用可报销二十五英镑。）不过，这位院长在几年后的一封信中表示，他认为许多德国人如今抛弃了基督教信条，宁可转而背诵“我信仰我的德国母亲。我信仰德国农民，他们耕作了土地。我信仰德国工人，他们为人民制作产品。我信仰牺牲者，他们为人民奉献出生命。我的神就是我的人民。我信仰德国”[25]。奇怪的是，这个泛德意志主义者的主要倡导者竟是个英国人，名叫休斯敦·斯图尔特·张伯伦（Houston Stewart Chamberlain），其圣地不是德国森林深处，而是柏林与慕尼黑之间平缓起伏的巴伐利亚州北部丘陵地带一个小镇，名叫拜罗伊特。

第八章

庆典与炫耀

休斯敦·斯图尔特·张伯伦是一位英国海军上将的儿子，但是他在青年时期就对德国萌发出执着的依恋，也对自己的祖国产生了同样程度的厌恶。1882年，他在拜罗伊特一连六次观赏歌剧《帕西法尔》（*Parsifal*），便如同受洗般接受了瓦格纳式的信仰。瓦格纳的歌剧融合了音乐、戏剧、宗教和哲学，更不必说其中的雅利安英雄和原始森林，这些让张伯伦无比痴迷，他感觉找到了一个与自己志趣完美吻合的世界。1899年，在四十五岁时，他出版了《十九世纪的基础》（*The Foundations of the Nineteenth Century*）一书，这是一部坚决反对犹太人的作品，其核心信息十分简单："在所有民族中，雅利安人不论在身体上还是精神上，皆出类拔萃；因而，他们有权……成为世界的主宰。"[1]这本书很快成为畅销书，而且不仅仅在德国畅销。在这本令人反感的书中，张伯伦提出的论点实在太透彻有力了，竟在法国、美国，特别是在俄罗斯赢得了赞誉。在英国，萧伯纳称之为历史杰作。在第一次世界大战之前，该书卖出十万本，截至1938年，销量达到二十五万册。德国皇帝欣喜若狂，对张伯伦惊叹："是上帝把你的书赋予了

127

128 德国人民。”[2]希特勒更是把这部作品当成圣言，把 1908 年娶了瓦格纳一个女儿的该书作者视为他最喜欢的先知。

奇怪的是，希特勒两个最早也是最热心的帮助者竟然都是英国人。休斯敦·张伯伦和威妮弗雷德·瓦格纳（Winifred ‘Winnie’ Wagner，婚前姓威廉姆斯）在拜罗伊特既是隔壁邻居，还有姻亲关系，他们几乎完全变成了德国人，甚至彼此交谈都不说英语。两人都有不愉快的童年经历，威妮弗雷德尤其如此。她很小就成了孤儿，最终被一对年长的德国夫妇收养，并引进瓦格纳的圈子。1915 年，她在十八岁时嫁给了瓦格纳四十五岁的儿子西格弗里德（Siegfried）。次年，张伯伦成为德国公民。

第一次世界大战爆发后，漫长的暮色笼罩了瓦格纳的音乐剧。1919 年，在节日剧院的舞台上，原来准备在 1914 年 8 月 2 日上演的《漂泊的荷兰人》（*The Flying Dutchman*）未能开幕，布景已经落满了厚厚的埃尘。此剧上演前一天，就在《帕西法尔》演出到第三幕之前，德国对俄国宣战。五年后，当哈里·弗兰克访问拜罗伊特时，拜罗伊特音乐节的前景看来非常黯淡。他在节日剧院出席观看的“节庆表演”难以令人感到欢欣鼓舞。他注意到，乐池里堆满了破碎的椅子和谱架，管弦乐队本身看上去毫无生气。“只有一盏灯，稍微比蜡烛更明亮些，在大厅的圆顶下摇曳，在尘封的庄严华丽中微弱而怪异地闪烁。”虽然外面是温暖的夏夜，大厅里却相当寒冷，观众寥寥，“身穿薄薄的人造材质的衣服，颤抖的声音清晰可闻”[3]。

1923年夏天，尽管通货膨胀加剧，人们普遍情绪悲观，但第二年重开音乐节的筹备工作已经开始。丹麦伟大的男高音劳里茨·梅尔基奥尔（Lauritz Melchior）前来应聘，试唱《西格蒙德》（*Sigmund*）和《帕西法尔》的角色。当时他还不出名，与他的赞助人一起来到拜罗伊特。他的赞助人是非常成功而富有的英国作家休·沃波尔（Hugh Walpole）。沃波尔在伦敦逍遥音乐会上听到梅尔基奥尔（沃波尔称之为戴维）歌唱后，迷恋上了这位歌唱家。虽然沃波尔为此在拜罗伊特只停留了十天，但已经足够发展出《第十二夜》（*Twelfth Night*）般的缠绵浪漫。梅尔基奥尔是一个花花公子，他本人深受沃波尔的喜爱，而威妮弗雷德爱上了沃波尔，而她丈夫西格弗里德是个同性恋。虽然关系复杂，可沃波尔跟威妮弗雷德最终变得亲近，并形容她是个“单纯甜美的女人”[4]。他钦佩她在面对“不可逾越的困难”时表现出的勇气，也因为她亲自陪他到花园尽头的音乐大师墓前向大师致敬而深受感动。仅仅几周后，在1923年10月1日，威妮弗雷德陪同另一名男子再次走到瓦格纳的墓前，她对那人更加痴迷。就在这一天，她开始了与阿道夫·希特勒备受非议的友谊，希特勒也同样开始了与拜罗伊特音乐节臭名昭著的联系。

希特勒未能出席1924年重开的音乐节，原因很简单，他在组织暴动失败后仍在监狱服刑。不过，次年7月23日，他与休·沃

129

波尔一道坐进瓦格纳家族的包厢，观赏《帕西法尔》。沃波尔写道："在这天的演出中，雷鸣般的声音响彻场内外。"[5]他没有提到希特勒在场，但十五年后，他在伦敦一份文学杂志上发表的文章中，追忆了自己对希特勒的印象："我认为他受教育水平低下，相当低能。当温妮·瓦格纳说，他将是世界的救世主，我只是笑了笑……我觉得他愚蠢、蛮勇、寒碜。"[6]这两个男人都被表演深深打动了。这位英国人是出于对唱主角的梅尔基奥尔一厢情愿的爱："他的表演无比出色，人人都欣喜若狂。"[7]而希特勒"泪水顺着脸颊流淌"[8]，他肯定是从帕西法尔这个角色看到了自己的映像——质朴而单纯的人受到命运的召唤，为德国医治迄今无法治愈的伤口。

130

希特勒在1925年音乐节上露面，自然大大增添了前一年已经极为明显的纳粹气息。接着，威妮弗雷德因为在节日剧院与沃波尔用英语交谈而受到严厉斥责。让国内外瓦格纳迷感到恐怖的是，观众中的纳粹分子在《纽伦堡的名歌手》结束后纷纷起立，高唱《德意志高于一切》。沙文主义的喧嚣当时已经成为音乐节不可分割的一部分，但沃波尔仍然对自己的出版商说："我觉得他们都是善良的，当然我不得不说，如果让热爱音乐的德国人远离政治，他们就是最热心的人民"。不过，他接着说，"内部阴谋是惊人的"[9]。到了8月初，他实在受够了，"离开这个地方不会令我感到遗憾。天气非常恶劣，有太多的事情让人厌烦"[10]。他于

8月8日离开拜罗伊特，再也没有返回。

在音乐节上，最耀眼的外国人是阿尔图罗·托斯卡尼尼（Arturo Toscanini）。瓦格纳迷的仇外心理阻止了他在二十世纪二十年代来拜罗伊特指挥乐队，他的政治本能本该让他警惕，提醒自己二十世纪三十年代也不应来这里。但这位音乐大师对瓦格纳的热爱胜过对法西斯主义的仇恨。结果，他无视拜罗伊特日益恶化的气氛和弗朗西斯科·冯·门德尔松（Francesco von Mendelssohn）等犹太朋友的警告，接受了西格弗里德的邀请，在1930年的音乐节上担任指挥。他实在太热情了，甚至拒绝接受任何报酬。不仅是他指挥的音乐，他能出场本身就引起了轰动。在保守的瓦格纳迷看来，任何外国人指挥他们心目中的最高圣乐都是彻底的亵渎，更不用说还是意大利人。然而，托斯卡尼尼指挥的《特里斯坦》（*Tristan*）和《唐豪瑟》（*Tannhäuser*）实在太精彩了，就连最狂热的瓦格纳迷也转变了观念。《泰晤士报》报道称：

> 怜悯与赦免主题的合唱，绝妙而响亮地升华了《唐豪瑟》的结尾。演出结束后，批评家们纷纷称赞，认为这是拜罗伊特音乐节多年来最辉煌的开场演出。在他之前，未曾有一个南欧人在节日剧院握过指挥棒。在每场演出后，满场观众都发出雷鸣般的欢呼，投掷帽子、跺脚、鼓掌，一再吁请指挥和演员登台谢幕。但他们的呼吁是徒劳的，拜罗伊特没有谢幕的传统。[11]

131

然而，这位意大利指挥的成功给传统主义者带来一个问题。瓦格纳迷保罗·普雷奇（Paul Pretzsch）断言："一个纯拉丁血统的人，是不可能把德国音乐表现得如此理想的。"必须为此作出一些解释，而普雷奇找到了答案。他在一份当地报纸上撰文写道："意大利北部在很大程度上有北欧血统。这一点即使在我们这个时代也一直受到种族研究人员的强调。"[12]于是，人们松了口气，出生于帕尔马的托斯卡尼尼原来是个雅利安人。这倒不是说他的行为本身就像个雅利安人。据威妮弗雷德·瓦格纳的秘书说，他在第一次彩排中被第二小提琴激怒了，竟折断指挥棒抛向身后，还使劲跺脚。[13]

在音乐方面，托斯卡尼尼次年在拜罗伊特的出场是一次更大的胜利，但幕后却是另一回事。一连串的事件迫使他离开了音乐节，他宣称再也不会在那里指挥了。他给威妮弗雷德写过一封后来十分著名的信，说他到访拜罗伊特，以为是来到一座神殿，结果却发现自己在一个普通剧院指挥。[14]然而，托斯卡尼尼在纽约接受采访时说，他们之间产生裂痕并不仅是由于管理方式与艺术理念上的分歧。1931年春季，他正式表示反对墨索里尼对意大利的统治，然而，仅仅几周后，他抵达拜罗伊特时，发现瓦格纳的儿媳在积极推动纳粹主义。他宣称，他不准备"让瓦格纳的天赋屈从于希特勒的宣传工具"[15]。然而，在瓦格纳家族的强烈恳求下，他同意在1933年的音乐节上指挥。但希特勒那年1月的掌权改变了一切。托斯卡尼尼敏锐地意识到布鲁诺·沃尔特和奥托·克伦佩勒等犹太音乐家遭到了迫害，他成为一份从美国向希特勒发送的抗议电报的首要签字者。威妮弗雷德确信，只要元首向这位意大利人寄一封私人安慰信件，便可顺利结束这一切。可她错了。1933年5月，托斯卡尼尼给她发来了以下信息："与我的所有希望相反，让我作为人和艺术家的感情受到伤害的悲伤事件没有发生任何变化。因此，我有责任向您通报……最好不要再期望我能来拜罗伊特了。"[16]对于他这个瓦格纳的忠实崇拜者，这是个痛苦的决定，这导致他多年后发出哀叹："拜罗伊特！我生命中最深切之悲哀。"[17]

132

《曼彻斯特卫报》的一篇文章强调了托斯卡尼尼在抵制音乐节的决定中表现出的智慧，该文标题为：《1933年拜罗伊特音乐节的"特色"是希特勒先生》（BAYREUTH FESTIVAL 1933 "FEATURING" HERR HITLER）[18]。该报的音乐批评家沃尔特·莱格（Walter Legge）* 在这篇文章中抱怨，难怪普通旅游者觉得自己参加的是希特勒的节日，而不是瓦格纳的节日。此前几年，他曾写道，瓷器店的橱窗里总是摆着大量看着空气的瓦格纳瓷像，书店也会在显著位置陈列这位大师的自传。"如今，瓷器商店里摆满了希特勒的像章，《我的奋斗》取代了《我的一生》(*Mein Leben*，瓦格纳的

* 莱格后来与伟大的女高音歌唱家伊丽莎白·施瓦茨科普夫（Elisabeth Schwarzkopf）结婚。

自传)。”在托斯卡尼尼退出后，数百名外国观众退掉了音乐会入场券，那些票立即重新分配给了忠实的纳粹分子。莱格描述了节日剧场的情景：观众在剧场外等待了好几个小时，元首抵达后，他们冲向自己的座位，“近乎虔诚地”凝视着他的包厢，直到灯光变暗。“每一幕结束时，兴趣中心立即从舞台转向总理。”

威妮弗雷德叛逆的大女儿弗里德琳·瓦格纳（Friedelind Wagner）强烈反对纳粹，她记录了在拜罗伊特发生的希特勒狂热的一个惊人事例。奥地利男中音约瑟夫·冯·马诺瓦达（Josef von Manowarda）的妻子在右手上戴着一枚巨大的金币，用链子拴在手镯与拇指和小指的戒指之间。人们问她为何如此戴这个奇怪的饰品，她回答，它覆盖了元首亲吻过的位置。[19]莱格总结1933年音乐节时，口吻轻描淡写：“要想假装国内政治的公开展现增加了国际音乐爱好者的愉悦，那是枉然。”[20]

133

拜罗伊特音乐节远非唯一的纳粹年度狂欢。纳粹敏锐地意识到，壮观场合具有将人民束缚在自己政权内的力量，所以确保全年定期举行各种节日庆典和大型集会。10月份，轮到农民举行庆祝活动了。

在以花衣吹笛手闻名的哈默尔恩镇附近，有一个名叫比克山的小山丘，从1933年到1937年，每年这里都举行独特的丰收节庆祝活动。美国小说家诺拉·沃恩向一群开明的德国朋友提及她非常想去参加时，他们表现出尴尬的沉默，这让她感到困惑。她意识到自己说错了话，但错在哪里呢？还有什么比在风景如画的哈茨山脉中举行丰收节更单纯呢？再说，参加者是千百位身着传统服饰的农民。她的两位年轻朋友鲁迪格（Rüdiger）和奥托（Otto）是希特勒青年团的忠实成员，他们都是善良、敏感的男孩子，满怀热情地向她描述了庆丰收活动的林林总总：一户户农民全家身着紫色和橙色相间，并混杂着绿色、蓝色、深红色的服装，从帝国的每个角落乘坐公共汽车或火车到达哈默尔恩。人流色彩绚烂，精心制作的头饰上下摆动，人们步行五英里后到达比克山，那地方秋天的红叶像点燃的火焰。抢先到达的人能在山顶的灰色巨石间找到一个欣赏全景的位置。对一般的观察者来说，那是一个具有《圣经》寓意的动人场面，但诺拉·沃恩的德国东道主明确告诉她，事实上，这种活动已经让纳粹改头换面，变得非常恐怖了。这位东道主补充说，也许她没有意识到，魔鬼梅菲斯托费勒斯（Mephistopheles）就是把浮士德（Faust）带到这种花岗岩山峰上的。毫无疑问，鲁迪格和奥托对此一无所知。[21]

134

沃恩根本没有参加丰收节。但是，1933年10月1日上午10点钟，《泰晤士报》的一位记者站在比克山，与成千上万的农民一道在“酷热的阳光下”等待这一伟大时刻的到来。六个小时后，希特勒和他的随从抵达。整个活动是为农民精心策划的宣传剧，纳粹向他们承诺，要建设一个“拥有他们的纯净血统和纯粹力量，使他们免于债务”的新德国。[22]出席过1935年节庆的瑞士记者康拉德·沃纳（Konrad Warner）感受到了异常紧张的气氛，遍布山丘的庞大人群明显心怀期待，每个人都在寻找站立或蹲下的位置，等待元首来到他们中间的那一神圣时刻。长久的等待后，元首的车队出现在下面平原的远方。沃纳写道：“车队驶近时，成千上万个声音高呼‘万岁’，声浪如飓风般从山坡上滚下，冲向那个对德国人民施了魔咒的人。”[23]

英国、法国和美国的大使都拒绝参加丰收节的邀请，但是，在1934年，比利时的大臣德科乔夫（de Kerchove）伯爵决心证明，自己并非“总是在追随大国”[24]——埃里克·菲普斯爵士如是重复他的话——便决定接受邀请。他和妻子观看了骑兵以复杂的队列沿着纳粹的“卐”字图案行进，听了无休止的讲话，也欣赏到了秋天的景色。但是，伯爵夫人向菲普斯夫人反馈称，游行的重头戏是一场模拟战役，假想目标是下面山谷中一个专门建造的村庄。农民们像异国的鸟儿般栖息在山丘上，对此景象一览无余。他们喜欢这项活动。沃纳报道说，看到坦克飞驰、火光熊熊、炮弹爆炸，特别是鲨鱼般的飞机低空掠过“靶子”村庄，把它炸得粉碎，观众便喊出震耳欲聋的“啊”的声音。沃纳写道：“引擎的轰鸣声与人群的欢呼声混杂在一起。”[25]

135

民俗传统、现代战争、烟花、食物，当然还有元首本人，这些糅合在一起，让人兴奋得头昏脑胀，构成了完美的家庭假日。但是，《泰晤士报》记者报道说，纳粹的完美组织止于所有人动身回家之际。只见方圆数英里的道路变得无比拥挤，成千上万的人被迫留下来在露天过夜。他总结："自从吹笛手的时代以来，哈默尔恩镇从来没见过如此大规模的集会。"[26]

许多外国游客不太可能参加比克山丰收节，但他们成群结队地观看上阿默高的《耶稣受难剧》。1934 年 8 月 1 日，托马斯·库克父子旅游公司在《泰晤士报》上刊登了一则广告：

> 德国就是新闻……
>
> 今天大家都在谈论德国——凭空猜测、疑惑，在许多情况下是夸张。太多的人把政治剧变及其对社区正常生活的干扰混为一谈，他们无疑会惊喜地发现，柏林的生活与伦敦一样平静宜人。[27]

托马斯·库克（Thomas Cook）有充分的理由对抗那年夏天从德国传来的种种坏消息，因为这一年是上阿默高上演《耶稣受难剧》的三百周年纪念。在 1930 年的最后一次演出中，这出戏吸引了大约十万名外国人，大部分是英国人和美国人，因此这一周年纪念日可谓备受期待。库克是个热衷信仰而自我节制的人，从来认为自己的旅游业务主要是宗教和社会性质的事业。幸运的是，库克凭借非凡的才能，自1890年便组织起来的上阿默高旅行团成功地让虔诚与财神愉快地结合在了一起。他组织的旅游项目是完美的度假套餐。这个世界级活动被设定为发生在一座中世纪村庄，由农民在巴伐利亚阿尔卑斯山区的迷人背景下表演。旅行安排让年轻女性可以安心单独出行，也让所有客人从享乐和来访两方面目的都得到满足。难怪库克的旅行团渴望出行，不让政治因素成为阻碍。

136

上阿默高《耶稣受难剧》的缘起可上溯到1633年，当时，村民遭到黑死病屠戮，便许愿发誓，如果得到上帝饶恕幸存下来的人，就会每隔十年举办一次《耶稣受难剧》演出。他们确信上帝履行了承诺，便遵守自己的誓言，次年首次上演了这出剧。四十年后，他们改为在十年的整数倍年份上演。因此在1920年这出剧本该上演，但当时战争结束不久，所以不可能上演。然而，两年后，尽管经济困难仍在持续，村民们却准备好了演出，不过，由于食品太缺乏，他们便通知外国游客自带食物。库克很快意识到，1922年的《耶稣受难剧》是他将英国游客重新介绍到德国的大好机会，所以忽略了供给困难。月刊上登载的广告称，他们的旅游项目是“一次和解的盛宴”，与此同时还强调了一个有利的情况：由于通货膨胀，这趟旅行的成本比1900年要低。诚然，在公众脑海中，战争的惨状仍然历历在目，但谁能经得起诱惑呢？

> 长长的街道两旁是整洁的小木屋和尖塔低矮的教堂，果实累累的果园间散落着一座座小农宅，阿默河清澈的激流从木桥下流淌而过，鲜花点缀的草地围场之外是松树覆盖的坡地，再往上便是巴伐利亚阿尔卑斯山的岩石山地，高耸的科菲尔峰上耸立着巨大的大理石十字架。上阿默高是个由质朴的农民工匠、木雕家和制陶工人组成的社区，正是这些人创造出了《耶稣受难剧》……他们虔诚而热情地以奉献和技能履行着一个古老的誓言。[28]

137

到了1930年，世界各地成千上万的人开始把上阿默高的村民和他们的戏剧看作是从更纯洁、更有灵性，如今已无法追回的昔日延续下来的独特遗存。如一位英国记者所说，“整个活动似乎属于现代世界的童年”[29]。上阿默高的彩绘房子、未受污染的山景，以及参与演出的村民（大约一千人）蓄起的圣经般长度的须发——这些都增强了这个扭转时间的幻想的魅力。与此同时，妇女照旧穿着传统的红色、蓝色或黑色长裙和围裙。美国作家、妇女参政论者艾达·塔贝尔（Ida Tarbell）等许多外国游客认为，村民参与演出《耶稣受难剧》的热情使他们不同于普通人：“他们的一切行为看上去都那么简单、直接、诚实、发自内心，尚未受到模仿、贪婪与欺骗的影响。”[30]另一位发表评论的人是一个接受阿洛伊斯·兰养老金的老人，他是个坚定的纳粹分子，在1930年和1934年扮演过基督。他说，美国客人会要求他为他们的孩子祈福。[31]在一个厌倦了战争和经济萧条的社会中，这样的戏剧性场面不论是真实的还是想象的，都必然激发出人们感情的洪流。雷蒙德·蒂夫特-富勒（Raymond Tifft-Fuller）在1934年直接对他的读者们写道：

> 上阿默高位于伟大城市慕尼黑以南六十英里，海拔一千零五十英尺，更接近星星，也更接近天堂，你来了便会知道！几个小时后便是夕阳西照；你可以得到的远不仅是稍纵即逝的印象。你也许会了解到一些词——永恒、忠实、诚意——的新含义。[32]

并非每个人都受到了诱惑。悉尼·拉金［Sydney Larkin，诗人菲利普·拉金（Philip Larkin）的父亲］观看了1934年的演出，认为这个村子“宗教信仰的商业化达到了能想象的最高程度”。他以前听说过著名的安东·兰（Anton Lang）在1900年至1922年间三度扮演过耶稣，想象他是在“不起眼的小作坊”里，坐在小凳上用木头雕刻人像。但拉金在他的日记中写道，在现实中，这家“作坊”是“一个庞大的建筑，有许多窗户和许多隔间，就是跟伦敦西区的豪宅相比也毫不逊色……照我看，他多年没干过木工活儿了”。他承认这部戏制作精良，可他怀疑该戏是否完全是出自“所谓”的农民之手。他评论说：“剧场的结构表明有高额资本投入，而且剧情与人们对乡村生活的观念有天壤之

138

别。”事实上，他接着说，“此事整体上是一场大规模欺诈，是个大骗局”[33]。

值得注意的是，蒂夫特-富勒等狂热者显然没有提到上阿默高的坏仙女——反犹太主义。从一开始，《耶稣受难剧》对“基督的谋杀者”的刻画就充满恶意，这就像是一件赠给纳粹用以宣传的礼物。用希特勒的话说，这个有数百年历史的农民戏剧描绘了“犹太人所有的污秽泥淖”[34]。包括反犹人物亨利·福特（Henry Ford）在内的五万美国人出席了1930年的演出。《纽约时报》报道：“福特先生为表达他的激动与喜悦，今天向安东·兰*赠送了一辆汽车，还让兰先生从他在慕尼黑的汽车中挑选一辆自己喜欢的车。”[35]但福特仅仅是当年出席上阿默高演出的众多国际名人之一。拉宾德拉纳特·泰戈尔从此剧中获得了灵感，立即撰写了他唯一直接用英语创作的重要诗歌《孩子》（*The Child*）。拉姆齐·麦克唐纳是个老手。1900年，他和妻子“作为朝圣者”花了一个星期步行来到上阿默高。这是他的第四次访问，但这一次尤为重要，因为他是战后第一位访问德国的英国首相。

希特勒是《耶稣受难剧》的热心拥护者，相信它应该在德国各地演出。还有什么更好的方式能证明犹太人对雅利安血统 139

* 安东·兰因在1900年至1922年之间三度扮演基督而成为国际名人。他在1930和1934年的表演中念了开场白。

构成了威胁？这些观点引发了外国媒体的忧虑，他们担心1934年的表演可能与北欧基督信仰和日耳曼风光相结合，转变成一场彻头彻尾的纳粹盛会。但是，尽管人们看到一些村民身穿纳粹制服，这些制服却“与他们的长发根本不搭调”[36]。此外，让外国戏剧爱好者感到宽慰的是，剧本仍保持了“纯洁”。

那年夏末，《泰晤士报》“皇家公报”栏目报道观看《耶稣受难剧》的英国游客时，没有提到两位女教师——来自西约克郡林斯怀特的露西·费尔班克（Lucy Fairbank）小姐和克拉丽斯·芒廷（Clarice Mountain）小姐。她们在1930年首次访问上阿默高时兴奋不已，这次她们来参加三百周年纪念演出，还带着电影摄影机。露西学习了如何使用哈德斯菲尔德摄影机后，慨然购买了一台。在当时，一位中年妇女手持这种东西是罕见的，“向她们在慕尼黑住的酒店和街上一名警察的询问”后，她们才认定，“毕竟，让人看到携带相机也不会太危险”[37]。她们到达上阿默高后完全没有失望：

> 下火车后，搭车来到了一个不同的世界——仿佛梦幻般的奇异世界。男人们身着白色长衫和刺绣背带，留着长发，皮革短马裤下显露出强健的古铜色肢体，宽阔的脊背上扛着的大包裹，显得轻如薪柴。经过大街上一座座山墙高耸的房子，跨过阿默河上的小桥——从车站来的人们聚集成群。来到村庄广场，一侧有座古朴的老驿站，另一侧是维特尔斯巴赫酒店。鲜花如瀑布般垂下阳台，深檐为忙碌的燕儿提供

了栖身之所。目之所及，处处是被涂过漆的墙壁和遮阳伞。[38]

1934年8月13日，露西和克拉丽斯站在维特尔斯巴赫酒店外面等待希特勒露面。尽管她们受到激动人群的推挤，但露西还是捕捉到了这位元首乘敞篷车来观看演出时的运动影像。一旦进入剧场，希特勒便不可能注意得到，在他前面几排就坐着来自伦敦汉普斯特德的杰弗里·拉塞尔（Geoffrey Russell）先生和他的夫人。“但不是在他的正前方，如果是那样的话，我们偶尔转头看他就太没礼貌了。”他们饶有兴致地注意到，希特勒身穿的雨衣十分破旧，而且他只有一个警卫陪同。他们观看着舞台上表演的犹太公会会议，演员们发出反对耶稣的呼喊声，这对夫妇“无法避免地感到”，这仿佛是《哈姆雷特》（*Hamlet*）中的场景。他们朝希特勒的方向悄悄瞥了一眼，见他“就像其他人一样”，边读文字介绍，边用望远镜观看演出。演出结束时，他安静地离去，并没有引起过多的关注。拉塞尔写道：“但是，他的出现本身便足以扰乱人们的想法，使他们认为，为了让这出《耶稣受难剧》得到应有的关注，有必要让它继续演下去。”[39]

140

出席这一年《耶稣受难剧》的观众，有许多是前往德国参加第五届浸信会大会的信徒。这次盛大的活动于1934年8月4日至10日在柏林体育宫举行，有来自世界各地的约九百名代表参会。尽管大会（在一个挂满纳粹“卐”字党徽和十字架的大厅里举行）严厉谴责种族主义和反犹太主义，但美国代表团却从希特勒身上看到了诸多值得钦佩的因素。“一个要求妇女举止端庄，反对色情，而且不吸烟、不喝酒的领导人，当然不可能是个彻头彻尾的坏人。”[40]有一位代表记录道：“在这个国家无法销售淫秽的色情文学，这让人感到极大的宽慰，在那里无法放映糜烂及黑帮主题的电影。”在这方面，即使是前一年臭名远扬的书籍焚烧，也符合美国浸信会的信条，因为“新德国焚烧掉大量腐朽的书籍和杂志，还烧掉了犹太共产党人的几个图书馆”[41]。德国新闻界迅速注意到，三十位非裔美国牧师在大会上未受到种族隔离对待。其中之一是老迈克尔·金（Michael King），他受到此次德国之行的强烈启发，尤其受到马丁·路德宗教改革榜样的启发，在返回亚特兰大后，把自己和儿子的名字都改为：马丁·路德·金。

141

就在浸信会开会前两天，也就是1934年8月2日，冯·兴登堡总统去世。露西和克拉丽斯在前往上阿默高途中，意识到这是个重大事件。她们乘坐火车驶入科隆车站时，听到教堂敲响了钟声——“周围一片庄严肃穆”。总统的葬礼于8月7日举行，地点在上阿默高以北三百英里的东普鲁士要塞般的坦能堡纪念馆。* 对于二十三岁的《每日电讯报》记者休·C. 格林［Hugh C. Greene，后来成

---

* 坦能堡是位于东普鲁士的一处遗址，1914年8月26日至30日兴登堡在此地击败了逼近的俄国人。

为英国广播公司总经理，他是格雷厄姆·格林（Graham Greene）的弟弟］来说，“在坦能堡的那一天简直像是在地狱”。在火车上度过一个不眠之夜后，他和其他记者在“极其坚硬”的座位上枯坐了四小时，等待仪式开始。“给我留下的纪念品，是一个位置合适的疖子。”事后，坐在炎热的田地上，他写下自己的报道：“纳粹卫队的黑色、国防军的灰色、戈林手下的警察的绿色、‘空军运动员’的钢蓝色、劳动军团的橄榄绿色、冲锋队的褐色，”他记录道，“与年长将领和外国武官的奇异制服混杂在一起，形成一幅制服色彩的大融合图景。”[42]与其他外交使团一起出席的埃里克·菲普斯爵士报告，希特勒在葬礼上的最后一句话是，把伟人托付给瓦尔哈拉——按照菲普斯的说法，“虚假而沉闷的瓦格纳式神祇居住的那个地方，没有文明人愿意在那里度过一个周末。”[43]

142

兴登堡逝世后，再没有什么能阻止希特勒把总理和总统办公室合并在一处。在十二天后举行的公民投票中，这个国家赋予了他压倒性的权力，使他的独裁统治无懈可击。在虔诚敬神、风景如画的上阿默高，92%的村民投票支持希特勒。柏林的一份报纸受到启发，追问：“是犹大投了反对票吗？”[44]据《纽约时报》报道，希特勒获得了绝大多数人支持的消息传到村庄时，附近山坡上点燃了一堆胜利的篝火。“大约一千名大多来自海外的游客观看了本地居民聚集在篝火周围庆祝领导人的胜利，这些村民几乎全是《耶稣受难剧》的表演者。”[45]

除了公开的反犹内容，这出戏的其他信息对所有硬派纳粹主义者都没有吸引力。但是，他们这种围绕夏至举行的新式异教庆典则是另一回事。在仲夏夜，成千上万的篝火在德国全境点燃，纳粹演说家们激发起了德国青年的爱国狂热。黑塞尔贝格是上阿默高以北一百二十五英里处的一座山丘，也是弗兰肯地区的最高点，这里被定为纳粹的圣山。弗兰肯地区的政治领袖尤利乌斯·施特赖歇尔（Julius Streicher）在这里精心策划了一年一度的日耳曼火舞节，以崇拜太阳和元首。戈林在黑塞尔贝格峰会上发表的演说则是对基督教的直接挑战：

> 没有一座教堂像这座山的穹顶一般，如此美丽、如此伟大、如此强大，也没有信仰像这座山的穹顶般坚定。如果有人说，我们抛弃了信仰，那么我们要问，德国何曾有过比今天更深刻、更富有激情的信仰？何曾有过像我们对元首这样的信心？[46]

143 然而，施特赖歇尔对成千上万群众演讲时明确表示，非德国人不会被自动排除在外：“外国人若有纯正的北欧血统，登过这座山便将得到再次净化，便能够理解德国，能够感受到将德国融合成一个共同体的力量。”[47]虽然很少有普通外国游客接受施特赖歇尔的提议，但一个非常不平凡的年轻英国女人却接受了。1935年6月23日，二十岁的尤妮蒂·瓦尔基里·米特福德（Unity

Valkyrie Mitford）站在施特赖歇尔旁的讲台上，伸出戴着长手套的手臂致纳粹礼，并对二十万人讲话。两个月后，她将作为希特勒的“尊贵”嘉宾，出席纳粹政权策划的最引人注目的奇观之一：一年一度的纽伦堡集会。

第九章

希特勒万岁

145 1933年9月1日，罗伯特·海因加特纳（Robert W. Heingartner）在法兰克福的美国领事馆打开他的无线电收音机，收听被德国报纸描述为有史以来世界最大规模的会议——在纽伦堡举行的纳粹党第五次代表大会。他很快就把收音机关掉了。他在日记中写道："希特勒正在谈论马克思主义的邪恶，那是他一贯的言论。半小时后，我再次打开收音机，他说的还是这个话题，嗓子有点嘶哑，但声音仍很洪亮。"[1]海因加特纳是个多疑的人，但1933年到1938年间参加过纽伦堡集会的其他数百位外国人听了却深受打动。他们中的许多人，至少不是铁杆法西斯的那些人，晚年若回首往事，一定会为自己当时的轻信感到惊讶。然而，很少有人像迈克尔·伯恩（Michael Burn）一样诚实地公开承认这一点。伯恩在2003年出版的回忆录中再次发表了1935年在纽伦堡写给母亲的一封信，当时他是《格洛斯特公民报》（*Gloucester Citizen*）一位年轻的记者：

> 党代会今天上午闭幕。这个星期之后，我真的无法有条理地思索了。看到希特勒引领这个国家返回正轨，并教
> 146 会人们期待未来，感觉太奇妙了。我聆听了他昨天在闭幕

式上的演讲，感到终生难忘，我要把它翻译成英文。请寄给我一本《圣经》。[2]

任何人都不可能对纽伦堡集会作出客观的反应，就连局外人也不可能。听众要么像伯恩一样被狂欢的情绪所荡涤，要么像作家罗伯特·拜伦（Robert Byron）那样对此深恶痛绝。拜伦出席1938年的集会后在柏林写道："这些人不可能妥协。世界上没有他们与我共存的空间，只能有一方存在。"[3]海外游客无论是兴奋还是惊骇，都不能不受到大规模壮观景象的感染。不断的阅兵和击鼓、扫射的探照灯光、燃烧的火炬、在微风中飘荡的千万面巨大的红黑色纳粹"卐"字旗——这些都被巧妙地安排在一起，向最高酋长致敬，这位半人半神的酋长注定要带领其部落摆脱黑暗，走到阳光下那个预留的位置。一连几个小时，包括元首的个人嘉宾在内的外国游客，看到一波又一波年轻的雅利安人正步经过，步伐完全一致，似乎整整一代人都被控制得整齐划一，深信自己有权统治这个世界。面对浩瀚的信徒海洋，如沧海一粟般的外国观众，此刻有谁能肯定这样的事情永远不会发生？随着百万声"万岁"的呼喊震荡着他们的耳鼓，所有外国人——无论恐惧还是兴奋——都必然感到脊背发颤。

《曼彻斯特卫报》报道，1934年的这次集会仿佛将苏联的5月1日、美国的独立日、法国的巴士底日、英国的帝国日汇集一处，而且持续整整一个星期。[4]这是个令人信服的描述，但并不能传达希特勒怪诞的声光表演的真正力量。在这一方面，谁也比不上莱尼·里芬斯塔尔（Leni Riefenstahl），她拍摄的反映1934年集会的电影《意志的胜利》（*Triumph of Will*）可谓有史以来最负盛名的纪录片。罗德岛的学者杰弗里·考克斯外出两年后返回德

147

国，如此描述里芬斯塔尔工作时的情景："她的身影令人吃惊，在这种最阳刚的环境下，她身穿乳白色套装，戴一顶紧扣在头上的帽子，与她的拍摄人员站在观礼台一侧。"[5]

里芬斯塔尔还拍过一部不太出名的影片《信仰的胜利》（*Victory of Faith*），这部电影反映了1933年的纳粹集会。出席那次集会的有五十万人，相对于其后五次集会，算是比较温和。当时，希特勒旨在与古典世界抗衡的狂妄建筑计划尚未完成（许多建筑项目根本没有完成），比起后来几次集会，出席的外国名人也少一些。1933年12月3日，《观察家报》驻柏林的一位记者应邀出席了《信仰的胜利》首映式。在一篇以《恺撒万岁》（"Hail Caesar"）为题的文章中，该记者形容这是"对恺撒精神的长期崇拜，希特勒在其中扮演着恺撒的角色，而军队则扮演了古罗马的奴隶"。他建议这部电影尽可能广泛地在国外放映，以便"近来打动德国的令人陶醉的精神"能够更好地得到理解。[6]结果，这位记者是看过这部影片为数不多的外国人之一，因为几个月后，希特勒下令销毁这部影片的所有拷贝。原因在于，纳粹冲锋队首领、希特勒当时最亲密的同事恩斯特·罗姆在电影中扮演了

关键角色，而那次集会后仅仅十个月，罗姆身亡，成了内部权力斗争的牺牲品。这次权力斗争在1934年6月30日的“长刀之夜”达到高潮，许多纳粹成员被指控密谋推翻希特勒而遭杀害。直到二十世纪九十年代，英国才发现了《信仰的胜利》的一部拷贝。

在呼喊“希特勒万岁”方面，很少有外国人比尤妮蒂·瓦尔基里·米特福德更狂热。她自从第一次在1933年纽伦堡集会上开始迷恋那位元首后，便在每一个可能的场合振臂高呼。埃里克爵士和菲普斯夫人经常碰到上层社会父母因为女儿爱上可怕的党卫军而深感苦恼这类事情，他们对此已经见怪不怪了。可是，就连他们，在柏林自家的客厅见到尤妮蒂时，也让她轻快的“希特勒万岁”呼喊声吓了一跳。作为回应，比人高马大的尤妮蒂矮一头的埃里克爵士踮起脚尖，握住了她伸出的手。[7]几个月后，杰茜卡·米特福德（Jessica Mitford）和她妹妹在地中海游船上共用一间小船舱。她描述，晚上，尤妮蒂向希特勒念过祝祷辞后躺在床上，庄严地举起胳膊敬纳粹礼，然后才入睡。[8]尤妮蒂是雷德斯代尔勋爵夫妇著名的七个子女中的第五个，她的故事是一个不快活而且不太聪明的年轻女子在邪教中寻求魅力和目标的故事。她可能成为任何古怪信仰或神灵的信徒，但对她和她的亲人们来说都不幸的是，她倾心于那位元首。

148

尤妮蒂是个不谙世事的追随者，这是个著名的特殊事例，但是，无数有类似背景的其他年轻人在两次战争之间也去到德国旅行和求学，这便引发了一个问题——为什么他们去那里？至少可以说，英国的机构认为把孩子们送到这样一个卑鄙的极权主义政权统治下，让他们在那里为成年生活作准备是合适的做法。有些人可能赞成希特勒打败共产主义、复兴德国的目标，但即使是这样的人也很难欢迎一个褐衫队成员当自家的女婿。然而，尽管发生了第一次世界大战，尽管人们对纳粹恶劣形象的认识日益加深，但因为传统，德国在英国知识分子的想象中依旧具有强大的吸引力。他们期待这些出国镀金的年轻人可以在纳粹的野蛮和粗鲁中深化教育，拓宽视野。对于一个年轻人来说，要为上牛津或进外交部作准备，还有什么能胜过接受歌德、康德、贝多芬和德语不规则动词的熏陶呢？此外，在慕尼黑，或者是弗赖堡、海德堡这类大学城，许多一贫如洗的男爵夫人可以提供廉价住处，让孩子们完成学业。

在二十世纪三十年代中期，旅行者过境时必须作出的首要决

149

定之一，就是愿不愿意呼喊“希特勒万岁”。1934 年，尤妮蒂第一次在慕尼黑入住时，敬纳粹礼十分普遍，已经成为不可能回避的问题。在第三帝国的早期，它还算个值得称颂的礼节，本着善意，而且不会令人感到在政治上作出妥协。毕竟，纳粹的许多“成就”至少在表面上非常值得称赞，这让乐观主义者认为，希特勒的批评者常常提到的残暴及反犹太主义必然会随着条件的不

断改善而淡化。1934 年 3 月一个晴朗的日子，二十八九岁的约翰·海盖特（John Heygate）驾驶跑车出入德国时，毫不迟疑地向边防卫队敬了个纳粹礼。几个月来，他一直在乌发电影公司柏林制片厂工作，担任导演并撰写英文剧本，但这一次，他要开车去布拉格。他感觉开着麦格纳 MG 型敞篷车太过惹眼，为了安全，见了人就敬纳粹礼：

> 我喜欢这样，感觉就像一个游戏，村里的青年人和孩子们都喜欢这样。他们站在道路两旁或田野上，右胳膊庄严地向敌人的汽车伸展出，发现敌人原来是朋友时，便露出笑容……我不断地回礼，结果右臂都变得僵硬了。我真想有个方向指示器一样的设备，能高举一只金属手臂替我作答，好让我继续驾驶汽车。[9]

海盖特是个伊顿公学的老校友，几年前曾爆出丑闻，与伊夫林·沃（Evelyn Waugh）的妻子私奔，后来两人结了婚。他就像自己社交圈子里的许多人，在政治上偏向右翼。因此，尽管在粗野的新德国有很多东西值得取笑，但他也发现了很多值得钦佩的事物。纳粹旗帜让他着迷。沿着村庄道路行驶，“房顶上插满了‘卐’字旗”，他经过时，感觉自己“像个现代骑士在十字军的红色旌旗下奔驰”。他突然想到，自己拥有一面“卐”字旗，一定很“有趣”，于是便请一位乐于帮忙的车库服务员在他车上装了一面旗子。不过，乐趣很快就消逝了，他看着车上小小的“卐”

字旗在风中“骄傲地”飘飞，忽然产生“敬畏”之感。他一时觉得，这面旗帜似乎“不止是一个拿在手中挥舞或从窗户上垂下的东西。这是一面战士们紧随其后的战斗旗帜”[10]。

他到达奥地利蒂罗尔后，写信给朋友——《水獭塔尔卡》（*Tarka the Otter*）的作者亨利·威廉姆森（Henry Williamson）。他在信中说，除了德国以外的所有欧洲国家都深陷绝望。鉴于德国青年身强体壮，勇敢无畏，别的国家感到恐惧丝毫不让他惊讶。他接着描述了奥地利现在如何被组织成德国的秘密分部。德国每天派遣信使穿越大山，向奥地利村庄传送纳粹宣传品。一面面巨大的纳粹“卐”字旗突然在蒂罗尔上空飘扬起来，甚至在山腰的雪地上也印有这个标记，远远就能看到。海盖特承认，即使他携带违禁的纳粹报纸（流亡慕尼黑的奥地利纳粹党党魁交给他的），也是秘密分发的。他对朋友说，纳粹在奥地利的地下斗争是个引人入胜的故事。[11]

罗伯特·拜伦与海盖特是同时代人，他在类似的圈子（他们都认识米特福德夫妇）里也受到触动，但反应迥异。“我几乎不知道该如何控制自己了，”他从但泽写信给母亲说，“他们打电话时喊‘希特勒万岁’。两个朋友在拥挤的公交车上见了面也相互敬纳粹礼，颇有些歇斯底里的味道，不过我想，我会习惯的。”[12]

其实，即使是外国游客，不敬纳粹礼也变得越来越危险了。“那天晚上，我有一次奇怪的经历，”杰弗里·考克斯写信给新西兰的弟弟说，“因为我没有向纳粹旗致敬，一位褐衫队成员就殴打我。”那是午夜时分在一条黑暗的柏林街道上，这位年轻的新西兰人遇到一伙冲锋队员，他们在前往纽伦堡集会途中行进到火车站。“我正在跟另外两个人热烈交谈，这时黑暗中有人从侧面击打我。”考克斯说。他补充道，他没感到害怕，甚至觉得这是桩有趣的事。他向弟弟解释，“我在有敌意的人群中体验到一种兴高采烈的心情，并且不感到害怕。当然，我本该更勇敢些，当场反击才对，尽管因此会遭到更多殴打。下次会的”[13]。

151

鉴于考克斯坚定的观点，他并没有去参观纳粹最神圣的纪念堂——慕尼黑统帅堂。在希特勒暴动失败的这个地方，建起了两座白色石砌纪念堂，里面有 1923 年 11 月那天夜里丧命的十六名追随者的巨大铅灰色棺材。那天晚上，警察向希特勒和他的手下开枪射击。英国作家兼记者 J. A. 科尔（J. A. Cole）写道：“不论阴晴雨雪，这里天天都有朝圣者来致敬。来这里的人有的是一车车欢声笑语的游客，有的是出游的愉快家庭，但是，人们走近这里，举止就变得庄严肃穆。大家平静地缓缓登上台阶，向下面的棺材凝视一两分钟，敬纳粹礼，这才缓缓走向另一个神圣的纪念处。”[14]凡是经过统帅堂的人（无论乘车还是步行）都必须向纪念堂致敬。十八岁的蒂姆·马腾（Tim Marten）刚刚离开温彻斯特公学，正在为进入外交部而留学。他看到一个胖子边骑自行车边笨拙地敬纳粹礼，结果失去平衡而摔倒，觉得很滑稽。[15]

德里克·希尔（Derek Hill）访问慕尼黑时，母亲对他说，她非常希望亲眼见到希特勒，他带母亲去了那位元首经常光顾的卡尔顿茶馆。就在他们即将放弃的时候，希特勒携戈培尔和赫斯一起来了。德里克立即打电话给他的朋友尤妮蒂，告诉她希特勒在那里。几分钟后，她搭乘一辆出租车来了。第一次近距离见到心目中的偶像，她浑身颤抖不已。“这是你对我这辈子做的最仁慈的事，”她对德里克说，“我永远不会忘记。”可以说尤妮蒂精神不够稳定，但不关心政治的苏格兰人希尔夫人绝对没有这种情况。然而，即使是她，那一刻的反应也让儿子感到惊讶——她像是着了魔，在希特勒一行离开时竟向他们致以纳粹礼。[16]

152

十八岁的琼·汤奇（Joan Tonge）是个态度坚定的姑娘。她身穿“条纹山猫毛皮大衣”，头戴“哥萨克帽”，由一位时髦的普鲁士军官陪同，参加了一次冲锋队的集会。她回忆道，起初一切正常，后来有人喊起了“希特勒万岁”。接着，她起身，但两条手臂垂在两侧，“有些像一株令人讨厌的大黄”，拒绝敬举手礼。没出几秒钟，“几个蹲着的褐衫队丑八怪起身冲来，疯狂嘶喊着，胳膊像风车般挥舞”，直到“赫尔穆特（Helmut）撩起长及脚踝的大衣，用更大的嗓门吼道，这是个英国人”[17]。

肯尼思·辛克莱-洛蒂特（Kenneth Sinclair-Loutit）和“马修（Matthew）”［他的真名可能叫罗伯特·杜梅特（Robert Dummett）[18]］当时是剑桥大学三一学院的大学生，他们决定在

1934 年夏天骑车从汉堡去萨尔茨堡。两人搭乘了库珀拉琪雅号轮船（搭乘苏联船只是前往汉堡最便宜的方式），到港后走进城里，每人花三英镑买了辆自行车，便骑车出发了。虽然两人之前同意结伴骑行，但彼此几乎不认识。他们很快就发现与对方没有多少共同点。右翼的杜梅特因为跟他在海德堡的教授的妻子有外遇，会说一口流利的德语。辛克莱-洛蒂特则不会。此外，由于目睹了剑桥最近发生的绝食游行，后者的政治立场已果断地转向左翼。在这种不安的伙伴关系中，两名年轻人朝南骑行。杜梅特对德国的纪律（“英国太缺乏纪律了”）、公路网、劳动营、全国各处的高度洁净等状况肃然起敬。而辛克莱-洛蒂特越来越感觉到，纳粹党人的服饰让他讨厌。他回忆说：“在接近新德国之前，我们两人的关系保持得不错。可我仍能感觉到在吕讷堡受到的震动。在为已故的兴登堡建造的一个临时圣祠里供奉着他的半身像，马修向这个塑像致以纳粹礼。”[19] 他的同伴说，这不过是个简单的礼貌行为，就像走进教堂脱帽一样。但是，在辛克莱-洛蒂特看来，敬纳粹礼完全是对一个彻底令人厌恶的制度公开表示认同。

153

无休止的“希特勒万岁”呐喊声终于让最宽容的旅行者也感到了紧张。爱德华·沃尔（Edward Wall）是一位年轻的校长，1935 年 4 月，他与好友汤姆·艾尔芒格（Tom Iremonger）乘坐一辆奥斯汀牌微型车在德国旅游。他记录了在赫尔姆斯塔德享用美味午餐的经历：

> 糟糕的是，人人出入餐馆，都要山呼“希特勒万岁”，接着还要轮流向其他人致同样的敬礼，让人非常倒胃口。我们坐在靠近门的位置，分享这种礼节的机会便更多。AA 旅游线路被描述为“一个有许多工业中心的、地势平坦的乡下”，我们预料到，那里的居民肯定会更加激进地展示对纳粹的热情。[20]

然而，并非每一个德国人都投身纳粹。几天后在拜罗伊特（被沃尔描述为“德国的赛伦塞斯特（Cirencester）*”），两人正在吃东西，一对年长的夫妇走进咖啡馆。沃尔注意到，他轻轻抬了下手腕，举起手掌，微微弯曲着胳膊，以尽可能收敛的口吻说了句“希特勒万岁”，仿佛是在对孩子说“睡个好觉”。

沃尔和艾尔芒格都不太关心政治，但沃尔以前来度假时，通过施劳赫（Schlauch）一家了解到，不支持现政权的人们生活会非常艰苦。施劳赫先生是路德教会的牧师，最近因反对日耳曼异教神灵崇拜而服刑。在教堂集会中，纳粹派了监督人，如今每一座教堂都有纳粹在审查每一次讲道的内容。有个监督人告发了施劳赫。他获释后，被列入黑名单，就无法再找到工作。在二十世纪三十年代中期，这种经历实在是司空见惯。可以想象，这

---

* 赛伦塞斯特是英格兰著名的小镇，以风景如画，建筑古朴典雅著称。——译注

自然会让受害者产生一种患难与共的感觉。沃尔指出，尽管丈夫遭遇困境，施劳赫太太仍然满口称赞纳粹对犹太小说家的禁令——“大大减少了不健康色情文学的流通”[21]。 154

沃尔对假期的描述具有生动的画面感：白色的砂石路蜿蜒穿过一座神秘的黑松林，一群工厂工人因为英国国王乔治五世对希特勒的生日祝贺而高兴，香烟卡上描绘法国军警在鲁尔区欺侮德国平民的情景，等等。在烟雾腾腾、炎热拥挤的电影院观看《意志的胜利》是不愉快的。在满座的歌剧院，艾尔芒格动来动去，老太太对他竖起一根手指发出嘘声，让他为别人着想，这也让他们不舒服。他们喜欢身材魁梧的巴伐利亚警察，这些警察身穿“蓝色束腰制服”，头戴闪亮的黑色头盔，上面还装饰着尖头银色小突起。但是在亚琛，他们为一个鲁莽直言的反纳粹书商感到担忧。他们得到一个压倒一切的突出印象——大量标志突出了一个信息：不欢迎犹太人。[22]

两个英国年轻人在阿默湖畔度过了特别愉快的一天。沃尔写道，1935年4月28日，他们坐着品尝咖啡和蛋糕，两眼望着水面。“云层已经飘散，一阵轻风刮过，辽阔的湖面看起来更像个入海口。”在湖的东北方向，辛克莱-洛蒂特和杜梅特几个月前在慕尼黑附近，当距离城市十五英里的时候，杜梅特突然坚持要他们不停歇地骑很长一段路。他后来才讲出自己的理由。他查看地图时，注意到他们离达豪很近，希特勒成为总理后不久，那里建立起了集中营。杜梅特担心他们在该地区会引起怀疑。辛克莱-洛蒂特从未听说过达豪这个地方，杜梅特便解释说，那个营地是纳粹采用的一种方法，用来处理“社会渣滓、懒惰者、不受社会欢迎者、犹太奸商和痞子”，通过工作让他们得到再教育。[23]休·格林当时在慕尼黑，试图奠定自己的记者名声，他从寄宿的家庭抄录了一句劝诫诗文：“亲爱的上帝，请让我变成哑巴，这样我便不必来到达豪！”[24]几个月后，一块臭名昭著的标牌——“工作让你获得自由”——竖立在达豪的入口处。

155

其实，杜梅特用不着担心。至少在最初，德国当局显然愿意向外国人炫耀他们的集中营。到了二十世纪三十年代中期，达豪已经成为美国和英国游客的一个旅游胜地，政治家和新闻记者尤其喜欢光顾。国会议员维克托·卡扎勒特感到放心，因为没有发现任何不当的痛苦或不适，他认为这种营地“不是很有趣，不过管理得很好”。他在日记中写道：“助手说，大多数囚徒是共产党人。如果真是这样，他们可以留在那里，与我无关。”然而，他认为纳粹没有释放囚徒中的大多数人是“傻瓜”行为，因为任何反对政权的人面对“希特勒完全势不可挡的权力”，根本无能为力。[25]卡扎勒特的同僚、国会议员阿诺德·威尔逊（Arnold Wilson）爵士却有相当矛盾的看法。威尔逊在1934年至1936年间曾广泛游历德国，试图通过与最广泛的人群大量深入对话来了解新德国。他的许多文章汇集成册出版，书名为《在国外漫步和演讲》（*Walks and Talks Abroad*，1939年）。1934年7月，他在柯尼斯堡讲话时，热情洋溢地谈到了纳粹党：

> 在过去三个月中，我一直关注着年轻的德国每一个角落在工作和休闲中的状态。我钦佩纳粹运动激发出的强大能量。我尊重德国青年的爱国热情。我认可，甚至几乎是羡慕你们追求民族团结的彻底与热切，这种追求激励着你们的中学和大学，因为它完全是无私的，完全是优秀的。[26]

然而，对纳粹的热情并没有影响到他对达豪的印象。尽管观察到这些人似乎像在任何一个自愿的劳动营中那样有吃有住，他仍旧写道，“集中营的气氛中有什么东西令我的灵魂反感”[27]。詹姆斯·格罗夫·麦克唐纳（主管德国难民事务的美国高级专员）同意这个看法。当囚徒们在他面前起立时，他看过他们的眼睛。“我不会忘记从他们眼睛里解读到的东西，”他那天晚上在日记中写道，“那是恐惧，是挥之不去的恐惧，是被无情的专制意志彻底征服的无奈。”但是，他向导游追问为什么需要这样一种营地时，导游迫不及待地说，德国仍处在革命的阵痛中，在大多数其他革命中，政治犯往往遭到枪杀，但是在达豪，“我们在尝试改造他们”。旅游结束后，麦克唐纳很欣慰地发现，慕尼黑美术馆仍在开放，“这样我就能摆脱残留的集中营恐怖余味”[28]。 156

战争结束数十年后，突击队员、作家和诗人迈克尔·伯恩重新挖掘出他在1935年访问达豪时的记载。他震惊地发现，自己当时对集中营相当野蛮的方面竟漠不关心。他听了指挥官*对实施的可怕刑罚的叙述，只是评论说："那些可能因此而战栗的人会想起，九尾鞭在英国仍未弃用。"[29]数年后，他很奇怪，作为《格洛斯特公民报》的记者，自己当时为何没要求解释囚徒们得到过什么样的审判和辩护权；仅仅因为批评政府就监禁人，纳粹如何在道义上为此正名？同样让多年后更年长、更明智的伯恩感到震惊的是，他（以及更多世人）在事后伪善地说服自己相信，当时的达豪曾让自己深感痛心。但他并非唯一不屑理睬集中营可怕情景的外国游客。反犹太主义在英国上层阶级中盛行，这与法国和美国大片地区的情况一样。同样，与犹太人一起被关进达豪的共产党人、吉普赛人、同性恋者和"疯子"的命运，并非对每个人来说都是迫在眉睫的问题。十八岁的德里克·希尔沉浸于在慕尼黑学习舞台设计的兴奋中，当然不会细想这个地方内在的邪恶。1934年，他花了一天时间观察集中营，这是为了帮助一位近乎失明的《晨报》(*Morning Post*)记者彼得·马修斯(Peter Matthews)。他们与囚徒们在同一个餐厅里共进午餐，不过是陪西奥多·艾克(Theodor Eicke)指挥官坐在"高桌"旁——这样的安排让希尔联想到在牛津大学或剑桥大学就餐的情景。[30]

157

* 伯恩夫妇会见的指挥官是海因里希·杜拜尔(Heinrich Deubel)。几个月后，希姆莱因为他态度过于宽容而解雇了他。

在整个二十世纪三十年代，“英国好女孩们”稳定地流向慕尼黑，为的是获得“完整”的教育。其中一些人在拉罗克男爵夫人的学校就读，尤妮蒂也曾在那里住过一段时间。她们的求学时光是在温和地研究艺术、音乐和学习德语中度过的，时而穿插着野餐、文化考察和茶舞。琼·汤奇回忆道：“我们见到许许多多年轻军官，他们极为优雅、傲慢、自负，个个风度翩翩。他们身穿的制服完美无瑕，他们的自尊心坚不可摧。”[31]当时在慕尼黑学习艺术的一个十多岁姑娘，名叫阿丽尔·坦南特（Ariel Tennant），许多英国人不相信她对纳粹侵害的描述，这让她感到吃惊。在短暂的回国探亲期间，她描述了一些令人震惊的亲身经历，人们认为她太年轻，还不懂事，因此不相信她。[32]她跟表弟德里克·希尔一样，也是尤妮蒂的朋友。她记得跟尤妮蒂一道在英国花园里散步，尤妮蒂抓住她的一条胳膊，要求她承认喜欢希特勒。“要是不承认，我就把你手臂折断。”[33]

一星期有几个晚上，女孩子们会去歌剧院——距离达豪只有几英里。萨拉·诺顿［Sarah Norton，后与阿斯特（Astor）子爵有过短暂的婚姻］觉得，听瓦格纳的《指环》系列歌剧简直是受折磨。[34]但是，格拉斯哥伯爵的女儿玛格丽特·博伊尔（Margaret Boyle）首次听到《特里斯坦》后却感到欣喜若狂，写了长达十四页的一封家书。她母亲回信：“很高兴你喜欢歌剧，亲爱

158

的。”[35]萨拉·诺顿敏锐地意识到“恐惧的气氛”笼罩着这座城市。她憎恨纳粹，经常与志同道合的朋友去卡尔顿茶馆，她们会尽可能靠近希特勒的桌子，向他扮鬼脸。她后来回忆，“那是个毫无意义的举止，我看他们根本没注意到我们，不过，这让我们得到了发泄的乐趣”[36]。希特勒的桌子上总是放着一张卡片，上面写着“为元首预留”。有一次，一位年轻的英国艺术学生捏住它，把它粘在女友的大衣上。她很幸运，竟平安回到男爵夫人家，没有被捕。[37]莎拉·诺顿却因污损了一份《先锋报》(*Der Stürmer*)，由外交部遣送回国，那张报纸上有朱利叶斯·施特赖歇尔的署名文章，内容是恶毒地宣扬反对犹太人。她母亲的反应比预期要好：“做得好，虽然你很讨厌。我希望你学会了这门语言。”[38]她的德语实际上已经好到可以在战争期间为布莱切利公园工作*。

虽然休·格林从他踏上德国那一刻起就无法调和地反对纳粹，但重要的是，作为一个有抱负的年轻记者，他需要尽可能密切地观察他们。1934年1月11日，他写信给母亲：

> 在新的一年里，这里的情况变得越来越有趣了。我陪别人去了一个希特勒经常光顾的咖啡馆，希望见到他。上星期的一个晚上，我进去时，见他就坐在他那个角落里。后来戈

---

* 在第二次世界大战期间，布莱切利公园曾经是英国政府进行密码解读的主要场所，轴心国的密码与密码文件，如恩尼格玛密码机等，一般都会送到那里进行解码。——译注

> 培尔也进来了。戈培尔个头小，走路一瘸一拐，却极富有魅力，脸上挂着迷人的笑容。[39]

他所说的“咖啡馆”其实是那位元首最喜欢的餐厅——巴伐利亚客栈。就是在这里，尤妮蒂盘桓数月，等待见到希特勒，直至1935年2月的一个星期六，她才终于应邀坐在他桌子旁。他们讨论了他最喜欢的电影《乱世春秋》（*Cavalcade*），以及犹太人绝不能再被允许在两个北欧种族之间发动战争等话题。那天晚些时候，尤妮蒂在写给父亲的信中称，她高兴得连死都不怕了。[40]

159

在尤妮蒂第一次见到希特勒几个月后，有一大批中国学生出现在柏林。他们去那里不是为了沉浸在歌德的诗歌中，也不是去研究纳粹，而是因为在那里度过漫长的暑假比在他们学习居住的巴黎便宜。对他们来说，暑假是个完全陌生的概念，但是在巴黎，他们发现，“就连乞丐也会捡起他们的棍子或小提琴，去乡下乞讨几天，为的是表示自己在度暑假”。抵达柏林后，他们马上面临的问题是找住处。房间是按整月出租，在每个月的第一天租出，但他们到达时已经是15号了。“我们走了一整天都没租到，腿走得太累，再也走不动了。最后在一座犹太人的房子前停下脚步。”史民在他们的集体回忆录中写道。[41]房间的大小和舒适程度都让他们满意，他们很快入住了。史民特别欣赏其中的抽水马桶。“坐在上面，”他高兴地回忆道，“比坐在清代宫廷里的龙座上还舒适。抽一支烟，读几页《空间风》（*Space Wind*），简直无法用言语形容这个奇迹。”他们还有很多其他东西想要了解：

> 柏林的街道宽阔而干净，道路两侧都是整齐的一排排高度相同的树木。从来没看见街道中间有马粪，人行道上也没有废纸，这是巴黎居民无法想象的……每个用小铁栏围起的窗台上都摆放着花盆，从远处看，仿佛是天上和绝壁上的无数小花园。

160 但这些年轻的中国人在西方生活了相当长的时间，已经熟谙欧洲人的偏见，他们并不天真。史民写道：“打开窗户，我们这些黄面孔的中国人俯身享受着凉爽的微风。我们知道‘下三等’人士和民族不能奢望得到优秀民族的命运。这是上帝不公，不该把人创造成不同的肤色。”

这些学生对法德两国妇女的差异感到着迷。在法国，“她们的服装有上百种不同颜色，鞋子类型全然不同——永远找不到两个着装一模一样女人”。但德国妇女“大脚上穿着平底鞋，拖着沉重的脚步在马路上走，活像骆驼”。她们的衣服“好像是跟姨妈借来的”。还有一个醒目的差异，在柏林及其周边的无数运动场所中，妇女和男子一样活跃。“她们穿着短裤和汗衫，双腿裸露，脚登钉鞋，像男孩子一样运动，全然忘记自己是年轻女士。如果发生战争，她们可以参战，这不同于法国或中国。”史民具有敏锐的观察能力，完全理解犹太人的状况：

> 他们在任何政府机构中都没有影响力，没有保卫自己的

> 权利，然而他们是富有的。警察们经常无礼地对待他们。今天填写一张表格，明天填写一张收据；他们不能自由行动。他们能做的就是顺从“犹太教规”，像小媳妇一般生活。

他归纳说，要想知道有多少人真正相信希特勒主义是不可能的，但他觉得人们不停地喊万岁让他作呕。至于对纳粹的总体看法，他评论说：“他们自视很高，走在街上，身体直立，翘起鼻子（德国人鼻子短小），趾高气扬，他们看上去真的像最优秀的世界公民。”警察经常拦住这些学生，问他们是不是日本人。史民说，他们往往尴尬得涨红了脸，神情紧张地说自己是中国人。他写道：“警察不喜欢日本人，但尊重他们。警察同情中国人，但也瞧不起我们。”他补充说，他对自己国家目前的悲惨状况十分敏感，“没必要解释原因，也不该责怪他们”。

161

在第三帝国早期，如果参观达豪集中营对认真的旅行者来说是时兴的做法，那么参观劳动营也是必要的。杰弗里·考克斯打定了主意，要做一名更加认真的旅行者。1934 年 8 月 7 日，他写信给哥哥说：“我正在前往劳动营的路上，今天下午开始参观。我在德国住过，德国简直是个无与伦比的地方。晚些时候我会把一切都写信告诉你。但是我对德国的真正体验是从最近两个星期开始的。”[42] 考克斯在汉诺威附近的一个劳动营体验了三个星期，并未感到不快。他自然听到了大量“希特勒万岁”的呼喊声，看到人们身穿单调的灰色制服，像肩扛步枪一样扛着铁锹行进。但是在一个坚韧的新西兰年轻人看来，那里的工作并不艰辛。考克斯自己也动手在沼泽荒原上挖沟渠，砍下灌木，并绑成柴梱。趁他们的组长不注意，他和大多来自汉诺威和鲁尔区的同伴，就"在阳光下闲散一阵，或者在石南草丛中猎捕蝰蛇"。他的身体锻炼得非常结实。

> 在类似于东安格利亚的乡下，上午7点开始干活，我们穿过田野时，远处地平线上的树林还笼罩着一层薄雾。到了中午，厚重的云团会滚过德国北部广袤的蓝天。干活、清理营地的房间、踢足球，晚上溜出去偷附近农家果园的梨子，我很快就跟这里的年轻人建立起友谊，轻松融入了他们的圈子。[43]

162 这里没有使用武器的训练。考克斯擅长玩一种游戏：短跑一百码，爬行十码，接着，在尘埃中将长柄模拟手榴弹投向目标靶心。他说这属于军训项目，他的劳动营同伴听了露出痛苦模样。难道他不知道这是每所德国学校都有的学生运动项目？虽然他的同伴们喜欢劳动营生活军国主义的一面（许多人宁愿接受军训也不想在下午踢足球），但他们谁也不是狂热的纳粹分子。考克斯发表在《旁观者》的一篇文章归纳了他在劳动营的体验。在整体上，他认为不该指控德国的劳动营是为了备战，但它肯定要确保，一旦发生战争，"德国青年能够在身心两方面作好上战场的准备”[44]。

考克斯拥有必备的主动性和动力，可以从德国之旅中汲取尽可能多的信息，但是，在一个没有安全感的年轻人看来，纳粹德国的环境糟糕得无以复加。历史学家阿诺德·J. 汤因比（Arnold J. Toynbee）的长子安东尼·汤因比（Antony Toynbee）就持这种看法。他在波恩大学学习俄语和塞尔维亚语，还学习击剑。在大部分时间里，他感到既沮丧又困惑。在一个瞬间，他在抗议《凡尔赛条约》的集会上高唱《霍斯特·威塞尔之歌》，高呼“希特勒万岁”（“顺便提一句，关于希特勒式的敬礼很值得讨论，可以算是让握剑的手臂锻炼肌肉吧”[45]），在下一个瞬间，他又对共产主义发生了兴趣，“我一定要让 M 对我讲讲共产主义，因为我真的不怎么了解。如果我喜欢其中的想法，我可能会认真考虑做一个共产党人。那一定让人兴奋，而且还是跟野蛮的纳粹对着干”[46]。

几个月后，他打定了主意——至少是暂时打定了主意。1934 年 5 月 11 日，他在日记中记录下自己如何加入一个萌芽期的共产主义组织，这个组织计划在一家桥牌俱乐部的幌子下运作。汤因比写道，“由于这个原因，所有成员都得会打桥牌。可我不会，所以昨天 M 就教我”。这群年轻人有个雄心勃勃的计划：如果 1935 年 1 月 13 日的公投导致萨尔地区重新并入德国，他们就参加在萨尔布吕肯的暴动。“步枪和机关枪也许是法国型号，”汤因比在他

163

们的一次“桥牌”会议后立刻记载道，“我说，也可以使用汤姆森机枪，因为其非常适用于巷战。M提到，如果暴动成功，我们中的一些人可能被授予红军的名义军衔。”当然，这属于单纯男孩子的幻想，汤因比在日记中详细描述的计划说明，一切都是徒劳的。假如不存在全盘暴露的危险，这种天真或许还算可爱，特别是他还寄宿在一个亲纳粹家庭里。无论如何，汤因比根本不是真正地相信共产主义，也不相信起义。他在日记中承认：“这一切听起来非常牵强，极不可能，只是思索过程令人兴奋。即便什么事也没有发生，以后重读整个这段记叙也还是有趣的。”

汤因比的革命生涯尚未开始便夭折了，接着，他把在波恩的时间消磨在寻花问柳、在莱茵河上泛舟（“乘船去林茨街46K的酒吧，坐在固定位置”）、饮酒。“晚上的最后时光，我们消磨在一个声名狼藉却有趣的地方，那是城里格调比较低的地方，有成群的犹太妓女。在德国，这属于少数几种仍向非雅利安人种开放的职业。”他在这里偶尔能看到让他振奋精神的东西：

> 在11月这个阴沉沉的日子里，有两个闪光的回忆：一个是看到一番美景。那是在背靠群山的莱茵河谷对面，我们从高出奥博卡塞尔酒店的地方看见渐浓的暮色中亮起无数灯光。另一个回忆是在墓地。所有坟墓前烛光明亮，因为这天是万灵节。这番景象特别可爱，让我有一种特别的感觉，好像那些人并没有真正死去。[47]

布丽吉特·“比迪”·巴洛（Brigit‘Biddy’Barlow）出身于一个知识分子家庭，嫁给了查尔斯·达尔文的外孙伊拉斯穆斯·达尔文·巴洛（Erasmus Darwin Barlow）。她的回忆录反映了她父母在这样的年代送她去德国有多怪异： 164

> 三十年代有个悖论：持自由的左翼观点的父母几乎总是把孩子送到纳粹德国求学，指望他们在那个富有魅力的国家开阔视野。我姐姐先前在斯图加特学习艺术，我哥哥在蒂宾根大学就读，伊拉斯穆斯中学毕业后便寄宿在黑森林附近一位校长家里。[48]

难道这些面孔稚嫩的年轻人的父母不读报纸吗？还是他们以为跟席勒和舒伯特带给人的乐趣相比，纳粹的暴行和庸俗不过是不相关的杂耍？在巴洛这样的情况下，这似乎主要是个实用主义问题。她的家人憎恨希特勒，害怕他发动另一场世界大战，也鄙视所谓优等民族的观念，“但汇率有利”[49]。无论有多少更加广泛的解释，有一点是明确的：在许多英国人心目中，在对传统德国文化的尊重对纳粹主义现状的担忧之间，有一种莫名其妙的断裂感。其结果是，尽管政治局势不断恶化，年轻人仍继续在纳粹德国探索，直至第二次世界大战爆发前夕。

第十章

老　兵

165　伊冯·柯克帕特里克（Ivone Kirkpatrick）是英国驻德国大使馆的一等秘书。* 1935 年 9 月，他刚刚从六百英里的驾车旅行中返回，经过梅克伦堡和波美拉尼亚时见到“很多人”。虽然柯克帕特里克目睹了大量的贫困和不满，但他的结论是，元首对民众的控制是如此之彻底，“很难看到可以动摇希特勒地位的政治或经济事件”。他认为，“新的公民法”［即剥夺了犹太人国籍的臭名昭著的《纽伦堡法案》（Nuremberg Laws）］是特别精明的一招。每一个德国人为了获得公民资格证书不得不遵守其规定，当拿到了公民资格证书后，也会因为害怕失去这一证书而不得不继续充当政府的热心支持者。[1]

杜鲁门·史密斯是十三年前第一个会见希特勒的美国官员，如今在美国大使馆担任武官。他相信，“德国仍然不是万众166一心”，但他同意柯克帕特里克的看法，认为民众批评针对的是纳粹党，而不是元首。在他看来，希特勒最大的麻烦是纳粹领导阶

---

* 柯克帕特里克在第一次世界大战中受伤，但拒绝在贝利奥尔学院任职，伤愈重返战场。1940 年鲁道夫·赫斯飞到苏格兰后，由他对其进行审讯。他于 1950 年被任命为驻德国高级专员。他的职业生涯顶峰是在外交部担任常务次官。

层的能力低得可怜，他们是第一次世界大战后从“亡命徒和流氓”中走出来的。虽然这些准恶棍一跃成为纳粹党区域分支机构负责人和政府部长，但他们非常不受欢迎。奇怪的是，按照史密斯的观察，民怨似乎很少波及元首本人。他写道：“无论任何阶级的德国人都崇拜和敬畏这个怪人，认为他具有无私、质朴，以及跟德国民众同甘共苦等种种品质。”[2]

值得注意的一点是，没有在纳粹上台前的德国生活过的柯克帕特里克强调了他看到的匮乏景象；而经济萧条期曾在英国大使馆工作的澳大利亚外交官阿瑟·延肯（Arthur Yencken）1935 年 9 月碰巧也在德国旅行，他注意到的是非常不同的一面：

> 任何两三年后重访德国的人都必然为民众外貌的极大改善而触动。街道上和咖啡馆中显然已经基本上见不到东欧来的大批衣衫褴褛的流民，但这还不是全部。所有人都打扮得漂漂亮亮。到处都能看到，人们穿的裤子有整齐而挺括的裤缝，仿佛有个全国性的熨烫服务；以及存在一个全国性的理发服务（可惜的是，鬓角都给剃掉了）。年轻人不再模仿满腹牢骚的无产阶级，不再是一副无精打采模样。他们自食其力，显然出于自觉自愿。他们已经恢复了自尊心。[3]

延肯注意到一件奇怪的事情，自从他上次来过以后，这个国家的金发人士大大增加。据官方统计，1934 年共售出了一千万包染发剂，而“犹太妓女特别喜爱的唇膏”则被视为与德国人格格

167

不入，被贬为垃圾产品。[4]杜鲁门·史密斯十一岁的女儿在班上画了一张她美国祖母的画，将嘴唇画成了鲜红色，她的老师对此十分惊恐："哎呀！卡琴（Kätchen），祖母不涂口红的！"[5]延肯还记录下更严重的问题，如大范围的粮食短缺，很多人只是在部分时间工作，并且"裤缝有型"的布料在冬季不能保暖。一名前冲锋队员告诉延肯，由于他和朋友们买不起过冬的衣服，他们每天都涂抹增毛膏，以促进体表毛发生长。[6]

延肯在战时获得过黄星勋章，他并非不赞同为虐待犹太人正名的常见论据。他在魏玛共和国时期担任过四年外交官，他也认为，犹太人支配德国事务是有害的——持这一观点的绝不局限于纳粹支持者。他举例，"在整个德国的书店里，到处都是令人反感的出版物"。他还指出，剧院和电影院也是一样，显示出"同样的色情倾向"，而且完全受犹太人控制。他在向外交部提交的报告中写道："这个国家确实需要清理。"[7]在许多访问过第三帝国时期德国的军人看来，这件事纳粹显然做得好极了。

"指挥官"玛丽·艾伦（Mary Allen）当然不是个"老兵"，但她总是表现出老兵的风范。其实，很难想象有哪个人比玛丽更不符合理想中的纳粹德国女性的形象。她不仅对儿童、厨房、教堂毫无兴趣，而且身穿无可挑剔的制服和长筒靴，留着短发，表现出强烈的自我意识，完全是在公然挑战男性的权威。然而，1934年3月的一个晚上，玛丽竟然离开她在柏林落脚的酒店，横穿积雪覆盖的威廉广场，到帝国总理府与希特勒进行了私人会晤——比尤妮蒂·米特福德早一年得到这项殊荣。 168

这不是玛丽首次访问德国。1923年，在英国军队仍占领着莱茵兰时，陆军部要求从她的女子辅助勤务处派出六名女兵，去科隆协助德国警察控制卖淫。这项要求对于她算是一次个人的胜利，因为仅仅两年前，玛丽因穿着的制服类似伦敦警察而受到起诉，还被罚款十先令。当时，玛丽肯定认为，她决意建立的常务女警部队终于赢得了官方的认可。但这是一道虚假的黎明曙光。尽管她在科隆的任务取得了成功，但伦敦警察厅在是否让妇女加入警察队伍的问题上自有计划，而这些计划并不包括自封的“指挥官”艾伦。玛丽毫不畏惧，她在二十世纪二十年代中期广泛游历（一张照片上，在金字塔前，她身穿制服骑在骆驼背上[8]），向任何愿意倾听的人宣扬女性警察的必要性。

1934年，她返回德国。她的任务是说服当局建立一支基于纳粹信条的女警部队。在两年后出版的回忆录中，她记载了自己参加过的一次群众集会，她“坐在总理那位颇富魅力的姐姐旁边，听那位大独裁者演讲”，感到“完全着迷”[9]。她描述了一波波澎湃的情感浪潮席卷大厅，“扫过身着褪色战时旧制服的胖将军们，他们极为兴奋，秃头都涨得潮红”[10]。至少在国外，玛丽是个有说服力的自我推销者，尽管她不过是个异想天开的女人，但纳粹肯定把她当成英国某机构的重要人物了。也许他们只是把她当成个有名誉职位的人。总之，尽管时间已是午夜，希特勒刚刚做完两个半小时的演讲，可他还是同意见她。玛丽回忆道，“乘电梯过了片刻，在堆满鲜花的前厅走了一小段路，来到‘欧洲最了不起的一个男人’面前”[11]。像许多其他外国游客一样，她觉得这位元首在个人交往时十分迷人：礼貌、安静、耐心。事实上，埃里克·菲普斯爵士一直在努力让英国游客相信，他们刚见过的这个“迷人”的人经常在私下会见时对他咆哮叫嚷。[12]菲普斯在一封致外交部的信中写道，他在一次这种不愉快的会见后得知，元首为了让自己镇静下来，要喝好几杯冷水，还要吃很多水煮卷心菜。“我也很疲惫，”菲普斯评论，“但并不会用那种办法来振作精神。”[13]

169

希特勒向玛丽·艾伦保证，戈林已经计划在柏林招募一百名女警察，她自然深感满足。这次会见让玛丽如痴如醉，她深信希特勒是“英国持久的朋友，也是欧洲普通正派人的好兄弟——不论他们是哪国人——只希望进行和平贸易，只想让自家孩子得到安全”*。几天后，她与戈林的会晤同样让她感到满意，尤其因为他同意未来的纳粹女警察都必须穿着制服。他们对制服有着共同的痴迷，但表现方法却颇为不同。玛丽日复一日身穿同样一套简

* 她对希特勒的热情支持后来给她带来了麻烦。1940 年 11 月 6 日，一个委员会对她进行审查，以确定她是否危险到需要被扣押。“你现在对希特勒有什么看法？”“我没有任何看法。”她回答说。（NA Mary Allen papers，HO 144/1933）

朴的警察制服（有时还戴着单片眼镜），戈林则喜欢将一套接一套的华丽制服换着穿。他的帝国元帅装是其中最耀眼的一套，这套制服还包括了一根镶嵌着宝石的司令棒。埃里克·菲普斯爵士在一封快信中记述，戈林喜欢改换服装，以适应当时的心情，往往在同一场合多次更换服装。

170

虽然菲普斯［美国通讯员威廉·夏勒（Williarn Shirer）描述说，他看上去“像个面无表情的匈牙利花花公子”[14]］厌恶纳粹的所有方面，但偶尔有些事会逗他发笑，而且这种事同时还能让人洞察纳粹行为中比较荒谬的方面。这样的场合之一，出现在1934年6月初，当时他和大约四十位外交官同事应邀去往戈林在绍尔夫海德的射击庄园——柏林东北部一个小时车程的地方。菲普斯报告说：“我们的东道主照例迟到了，但最终他自己驾驶着一辆高速赛车来到了这里。他身穿印度橡胶质地的飞行服，脚登高筒靴，腰带上别着一柄大狩猎刀。”[15]这天的主要目的是炫耀一座新的野牛围场。活动开始前，戈林发表了一篇讲话，夸耀德国原始森林之美（他最近被任命为“德国森林部长”），森林中有德国野生动物在漫游。他对外交官们说，他的意图是重建一座古老的森林，确保现代德国人能够在真正的德国环境中看到德国的原始动物。他的讲话结束后——

> 三四头雌性北美野牛被赶向关着一头雄性北美野牛的大箱子。许多摄影师将摄影机转向公牛的释放地点。有些人跟

我一样见过西班牙公牛疯狂地冲出牛栏，便预料会有类似的景象。结果我们大失所望。只见那头野公牛极不情愿走出箱子，用悲哀的眼神盯着母牛看了看，扭头返回箱子里。这一节目让我们颇为沮丧。[16]

后来，外交官们乘坐马车穿过森林，驶向戈林俯瞰湖面的狩猎豪宅卡琳宫（Carinhall），在那里，他们的东道主身穿“白色帆布长裤、白色法兰绒衬衫、绿色皮夹克、白色网球鞋，腰带上仍然别着猎刀”，手握一柄大鱼叉迎接他们。戈林又讲了一段话，称赞由德国最佳原材料建造的卡琳宫的华美，接着，他邀请外交官们进门。让大家惊讶的是，起居室里长着一棵树。菲普斯便猜想，瓦格纳歌剧中的主神沃坦把那柄神秘的宝剑插进了这根树干，注定要留在里面等待一位真正的德国英雄将它拔出，比如齐格弗里德——“或者戈林将军”[17]。谁也不如埃里克爵士更会巧妙地嘲弄纳粹，但这一天的荒谬情景也引发了人们严重的担忧。菲普斯在发出的文件中写道，戈林那天炫耀自己的玩具，活像个“被宠坏的胖孩子”，但他接着警告说，希特勒的空军部长“也拥有别的玩具，那些玩具就没那么单纯了。它们长着翅膀，也许有一天会带着同样幼稚的情绪和同样幼稚的喜悦发动谋杀任务”[18]。

在二十世纪三十年代，经英国大使馆进入德国的游客源源不断，其中许多人当然参加过第一次世界大战。结果，许多在使馆游客登记簿上签过名的，最勇敢且获得荣誉最多的退役士兵，却成了纳粹政权的狂热支持者。陆军中校格雷厄姆·西顿·哈奇森（Graham Seton Hutchison）曾获杰出服务勋章和军功十字勋章，并四度登上荣誉榜。战后，他在德国的协约国间委员会就职，是英国退伍军人协会的创始成员，还是一位成功的冒险小说作家。更令人惊讶的是，希特勒上台时，他是一名纳粹雇佣的公关人员，还成立了一个极端反犹的法西斯政党——全国工人运动。在戈林那次野牛派对后的几天里，哈奇森写信给美国右翼诗人埃兹拉·庞德（Ezra Pound）："我对德国进行过十二年的深入研究，目前正在对一些领导人进行深入研究。最有才智的人会发现，这里处于一种不成熟状态，但你会看到它走上正轨的。"他接着毫不谦虚地说："德国人极为尊重我的意见，也许胜过尊重任何英国人，在巴伐利亚尤其如此。今天的德国不奉行军国主义，我确信这一点。"[19]作为一个极端主义者，哈奇森只是少数古怪者的代表，但他写的一段话却表达了老兵们普遍持有的观点："我们是那场大战的幸存者，因此比任何人更关心和平的维护。基于医学上的理由，我们可以合理地假设，因为我们的身体在上一场战争中适于作战，我们的孩子也将第一批应征为国效力，参加下一场战争。"[20]

172

在战壕中战斗过的人会尽一切可能阻止那种战争再次爆发，这是很容易理解的，但这并不能完美解释他们中的一些人为何变得如此痴迷于法西斯主义。乔治·亨利·莱恩-福克斯·皮特–里弗斯（George Henry Lane-Fox Pitt-Rivers）上尉是奥古斯塔斯·莱恩–福克斯·皮特–里弗斯（Augustus Lane-Fox Pitt-Rivers）的孙子。后者的人类学收藏为牛津一座博物馆的建立奠定了基础，博物馆便以他的名字命名。他本人在战争中表现英勇，受过伤。上尉像他祖父一样，也是一位杰出的人类学家，同时还是个优生学家。1934年11月28日，《柯尼斯堡日报》（*Königsberger Allgemeine*）报道了他在大学发表的一篇演讲："皮特–里弗斯将种族视为一个生物种群，其特征是具有不同于其他群落的稳固而共有的特质。"[21]这个说法够幼稚，但激烈反犹的皮特–里弗斯很快就开始定期跟一些人见面，其中包括卡尔·阿斯特尔（Karl Astel）教授，这位教授是遗传健康最高法院的主席——在魏玛时期的德国，这个法院决定谁该受到强行节育。阿斯特尔写信给希姆莱（Himmler）称："我们的使命，是不断促进一个与物种要求相符的更高贵、健全、健康的生活。"他接着说，他已经设想出要做很多实验，包括对同性恋作调查研究。"为了从事这项工作，我

173 需要你从图林根州送来至少一百位分门别类的同性恋者，我会请你在不久的将来送他们过来。"[22]这就是皮特–里弗斯［与克莱门汀·丘吉尔（Clementine Churchill）和米特福德家族有关系］与之发展起热情友谊关系的人。* "向你致以新年的美好祝愿，"阿斯

---

* 战后，皮特–里弗斯的长子迈克尔因"鸡奸"被指控受审。审判结果成为同性恋法律改革的催化剂之一。

特尔在 1935 年除夕写信给他，“最重要的是，向你们国家种族卫生学的持续进步致以美好的祝愿。”[23]

1935 年 7 月 15 日，一支车队缓缓穿过柏林的人群。一张照片显示他们中的许多人张开双臂欢呼，但其他人则持怀疑态度观望着。然而，所有的人似乎都很好奇，想要瞥一眼乘客。在车队前面一辆敞篷汽车上，坐着弗朗西斯·费瑟斯顿-戈德利（Francis Fetherston-Godley）少校，他满脸笑容，胳膊高举，在友好的挥手致意和法西斯敬礼之间不停地转换。[24]这位少校领导了一个由五名英国退伍军人协会成员组成的代表团，执行亲善使命，希望老兵的自然情谊能为世界和平作出真正的贡献。

代表团的动机完全是值得尊敬的，每一个成员都正直得无可挑剔，然而，这次活动从一开始就成为种种争议的中心。威尔士亲王向他们祝福，他的祝福辞随后在全德国播出，这就足以让它在全世界广获宣传。纳粹抓住这位未来国王的话，称之为英国政府向更加亲德政策转变的令人鼓舞的信号。1935 年 6 月签署的《英德海军协定》（Anglo-German Naval Agreement）似乎对此作出了确认。希特勒相信，这项条约是迈向与英国正式结盟的第一个重要步骤，并且形容签字这天是他毕生最幸福的日子。[25]因此，仅仅一个月后，英国退伍军人协会代表团的到来，可谓所宣传的梦想成真了。当费瑟斯顿-戈德利在菩提树下大街的战争纪念馆献上

174

花圈时，在纳粹媒体的充分关注下，被成千上万人注视着。

几周后，《威尔士亲王志愿者（南兰开夏郡）军团纪事》[*Regimental Chronicle of the Prince of Wales Volunteers*（*South Lancashire*）] 刊登了一篇有关英国退伍军人协会之旅的报道。杰出服务勋章获得者克罗斯菲尔德（Crosfield）中校写道："鉴于我们这次访问受到的重视，我们自然应该会见一些政府首脑，包括那位令人惊奇的名人希特勒本尊。"[26]克罗斯菲尔德出身于一个旧贵格会教徒的家庭，他并不是个法西斯分子，对自己在第一次世界大战中失去一条腿所作出的反应，是迅速加入英国皇家空军。其实他本人承认，他去德国时，对希特勒抱有深深的偏见。但后来他见到了希特勒：

> 希特勒是个与众不同的人。不论是在追求目标的强烈意愿方面还是在激励人们作出的惊人奉献方面，谁都无法与他相提并论。我们有幸与他共同度过一个半小时，其中大部分时间都被用来讨论战争体验和交换关于不同战线的意见……分手时，他的纯朴、真诚和他那狂热的献身精神让我们深为感动，深信他真心渴望避免另一次世界大战。[27]

尽管克罗斯菲尔德很欣赏那位元首，但他并不幻想纳粹主义对英国有用。他不喜欢对一致性的痴迷、对所有批评的压制，不喜欢党龄最长的人该享有"最佳果实"的预设。克罗斯菲尔德也不相信反犹太政策只针对战后入侵德国的"低等犹太人"的说法。但是，鉴于代表团受到的热烈欢迎和慷慨款待，假如纠缠这种令人尴尬的问题，似乎很无礼，甚至是彻头彻尾的粗鲁。然而，有一个问题却不能回避。作为慕尼黑行程的一部分，组织者巧妙地安排了费瑟斯顿-戈德利在统帅堂的纳粹烈士纪念馆献花圈。这与亲善主题相去甚远，少校亲自交涉，匆忙更改了这一安排。

代表团先是参加了在贝希特斯加登的希特勒山区寓所举办的招待会，然后与戈林一家在附近的别墅共进午餐，之后代表团被强行带去参观达豪。他们不可能知道，从他们面前编队经过的"堕落罪犯"其实是军营警卫假扮的，其他许多外国人也同样上当受骗。该代表团巡回访问的最后一站是科隆，他们在那里受到了最热烈的欢迎。克罗斯菲尔德写道，"整个科隆为我们亮起强光灯。当地居民夹道欢迎，沿着滨河道的欢迎人群足足有十排之多，一直排到我们下榻的酒店，我们一路经过密集的公民队伍，他们高呼'英国人万岁'的口号，这是对我军占领期间出色表现的褒扬"[28]。然而，这是真实的原因，还是纳粹又一次绝妙的舞台策划？他们返回英国途中，费瑟斯顿-戈德利和同事们无疑坚持认为，此行的努力是值得的。但这是个幻觉，在现实中，他们的代表团无论多么亲善，要想让希特勒的野心有丝毫改变，都是可悲的幻想。

几周后，另一个英国代表团以同样的亲善姿态出发前往德国，但低调得多。这是个由牧师和教育家组成的代表团，尽管他们以“基督徒”而不是“老”兵的身份去往柏林，但动机是相同的。他们要去参加一个学术会议，目的是探索纳粹对哲学、经济和教育的见解。这是一个博学的群体：神学家中有内维尔·塔尔博特（Neville Talbot）主教、埃克塞特教区的斯潘塞·卡彭特（Spencer Carpenter）教长和埃里克·芬恩（Eric Fenn）牧师［“基督教学生运动”（Student Christian Movement）的副主任］；教育家包括英国威斯敏斯特公学的校长约翰·克里斯蒂（John Christie）和利兹大学的一位经济学教授。代表团中有两位妇女：伊丽莎白·帕克南（Elizabeth Pakenham，后来的朗福德夫人）和会议的策划者、组织者埃米·布勒（Amy Buller）。埃里克·芬恩记得，“纳粹分子见到帕克南夫人——一位面目姣好的、有六个孩子的母亲——得知她毕业于牛津大学，既是工党的议员，还是一位精通经济学的作家，不禁目瞪口呆”[29]。换言之，这个女人距离该政权喜爱的“养育孩子、主持家务、光顾教堂”的女性形象相去十万八千里。

176

埃米·布勒是个四十多岁的女人，令人敬畏，目前在利物浦的一个女子监狱任典狱长，她非常熟悉德国。起初，她像许多其他外国人一样，对纳粹深有好感，但在最近几次访问后，所见所闻越来越让她困惑。[30]她现在感到，在两国神学家和学术界人士之间安排一场适当的对话刻不容缓。因此，在约克郡大主教威廉·

坦普尔（William Temple）支持下，她积极着手筹备了一个会议。

会议在凯瑟霍夫酒店召开，这是希特勒担任总理前成立的总部的所在地。卡彭特教长回忆，埃米警告他们，在他们每天聚会的房间里都有一台“监听器”，藏在烟囱里，他们应当非常谨慎，不要提起任何德国人的名字。他们见到的教授“个个无比友好”，卡彭特说，“但他们讲的一些事情令人惊讶”[31]。一位发言者在会议上定义了各种类型的社会主义：“有马克思的社会主义，这是个令人憎恶的事物。有基督教的社会主义，这意味着救济穷人，是没有坏处的。但真正重要的是国家社会主义。”[32]最令人担忧的论点是（在一个题为“人文主义”的讲座中提出的）所有哲学都建立在种族基础之上。卡彭特惊讶不已，写道：“那竟然出自一位哲学教授之口。”一天晚上，他们举行了一次秘密会议，地点在芬恩所谓的“声誉可疑的地下室咖啡馆”。那里的天花板非常低，身高六英尺七英寸的塔尔博特主教不得不弯下腰才能钻进去。芬恩回忆道，坐在一张桌子旁的一个女孩，“盯着塔尔博特的围裙和绑腿，露出一脸惊讶神色，问她的同伴：‘这是个什么怪人?’”[33]在这个星期，其他所有方面都令人沮丧，而这却是个难得的幽默时刻。虽然代表团的一位成员提出一个看法：如果独裁者是个好人[34]，那么独裁统治可以变得妙不可言，但是他们一回国，原来的善意情绪便支离破碎，心中充满了对未来的不祥预感。

177

英国退伍军人协会代表团回国几天后，1935年8月4日，在位于帕特尼的家中，多姆维尔夫人凌晨四点唤醒了丈夫。不到一个小时，海军中将巴里·多姆维尔（Barry Domvile）爵士（爵级司令勋章、三等巴斯勋章、同袍勋章的获得者）已经在赶往克里登机场的途中，中午便降落在柏林的滕珀尔霍夫机场。他的东道主是沃尔特·德·萨杰（Walter de Sager）——一位在伦敦工作的亲纳粹瑞士—德国商人。他邀请多姆维尔到德国进行实地调查。这位海军中将最近刚退休，曾在位于格林威治的皇家海军学院担任院长，还曾担任过英国海军情报局局长。他正是纳粹一心要找的外国名人。多姆维尔在前往阿德隆酒店的短途车程中，得到了让他赏心悦目的第一印象。离开“阴沉沉的”克里登让他如释重负，他看到柏林的街边咖啡馆和五颜六色的橱窗，感觉耳目一新。更妙的是，这里没有车速限制，没有“提前打烊”，驾车者想在哪儿停车，完全自便。他在日记中评论，“受限的国家与自由英国之争”[35]该休矣。但让他感到困惑的是，他被安排住在酒店，而不是德·萨杰家的公寓。他想要知道，真正的东道主究竟是谁？

178

第二天，西奥多·艾克来接他。艾克是集中营的首席督察，以前曾任达豪的指挥官。几个月前，在詹姆斯·麦克唐纳和德里克·希尔到来时，他曾充当东道主的角色。在一辆公务车的护送下，他们驱车前往在郊区的希特勒军团总部。这个精英军团由希特勒的前任司机约瑟夫·迪特里希（Josef Dietrich）指挥，成员都是从党卫军中精挑细选出来的。多姆维尔写道："他们都是身躯魁伟的男子，经过高标准的道德原则培养，并宣誓效忠希特勒。"迎接他的是一连串"希特勒万岁"的呼喊声。按多姆维尔自己的话说，他"很快就适应了"这种纳粹礼。这也难怪，因为观看鼓乐表演后，这位海军中将应邀检阅卫队，并接受了整齐划一正步行进士兵的致敬。至此他终于明白，真正的东道主不是别人，正是党卫军头目希姆莱。"多么滑稽的世界啊！"多姆维尔评论道。[36]

在阅兵结束后的招待会上，多姆维尔注意到一些军官戴着刻有骷髅的戒指。他得知，骷髅戒指是希姆莱赠送的个人礼物，受赠者是表现出非凡勇气的党卫军成员。多姆维尔仔细察看了其中一枚戒指，见内表面上刻有"30.6.34"字样。这是那个"长刀之夜"的日期（1934年6月30日），那天希姆莱终于干掉了他的死对头恩斯特·罗姆。多姆维尔并不知道，刚才与他愉快聊天的艾克，曾因为罗姆拒绝自我了断，便自告奋勇去牢房处死罗姆，而且迪特里希也是在希特勒臭名昭著的大清洗中崭露头角的。按照多姆维尔的判断，他"是个态度粗鲁的人，不过是个好领导"。他原来只是元首的司机，转眼间便被提拔成了党卫军的将军。

离开军营后，多姆维尔拜访了埃里克·菲普斯爵士。文字记录并没有显示出他是如何向大使汇报那个上午发生的种种事情的，但他无疑传达了自己确信的事实：英德结盟是纳粹高度优先考虑的事。[37]至少，党卫军瞄准了多姆维尔这个有价值的目标，他作为海军中将，无疑是一个有地位、有真正影响力的当权者。但总的来说，纳粹在理解英国方面作出的笨拙努力，对接近他们所渴望的同盟关系并没有起到什么作用。大使馆一等秘书伊冯·柯克帕特里克讲述的轶事，把领导层对英国历史的无知巧妙地归纳了出来。朱利叶斯·施特赖歇尔试图向柏林听众说明，英国在应对犹太人威胁方面无计可施，他对听众说："维多利亚女王竟向犹太政客迪斯雷利颁授了一个名叫'格拉斯顿勋爵'的爵位。"[38]

179

第二天早晨，德·萨杰夫妇驾驶奔驰汽车接上多姆维尔后，向南驶去。在莱比锡以南的某个地方，他们停下来吃午饭，侍者告诉他们，他最近付了五马克，看一个人被斩首。他在中国多次看过斩首，想要比较一下他们的技术。"他说，德国人使用斧头非常熟练。"多姆维尔记录道，此后，他们回到了一个最喜欢的话题——德国人住房窗口的漂亮花箱。

几天后，多姆维尔访问德国的重要性变得一目了然。这天，这位海军中将应邀到慕尼黑以南四十英里的泰根湖畔，在海因里希·希姆莱的别墅与之共进午餐。那天下午，他们出发走进巴伐利亚的原始森林，像一对真正的雅利安兄弟一样，合作狩猎。多姆维尔写道："我们驱车穿过漂亮的林地，前往一千一百米外希姆莱的狩猎小屋，道路特别惊险，有许多悬崖峭壁。"多姆维尔本来就挑剔，已经不乐意跟德·萨杰两人分享一个房间了，又发现屋里只有冷水，而“茅厕”只是一眼深坑，胖厨子睡在厨房的货架上。“简直是个原始的地方。”他说，这根本不能跟帕特尼相比。

第二天凌晨三点二十分，希姆莱高唱着《上帝拯救国王》（“God Save the King”）把多姆维尔唤醒了。多姆维尔则呼喊“希特勒万岁”作为回应。威利·萨克斯（Willy Sachs）是费希特尔与萨克斯工程公司的所有者，他是个纳粹分子，还拥有巴伐利亚的大片土地。萨克斯负责组织当天的活动。他在破晓时分带领多姆维尔上山，寻找可以射击的猎物。萨克斯与其佣人的“封建”关系让这位中将印象特别深刻，他甚至联想到“沙漠地区的阿拉伯人与其奴隶们的关系”。就在他们打算无功而返时，一只羚羊乖乖出现，向海军中将提供了赢得荣耀的机会。他击中了羚羊，大家都舒了一口气。“萨克斯表现出的喜悦十分可笑，”多姆维尔写道，“他拥抱了我，不断地说他太高兴了，还坚持要我叫他比尔，于是，我给他取了个名字——巴伐利亚的比尔。最后，我成了阿尔卑斯山巴伐利亚地区的最佳猎手。”接着，猎获物被隆重地运回狩猎小屋，到那里后，“比尔在门廊上踢起了正步”。

180

德国森林之主戈林亲自向多姆维尔颁发了特别狩猎许可证。那天晚上还有更多表示亲密团结的活动：

> 我们度过了一个普通的巴伐利亚之夜，有一位手风琴乐师和三位舞者，舞者中两位是男性。当地的舞蹈非常特

别，舞者蹦跳动作很多，叫喊着拍打屁股、脚底、大腿等位置，女孩还撩起裙子，让人联想到苏格兰高地的旋转舞。比尔变得非常兴奋，他唱着歌跟胖厨师对舞。每个人都轮流起舞，沃尔特·德·萨杰、沃尔夫*、希姆莱，只有我坐在圈外观看。人们的欢乐在持续，不断送上的食物和饮料让气氛更加热烈。午夜时分，我回屋睡觉……他们一直热闹到凌晨三点以后，把送上的大量饮料喝了个精光。希姆莱非常有魅力。

他们回到泰根湖畔，更多人参加到聚会中来，包括来自芝加哥的夫妻广播组合（美国外交官芬斯特沃德先生及夫人），以及在下议院坚定拥护希特勒的国会议员——陆军中校托马斯·穆尔爵士。1935年8月12日，他们一起出发，准备在达豪度过一天。天气炎热，多姆维尔开始变得烦躁。“我不得不放弃在汽车前面的座位，让给芬斯特沃德夫人，那个婊子的脸皮跟犀牛皮一样厚，真不该让她来。”他们跟囚犯在一起待了几个小时。多姆维尔写道：“没有明确区分类别，各种罪犯都有。”他当然不知道，这些“囚犯”其实是狱警假扮的。“许多人的罪行是性侵幼女，有一两个杀人犯……挤在一间囚室，满是同性恋者。”两位男士都称赞集中营的居住条件舒适，秩序良好，并称赞纳粹让这些“人

181

* 卡尔·沃尔夫（Karl Wolff）是希姆莱的个人随从领班，也是党卫军与希特勒的联络官。

渣”的生活有新的开端是个辉煌的壮举。一行游客离开达豪时（得到真正囚犯制作的木制啤酒杯作为纪念品），对所见所闻印象深刻。那天晚上，多姆维尔在日记中写道：“英国媒体最近关于德国的谎言是可耻的。”

但几天后，他的心情糟糕起来。德·萨杰夫妇越来越惹人气恼，天气变得多雨寒冷。“穆尔不断地辱骂犹太人”，而且旅行安排处于“极度的混乱状态”。多姆维尔评论说：“纳粹内部争论不休，他们的三个对外接待部门相互竞争——冯·里宾特洛甫的部门、纳粹外交部、普通旅游部门。”多姆维尔的德国之行证实了一个参加过第一次世界大战的人都拥有的深刻信念：没有英德两国的强大同盟，就不可能有世界和平。虽然新德国一切都很好，但当多姆维尔首次抵达柏林两周后，终于登上一架回国的飞机时，心里还是感到了极大的宽慰。[39]

多姆维尔中将安全返回帕特尼三周之后，一位异常奇特的游客抵达了柏林。在他的一个个车队中，载着他的众多妻子和孩子（至少有八十八个孩子）。布平德尔·辛格（Bhupinder Singh）爵士是帕蒂亚拉的王公，他的种种排场都反映出印度王公的气派。他不但作派奢侈，珠光宝气，还是一流的板球运动员。他也是英国军队的名誉中校。在今年早些时候参加过乔治五世的即位周年庆典后，他曾到法国一个健康水疗中心休养。1935 年 8 月 9

182

日，他从法国致函印度办事处的尼尔上校，指示后者安排下一步旅行。除了访问比利时国王和王后以及荷兰女王（他未曾有过“前往她的国家访问的荣幸”），这位王公特别想要会见“崭露头角的独裁者希特勒先生”，并告诉上校，“与他见面能让我非常高兴，也能让我通过他的优点或短处来审视他”[40]。

尽管柏林最初的回应有些勉强，但后来仍作出积极安排。这位王公不仅在帕蒂亚拉雇了许多德国人，而且他还用德国设施装备了他的医院，并邀请德国室内设计师装饰他的各个宫殿。虽然商业潜力是显而易见的，但纳粹必然意识到了，他的访问向他们提供了一个完美的机会，可以借英国对印度问题的敏感来刺激英国。因此，尽管王公的首席医务官是个犹太人，他们仍同意不计较这一点，甚至还允许布平德尔爵士面见元首。面见的最初气氛不佳。这位王公一开始谈话，就抱怨他上次访问柏林时，一位德国医生向他一次性收取了一万五千英镑的咨询费。这让元首感到不快，好在王公开始表达他对新德国的热情后，双方的情绪变得轻松了。

布平德尔爵士对德国在印度日益增长的影响力表示热烈欢迎，并建议将总领事馆从加尔各答迁至德里或西姆拉，以便“更加接近目标”。他说，尽管德国不能在“集市商品”方面与日本竞争，但是，在大型技术设施方面，德国肯定能与英格兰一比高下。作为离间之计的一部分，王公有意向年轻的外交官迪特里

183

希·冯·米尔巴赫（Dietrich von Mirbach）男爵提出了一个请求，希望他能推荐一位好的德国律师，为帕蒂亚拉撰写一部新的宪法。* 鉴于英国政府仍然不愿与希特勒进行更密切的合作，冯·米尔巴赫的上司必然会敏锐地注意到这个请求。

在二十世纪三十年代，许多前协约国军队士兵前往第三帝国旅行，他们对纳粹的反应自然大相径庭。虽然所有人在防止重新发动战争上意见一致，但是，皮特-里弗斯上尉等人为希特勒的独裁统治所诱惑，似乎失去了全部的是非之心。更多人的正常判断让纳粹宣传磨蚀得迟钝了，克罗斯菲尔德上校就是一个很好的例子。一个像克罗斯菲尔德这样完全正派的人，在访问希特勒统治下的德国后，应该提出的问题是：如果英国无法接受一个腐败的政府残酷镇压、无情迫害所有对立面，它为什么能容忍第三帝国？可悲的是，这些英勇的士兵对这种尖锐的问题视而不见，反而激化了他们竭力试图避免的冲突。

---

* 在这位王公访问德国前几周，《印度政府法案》（The Government of India Act）在伦敦通过。有关王公访问的详细介绍，可参阅冯·米尔巴赫的报告（von Mirbach's report, Auswärtiges Amt Poitisches Archiv, Berlin, R77444）。

第十一章

文学“游客”

185 言论自由对作家来说是如此必要，但让人震惊的是，二十世纪竟有众多著名的文人受到法西斯主义的吸引。埃兹拉·庞德、温德姆·刘易斯、诺贝尔奖得主克努特·汉姆生（Knut Hamsun）等高度知名的作家，竟然公开纵容一个当众焚烧书籍的政权，容忍一个仅仅因为有人表达个人观点就折磨、杀害他们的政权，这种现象令人深感困惑。T. S. 艾略特被指控具有法西斯倾向，而 W. B. 叶芝则被认为是爱尔兰蓝衫党*的支持者。尽管这些指责缺乏根据或有所夸大，但问题仍然存在——任何一位有良心的外国作家不都应该积极谴责以野蛮、审查和镇压为特征的独裁政权吗？

这种事在亨利·威廉姆森看来似乎并不重要，他的书《水獭塔尔卡》在 1928 年获得了霍桑登奖。在希特勒统治下的德国，威廉姆森只看他想要看到的事物。他曾经是在战壕中作战的步 186 兵，经历过 1914 年著名的圣诞节休战，这一非凡经历让他相信，在本质上他与敌人是一样的，这与所有的宣传背道而驰。随后，在战争结束十五年后，他自己的国家仍深陷萧条，而他看到

---

* 蓝衫党是二十世纪三十年代在爱尔兰活动的亲法西斯组织。

希特勒带领德国人走向了光明的新未来，同时重新点燃了他们对民族传统的渴望。纳粹“血与土”的呼喊召唤着人们渴求的质朴时代；在那个时代中，农民与自然和谐相处，部落与领土合而为一。在沉浸于自然世界的威廉姆森看来，这个神秘的过去自有意义深远的浪漫魅力。他认为，希特勒是一位完全能够理解这种观点的领导人，此外，希特勒青年运动也在激励着年轻人。

1935 年 8 月初，当时住在德文郡的威廉姆森收到了同为作家的老朋友约翰·海盖特的来信，邀请他出席纽伦堡党代会，并提出要替他支付费用。[1]当时，海盖特在蒂罗尔散发过纳粹宣传品后，返回了在柏林的乌发电影公司制片厂。他向威廉姆森解释，对他的邀请是德国作家指导办公室发出的，显然这是真正的资金来源。存在这样一个名称阴险的政府部门，而威廉姆森竟然并未感到不安，反而迫不及待地接受了邀请。纳粹做了一项明智的投资。从他踏入这个国家的那一刻起，这位自然主义者和小说家就成了现有政权的狂热支持者，接受了该政权的宣传，从不质疑其主张。他尤其为元首抛出的愿景（“列宁愿景的改进版”）所诱惑，“这个愿景的基础是，以个人托管国土的性质让人人都拥有自己的一部分土地，满足个人过上自然生活的愿望”[2]。

一年后，威廉姆森记叙了那次的访问，他们于 1935 年 9 月 7 日一大早离开柏林，去往纽伦堡海盖特工作的制片厂。他写道：“我们以每小时八十二英里的速度冲入日出时的迷雾中。看到身穿

187 灰色野战制服、长筒靴的部队在行军，笨重的车辆扬起淡淡的灰尘，每个士兵的头盔或外套上都插着一朵花儿，让人颇为激动。”他们接近纽伦堡时，烟花照亮了地平线，“像枪炮一样闪亮、迸发”。到达目的地后，威廉姆森惊讶地看到，这里有众多外国人，他们中的大多数人栖身于停在支线轨道上的火车车厢中。他注意到，“排成一行又一行的车厢里满载着军事随员、秘书、使馆下属、牛津团契的成员、童子军负责人、记者、社会上的演讲者、工业界的百万富翁，十几人、几十人、数百人的外国人团体，包括像我们这样无法分类的局外人”。

到第二天早上八点钟，两人已经在广阔的卢特波达雷纳（纳粹党集会场地）就座了。威廉姆森回忆：“我们坐在过道尽头的一个好位置。我坐在边缘，卷起衣袖享受日光浴。”但没出几分钟，他当天的享受就终结了。并非他面前出现了极权主义的可怕景象，而是因为“一个笨重的大屁股挤向我瘦弱的臀部，把我从边缘的座位上挤了出去。我转身看了看这只肥胖的布谷鸟……只见他手拿一个大信封，地址栏是牛津大学”。随后，他看到一个名字，这位威廉姆森不欢迎的邻居不是别人，正是牛津团契的美国创始人——弗兰克·布克曼（Frank Buchman）牧师。[3]

牛津团契后来被称为道德重整运动，它有一个口号——“上帝控制”。布克曼的主要思路是：世界和平只能通过“上帝控制的人物”创造的“上帝控制的国家”来实现。当天，他目睹了元首力量的真实程度，这种力量被数百万崇拜者放大了，他一定梦想着“上帝控制”的希特勒能为他的运动创造出怎样的成就。这位领导人通过击败装扮共产主义的反基督者，证明了自己是个真正的超人。布克曼后来写道：“这位远见卓识的先知可能会为我们指明出路。”[4]但无论是他这个神职人员，还是敏感而热爱自然的威廉姆森，似乎都没有对犹太人表现出一丝关心——那次集会宣布，犹太人将在几天内被剥夺合法的公民身份。

188

在二十世纪三十年代中期，布克曼经常在德国旅行，当时牛津团契在整个欧洲都取得了相当大的成功。他对皇室和舒适酒店的偏爱并非无人知晓，尽管他喜欢自我表现为一个简朴的人（“携带额外的旅行袋是一种罪孽”），不畏旅途艰辛，“从一个国家到另一个国家，从一个家庭到另一个家庭，从一颗心到另一颗心”。他想要弥合“富人与穷人之间、阶级与阶级之间、民族与民族之间的鸿沟”。他唯一一次在“艰苦”的旅程中停顿下来，就是“为了让那仍然微小的声音给他指明未来的方向”[5]。离开纽伦堡之后的几周里，布克曼依循神的指引来到日内瓦，心里对元首、旗帜和高筒靴的踏步声仍然记忆犹新。他发表演讲时，对听众说：“有些人觉得国际主义是不够的，民族主义可以造就一个国家。超级民族主义可以创造一个世界。上帝控制的民族主义看来才是世界和平的唯一可靠基础。”[6]

威廉姆森只是当年纳粹正式邀请到纽伦堡的众多英国宾客之

一。尤妮蒂·米特福德、她妹妹戴安娜·吉尼斯（Diana Guinness，当时是奥斯瓦尔德·莫斯利爵士的情妇）和她们的兄弟汤姆（不久后加入了英国法西斯联盟）也被列为座上宾。英国大使馆武官霍特布拉克（Hotblack）少校在向伦敦提交的报告中说，他听到其中一些人表达了“非常反英的观点”。他指出，威廉姆森是“特别健谈的评论家”，其谎称自己是《泰晤士报》的特约记者。[7]尽管威廉姆森对纳粹的热情仍然高涨，但他的身体却开始感到疲惫。他写道：“人群和活动让我的视神经疲惫不堪，我的眼睛习惯于草地、树木，我习惯于山谷中的单调生活。”继续参加了纳粹为外国记者组织的又一个星期的旅行活动后，威廉姆森的德国之旅在柏林阿德隆酒店不体面地结束了：

189

> 我的帝国支票已经用尽，我没钱了。其他人都返回了英国，我独自呆坐，不知道怎么弄到一些马克给卧室服务员小费，并支付我去不来梅港继而返回南安普顿的旅费。我不想跟约翰（·海盖特）借钱，也不想去找柏林出版商索取我唯一译作《水獭塔尔卡》的稿酬，在过去的一年里，这本书只得到十一马克版税。最后，我向宣传部的东道主透漏了自己的情况，那人来到大堂，走进酒店办公室，出来后点了杯咖啡。我们喝咖啡时，他眼睛并不看我，悄然把一摞钞票隔着桌子递给我，低声说：“这会对你有用的。”那是一百五十马克。[8]

假如威廉姆森在战后承认自己错了，那他可能更容易得到较多的同情。但是在1969年，当他在《荒岛唱片》（*Desert Island Discs*）节目中接受罗伊·普拉姆利（Roy Plomley）采访时，他只是轻描淡写地说，他当时不够聪明，以为“一个有着强烈艺术感情的人永远不必为国家负责”。他有一个说法比较接近承认纳粹的罪行，他说，希特勒是个完美主义者，“一旦开始把完美主义强加给别人，就成了魔鬼”[9]。

挪威最著名的小说家克努特·汉姆生在文学成就和献身纳粹德国方面各擅胜场。他的书注重自我意识和自发风格，对欧洲著作产生了深远的影响。因小说《大地的成长》（*Growth of the Soil*）大获成功，他在1920年荣膺诺贝尔奖，对此托马斯·曼评论说，该奖项从未授予更有价值的人。海明威将汉姆生的小说推荐给斯科特·菲茨杰拉德；安德烈·纪德把他跟陀思妥耶夫斯基相比。许多著名的作家认为，这个挪威人是现代文学的鼻祖，影响了卡夫卡、乔伊斯、萨特等作家。[10]如果说汉姆生的小说在情感和心理主旨方面启发了前卫派文学，矛盾的是，他也引起了纳粹强烈的共鸣。他同时成为赫尔曼·黑塞和约瑟夫·戈培尔最喜欢的作家，这是一项了不起的成就。

190

纳粹鄙视任何现代主义的迹象，但汉姆生除外。汉姆生出生在一个农民家庭，在北极圈严酷而美丽的环境中长大，他身为北欧人对自然的崇敬，以及尤其在他后期小说中出现的“血与土”

的主题，使他赢得了纳粹的钦佩。从纳粹的角度来看，更重要的是，这位世界著名的作家完全而公开地献身于他们的事业。此外他还有一个额外的长处，他对德国一切事物的热爱与他对英国万物的憎恨同样深沉。汉姆生痛斥英国人是傲慢的伪君子，指责他们决意凭借背信弃义和谋杀来统治世界。另一方面，他称赞希特勒是位十字军勇士，是个准备打造“大日耳曼国际共同体”的改革者，挪威将在这个“共同体”中发挥关键作用。他与德国人感同身受，曾致电“北欧学会”称：“我是……挪威人，也是德国人。”[11]但他暂住德国的时间却出奇地少。在三十五年未曾涉足德国后，1931 年 1 月，汉姆生于七十二岁时重归故地。各报纸以头版头条标题“欢迎克努特·汉姆生”对他表示欢迎。公众的兴奋情绪实在太热烈了，让他难以走出在柏林的酒店房间。两天后，他带着妻子和儿子乘坐火车前往意大利。

尽管汉姆生本人从未在德国待很久，但他送来了自己的孩子，相信只有在“高尚与极富才华的德国人民”中间，他们才能接受到恰当的教育。他在给一位朋友的信中写道：“我把我的孩子一个接一个送到德国。多年来，他们在那里就像在自己家，得到悉心照顾，回来后都变为了成熟的人。”[12]然而，这席话并未得到事实的完全印证。就在他写下这段话几周后，他十六岁的小女儿塞西莉亚（Cecilia）写信向家人倾诉她在柏林的痛苦生活。汉姆生根本不愿接受：

191

> 塞西莉亚，你生活在一个伟大而美妙的国家。你不该给女仆写信，说某某人自杀的事，她们会以为德国很糟糕。要写希特勒和他的政府不顾全世界的仇恨和敌意，正在努力实现的成就。你和我以及每个人都会感谢并祝福德国。它是一个有前途的国家。[13]

然而，尽管他很热情，但当儿子托雷（Tore）加入党卫军时，他并没有欣喜若狂，并表示，“这既是好事，也是坏事”[14]。他肯定不乐意为此多付出开销：“你在前一封信中写道，你只需要二百五十马克，我多加了五十马克。可是现在你又需要更多钱置办党卫军制服！记住，你是在一个贫穷的国家……如果我处在你的地位，我会尽可能表现得谦虚，不要张扬你姓汉姆生，不要为此追求获得优待。记住这话，托雷！”[15]

美国小说家托马斯·沃尔夫（Thomas Wolfe）的旅行笔记提供了更加细致入微的视角。沃尔夫对德国的深厚感情，无疑因为他的书在那里销量特别好而加深——就连纳粹也崇拜他。1935 年 5 月，他第五次访问德国时，他新出版的书《时间与河流》（*Of Time and the River*）已经引起了轰动。他在柏林被奉为名人，被卷进“疯狂、奇妙、难以置信的众多聚会、茶宴、晚餐、通宵饮酒、报纸采访之中，电台请他参加节目，摄影师要为他拍照，几十个人围着他团团转，其中就有玛莎和多德夫妇”[16]。威廉·E. 多德

[William E. Dodd，杜鲁门·史密斯的妻子凯（Katherine ‘Kay’ Alling Hollister Smith）形容他“个头矮小，满脸褶皱，形容枯槁，皮肤头发没有颜色，灵魂也一样黯淡”[17]] 是美国大使，玛莎是他的非婚生女儿。玛莎在她的书《我的德国岁月》（*My Years in Germany*）中写道：“对于知识生活荒凉贫瘠的德国，托马斯·沃尔夫就像个昔日的象征，在那时，知名作家算得上是伟人。”[18]

192

在去柏林的路上，沃尔夫经过汉诺威，在尼克迈耶饭馆吃午饭。“房子是巨大的德国橡木造的，古色古香，有主神沃坦的厚重感——食物与房子相称——天花板上悬挂着几艘大船模型，几位年轻的飞行员围坐在一张特别安排的桌子旁，服务员们逢迎般匆忙为他们服务。”他偶然走进一个酒吧，感觉有点倒胃口：“我推开一扇门，一股污秽的恶臭迎面扑来，里面的几张面孔显得愚蠢恶心，我的心都收紧了。一张桌子旁坐着个蓬首垢面的老头，只能看到他的眼睛和焦黄的胡须……他从盘子里舀起食物往胡须里塞。”[19]但是，在沃尔夫看来，这一不雅场景是个反常现象，跟真正的德国没什么关系。德国是一片浪漫的美丽土地，“这里的绿色是地球上最绿的绿色，所有的树叶把森林染成了暗绿色，这是一种传奇般的魔力和时间感”[20]。沃尔夫对城市景象的描述同样具有说服力：

一辆奶油黄的电车滑行而过，它一尘不染，闪亮的外表像一个完美的玩具，铁轨和车轮接触发出嘶嘶声，此外，电

> 车再没有任何噪音。电车就像德国人制造的一切产品一样，功能完美。就连电车轨道间铺设的鹅卵石也一尘不染，好像每颗卵石都刚刚用小毛刷彻底清扫过，轨道两侧的草皮像牛津的草坪一样碧绿柔软。[21]

尽管像玛莎·多德这样的朋友尽了最大努力要让沃尔夫看清事实，但他并不情愿放弃心中美丽的德国田园风光，拒不接受别人观点的影响。尽管那次他回到美国时，心中的幻想基本没有改变，但怀疑的种子已经开始生根。

193

一年后，他返回德国。由于外汇限制，他不能将大笔版税带出这个国家，便决定在那里消费，度个长假。长假结束后，沃尔夫回家的第一段旅程是乘火车离开柏林去巴黎。在边境小镇亚琛，按时刻表有十五分钟的停留。正是在此地，他的经历让他突然意识到自己原来的观点大错特错。他与同车乘客关系变得友好了，就和他们一起沿着站台漫步，同时等待重新登上火车。但当他们回到车厢时，显然发生过一些可怕的事情。沃尔夫立刻看出了一些迹象：“当然，并不清楚确切情况，但马上感觉到已经到了悲剧的最后阶段……还没到达现场，就能从旁人肩膀、背部和头部的肢体语言中得知，发生了某种毁灭性的可怕事情。”真相很快浮出水面，这场特殊戏剧的主角是沃尔夫的另一位同行旅客，他是个神情紧张的小人物，沃尔夫整个上午都在跟那人交谈，还给他取了个绰号“无事自扰”。直到这时，沃尔夫才得知他这位新朋友是个犹太人，试图带着巨额资金离开德国时被抓。这个美国乘客写道，逮捕他的官员“颧骨高，气色好，留着黄褐色小胡子……剃成光头，脑袋下面、脖子周围有肥厚的褶皱”。沃尔夫并不特别喜欢犹太人，但他发现自己：

> 随着不可思议的凶残的愤怒情绪而颤抖。我真想狠狠拳打那根肥大的脖子，把那张怒气冲冲的红脸打个稀巴烂。我真想向那个丑陋笨拙的大肥屁股狠踢一脚。但我知道我很无奈，我们大家都很无奈……面对墙壁般不可动摇的可憎的权威，我感到无能为力，束手无策。[22]

194 然而，沃尔夫可以动用一种武器——他的笔。但是，他非常清楚，发表这个故事将付出巨大的个人代价。他的书将在德国遭禁止，他将永远无法再访问这个令自己崇拜的国家。他返回美国几个月后，在《新共和》（*New Republic*）杂志上发表了题为《我有一件事要说出来》（“I Have a Thing to Tell You”）的文章。这是一篇强有力的作品，文章以感人的告别辞作结。沃尔夫写道：“对那片古老的德国土地，对它的真诚荣耀、美丽、魅力和遗迹，对那片黑森林，对那片我长久以来一直热爱的古老土地，我要说——别了。”[23]

1935年10月，瑞士作家与文化哲学家丹尼斯·德·鲁热蒙（Denis de Rougemont）在法兰克福大学教授文学。他在巴黎学术界的朋友们都感到惊讶，但他解释说，他认为重要的是透过追随者和受害者的双重视角，在希特勒自己所处的背景下研究这个人。德·鲁热蒙的头脑比托马斯·沃尔夫冷静，他开始以令人钦佩的客观态度剖析希特勒统治下的德国。其结果就像个法医鉴定，详细分析了该政权如何影响普通民众的日常生活，这些内容被精心编排在了他的《德国日记》（*Journal d'Allemagne*）一书中。为了确保自己的观察经得起时间的考验，等了两年，德·鲁热蒙才于1938年出版自己的日记。

尽管德·鲁热蒙抵达德国后确信“希特勒主义”属于右翼的运动，但他与不同背景的人交谈越多，就越感到困惑。在法兰克福待了几个星期后，他总是不断地在想：“这个政权是左翼还是右翼？”[24]让他疑虑的是，最自然身处右翼立场的人们——律师、医生、实业家等，却是最强烈谴责纳粹的人。他们抱怨称，纳粹本身绝不是对抗共产主义的堡垒，而是变相的共产主义。他们指出，从纳粹改革中受益的只有工人和农民，而中产阶级的价值观却受到阴险手段的系统性破坏。对他们的税收不成比例，他们的家庭生活受到了不可挽回的损害，父母的权威受到削弱，宗教信仰被剥夺，教育遭到禁绝。

195

德·鲁热蒙是个联邦制拥护者，他几乎没有时间考虑形形色色的极权主义，对这些诉苦没留下什么印象。他责备中产阶级在魏玛时期没有正视社会问题。现在，面对希特勒的过激行为，他们同样无所作为。德·鲁热蒙写道:“如果我问他们将如何对抗,他们会回避这个问题。我便迫使他们承认,虽然他们认为没有区别,但棕色的布尔什维克主义不如红色的可怕。并没有发生过大屠杀,一切都是在进步的、组织良好的方式下发生的。”[25]

有学术倾向的埃米·布勒认为,德·鲁热蒙的评价是不公平的。她与英国教会高层有联系,还参与了基督教学生运动,她在两次世界大战之间定期去往德国,在那里采访了数十名中产阶级专业人士。她在1943年出版的《黑暗笼罩德国》(*Darkness Over Germany*,1943年)一书中生动地记录了许多人在尝试以最佳方式抵抗纳粹时经历的痛苦。事实上,希特勒对所有反对派的残酷镇压无比迅速彻底,任何想要表示反对该党的人面对的选择只有两个:流亡或殉难。除此之外,他们注定得作出痛苦的妥协。一位年轻的校长对布勒说,他的许多同事宁愿被关进集中营,也不愿每天忍受纳粹教义的折磨,可他们惟恐家属也会因此受难。[26]

德·鲁热蒙并不是唯一一个质疑纳粹主义和共产主义之间区别的人。许多外国人感到奇怪,两个如此剧烈敌对的政治运动怎么可能有这么多共同点?凯·史密斯以实话实说著称,他在聚精会神地聆听了关于纳粹理论的长篇阐述后问道,“罗胡斯(Rochus),那么纳粹主义和共产主义有何区别呢”?那个德国人举起双手,露出惊恐表情,“嘘,凯,千万不能说这种话”。[27]十七岁的琼·韦克菲尔德(Joan Wakefield,她的家庭座右铭是“捍卫公

196

正，无所畏惧”）则更加大胆。她刚从英国一所寄宿学校毕业，在柏林大学学习德语。一天下午，她坐在拥挤的大厅里听着纳粹分子的长篇大论。她突然站起身来，带着英国口音问演说者，能否请他解释纳粹主义跟共产主义的区别。会场顿时一片死寂。后来，琼略带自豪地向女房东男爵夫人讲起这段插曲，男爵夫人吓得脸色煞白，害怕这位年轻房客的失礼可能危及到自己。[28]几年后，南希·米特福德在给妹妹迪博（Debo）的信中写道：“其实我早就说过，国家社会主义组织得更好，可能也更危险。”[29]

看来，这是个外国人经常提出的问题，但正如德·鲁热蒙所说，这个问题很难获得令人满意的回答。一位激进的前共产主义者向他提供了部分见解，解释了自己在五十岁时决定转换立场的原因：

> 我们想要工作，想要在早上喝一杯加牛奶的咖啡……这就够了。工人们只要有食物有工作，就不会对政治感兴趣。希特勒？既然他赢了，就让他执行自己的计划好了。其实他的计划跟我们的几乎一样！但他更加狡猾，他不马上攻击宗教，以此稳住资产阶级……我告诉你一件事：如果他身边那群肥猪抛弃了他……我会为他而战！他至少算是个真诚的人，他是唯一真诚的人。[30]

至于纳粹主义在政治领域究竟处于何种位置，德·鲁热蒙的结论是，尽管该政权比法国所认为的“左倾”得多，但是远未达到德国资产阶级试图表明的程度。

197

说到“犹太人问题”，德·鲁热蒙和其他许多在第三帝国旅行或生活过的外国人一样，喜欢强调“自由欧洲人”与“庸俗、傲慢”的犹太人之间的区别，言下之意，犹太人总是来自东欧。在作这种区分时，这些人表现出自己潜在的（而且往往是无意识的）反犹太主义倾向。德·鲁热蒙的一位朋友是“右翼”犹太人，这位犹太人对他说，自己曾为法德和解作出过不懈的努力。瑞士人德·鲁热蒙评论说：“希特勒主义荒谬到让他难以相信，对他来说，最不寻常的不是反犹太主义——不止是如此，很多犹太人都有同感——而是将世界建立在武力基础上，容不下理性见解的构想。”至于“有问题”的类型，正如德·鲁热蒙每天看到的那样，他们总是聚集在歌剧广场的一家咖啡馆里。在他看来，问题的真正根源正是这个类型的犹太人。“他们大腹便便，手指上戴满戒指，嘴里叼着雪茄”，他们等于在为希特勒最恶劣的宣传正名。他评论说：“没必要查阅《锡安长老会纪要》（*The Protocols of the Elders of Zion*）等众所周知的虚假文件，只要用手指指着这些肚子，或者回忆起因为孩子而蒙羞的父母就足够了，因为在有犹太同学的班级里，他们的孩子从来都不是优等生。”

伦纳德·伍尔夫是个犹太人，奇怪的是，他与弗吉尼亚·伍尔夫在 1935 年 5 月前往罗马的途中竟然选择驾车经过德国。哈罗德·尼科尔森（他们七年前曾一起待在柏林）建议他们最好先咨询外交部。伍尔夫认为，“无论是不是犹太人，作为英国人进入欧洲国家还需要犹豫，这是相当荒谬的”[31]。不过，他还是携带了一份文件作为自己的护身符，那是时任德国驻伦敦大使馆的外交官俾斯麦亲王签署的信件。

198

一旦进入德国，伍尔夫夫妇便动身沿莱茵河旅行，但他们并没有其他大多数外国游客那种热情。伦纳德觉得，“这是世界上为数不多的真正丑陋的河流之一”[32]，而弗吉尼亚则将这个国家描述为“自命不凡”，将风景描述为“如同歌剧布景”，说德国的山“虽然高但微不足道”，称著名的莱茵兰塔和遗迹“名副其实”。她还说：“这条河活像牛津街，挤满了运煤的驳船。”[33]在海德堡，他们注意到，“先生们跟他们的女儿们胳膊下夹着淡蓝色的贝多芬四重奏乐谱，从各自的房舍中涌出”[34]。伍尔夫夫妇最初对纳粹权威表示顺从，但由于路上挤满欣喜若狂等待戈林车队的人群，他们不得不以蜗牛爬行般的速度驾驶，这令他们的情绪很快变成了愤怒。结果证明，让他们在德国的短暂停留发生转变的，并非俾斯麦那封令人肃然起敬的信件，而是他们的宠物猴子米特齐。小猴子蹲坐在伦纳德的肩膀上，无论他们走到哪里，都会马上成为明星，最为铁石心肠的纳粹分子，心也会让它融化。伦纳德写道：“梳着辫子的学童、黄头发的小姐、金发的邋遢女士、神情严峻的纳粹冲锋队员”，见了这只毛茸茸的小动物，立刻欣喜若狂。每个人都很清楚，拥有这么一个“可爱的小东西”的人绝不可能是犹太人。[35]

共产主义者玛丽亚·莱特纳（Maria Leitner）既没有逗人喜爱的宠物，也没有亲王签署的信件，有的只是她的勇气，不过，在1936年至1939年间，她穿越第三帝国的非法旅程并未遇险。她出生在如今的克罗地亚境内（一个讲德语的犹太人家庭），在布达佩斯长大。她在德国从事地下工作前，曾在欧洲各地工作过五年，还在美洲大陆旅居了五年，在此期间，她靠写作维生，也做卑微的清洁工作以弥补写作收入的不足。她认为，她的小说《美国酒店》（*Hotel Amerika*，1930年）是对美国梦的揭露。在她的另外一本书《希特勒女孩伊丽莎白》（*Elisabeth*，*Ein Hitler Mädchen*，1937年）中，她揭露了纳粹绑架德国青年的恶劣程度——绝望的父母围绕这一主题一再对德·鲁热蒙进行讲述。一位律师的妻子向他述说："每天晚上，我的两个孩子都会被纳粹党接管。"

199

> 我女儿十八岁，是一群年轻女孩的领导人，职责是每周组织两次体操和政治文化活动，还要组织大家为穷人做救济工作，在穷人生病时前去探望——这也是一种控制手段，因为一切情况都要向党汇报。由于她忙于这么多事，我们几乎再也见不到她了，父母如何维护管教孩子的权威呢？党的地位高于一切。在孩子面前，我们只不过是平民百姓。孩子们觉得自己是士兵……他们自然很高兴，感到自由，因为青少年只有在不必跟家人在一起的时候才会感到自由。[36]

玛丽亚·莱特纳四十多岁时，在外国左翼报纸*上发表过一系列文章，毫不留情地揭露了纳粹统治的阴暗面。在旅行穿越德国乡村的过程中，她遇到了很多曾激励过汉姆生和威廉姆森的“血与土”的事例，但她遇到的血与土却是农民遭纳粹剥削，与农夫生活的“浪漫”形象相去甚远。这些农民处于极度贫穷状况，无法赞美自己和土地的任何英雄般的结合。

一位乡村教师对莱特纳讲述了冬天他们与世隔绝的情况。道路无法通行，尽管农民迫切需要交通，但那里根本没有修建过道路。他解释说：“按照约定，村民该用马车往返学校接送八次，但他们往往不愿接我，因为他们的马来不了。”他的教室里空气不流通。负责取暖燃料的农民不能容忍打开窗户，连一分钟都不行。五十二个不同年龄的学童在同一间教室里混班上课。在黑板上，在人类、护齿知识和昆虫的画片之间，还有雅利安人和犹太人的图片。莱特纳问道：“你们谁有牙刷?”孩子们笑了。她试着提出另一个问题：“告诉我你昨天午餐吃了什么?”“土豆汤。”孩子们异口同声说。只有一个小男孩是个例外：“我们吃了烤鸭。”“是家庭庆祝日吗?”“不是的，是我家鸭子不喘气儿了。”

200

莱特纳指出，这样的村庄在纳粹崛起过程中发挥了关键作用。希特勒掌权之前，农民们基本上不过问政治，但是在纳粹主义发

---

* 例如《巴黎日报》（*The Paris Daily*）、《消息报》（*The Word*，莫斯科）和《新世界舞台》（*The New World Stage*）。

展初期，纳粹分子曾在他们酒吧里宣传（她注意到，在这个村子的一个酒吧里，污渍斑驳的墙上画着闪亮的冰川和龙胆草），他们听信了纳粹向他们承诺的一切。几年后，他们却连自家喝的牛奶都没了。孩子们不得不在田里奋力干活，几乎没有学习的时间和精力。不过，虽然他们几乎不会读写，却擅长讨论一些主题。这当然是种族主义。另外，他们对防空也了如指掌。当地纳粹组织领导人问他们："为什么我们需要防空？"一个儿童背诵道："我们的空军部长戈林说，轰炸机可以到达德国的每一座城镇和村庄，所以防空事关我国人民的生存问题。""现代轰炸机能飞多远？""五百公里。""这种轰炸机的炸弹负荷是多少？""一千五百公斤……"[37]

然而，在莱特纳的报道中，最令人胆寒的并非农村贫困问题，而是德国的备战情况。至于这个明显有犹太特征的女人是如何搞到这么多纳粹秘密计划的，却没有引起怀疑，还是个谜。然而，这个迷不可能揭开了，因为莱特纳 1942 年在马赛试图获得美国签证时死亡，无法确定其死亡原因。她在纳粹德国写下的所有令人不安的文章中，最引人瞩目的非《赫希斯特的哑巴》（*Die Stummen von Höchst*）莫属。二十世纪三十年代中期的一个夏天，莱特纳去法兰克福郊区参观以其染料工厂命名的赫希斯特小镇，当时菩提树正盛开着花朵。但花的甜香气味让一种弥漫在空气中的恶臭彻底掩盖了。"工厂附近的房子门窗紧闭。人们不敢让空气进去，一旦沾染上这种可怕的恶臭味，就无法摆脱。就像一种味道可怕的作料混进饭菜里，又像噩梦中一些可怕的预兆。”坐在工厂旁边长凳上的一位老人告诉她，赫希斯特以前从来没有这种气味，而他现在已经七十二岁了。他低声说：“谁也不敢谈论他们正在搞什么，但他们一定是发现了某种最致命的毒药。”他告诉莱特纳，所有工人都被逼着书面发誓，决不透露在工厂里学到的任何东西。“他们能让我们守口如瓶，”他接着说，“但哑巴却泄露了他们的秘密。”“哑巴是谁？”莱特纳问。“鱼。”他回答。工厂附近有个大型人工养鱼场，结果，有少量的剧毒物质通过工厂排水沟流进了附近的美因河。突然之间，在短短一个小时左右，鲤鱼和丁鲷就开始死亡，以前谁也没见过那种情况。接着，鱼开始腐烂，令人作呕的臭味到处飘散。数万条死鱼被捞出丢在河岸上。莱特纳后来得知，被临时组织去清理腐烂死鱼的工人们，在后来几个星期都出现了恶心和胃痉挛的症状。渔业部门自然想对这家工厂提出索赔，但被告知，若把此事宣扬出去，将被视为叛国。他们只得保持沉默。

巧的是，在泄漏后的第一个周日，有一场全国性的垂钓比赛。数百名垂钓者在美因河岸边坐了四个小时，却没钓到一条鱼。莱特纳写道：“他们悲哀地回了家。”

他们是在想没有钓到的鱼，还是看到了人类可怕的未来？这种毒药是为跟他们一样的人类准备的，而不是无害的鱼。美

> 因河里只泄漏进了一滴毒药，那么，赫希斯特染料厂正在制造的大量产品会导致什么后果呢？如果人类是他们的目标，我们星球上的生命难道不会像美因河的情况一样，在一夜之间突然灭绝吗？[38]

202 大胆是玛丽亚·莱特纳的最大特点，但是，走进杜塞尔多夫公共图书馆，当着满屋子沉默的员工，要求参观海因里希·海涅的展室，则需要特别的勇气。她写道："他们都瞪大眼睛盯着我，好像我是某个神话中的怪兽。"图书馆设有一个博物室，纪念阿尔伯特·施拉格特（Albert Schlageter），他是法国占领鲁尔时期因从事破坏活动被处决的纳粹超级英雄。在施拉格特之前，海涅一直是杜塞尔多夫市民最大的骄傲。但海涅是个犹太人，图书馆里有收藏他图书的展室，其中有他的半身像，甚至还有他那只已经制成标本的鹦鹉，但这间屋子多年来一直上着锁，已经被人遗忘了。莱特纳参观它的要求让人们深感困惑。最后，一个"憔悴"的男人领着她走过一条长长的过道，打开了尘封的房间。里面的一切都覆盖着灰尘。在宝贵的几分钟时间里，她被允许翻动这位诗人书脊、封面均已磨损的书籍。"后来我们走出去。再次听到钥匙扭动的声音。"[39]

塞缪尔·贝克特对纳粹官僚制度的体验，相对平淡无奇：他在纳粹德国度过的六个月里，为观看受审查的艺术品不断进行交涉成了例行公事，这让他感到恼火和沮丧。他最近脱离了学术界，想在博物馆界从业*，便开始大量研究德国的艺术收藏。但是，他在1936年9月抵达汉堡时，许多被纳粹谴责为颓废的或道德败坏的画作或艺术史家已经被剔除出公共视野。随后，在他到达几个星期后，一个明确的命令传达到美术馆和博物馆，要求撤下展厅中“堕落的”现代画作。在全国各地，克利、诺尔德和蒙克等人的数千件杰作遁入黑暗。有时，贝克特获准在地下室中观看藏品，但他的要求经常遭到断然拒绝。不过，他在德国期间总算看到了数量惊人的现代艺术品，还会见了许多著名的当代艺术家。在汉堡，他见到了生活在那座城市的著名画家群体中的大多数人，非常熟悉他们被迫工作的悲惨环境。尽管他自然同情他们的困境——禁止展览，受到纳粹检查骚扰，自己的图书被查抄——但他对这些“骄傲、愤怒而可怜的伟大牺牲品在他们的城堡中”讲述的严峻故事感到厌倦，觉得自己再也不想附和着说“是的，先生；不，先生”[40]。

203

贝克特的旅行记录大部分内容是对他看到的数百幅画作进行的细致分析，但也充满了日常生活的细枝末节，尤其是一日三餐花了多少钱，具体吃了什么饭菜——“在餐馆里吃早餐，有蜂蜜和球状小蛋卷”[41]。他不太喜欢那里的饮食。“德国菜实在难吃。可是能吃什么别的呢？”[42]最吸引他的反倒是人类经历中无关紧要的琐事——“饮料吸管、零碎物品之类，人的名字、事件日期、

* 1933年，贝克特在伦敦国家美术馆申请到一份助理馆长的工作。

生卒年月”，他争辩称，这是他真正能了解的全部内容。[43]试图解读人类的混沌纯属枉然，不论是想要理解一个人还是想要理解人类历史，皆属徒劳。他的传记作者詹姆斯·诺尔森（James Knowlson）说：“贝克特喜欢各种年表，喜欢人们个人生活中微小而可查证的细节，没兴趣对动机或社会运动进行广泛的全面分析。”[44]

这或许可以解释为什么他的日记中没有明显谴责纳粹的内容，尽管读过他日记的人都不会怀疑贝克特无比讨厌那个政权，他后来在战争中还加入了法国抵抗组织。贝克特没有采用强加自己评论的手法，而是以慎重的客观态度记录下纳粹有多可怕。一位与贝克特成为好友的书商写信给一位熟人说：“他只按照智力标准来衡量一切，无论他在德国为探索表象和人民下过多少工夫，都永远无法理解我们在德国经受的痛苦。”[45]不论这是否属实，据说贝克特擅长发现事物的荒诞之处，此处不妨以他听说的一个关于仆人跟送奶工的故事为例。为了防止种族混杂，四十五岁以下的雅利安人不得在犹太人家里当仆人。故事中，一个困惑的送牛工，问利维（Levi）先生的一位非犹太人女管家，为什么替他工作，她回答说自己有部分犹太人血统。后来，她的雇主感到更加困惑，问她为什么对送牛奶工撒谎，她回答说，她不愿承认自己已经四十五岁了。[46]

204

在德累斯顿，贝克特找到一个志趣相投的人——威尔·格罗曼（Will Grohmann）。格罗曼是一位有影响力的犹太艺术评论家，早在1933年就被解除了茨温格美术馆馆长的职务。两人就纳粹统治下知识分子的困境进行了长时间的讨论。格罗曼很冷静，他向贝克特解释说，即使有可能离开德国，他也不会离开，因为他相信留下更有意义。“他们控制不了思想。”[47]

在抵达汉堡之前，贝克特在日记中写道：“在德国待六个月将会是什么样？主要是四处走动？”[48]他的确四处走动了，经常感到孤独、郁闷、严重不适。在第三帝国期间，他经常生病——嘴唇上生疱疹，鼻塞，阴囊上长出疼痛的肿块，一根手指溃烂化脓，加上天气寒冷、缺钱、下雨、鞋子破烂，这简直就是舒伯特《冬之旅》（*Winterreise*）的素材：

> 在冰冷的天气中盲目地行走在布吕尔附近，没有看到瓦格纳的出生地，没找到歌德大街上的卡琴·施恩霍夫酒吧，没有看到格林麦施街上格勒特的住处，也没有看到莱辛在学生时期的寄宿处；到了托马斯教堂，没有体会到约翰·塞巴斯蒂安的丝毫气息；诺伊马克特越来越冰冷，在那里我看到了歌德在学生时期的寄宿处，但没看到克拉拉·舒曼出生的房子。最后，我跌跌撞撞地走进了奥尔巴赫的凯勒广场，再次观瞻了雕塑家塞夫纳令人愉快的歌德雕像……我漫无目的地慢慢走动，浑身冻得发抖，在啤酒店吃了咖喱羊肉，然后慢吞吞走向更远的地方，直到再也走不动为止，撞

205

> 进了费舍酒吧，里面人满为患。我离开时感觉稍稍暖和了些，就走进弗斯特·莱切斯勒咖啡馆，那里的咖啡实在难喝，但报纸种类倒很丰富。我情绪低落，看了《泰晤士报》，然后迅速回到诺德酒店，酒店的新房间不如旧房间温暖、舒适，好在比较安静。[49]

但这种阴郁偶尔会消散，显现出几个诗意的时刻。1936年除夕，贝克特在柏林就经历了这样的时刻：

> 漫步走过蒂尔加滕……这是个阳光明媚、温和而可爱的冬日……看到了一束极为漂亮的气球……彩虹柏树在轻轻摆动……黄昏时，群鸭发出惊慌的嘎嘎声，纷纷从水中起飞，又在没有完全冻结的溪谷中重新降落下来。一对对鸭子顺着小溪的中轴线拼命地飞，在空中的姿态与浮在水面时截然不同。我多么喜爱独处啊。[50]

1937年3月，贝克特到达慕尼黑时，已经厌倦了旅行，这可能导致了他对慕尼黑的悲观看法。他写信给一位朋友说："游览过维尔茨堡诗情画意的美因河与雷根斯堡富有英雄气概的多瑙河之后，感觉伊萨尔河不过是个一摊蹩脚的小便。"[51]从他此行的开端，贝克特就认识到，"德国必然很快就会开战（或者说爆发战争）"[52]。1937年4月1日，他登上飞往英格兰的飞机，确信自己永远不会再返回这里。[53]

当然，在第三帝国时期，从阿尔伯特·加缪（Albert Camus）到卡伦·布利克森（Karen Blixen），从麦克斯·弗里施（Max Frisch）到斯文·赫定（Sven Hedin）——形形色色的文人都曾在德国旅行。梅格雷探长的创造者乔治·西默农（Georges Simenon）曾在一家酒店的电梯里偶然遇到过希特勒。[54]格雷厄姆·格林的兄弟休说："格雷厄姆受到柏林魅力的强烈吸引，几乎希望长住在这里。"[55]假如在纳粹分子中尝试成为一个存在主义罪犯不是那么令人泄气的话，让·热内（Jean Genet）可能会在德国住得更久。他写道："这是个小偷的种族。如果我在这里偷窃，我不会为自己的勾当产生满足感，仅仅是按日常惯例行事而已……不会扰乱任何事情，不可能让人感到吃惊。偷窃时不会引人注意，简直如入无人之境。"[56]让-保罗·萨特（Jean-Paul Sartre）获得了奖学金，在柏林度过了九个月，但他记载这段时间的日记和他与西蒙娜·德·波伏瓦（Simone de Beauvoir，多次拜访过他）的往来信件都丢失了。尽管萨默塞特·毛姆（Somerset Maugham）的书被纳粹焚烧了，但他还是经常和他的恋人艾伦·瑟尔（Alan Searle）一起前往慕尼黑参加狂欢节。[57]

206

在这里讨论的作家们——除了1943年要与希特勒发生戏剧性对抗的汉姆生之外——不仅在纳粹德国度过了相当长的时间，还立即或随后很快记录下他们的经历。因此，他们的印象并没有因为战争的事后之见而受到文学修饰。此外，它们代表了政治光谱的两端，当然德·鲁热蒙是站在中间立场。只有托马斯·沃尔夫的观点发生了彻底的改变，由于源自亲身经历，这个样本虽小，却颇具说服力。到了二十世纪三十年代中期，任何对政治感兴趣的人都很难不对希特勒持有某种观点。人们要么支持他，要么反对他。从直觉上看，我们倾向于认为作家比一般人更自由、更开放，但在纳粹德国问题上，他们中的许多人就像普通人一样，甚至在到达那里之前就已经有了自己的想法。

贝克特是在奥运会刚刚结束后去德国旅行的，当时第三帝国已经发展到了顶峰。但是，在下一章中会清楚地看到，与他不同的是，成千上万的外国人聚集在一起观看希特勒只手遮天的奥运会，在很大程度上是心甘情愿地去接受纳粹说服力十足的持续宣传。

第十二章

冬雪与“卐”字旗

在 1936 年德国同时举办的夏季奥运会和冬季奥运会上，体育跟政治可以分开的观念从未显得如此荒唐。从精心策划的开幕式到每支代表队的早餐菜单，纳粹的政治触角延伸到了各个方面。外国游客前所未有地大量涌入，向纳粹提供了向世界表明立场的绝佳机会。他们不懈的宣传旨在让每一个外国人相信，新德国不仅是一个明显高效和强大的国家，也是一个宽容且爱好娱乐的国家。在这一方面，他们通过巧妙地使用障眼法，基本获得了成功。 207

法国大使安德烈·弗朗索瓦-庞塞认为，夏季奥运会标志着“希特勒及其第三帝国的神化”[1]，比它早六个月的冬奥会成为对它的精彩预言。虽然在加米施-帕滕基兴这个村子（“被一条小溪和一条连字符分隔开来”[2]）举行的第四届冬奥会规模要小得多，但它融合了许多使柏林奥运会如此声名狼藉却又如此迷人的元素。

冬奥会于 2 月 6 日开幕。阿诺德·伦恩（Arnold Lunn）是英国滑雪运动的先驱，由于他的努力，高山速降障碍滑雪首次被纳入冬奥会比赛项目。开幕式上，他坐在看台上，冷得浑身颤抖，等待仪式开始。他的儿子彼得（Peter）是英国队的队长，小 208

伙子坚决反对纳粹，拒绝参加出场式。“突然，”伦恩写道，“在大风雪中，出场队伍露面了，由希腊队作前导。他们屈尊向一个人致敬，这个人若在斯巴达，会感觉比在雅典更自在……奥运圣火从火盆里跃起，火焰在风雪中燃烧，几座山丘上的奥运烽火呼应着奥运火炬。火、暴雪、大风交织在一起。”几天后，伦恩接受电台采访时，主持人问他奥运会进行得怎么样，他只是说：“德国人，我可以告诉你们一个小秘密吗？为乐趣而滑雪者还是大有人在的。”[3]

让记者威廉·夏勒（William Shirer）吃惊的是，他发现自己很享受这一切。他写道：“这个插曲比我预想的更加愉快。巴伐利亚的阿尔卑斯山区风景很美，在日出和日落时分简直妙极了，山间的空气令人神清气爽，身穿滑雪服的女孩面色红润，极富魅力，比赛令人兴奋，特别是惊险的跳台滑雪、有舵雪橇比赛……冰球比赛，还有索尼娅·赫尼（Sonja Henie）。”[4]假如他看到这位挪威冰上明星*几天前在柏林向希特勒致意时行纳粹礼，对她的热情可能会有所折损。挪威报纸对她的行为感到不满，第二天的头条新闻问道：“索尼娅是纳粹吗？”鉴于她非常喜欢跟纳粹高层混在一起，提出这个问题并非不合情理。奥运会结束后不久，她接受了希特勒的邀请，访问贝希特斯加登。

209

韦斯特布鲁克·佩格勒是“情与理”专栏的作家，他的专栏

---

* 赫尼连续在三届奥运会上获得金牌。后来她成为好莱坞电影明星。

在美国多家报刊上同时发表。与夏勒不同的是，他并不居住在德国，因此自认为能够采取比较强硬的立场。从他“有点不安地”抵达慕尼黑的那一刻起，他对纳粹就带有明显的敌意：

> 车站里到处都是金发碧眼的男人和女人，他们大多脚穿滑雪靴艰难地走着，争先恐后挤上驶往山上的小火车，脚上的钢钉在混凝土站台上划出刺耳的噪音。他们健康并且粗野，穿着滑雪裤的长腿女孩背着背包和滑雪板，从不请男人帮忙。[5]

佩格勒形容说，这次奥运会是一次“纳粹国家在国际奥林匹克委员会名义下主持的大规模政治军事示威活动”[6]。佩格勒当然是对的，但是正如夏勒所言，数百名前往加米施的外国游客只看到了纳粹安排种种活动的“奢侈”与“和谐”表象。此外，与原来的预期相反，“纳粹的友善举止给游客留下了深刻的印象”。当夏勒为美国大使馆商务参事举行午餐会，向来访的商人介绍真实情况时，会上外交官的话被置若罔闻。[7]他的听众听信了纳粹的宣传，因为他们愿意相信。和其他远距离观察到希特勒举动的人一样，他们更愿意假定记者和外交官错了。的确，纳粹有时过于狂热，但当你近距离观察他们时，会发现他们其实没那么糟糕。

来自加州的玛丽·特里西德（Mary Tresidder）在加米施下车时，同行旅客是一群“带着滑雪板和行李狂奔的人”，她一心想的不是纳粹的是与非，而是如何尽快赶到滑雪场。她在2月8日

210 的日记中写道："我们在火车站门前挤上第一辆大巴。在这里，克里斯特尔·克兰茨（Christl Cranz）* 在女子高山速降滑雪比赛中伴随着火焰般的激情与荣耀，以最短速降时间连续赢得了两场比赛，她表现平静，动作富有节奏美感，令人赏心悦目。"[8]克里斯特尔·克兰茨本该是这场演出的明星，但赢得观众支持的却是加拿大滑雪运动员戴安娜·戈登－伦诺克斯（Diana Gordon-Lennox），她个性勇敢，是一位海军上将的女儿。她的四人组是在最后一刻匆匆拼凑起来的，状态不佳。她自己在训练时几根手指骨折，她的一位队友有一只脚还包着绷带，另一位队友患了流感，尚未康复。当她们在山顶上等待自己的轮次时，雪道底部看上去既遥远又恐怖。她们的队长赛后不久写道："在这场高山速降大赛开始前，我感觉自己变成另一个世界里的另一个人了。"戴安娜的一条胳膊打着石膏，只抓着一根滑雪杆，"一头乌发随风飘扬"，最后一个越过终点，但是，让大约三万名观众高兴的是，她的单片玻璃眼镜仍牢牢戴在眼眶上。[9]

以"红袜队"闻名的美国女子滑雪运动员可能比加拿大人滑得快，但她们不能与住宿在一起的德国队匹敌。在美国人看来，这算不上绝对的成功。吃饭时，她们被安排在第二批，发现自己在吃德国人的剩饭，而且等她们被允许进入浴室时，热水已

---

* 克兰茨（1914—2004）在二十世纪三十年代包揽了女子滑雪锦标赛冠军。1936 年，她在新设立的高山速降障碍赛中获得金牌。

经没了。她们的队长爱丽斯·基耶（Alice Kiaer）回忆：“我永远不会忘记，看到那群强壮的德国小姐走进餐厅，狼吞虎咽地吃着香肠和泡菜，我们的心都沉下去了。后来我们在赛道上再次见到德国女孩，我们的心沉得更低了。她们都是些女超人。”基耶应邀与一名德国官员一起视察下坡线路。途中，他们来到一棵倒在赛道上的大松树前。“富奇（Votsch）博士从口袋里掏出哨子，吹了一声。”两分钟后，十名纳粹士兵从森林中现身，一齐滑雪，和声歌唱。一声令下，他们把树移开，然后便消失在森林里——嘴里还在歌唱。[10]

211

特里西德的日记中没有任何政治评论字眼。她丈夫后来担任斯坦福大学校长，他们曾被带去参观慕尼黑的褐宫（纳粹总部）和纳粹的神圣陵园“统帅堂”。不过在这么多的喜庆活动中（“参加了狂欢节的舞会，这是一个嘉年华活动，非常欢乐”[11]），为什么要煞风景谈政治呢？美国的雪橇金牌得主伊万·布朗（Ivan Brown）在写给家人的信中一次也没提到过纳粹。与许多参加冬奥会和夏季奥运会的美国运动员一样，布朗贫寒的农村出身几乎没有让他想到能出行欧洲，更不用说对德国政治予以研究和评价了。在他写给妻子的信中，兴奋、思乡、沮丧兼而有之，他写道：

> 亲爱的姑娘，我们在这儿度过了一段精彩的时光。每个人对我们都好极了，虽然感觉有点寂寞，不过我认为能应付

> 得了……这里的山在我们身后高耸，活像高塔。今天早上我们参加了雪橇比赛，赛道棒极了，比我们那里好多了，不是那么陡峭，弯道很多，我觉着不赖。[12]

他在开幕式结束后给妻子写信说：“希特勒是个长相漂亮的人——比他的各种照片上看起来高大得多。我希望你听到了你的小伙子骄傲地入场时的喊声，这都是为了你。”[13]

十五岁的梅丽·韦恩-坦佩斯特-斯图尔特（Mairi Vane-Tempest-Stewart）女士是第七代伦敦德里侯爵查尔斯·斯图尔德·亨利·韦恩-坦佩斯特-斯图尔特（Charles Steward Henry Vare-Tempest-Stewart，7th Marquess of Londonderry）和伊迪丝（Edith）夫人的女儿。她对冬奥会第一天的主要记忆是：“美味的午餐，鱼子酱上摆着牡蛎。”[14]她父亲坚定地认为，确保欧洲和平的最好途径，是接洽而不是摒弃希特勒。结果，尽管他不再担任公职（他曾在拉姆齐·麦克唐纳内阁担任空军大臣），但纳粹视他为与英国牵线搭桥的关键人物，不遗余力地确保他这次访问取得成功。他的访问始于柏林。自然，在戈林的狩猎豪宅卡琳宫住了一天，这是必不可少的。梅丽在持续了五年的日记中写道：“妈妈射中一头棕鹿，爸爸打到一头赤鹿，我也打了头棕鹿。”[15]梅丽不但枪法准，而且在十二岁时便首次驾驶了飞机，所以她很可能比大多数十几岁的女孩更喜欢参观在德绍的飞机工厂。“参观活动非常有趣，我们参观了制造那么多容克飞机和发动机的厂房。我们在那

212

里吃了午饭，他们还送给我一架容克飞机模型。我们与希特勒共进一餐。”[16]在她文字简短的日记中经常出现这类奇怪的并列内容：“我们和萨克斯-科堡（Saxe-Coburg）公爵共进午餐，然后我们去了一个劳动营。”

尽管伦敦德里侯爵一家与名叫赫斯的古老客栈有联系，但他们可能不知道这座古朴的木宅在加米施以西五英里处。赫斯的顾客登记簿上显示，从二十世纪二十年代初开始，这里一向是文人们光顾的一处圣地，主要是英国人和美国人。多年来，出现在这里的名人有西格弗里德·萨苏恩（Siegfried Sassoon）、雷克斯·惠斯勒（Rex Whistler）、美国女演员凯瑟琳·康奈尔（Katharine Cornell）、艺术史学家约翰·波普-亨尼西（John Pope-Hennessy）、作家伊迪丝·奥利弗（Edith Oliver）、埃舍勋爵和乔治·文森特（George Vincent，洛克菲勒基金会董事长）等公众人物。正是在希尔德，威廉·沃尔顿（William Walton）创作了他的《中提琴协奏曲》最后一个乐章；也是在这里，当年“睿智青年帮中最睿智的人”斯蒂芬·坦南特（Stephen Tennant）在肺结核康复过程中与萨苏恩产生了恋情。从顾客登记簿上还能看到一个更加令人惊讶的人物：蒋介石的养子蒋纬国，他当年在德国跟纳粹国防军的精锐山地部队一起受训。赫斯古宅里的温暖宴饮，一定与他的日常训练形成强烈的反差，他的日常训练包括背着三十磅重的背

213

包，离开滑雪道，攀爬陡峭的山峰。

客栈老板夫妇约翰娜·赫斯（Johanna Hirth）和沃尔瑟·赫斯（Walther Hirth）两人的关系无可挑剔。约翰娜的父亲曾是黑森大公国的首席大法官，她哥哥埃米尔·普雷托里厄斯（Emil Preetorius）被普遍认为是拜罗伊特音乐节最好的场景设计师。但战争结束后，通货膨胀毁掉了他家的财富，迫使约翰娜和沃尔瑟回到沃尔瑟母亲在文特格莱瑙的小客栈。这里位于德国最高峰楚格峰下，宅子周围有淡褐色的灌木环绕，养着许多腊肠狗和母鸡。主人谋生靠的是向他们自己精心挑选的客人收取每天一英镑的费用。外国人对“女王般身材高大”的约翰娜崇拜有加。她身穿紧身连衣裙，讲一口完美无瑕的英语；她使用吸尘器动作灵巧。最重要的是，她有能力“应付从断腿到心碎的一切问题”[17]。沃尔瑟敦厚矮胖，两个大膝盖骨突出在皮短裤外面。他不太圆滑，但客人们喜欢听他说古怪的英语，比如，“上帝保佑你的收入”和“我在各方面都是一个共产党人”[18]。

格林德伯恩歌剧院的创始人约翰·克里斯蒂试图分析众多知识分子受到赫斯古宅吸引的原因：

> 在这里，每个人似乎都很享受……然而，除了交谈，也许还散散步，此外，我们所做的事情很少。我们都不是登山者或滑雪者，不打板球和橄榄球，然而我们似乎年复一年地回到这个地方……现在人们开始回想此事，感觉单凭抬头看

到的风景就能建立起这个集会场所是一件了不起的成就……这里没有歌剧节，没有板球周，也没有英国的娱乐焦点，但它还是有意义的。[19]

当智力对话变得过于耗费精力时，客人们可以转而参加传统的巴伐利亚活动，比如每年在村里举行的伐木工人舞会，尽管这个舞会直到1935年才允许外人参加。据一位美国游客报告，这里的伐木工人头戴绿帽、身穿夹克和长裤，显得光彩照人。他们脸部轮廓鲜明，留着长长的胡须，让她联想到使徒们的形象。周日从教堂回来后便开始的筵席一直持续到第二天早上六点钟，人们吃掉大量肥猪肉，还要豪饮一种啤酒（外国人觉得那种啤酒的气味特别难闻）。人们随着音乐跳舞，每支曲子开始和结束时，都有震耳欲聋的巨响。 214

但是，在1936年冬天，外国人来加米施只为一件事——冬奥会。回想起来，他们中的许多人在政治问题上似乎太天真，也有一些人干脆选择不对事情过度质疑。然而，任何人都不能忽视眼前那么多身穿制服的人。他们到处都是，佩格勒对此评论说，这个村子“就像紧靠西部战线的一个小镇，正经历一次重要的部队调动”。他尤其被军用迷彩车激怒了，那些车辆“在附近街道上飞驰，把泥水溅到狭窄的人行道上”。这里不过是个山区的小度假村，运动员们为友谊而聚集在这。至于为何非要在这里安排如此强大的驻军，就连勇敢的佩格勒也因害怕遭间谍指控而回避提出这个问题。但他不得不承认，反犹太主义的所有痕迹都已消失。禁止犹太人进入这里或那里的标志已经被有计划地取消了。尽管纳粹办事彻底，但佩格勒仍然注意到，有人偶尔会将尤利乌斯·施特赖歇尔的反犹太小报偷偷带到加米施，让心有疑惑的外国人看到。

冬奥会开幕几天后，希特勒再次露面。佩格勒写道："轻风中，一万面'卐'字旗随风翻卷。今天是独裁者的日子。奥运会的重要性退居第二位了。"他评论说，元首光临导致大批军队出动，阻塞了交通，"彻底掩盖了奥运会致力于和平的理想"，但奇怪的是，希特勒坐在冰球场边低矮的包厢里，并未受到保护，而且显然很高兴与川流不息走近他的陌生人打招呼。佩格勒注意到，"他给人们签名，就像棒球运动员贝比·鲁斯（Babe Ruth）一样心甘情愿，跟林白上校和葛丽泰·嘉宝（Greta Garbo）那种恶言拒绝全然不同。"

215

这一届冬奥会于1936年2月16日闭幕。梅丽女士写道："真是大丰收。冰球赛结束，英国获胜。狂欢夜。与很多、很多人跳舞。"[20]佩格勒则如此描述闭幕式：

> 闭幕式演习中，山坡上隐蔽位置一连串三英寸口径的礼炮迸发出美丽的彩色焰火，与人工月光般扫过雪山的军用探照灯交相辉映，提醒大家塔楼上美丽的奥运圣火正在缓缓熄灭，并最终成为一抹毫无意义的亮光。[21]

然而，说出真相的任务再次落在一位记者的肩上，尽管随着柏林奥运会筹备步伐的加快，佩格勒的读者中很少有人愿意接受这一事实。如果伦敦德里侯爵夫妇读了他的专栏，准会认为这是新闻工作者不负责任的又一例证，是对一个伟大国家的又一次无端诽谤，而这个国家在其受到天启的领袖率领下，正在尽最大努力应对不确定的未来。

伦敦德里侯爵夫妇回国后，致函盛赞德国东道主。虽然侯爵在给里宾特洛甫的信中至少还触及了比较尴尬的问题，比如希特勒的欧洲政策和反犹太主义，但他妻子给希特勒的信却全然是钦佩之辞。她写道："说我深感钦佩是不够的，我感到的是叹服。您和德国让我联想到《圣经》中的《创世记》，此外任何描述都不能准确表达我的看法。建筑之美是我不会忘记的。这些建筑的力量与质朴让我感到的正是它们的创造者的象征。"[22]这次旅行显然取得了成功。在接下来的两年中，伦敦德里侯爵夫妇又先后五次前往德国旅行。这引起了广泛的怀疑。冬奥会结束十天后，夏勒在日记中写道："据我所知，伦敦德里侯爵大约在本月第一天就来到这里……他是一个毫无保留的亲纳粹分子。恐怕他没做什么好事。"[23]

216

1936年3月7日，也就是冬奥会闭幕式三周后，德国军队公然违反《凡尔赛条约》，重新占领了自第一次世界大战后一直是非军事区的莱茵兰。在此之前好几天，凯·史密斯觉得即将发生某种变故——“能感觉到这种气氛”。随后，3月6日，在柏林她住的公寓楼里举办的一次招待会上，她无意中听到一段交谈：

> 那是个温暖的日子。通往阳台的门开着，我站在门口附近，看到雷蒙多（Remondeau，法国大使馆武官）抓住冯·帕彭海姆（von Pappenheim，德军总参谋部一名高级军官）的胳膊，把他拉到阳台上。我慢慢凑过去，背对着阳台和他们。我听到雷蒙多问：“你们要重新占领莱茵兰吗?”冯帕彭海姆吃了一惊，涨红了脸，出语结巴……“不，肯定不会。”“你能用你的名誉发誓吗?”“我发誓。”我几乎等不及要告诉杜鲁门，重新占领是确定无疑的![24]

同一天晚上，丹尼斯·德·鲁热蒙在法兰克福穿过歌剧广场时，看到报纸头条宣布，国会大厦第二天将召开特别会议。第二天早上，他从邻居的收音机里听到，元首在大发雷霆，尽管他不清楚说的到底是什么。但他知道一定很重要，因为他的房客同伴们都把门上了双重锁，按门铃没人答应。[25]在柏林东北部，距离市区三百四十英里的地方，凯也在用她的收音机聆听。她回忆，希特勒在如以往一样慷慨激昂的长篇大论后，嗓音降低到正常水平，宣布德国军队就在那一刻已经跨过了莱茵河大桥。“接着，我们听到科隆大教堂敲响了钟声。”[26]

217

希特勒的讲话接近尾声时，德·鲁热蒙听到公寓楼里到处是关闭房门的声音，接着是楼梯上匆匆的脚步声。他在日记中写道："房东的儿子从地窖里走出，手里抓着一瓶酒，挥舞着手臂，一步两级奔上楼梯，口哨哼着《霍斯特·威塞尔之歌》的曲调。邻居在热烈交谈。我听到人们喊出了'法国'这个字眼……阳台上纷纷挂出了国旗。"他出去买了份报纸。"战争打响了吗?"卖报的摊贩问。"战争，天哪!"德·鲁热蒙回答，"你们不过在边境上部署了几个士兵。法国人可没那么疯狂。"[27]

杜鲁门·史密斯的想法并非如此。他一到家，就问妻子需要多久才能把公寓里的东西打包好。她说需要三天。"三天！如果法国人作出应有反应，你只有三十分钟……轰炸机半小时后就到这里。"她收拾了两个行李箱，给汽车加满油，打算一听到微弱的飞机发动机声，就带着小女儿逃走。[28]结果，虽然法国大使馆的窗户里通宵灯火通明，但轰炸机没有出现，第二天也没出现，接下来的几个星期都没出现。希特勒的豪赌赢了。

一个月后，英国切特豪斯公学曲棍球队没有被莱茵兰的戏剧性事件吓倒，队员们在维多利亚站登上列车，出发前往科隆。这是该校首次派球队出国比赛。比赛在一片不平坦的寒酸场地上进行，大批观众观看了他们的首场比赛。不过很快就看得出，观众对球员的兴趣远远超过比分。球队的一名成员在校刊文章中写道："我们后来从一些证据中发现，不论我们走到哪里，'英国男孩'的某些方面都让当地人产生极大的兴趣。"男孩子们的"各种新

218

颖发型”、他们奇怪的服装，特别是古怪的帽子，都迥异于标准的纳粹制服、短发和长筒靴。这次的巡回比赛地包括莱比锡和德累斯顿，这支曲棍球队遇到的每一个人都“友好得不可思议”，给他们留下了美好的回忆。文章作者在结尾总结道：“从德国报纸报道‘英国男孩开始变得不拘束’的那一刻起，我们就觉得自己成了真正的和平与善意的使者。我们感到，如果国际关系取决于切特豪斯公学曲棍球队，战争和有关战争的谣言将永远终止。”[29] 1941年7月8日，曲棍球大使之一查尔斯·佩特利（Charles Petley）驾机轰炸奥斯纳布吕克时被击落殒命，时年二十三岁。

凯也没必要离开柏林，因为在莱茵兰危机发生四个月后，史密斯夫妇在那里接待了查尔斯·林白上校，这位上校可以说是他那个时代最负盛名的大人物。杜鲁门·史密斯作为大使馆武官，在一段时间里一直努力向华盛顿提供德国空中力量的准确评估。还有什么人比世界上最著名的飞行员能向他提供更好的帮助呢？林白和他的家人住在英国，1932年，他们的小儿子遭绑架谋杀，为躲避汹汹舆论，他们逃离了那里。史密斯给他写信，扼要地讲述了自己面临的问题，邀请对方来德国。让史密斯非常高兴的是，林白接受了。

7月22日，林白的妻子安妮（Anne Lindbergh）在日记中写道：

> 动身去德国。一大早起床……开车去彭斯赫斯特机场。太奇怪了，安静得出奇，这还是在英国。大机库里空空荡

荡，只有我们这架灰色下单翼飞机。除了许多鸟儿在屋檐上鸣叫，没有其他任何声音。长长的羽状草上结着浓重的露水……跑道尽头有座烘干室，还有羊儿。

219

他们乘坐的飞机在科隆加过油后，飞越了哈茨山脉，然后看见了“波茨坦和许多湖泊及湖面上的小帆船。越过皇宫后，柏林就在前方，飞机掠过大片绿色的森林和宽阔的水面。机场到了——容克飞机在停机坪上排成长队”[30]。他们的飞机降落在滕珀尔霍夫机场，史密斯夫妇和许多高级纳粹分子正等在那里迎接他们。凯心情激动，不过也有点担心，“因为人们都认为林白‘难以相处’”[31]。其实她多虑了。不久之后，在温暖的夏日暮色中，他们四人坐在公寓阳台上，开始相互认识，从此开始了一段将持续多年的友谊。

林白夫妇的来访等于是送给纳粹的一件礼物——尤其是他们在柏林夏季奥运会开幕前一周到来。在接下来的几天中，他们被安排了参观机场、工厂以及太多的社交活动，这让查尔斯·林白颇感不快。他在柏林航空俱乐部午餐会上发表的重要讲话在国际上获得广泛报道，不过德国报纸都不敢在社论中评介。这并不奇怪，因为林白指出，现代航空使抹杀文明世界最珍视的一切在当下成为可能。“我们有责任，”他最后说，“确保……我们不会破坏我们希望保护的东西。”[32]这种想法不太可能得到元首的青睐。在同一次午餐会上，林白夫人抓住机会与第一次世界大战后纳粹德国空军的首席设计师米奇（Milch）将军交谈，对他说，英国人一直觉得在性格、种族和气质上与德国人非常亲近：

“你这样看吗？”他迅速瞅了我一眼，目光瞬间变得十分敏锐。这匆匆一瞥仿佛裂缝透出的一道光亮，让人瞥见藏在背后的远景。他在那一瞥中表现出快乐、渴望、希望，也透露出脆弱——都掩藏在他出其不意匆匆说出的“你这样看吗”几个字眼中。他不能就此深谈，但这是他们渴望得到的。那是一种脆弱的感觉……[33]

220

林白夫妇在柏林九天社交活动的高潮是与赫尔曼·戈林共进午餐，史密斯夫妇也应邀出席。凯回忆道：“一辆黑色的大型奔驰牌汽车来接我们去这位空军元帅的住所，一路由摩托车夹道护卫，十分气派……步入大厅时，我们见德国所有空军英雄排成一个圆圈，面对入口，戈林身穿白色制服，戈林夫人陪在他身边。”午餐后，宾客们聚集在图书馆：

门豁然打开，一头小狮子蹦蹦跳跳地跑进来……看到这么多人，它受了惊吓，一副畏缩模样。戈林坐进一张大扶手椅。“我让你们看看我的奥吉有多乖。快过来，奥吉。”小狮子蹦跳着跑近，跳到他腿上，爪子搭着戈林肩膀，张开嘴巴舔他的脸。我站在后面，我们之间隔着一张大桌子，有足够的安全距离。突然，一位副官笑了。小狮子吓了一跳，顿时撒了一大泡尿，黄色的尿液撒在戈林雪白的制服上。戈林涨

> 红了脖子，一挥胳膊把狮子从身上赶下去，匆匆站起。小狮子被撞到对面墙上，落了下来。戈林转身面对我们，涨红的面孔满含怒气，蓝眼睛闪闪发亮。“刚才是谁在发笑?”他问道。戈林夫人跑过去，双手抱住小狮子，喊道:“赫尔曼，赫尔曼，它不过是个小婴儿。”这才平息了他的怒气。小狮子被带走了。“没错，就是个小婴儿。”他说。我们都笑了，笑得很开心。[34]

杜鲁门·史密斯有理由对他的倡议深感满意。果然不出他所料，纳粹非常渴望给林白留下深刻的印象，甚至让他接触到飞机和一些永远不会告诉使馆武官的情报。令德国人同样感到高兴的是，他们显然让林白相信了，德国空军力量比实际情况更强大。有一点他们可以肯定，林白上校传送到华盛顿和伦敦的任何情报都会给他们留下深刻的印象。虽然林白夫妇最初坚决表示不会出席奥运会，但到了 8 月 1 日，《纽约时报》记者看到，在身穿纳粹制服的士兵包围下，应邀在希特勒的厢座中观看开幕式的为数不多的外国贵宾中，有这夫妇二人的身影。次日，他们乘坐自己的飞机离开了德国。但他们很快会回来。

221

第十三章

希特勒的奥运会

223 1936 年 8 月 1 日，数十万人聚集在柏林街头，希望在元首乘车前往奥运体育场时一睹他的风采。与玛莎·多德一起出席奥运会的托马斯·沃尔夫写道："他终于来了。仿佛一阵风扫过草场，远处人群的浪潮随着他翻卷，随之而起的是鼎沸的人声，那是希望的声音，是大地的祈祷。"沃尔夫注意到，希特勒挺直身子站在敞篷车上，没有动作，没有笑容，他"一只手举起，手掌向外，不是纳粹那种敬礼，而是手掌垂直，像佛陀或弥赛亚的祝福手势"[1]。《纽约时报》的伯查尔写道，元首在纳粹高层人物和国际奥委会成员的护送下，沿着马拉松入场路线走进体育场时，所有观众同时起立，"他们伸出手臂，狂热地向他致敬"[2]。刹那间，乐团和军乐队齐奏瓦格纳的《致敬进行曲》（*March of Homage*）。随后，希特勒入座时，观众齐唱《德意志高于一切》，接着是不可或缺的《霍斯特·威塞尔之歌》。

据《曼彻斯特卫报》报道，这一场面的壮观程度"因举行活224 动的大型体育场高贵的风格而得到极大的加强"[3]。凯·史密斯对此表示赞同。她和许多其他外国评论者都赞赏这座体育场简约的造型。体育场是用混凝土建造的，可容纳十万多名观众，它有一半低于地平面，观众入场后，会发现自己已经在观众阶梯座位的中间高度，可以俯视到下面的绿色草地和红色跑道。一位记者写道，在马拉松赛道门两侧高耸的塔楼上，可以看到头戴钢盔的军乐队，“在西边天空背景下，乐队指挥虽然看起来很小，但手势清晰可见”[4]。理查德·施特劳斯也在场，指挥着柏林爱乐乐团和身穿白衣的一千人合唱队。

“自古希腊以来，没有一个国家像德国这样真正抓住了奥林匹克精神的真谛。”[5]令人惊讶的是，这话并非出自德国宣传部长约瑟夫·戈培尔之口，而是由美国奥委会主席艾弗里·布伦戴奇(Avery Brundage)所说。在遏制了各种抵制“希特勒的奥运会”的尝试之后，布伦戴奇一定感到极大的欣慰，开幕式终于展现在他面前——莱尼·里芬斯塔尔拍摄的影片精彩再现了当时的场面。这次奥运会的组织无可挑剔，气氛热烈，如同节庆活动，但除此之外，德国人表现出对奥运精神十足的敏感，他们把赢得1896年第一届奥运会马拉松冠军的六十三岁希腊农民请到了柏林。至于反犹太主义，尽管布伦戴奇仔细查看，但在任何地方都未发现其踪迹。

4点15分，奥运钟声响起。那天听到钟声的成千上万人，有多少人心里知道，这口钟上的善意铭文——“我向世界青年发出呼唤”——其实是对战争的召唤？随着钟声响起，按照传统，希腊运动员率先进入体育场。《奥林匹亚报》描述道：

> 斯皮里东·路易斯（Spiridon Louis，身着民族服装）与他的队友们分开一段距离。他手持一枝从奥林匹亚山的树林摘来的小橄榄枝。四十年前，他赢得了第一次马拉松赛，今天，他为第十一届奥运会的运动员带来他祖国的祝福……元首起立致意……希腊马拉松冠军与阿道夫·希特勒站到了一起，双方互致几句问候。这位农民以高贵的姿态鞠躬，阿道夫·希特勒面露骄傲的神色。开幕式中最美丽的时刻结束了。[6]

225

也许算是幸运，斯皮里东没有活着看到希特勒在四年半后入侵他的国家。当每个国家的运动员从元首身边走过时，群众的欢呼声时起时落，取决于这些运动员是否向他致纳粹礼。纳粹礼与奥运礼非常相似，运动员和观众对他们敬的是哪种礼颇感困惑。《纽约时报》报道说，新西兰人把一名德国运动员误当成希特勒，向他脱帽致敬，结果却巧妙地化解了这个难题。[7]他们的领队阿瑟·波里特（Arthur Porritt）爵士（后来被加封为勋爵）是国际奥委会成员。他每天都写日记。相对当天的所有炒作，他8月1日的日记内容简洁得令人耳目一新：

> 在大教堂做正式弥撒，戴高顶帽穿燕尾服。瞻仰无名烈士墓。海陆空三军仪仗队正步通过！在卢斯特加尔滕观看青年表演（四万九千人！）以及奥运火炬的到来。会见戈林夫妇。在希特勒家与他共进午餐。列队到体育场（兴登堡飞艇

在上空飞行）。开幕式。运动员队伍列队走过，点燃火炬，放飞鸽子，等等。[8]

波里特提到从笼子里放飞鸽子。鸽子一出笼立即依鸟类本能做了该做的事。美国田径运动员赞佩里尼（Zamperini）回忆："我们都戴着巴斯特·基顿草帽，看起来很惹眼。放飞鸽子时，我们都在场上。它们在我们头顶上盘旋，朝我们身上排泄，你能听到鸟粪落在草帽上的声音，啪嗒、啪嗒。每个人都想保持立正姿势，可这相当困难。"[9]

226

几十年后，美国运动员接受采访时讲述了一个激动人心的故事。许多人家境贫穷，被选中代表自己的国家远赴柏林之前，从未离开过当地城镇。横渡大西洋本身对他们就是一次极大的奇遇。对于"曼哈顿号"上的生活，他们共同的难忘记忆是"食物，无尽的食物"。[10]对于来自缅因州的马拉松运动员泰山·布朗（Tarzan Brown，纳拉甘西特族印第安人），这种异乎寻常的慷慨是致命的。他在航程中体重增加太多，几个星期后，在参加马拉松比赛那天，仅仅跑了一英里就不得不放弃比赛。

"曼哈顿号"抵达德国时，在沉沉暮色中慢慢沿易北河向汉堡驶去。船驶过无数灯火通明的啤酒花园，岸上成千上万的德国人在唱歌、跳舞、欢呼，挤在岸边望着它经过。对年轻的美国人来说，这是一次让他们开心的经历。水球运动员赫伯特·怀尔德曼

(Herbert Wildman) 回忆："这些人沿这条美妙的河流为全船的人一路唱着小夜曲。这恐怕是我见过的最美的景象。我永远不会忘记。"[11]在柏林，市民对美国人的热情达到了狂热的程度。他们每到一处，都会被数以百计好奇的人包围，这其实让我们想到，德国在纳粹统治下变得多么孤立。怀尔德曼回忆："总有一群人聚集在我们后面，想知道我们在看什么。他们中很少有人会说英语，但我们发笑时，他们也会跟着笑。"[12]

奥运村（距离柏林市中心约十五英里）更让他们感觉兴奋。赞佩里尼是意大利移民的儿子，他父亲是位矿工。他记得，那里有"野生动物"跑来跑去，有一个专门为芬兰人建造的桑拿浴室；他还记得草坪修剪得非常考究，完全符合高尔夫球场的标准。每个国家的运动员都有自己的专属菜单。"你可以得到你想要的任何东西——从罐装牛肉到丁字牛排，再到菲力牛排，样样具备，实在是太美妙了。"[13]如果有人丢下香蕉皮，一个年轻的德国服务员会马上出现，把它捡走。许多外国人评论了柏林在奥运会期间非凡的清洁程度——"任何一块空地上都没有杂草"[14]。但少数冒险走出奥运区域的人却看到了不同的景象。美国水球队前往柏林北郊，参加在普洛琴湖举行的友谊赛——那是臭名昭著的纳粹监狱所在地，大约有三千人在这里遭处决。他们惊讶地发现，"游泳池"只是一条肮脏运河中用绳子隔开的水域。怀尔德曼回忆："如果你不断试图躲过漂浮的污物，练习就变得比较困

227

难。”看到三四岁的孩子在冰冷肮脏的水中戏水，他深感吃惊，德国队的能力也让他惊讶——“我简直不敢相信他们这么优秀”。

还有更多的惊喜在等待着他们。来自布鲁克林的犹太篮球运动员赫尔曼·戈德伯格（Herman Goldberg）想知道他的奥运村宿舍里某一扇门后面有什么。他打开这扇门，看到了另一扇门，这扇门后面有一条铁链。他摘下铁链，沿着台阶走向地下，发现自己来到了一个钢筋混凝土建造的巨大洞穴，洞顶洞壁足有十五英寸厚。“我不知道这是做什么用的，但后来我终于发现了……装甲坦克。”这时，一个守卫出现了，喊道：“出去，出去，出去，离开那里，离开那里。”[15]怀尔德曼有同样的好奇心，他想更多地了解处处能看到的滑翔机。“照我们理解，只要把滑翔机前面的鼻子部分取下，装上引擎，就能变成战斗机。”在奥运村与柏林市中心之间运送运动员的公共汽车也是如此，怀尔德曼注意到，公共汽车的顶部有支架。在不断向公交司机询问后，他最终得到了答案——“这个嘛，这是用来装机枪的。”一辆模样普通的公共汽车可以在几分钟内转变成装甲车，这实在让人震惊。[16]

228 如此险恶的发现，再加上美国人往返柏林时经常看到年轻人带着步枪和鼓鼓囊囊的行包在树林里匍匐训练，这让体操运动员肯尼思·格里芬（Kenneth P. Griffin）产生“一种诡异的感觉：德国真的在为战争作准备”[17]。这完全出乎格里芬的意料，因为他和大多数运动员同伴一样，在抵达德国之前对纳粹几乎一无所知。除了被告知必须守规矩之外，他们没有得到任何正式的通报。[18]非洲裔美国人、男子八百米冠军约翰·伍德拉夫（John Woodruff）证实了这种普遍的无知状态："我们出发参加奥运会时，对政治不感兴趣，只关心去德国参加我们的运动项目，并努力赢得尽可能多的奖牌，然后回家。"[19]相比之下，二十岁的土耳其击剑运动员哈莱特·坎贝尔（Halet Çambel）具有较强的政治意识。作为新成立的土耳其共和国（成立仅十三年）的人民，以及第一位参加奥运会的穆斯林女性，她惊讶于其他运动员对纳粹不以为然的态度。她讨厌纳粹，根本不愿来柏林。当被问及是否愿意与希特勒见面时，她的回答十分干脆："不。"[20]

尽管美国记者尽最大努力发掘美国队黑人和犹太人队员受到歧视的报道，但他们几乎没有得到这两类队员的配合。虽然希特勒拒绝与四枚金牌得主杰西·欧文斯（Jesse Owens）握手，但德国人民却真心喜爱这位伟大的黑人运动员，每当他出现时，便高呼"欧文—斯！欧文—斯！"有些人则表现得不那么好。在欧文斯的一次胜利之后，一位意大利外交官用讽刺口吻对杜鲁门·史密斯说："请允许我为美国这场辉煌的胜利向你道贺。"史密斯反唇相讥："多谢，曼奇内利（Mancinelli）。明年你们的埃塞俄比亚人也可能为你们打一场精彩的胜仗。"[21]

为《纽约时报》报道奥运会的弗雷德里克·伯查尔认为，纳粹对非洲裔美国运动员的态度很奇怪，因为像伍德拉夫这样的田

229

径运动员不仅以最快速度实现了一个符合雅利安人理想的目标，而且其个人资料也“是对纳粹神圣‘卐’字理念的完美体现”[22]。伍德拉夫本人对德国人只有美好的回忆，在柏林观光时并未受到种族偏见的影响。相反，人们围过来要他签名。多年后，他说：“在我参加1936年奥运会过程中，没有注意到任何负面的事情。”[23]非洲裔美国人、男子四百米金牌得主阿奇·威廉姆斯（Archie Williams）在接受《旧金山纪事报》（*San Francisco Chronicle*）采访时强调了这一观点：“我回国后有人问我：‘那些卑鄙的纳粹分子是怎么对待你的?’我回答，我没见到什么卑鄙的纳粹分子，只有很多善良的德国人。而且我乘公交车也不必坐后排座位。”[24]

他的犹太队友马蒂·格利克曼（Marty Glickman）和萨姆·斯托勒（Sam Stoller）在没有明显理由的情况下突然被取消接力赛资格。即便如此，马蒂也发表了类似的评论。当被问及在柏林期间是否意识到任何反犹主义时，他回答：“我没听到，也没看到反犹主义的任何情况。只有轮到我进行四百米接力预赛那一天是个例外，那是我经历的第一次也是唯一一次反犹行动。不过，让我不快的不是德国人，而是我的美国教练。”[25]

这些运动员在奥运会期间可能没有看到对犹太人和黑人选手的明显歧视，但他们的女队友无疑被当成下等人对待——至少在生活水平方面是如此。没有奢华的宿舍和菲力牛排，她们只被提供了硬邦邦的床铺和煮熟的牛肉和卷心菜。约翰娜·冯万根海姆

(Johanna von Wangenheim)负责女子宿舍，那是一片靠近体育场的砖房。在接受《悉尼先驱晨报》(*Sydney Morning Herald*)采访时，冯万根海姆女士渴望表现出自己的现代意识，她说，完全赞成年轻女子在宿舍接待男性朋友。“我无法想象，在体育运动中与一位男性的真诚握手会被认为比女性运动员之间的问候更不恰当。”此外，为了使她负责的年轻女性有宾至如归的感觉，总有一位“监督小姐”在场，可以用三种语言提供建议，比如，“一位姑娘若是短发凌乱，在褐宫里应脸朝哪边；一只丝袜需要注意整理；或者让雨淋湿的裙子需要熨烫。”[26]游泳选手伊利斯·卡明斯(Iris Cummings)心存疑虑，形容那位女士是个“专横暴躁的老处女”[27]。

230

希特勒政权特别渴望讨好的一位外国访问者是英国外交大臣罗伯特·范西塔特(Robert Vansittart)爵士(后被加封为勋爵)。他以强烈的反纳粹观点闻名。他原打算拒绝接受出席奥运会的邀请，但由于英国极端亲德团体的游说，才改变初衷；该团体为劝说他改变主意，对他的连襟埃里克·菲普斯(次年将离开柏林去巴黎出任大使)展开了名为“无形的低语”的游说。范西塔特完全意识到了自己在德国的不利处境，但他感到欣慰的是，“这种尴尬”很快便冰释了，随后变成了“一种强烈的兴趣，最终变成了亲切感”。[28]正如他所说，随着奥运期间浓浓的休战气氛“笼罩着这座城市”，纳粹急于避开“汹涌的波涛和争议的角落”，以至于范西塔特的正式出席变得相对次要了。

回到伦敦后不久，范西塔特在《公交司机的假期》（*A Busman's Holiday*）一文中刻画了关键人物们的形象。他正式会见了元首，并在帝国总理府与他共进一餐。他形容希特勒“和蔼可亲、相当腼腆、颇为羞涩，一副清心寡欲的中产阶级形象，有着细发和薄肤，同时极度敏感……不会令人害怕，但缺乏幽默感和吸引力”，不过，“有着与生俱来的高贵感，无论如何，他的高贵仪态感显得非常自然”[29]。然而，这种良性解读并不意味着范西塔特对希特勒强烈的暴力和仇恨倾向视而不见，他也没有忽视希特勒让德国国内外的普遍人感到的极度紧张状态。事实上，自从到达柏林后，这位外交官多次听到人们把奥林匹克体育场比成火山口。[30]对于里宾特洛甫，范西塔特没说什么赞誉之辞。持这种立场的并非外交大臣一人。人人都鄙视里宾特洛甫，就连他自己的同事也是一样，甚至尤妮蒂·米特福德都鄙视他。范西塔特把他描述为肤浅且自私自利之徒，还补充说，“凡是研究过他那些话语的人，都不会感到放心”[31]。里宾特罗甫对这位英国最高外交官的印象同样是负面的：“从没听过那么枯燥乏味的谈话。”[32]关于戈林，范西塔特评论，他“享受一切，特别享受他自己的聚会，那副热情活像个未成年人突然拥有了学校商店里的大量食物”。虽然他不完全把戈林当回事，但戈林夫人让他着迷，她确实让很多外

231

国人着迷。他写道：“他有个真正的好妻子，这是来自拉脱维亚首都里加的一位年轻女士，不仅能保住自己的地位，也能保住老虎脸上的笑容。”[33]范西塔特感到，在纳粹的主要头目中，能真正与之融洽交往的是戈培尔。“我发现他很有魅力，他就像个瘸腿的雅各宾党人，反应速度像鞭子一样快，有时还无疑快得如刀锋一般……他精于计算，因此是个可以与之做生意的人。”[34]这种感觉是双向的，戈培尔在日记中也写道：“我们无疑可以把他争取过来。我对他做了一个小时工作，阐述了布尔什维克问题，并解释了我们国内的政治运动。他对此有了新的理解……他离开时对此印象深刻。我为他点亮了一盏明灯。”[35]

范西塔特十分忙碌。他除了出席观看奥运会项目，会见纳粹高层，还观看了一出希腊悲剧（“舞台完美，但演出糟糕”[36]），并与保加利亚国王鲍里斯（King Boris of Bulgaria）进行了两次长时间会谈。国王“抵达柏林是为了通过针对王后的一项行动，提升继承人继任的可能性”。国王起初提议他们在树林里会面。最终他们是在他下榻的宾馆见面，但由于国王确信他的房间受到窃听，因此他们的讨论“有些拘谨”。[37]

鲍里斯国王（据戈培尔说，他在柏林时做成了一笔武器交易[38]）绝不是镇上唯一的王室成员。奥运会开幕当天，在希特勒主办的午餐会上，他的同席嘉宾包括意大利王储翁贝托和他妹妹萨沃伊的玛丽亚公主、希腊王储、黑森州的菲利普王子和王妃、

232

黑森州的克里斯托弗王子和王妃、瑞典王子古斯塔夫·阿道夫。就在这一天，丹麦国王的侄女亚历山德丽娜-路易丝公主（Princess Alexandrine-Louise）第一次见到了一位英俊的德国伯爵，几周后便与他订婚。* 但是，尽管《纽约时报》说，“柏林在其历史上从未有过如此众多的多国宾客”[39]，但外国游客的总人数比原来期望的少了一万人。英美客人不足让德国方面感到失望，但这在一定程度上让大批涌来的斯堪的纳维亚游客弥补了，其中包括著名的亲纳粹探险家斯文·赫定。他在接受报纸采访时说：“我深信，奥运会对未来的意义远远超过国际联盟。”[40]

男子一千五百米自由泳项目结束前，“一位头戴红帽的胖女人……冲过警戒线……亲吻了希特勒，让三万观众笑得前仰后合”[41]。报道奥运会的数百名记者一定很高兴，因为他们总是在寻找有争议的评论或趣闻轶事。后来，有人问她，是什么促使她这样做，这位来自加州诺沃克的卡拉·乔治·德·弗里斯（Carla George de Vries）夫人说：“我只是想拥抱他，他显得那么亲切友好……我是个爱冲动的人。”[42]

奥运会进入第二周时，范西塔特夫妇和来自欧美各地的富人名媛一起参加了一场又一场的奢侈娱乐活动。《芝加哥论坛报》（*Chicago Tribune*）称，“在柏林，兰花已经在两天之内售罄。由于

---

* 卢伊特波德·祖·卡斯特尔-卡斯特尔（Luitpold zu Castell-Castell），后于1941年在保加利亚遭杀害。

参加德国政府为庆祝奥运会举行的官方聚会，女性宾客已经将所有鲜花购买一空，新的鲜花正从周边城市紧急运往首都”[43]。法国大使指出，希特勒一直渴望有地位高的外国人参加这种活动，当然希望他们被纳粹的风格和派头迷住。希特勒也希望德国人民知道这些外国人被迷住了。弗朗索瓦-庞塞写道：“德国人民和他们的主人一样，将自卑情结与自豪感结合了起来。”[44]

233

1936年8月6日，戈林启动了一项活动——在歌剧院举办了一场国宴。数十名身穿粉红色十八世纪制服的仆人在楼梯上排起长队，手持装在玻璃容器中的小火炬，喜悦的芭蕾舞演员们在桌子之间轻快地掠过。英国大使馆则为一千名宾客举行了一场不太“耀眼”的招待会，在美国出生的绰号“土豆片”的议员亨利·钱农（Henry‘Chips’Channon）爵士斥之为“无聊、拥挤、不雅”[45]。

8月11日上午，里宾特罗甫被宣布任命为驻伦敦大使。那天晚上，他和妻子在达勒姆自家花园里举行聚会。在场的许多英国同行中最突出的是报业大亨罗瑟米尔、比弗布鲁克和卡姆罗斯。因为范西塔特夫妇跳舞跳得很投入，待到很晚，里宾特罗甫便希望，罗伯特·范西塔特爵士最终不会觉得柏林令人厌恶。[46]钱农写道：“我玩得极为开心。可爱的夜晚，极为出色的知名人士大荟萃，陌生的环境，大使的（准确地说应该是里宾特罗甫夫人的）香槟好极了，这一切都让我头晕目眩了。”

里宾特罗甫举办的聚会虽然还算精彩，但仅仅两天后就被掩盖得黯然失色了。戈林不满足于已经举办的一场盛会，他在崭新的空军部大楼外的草坪上举办了另一场活动，空军部大楼是当时欧洲最大的办公楼。远处笼罩在黑暗中的花园突然被照亮，显现出一个十八世纪的村庄布景，其中有跳着德国传统舞蹈的农夫、客栈、邮局、面包店、驴子和旋转木马。法国大使报告称，戈林自己骑旋转木马一直骑到气喘吁吁。[47]众多女侍者向狂欢的人们送来椒盐卷饼和啤酒。一位宾客同伴对钱农评论："自从路易十四以来，还从未见过这样的景象。"钱农反驳："自从尼禄以来都没有过。"他补充说，戈培尔和里宾特罗甫都"嫉妒得发疯"[48]。戈培尔也举办了一次聚会，时间在奥运会闭幕前一天的晚上，地点在哈弗尔河的一座河心洲上。所有奥运代表队都受到了邀请。伊利斯·卡明斯回忆起令人愉快的绿色草坪、巨大的白色台布和美味佳肴，他说，许多运动员豪饮了晚会提供的大量"莱茵河香槟"，都醉倒了。晚会在接二连三的焰火中结束了。钱农写道，晚会结束时，"天色尚有微明，黑暗不敢挑战戈培尔，不敢盗走他的一线光亮"[49]。纳粹的奢侈甚至给世故的范西塔特也留下了深刻的印象，他评论："他们娱乐的品位超凡脱俗。"但这一切耗费的成本相当惊人，使他庆幸英国放弃了主办下届奥运会的申请。"让给日本人吧，欢迎他们主办。"[50]

234

1936 年 8 月 16 日，奥运闭幕式后大多数运动员收拾行李回家。奥运会期间，无处不在的牛津团契头领弗兰克·布克曼也启程回国。回到美国十天后，布克曼接受了《纽约世界电讯报》（*New York World Telegrph*）的采访，这引起了一场轰动。他说："我感谢上天降下阿道夫·希特勒这样的人，他建起了前沿防线，抵御反基督的共产主义。"当然，他并没有宽恕纳粹所做的一切。"反犹太主义？自然是糟糕的。"但是，他接着说，"想想如果希特勒屈服于上帝的控制，或者屈服于墨索里尼或任何独裁者，对世界分别意味着什么？通过这样一个人，上帝可以一夜之间控制一个国家，解决每一个令人困惑的问题。"[51]

范西塔特回国后作出了相当不同的结论。他自己无疑感到很 235 享受，"离开柏林时，我心里充满了对柏林的炽热感情，以及对在那里得到的慷慨款待的感激之情"。然而，"勋章还有另外一面，那是一个瘦弱的、几乎透明的轮廓，有着高高的额头和一双惊恐的双眼"，他的名字叫"犹太人"。一天晚上，一名犹太人曾从后门秘密进入英国大使馆拜访过范西塔特。"他一直压低声音"，喃喃低语道，如果有人知道那次拜访，他就完了。根据范西塔特的记述，他经常试图与纳粹分子讨论犹太人的困境，但菲普斯告诫他，干预对受害者造成的伤害远大于益处。三周后，范西塔特总结对德国人的印象时写道："这些人是有史以来最可怕的命题；他们现在正在进行严格的训练，不是为奥运会作准备，而是为了打破其他一些绝非运动项目的世界纪录，也许赢得整个世界是他们的目标。”然而他补充说，“他们可能会成就某种东西”[52]。

有些人基于奥运精神，继续抱有美好的愿望——伦敦《晚邮报》（*Evening Post*）就此写道：

> 德国无疑已经实现了给游客留下深刻印象的目标，但人人都为游客对东道主留下的好印象感到惊讶，因为三年来德国人一直受到的教诲是要怀疑外国人。起初，德国人礼貌而冷酷地迎接他们。如今，柏林人却以惊人的热情衷心欢迎游客。[53]

这篇文章接着描述了年轻人们手挽手愉快地走进体育场的情景，这些人主要是法国人、美国人和德国人。

并不是所有人在奥运会结束后都立即离开了柏林。篮球运动员弗兰克·J. 卢宾（Frank J. Lubin）在这座城市又盘桓了一个星期，然后才返回他的祖国立陶宛。在那一个星期中，他对这座城市有了截然不同的看法。尽管提供给他的运动项目的设施十分恶劣（希特勒对篮球不感兴趣，德国没有篮球队），但用他的话说，奥运会中经历的“一切看来都那么美好”。如今，他心中的天平彻底倾斜了。当他和妻子选择了一家特定的餐馆时，同伴指了指橱窗上的犹太人标记“大卫之星”，便迅速带他们走开。后来，他们去游泳，游泳场入口上方有一块大牌子，上面写着“犹太人禁止入内”。卢宾深感困惑，谈论说，这些标志几天前根本没有看到。对方回应：“对。可是现在奥运会已经结束了。”三个月

236

前，《晚邮报》曾登载过在柏林口口相传的一个韵律简单的顺口溜：

奥运会帷幕一落

就找犹太人取乐[54]

最终，奥运会吸引的海外游客并没有像纳粹希望的那么多。然而，涌入柏林的外国人的人数却是前所未有的。他们是一群迥然不同的人，其中许多人是首次访问德国。他们自然带走了各种各样的记忆，而大多数人离开时，得到了德国是个繁荣、高效和友好的国家的印象，但也感到这个国家的人痴迷于制服。然而，奥运会期间在德国的非洲裔美国学者 W. E. B. 杜波依斯（William Edward Berghardt Du Bois）曾努力厘清自己的想法，他在文章中的表达是正确的："观看奥运会的非德语游客随意作出的证词从任何方面看都毫无价值，甚至更糟。"[55]这一断言得到了特拉华州新教圣公会的菲利普·库克（Philip Cook）主教等人的证实。这位主教在奥运会结束后回国，对报界说："对于美国游客而言，德国是出国旅行目的地中最令人愉快的国家。只要你遵守他们的习俗，按照他们告诉你的去做，他们便会给你最好的照顾。"他妻子和七个孩子对此表示赞同。[56]

第十四章

学术荒地

奥运会后留在柏林的所有外国人中，很少有人比威廉·爱德华·伯加特·杜波依斯教授的好奇心更重。杜波依斯在亚特兰大大学任教，讲授历史、社会学和经济学。最后一批奥运游客离开时，杜波依斯的六个月假期已经过去了几个星期。他和许多其他美国学者［其中包括威廉·多德（William Dodd）大使］一样，最初读研究生时曾为德国着迷。他于十九世纪九十年代在柏林大学就读。然而，这位六十八岁的教授与他的亲德派同胞明显不同，原因很简单，他是一位黑人。他在哈佛获得了博士学位，这是首位获颁博士学位的非洲裔美国人。随后，他成为著名的学者、民权活动家和作家。四十多年后的现在，他返回柏林调查教育和工业，希望美国南方的黑人工业学校能够通过模仿德国模式获益。 237

一位年长的黑人学者居然选择在第三帝国的巅峰时期，赴德国花费时间研究如何改善“黑人”的教育，这似乎令人难以置信。纽约的维克托·林德曼（Victor Lindeman）先生肯定这样觉得。在媒体上看到这个项目后，他给杜波依斯写信说，他感到 238

"非常滑稽"。随后，林德曼列举了纳粹对非雅利安人的罪行，并质问："从教育的角度看，那里的什么东西可以用于促进美国任何地区的黑人教育？"[1]这是一个合理的问题。杜波依斯回答道："我不明白任何人在任何情况下寻求真相为什么会让你觉得滑稽。我在德国的调查并没有任何预设的结论或态度。六千七百万人民总有值得学习之处。"[2]

杜波依斯的德国之行很好地说明了许多外国人在第三帝国旅行时模棱两可的态度。在杜波依斯年轻时的一个关键时刻，他在德国发现了一个知识宝藏，当时大多数非洲裔美国人不论有多出色，都远远无法触及这样的宝藏。如今，他已到垂垂暮年，而欧洲的未来看似日趋惨淡，尽管有希特勒的统治，他仍渴望回到这个为他提供过丰富文化馈赠的国家。除了这一强烈的个人动机，他还深信，"德国是决定现代文化命运的枢纽"[3]，对他来说，能够亲眼目睹这部正在上演的戏剧是十分重要的。奥伯拉恩德信托基金"致力于通过在美国和德国之间相互派遣知识分子，来促进跨大西洋的深入谅解"，该基金会向他拨款一千六百美元，用于研究工业教育。这个信托基金的创始人古斯塔夫·奥伯拉恩德（Gustav Oberlaender）是来自莱茵兰的移民，在宾夕法尼亚州通过制造长袜大赚了一笔，后来转向慈善事业。不可避免的是，随着纳粹的崛起，该信托基金的崇高意图变得扑朔迷离，特别是奥伯拉恩德每次访问德国时，都受到元首和纳粹政权其他领导人的热情接待。尽管奥伯拉恩德亲自向希特勒表明，他不喜欢反犹太主义，但第三帝国仍有许多方面让他钦佩，尤其是纳粹处理劳资纠纷的方式。

奥伯拉恩德信托基金与纳粹的联系显然让杜波依斯觉得尴尬。 239 他在一封谢绝加入美国反纳粹文学委员会的信中写道：

> 奥伯拉恩德信托基金交给我一个任务，在德国进行为期六个月的调查。原先，我计划直接研究种族偏见或殖民地问题，但这不符合他们的目标，他们允许我研究教育和工业。当然，我回来后可以无话不谈。但在我走之前公开加入任何一个委员会都是不明智的，否则他们可能不会允许我做研究。[4]

到德国后，杜波依斯便在非洲裔美国人周刊《匹兹堡信使》(*Pittsburgh Courier*) 的一个专栏中发表自己的研究进展。他在发自柏林的第一篇文章中写道，截至1936年9月1日，街头的奥运装饰均已消失，菩提树下大街上的咖啡馆客人稀少。在评论令公众记忆犹新的黑人运动员取得的胜利时，他口吻乐观地写道："他们代表了美国黑人给欧洲留下的一种新观念，也代表了美国种族关系的一种新观念。"[5]几周后，他向读者介绍，在一个秋日的上午九点，他去参观西门子城，那地方在奥林匹克体育场以北四英里处，是个有着三万六千员工的大型工业园区。他受到极其礼貌的接待，并全面参观了西门子学校。参观过程中的一切都给他留下了深刻的印象——学生选拔过程、教室、设备、为最大限度发挥每个学生潜力所采取的谨慎措施，以及四年课程的远见。他写道："学生们都有非凡的学习精神，这也难怪，他们无需缴纳学费，学习还能使他们获得收入……他们在各方面都受到鼓励，充满热情。他们有俱乐部、运动场，午饭免费供应，晚上会组织他们家人和朋友参加娱乐活动。"[6]

240　然而，尽管杜波依斯热衷于进步教育，但就随处可见的精美住房、丰富的便宜食品（"虽然我自己觉得缺乏脂肪"）、完美的公共秩序和普遍的繁荣气氛，他对德国的评价十分中肯。他回到美国后，一位记者问他是否认为德国人很幸福，他回答："幸福？不。但充满希望。"[7]他不厌其烦地告诉读者，他如何周游德国、阅读报纸、听讲座、看戏剧、去电影院、与各种不同的人交谈。他观察了"一个国家人民的工作和娱乐"。即使如此，他仍难以得出确切的结论。他表示，"一个人不可能真正了解六千七百万人，更不用说指责他们了。我只是旁观而已"。

然而，对于反犹太主义的罪恶，他的态度毫不含糊。他对读者说："反犹太运动超越了我所见过的任何报复性虐待和公开侮辱行为；我见过大量的反犹太行为。"[8]没有任何现代悲剧能与对犹太人的欺侮相提并论。他写道："这是对文明的攻击，唯一类似的恐怖事情就是西班牙宗教裁判所和非洲奴隶贸易。"[9]当然，这也是许多游历德国后回国的旅客的共同看法，但杜波依斯进行过额外的观察。他坚持认为，不能将德国犹太人与美国黑人的情况作比较，因为“德国正在发生的事情尽管既残忍又不公正，但它们是以合法和公开的方式进行的。在美国，对黑人进行私下迫害和秘密压迫则属于对法律的公然违反”[10]。人们不禁要问，杜波依斯为什么不更有力地指出美国人的虚伪：他们对德国犹太人的待遇表示义愤，同时却不理睬非洲裔美国人遭受的私刑和折磨？

尽管杜波依斯痛恨对犹太人的迫害、令人震惊的宣传、审查制度，以及纳粹德国其他许多令人不快的方面，但他向读者解释：“这并不意味着我不享受我在德国度过的五个多月时光。我感到很享受。我始终受到礼貌的对待和体贴的照顾。”随后，他附和黑人奥运选手的评论，写道：“如果我在美国任何地方度过同样长的时间，是不可能不受到人身侮辱或歧视的，尽管可能并非频繁受辱。但在这里，我一次这样的经历也没有。”[11]尽管杜波依斯公开表达了这一强有力的观点，但他私下里并不抱幻想。他在写给美国犹太裔委员会秘书的信中说：“德国人对待我的态度，以及对待访问过德国的极少数黑人的态度，丝毫也不能蒙蔽我。从理论上讲，德国人对黑人的态度与对犹太人的态度一样糟糕，如果德国有一些黑人人口，他们也会用同样的方式对待他们。”然而，他的旅行经历让他确信，与对待犹太人的态度不同，普通德国人并非本能地对肤色带有歧视态度。[12]

在杜波依斯热衷于回到德国的所有原因中，最重要的是他对歌剧的热爱，尤其是对瓦格纳歌剧的热爱。在 1936 年拜罗伊特音

241

乐节期间，他从当地发回文章。在一篇名为《歌剧与黑人问题》（Opera and the Negro Problem）的文章中，他向《匹兹堡信使》的读者透漏了自己对歌剧的瘾头。他意识到，钦佩一位以种族主义观点而闻名的作曲家，会让人大跌眼镜，他便在文章开头写道："我明白，某些轻率的美国黑人会自言自语，'拜罗伊特和歌剧跟阿肯色州饥饿的黑人农场工人，或者跟黑人大学毕业生在纽约找工作有什么关系？'"他认为，答案在于瓦格纳自己的斗争与黑人的斗争非常相似。瓦格纳曾饱受失业和负债之苦，还不得不为获得教育而战。他也体验过在自己的国家离乡背井遭唾弃的滋味。杜波依斯评论："瓦格纳的音乐剧讲述了他体验过的人类生活，不论是白人还是黑人，只要想了解生活，就不能没有这样的知识。"[13]这是一个过于大胆的断言，也是一个发自肺腑的断言。然而，很难相信他的读者能从中获得多少信念。

242

杜波依斯抵达德国时，恰逢海德堡大学建校五百五十周年庆祝活动。尽管这所德国历史最悠久的大学实际上是在 1386 年 10 月 1 日确立其章程的，但纳粹选择在 6 月的最后四天举行庆祝活动，与希特勒的"长刀之夜"两周年纪念日吻合。当时在剑桥大学攻读博士学位的西比尔·克罗（Sybil Crowe）* 在事先一无所知

---

* 西比尔·克罗是艾尔·克罗（Eyre Crowe）爵士的女儿。在第一次世界大战前，克罗爵士是英国外交部著名的德国问题专家（其母亲是德国人）。

的情况下，于6月27日清晨抵达海德堡，暂时与朋友们住在一起。她乘火车从英国出发时，一群前往摩泽尔一个小镇的同车乘客让她大受触动。西比尔写道："这个团队有三十人，来自曼彻斯特，他们大多是店主、店员、打字员和工厂工人，相当质朴而贫穷。有些人看上去面色惨白，一副痛苦模样，但他们都兴高采烈地期待着自己的假期。"令她惊讶的是，她得知他们中的大多数已经去过德国多次。"一位棉布商对我说，他已经一连七年去德国度假了，他喋喋不休地称赞德国人，不停地说他们有多好。"曼彻斯特一家百货公司的年轻店员曾在巴伐利亚阿尔卑斯山区各地徒步旅行，住青年旅舍。"这时，其他一些人也加入了我们的谈话，"西比尔写道，"这个包厢很快变成对德国国家、德国人民和德国特色之美热烈的歌颂会。"[14]

在愉快的一天观光后，当晚八点之前，西比尔和她的朋友在大学广场找到一个观看庆祝活动开幕式的好位置。大学漂亮的新礼堂前，飘扬着五十多个派代表参加此次活动的国家的国旗，足有好几排。礼堂由一位校友、美国前驻德国大使雅各布·古尔德·舒尔曼（Jacob Gould Schurman）筹资建造。插英国和法国国旗属于一厢情愿，因为所有英国和法国的大学都拒绝派出代表。他们抵制此次庆祝活动是为了抗议校方以种族、宗教或政治为由解雇四十四名海德堡大学教授，抗议纳粹摧毁大学的学术自由，辱没了学校的信誉。这种对启蒙运动的公然否认并没有阻止

243

所有人参加这次活动。不少于二十所的美国大学和学院派出了代表，其中包括哈佛大学和哥伦比亚大学。尽管公众对哈佛大学的出席决定感到愤怒，但该校校长詹姆斯·科南特（James Conant）仍固执己见。他的一份声明让人联想到艾弗里·布伦戴奇对纳粹举办奥运会的支持，他在声明中坚持说："世界大学团结的古老纽带……独立于政治形势之外。"[15]

如果科南特接触到瑞士作家丹尼斯·德·鲁热蒙（当时还在法兰克福大学任教）正在阅读的那些学生作品，他可能会改变主意。德·鲁热蒙写道："在法国，根本看不到这类煽动暴力的文章……其攻击性，追捕反对派将其彻底打败甚至深挖到其内心最深处的决心，简直闻所未闻。哪怕是堪称典范的服从也不再能让他们满足。只要在为纳粹党效劳中没有表现出快乐和热情，都会受到谴责。"为了阐明自己的观点，他引用了法兰克福大学党报上发表的纳粹的陈词滥调：

> 我满怀豪情跟党走，
>
> 我在党的报告会上兴高采烈，
>
> 我向绝望的穷人捐赠了五分钱，我没有错过今晚冲锋队的活动，
>
> 我让人感觉到了我的存在，我满怀激情地阅读了《人民观察员报》（*Völkische Beobachter*）*，

244

---

* 纳粹官方周报，创刊于 1923 年。

我今天已经向冲锋队支付了我的订阅费，因为我是守秩序的人。[16]

海德堡大学的出版物里同样充满了令人沮丧的信息。当然，回来参加周年纪念日的美国校友几乎没有认出这个地方。击剑团体的旧制服和五颜六色的腰带已经消失，塞皮尔等啤酒园的欢乐气氛也没了，在那里，体态丰满的女服务员曾为贵族青年们奉上泡沫丰富的石罐装啤酒和“祝你快乐”的祝词。现在，学生们穿着单调的冲锋队制服，晚上一直在讨论“德意志种族的命运”“北欧科学”或“纳粹主义国家中妇女的地位”[17]。这些学生于1936年6月27日晚在街上排起长队，把通常挂在肩上作为制服一部分的皮带衔接起来，做成一道屏障。西比尔注意到他们全都非常年轻，她和朋友想过马路，都得“以极强的幽默感”冲破他们的封锁线。

这两名年轻女子挤在人群中等候政要出现时，一群消防队员点燃了安置在广场巨大柱子上四只锃亮的火盆。西比尔望着巨大的烟柱螺旋升腾，冲上傍晚晴朗的天空，这个能让她联想起古老祭祀仪式的场景“辉煌得怪诞而原始”，让她看得如痴如醉。她写道：“这里有一种近乎宗教的宁静，人群屏住呼吸，沉默中弥漫着崇敬。”这是纳粹舞台上的一个典型置景，不过这一次，在这个特殊的场合，事情并没有按计划进行。由于用错了燃料，烟雾很快变黑、变浓，几秒钟内，金色的晚霞便被完全遮盖住了。“不祥 245

的黑暗，”西比尔写道，“如同日食前的阴影，填满了空气。滚滚烟尘携带着黑灰落在每个人的头上、脸上、衣服上。”她可能会补充说，这是对第三帝国的完美隐喻。但在她们的烦恼变成愤怒之前，观众的注意力转向了四百多名聚集在舒尔曼礼堂台阶上的外国代表。不久前，一座帕拉斯·雅典娜雕像还为其正门增色，上面镌刻着“敬永恒的精神”。现在，一只翅膀伸展的青铜老鹰取代了智慧女神，“永恒”二字换成了“德国”。难怪校方邀请的荣誉贵宾雅各布·舒尔曼选择远远避开。西比尔和她的朋友离开广场时，隔着栏杆窥视到一个院子，朦胧到看到遭遗弃的雅典娜雕像“沮丧地坐着，她的手紧紧抓住虚弱下垂的膝盖”[18]。

接下来三天是壮观的盛典、游行、宴会和不可或缺的焰火表演。西比尔和她的朋友们应邀从河对岸的一栋房子里观看表演，还能看到河对岸海德堡别致的城堡。这里是一位遭解雇的犹太教授的家。大学提供的养老金数额太少，无法维持生活，而他的家人至今无法获得出国许可，幸运的是，他有一些私产。但是，除了他被禁止雇用四十五岁以下的雅利安女仆外，西比尔并未发现教授的家庭在社会上受到任何羞辱。她写道，这儿的主人显然认为与他们的犹太朋友交往是完全自然的，“一点儿也不害怕会导致什么后果”[19]。至于焰火表演的规模，西比尔从来没见过可与之媲美的情景。但焰火表演结束后，在一片漆黑中，突然传来持续的“轰炸”般震耳欲聋的可怕鸣响，以防有人忘记第三帝国

的真正本质。朋友告诉西比尔，这是“为了让人们习惯将来可能不得不真正承受的现实”。 246

尽管哥伦比亚大学的代表、维拉德学院德国语言学教授阿瑟·里米（Arthur Remy）厌恶这番激越气氛，但他仍旧在海德堡的庆祝活动中度过了一段精彩时光。他和其他外宾一起被邀请参加由戈培尔在城堡举办的盛大的“十六世纪风格招待会”，就连服务员也穿着具有年代感的服装。柏林芭蕾舞团在晚宴上的表演特别令人难忘。“这是一件非常愉快的事情，”他报告说，“无法以任何可想象的方式被定义为任何种类的宣传活动。”[20]但是到了第二天，即使是天真的里米也让教育部长的演讲吓了一跳，按照策划，那个演讲显然是整个周年庆典的核心内容。特鲁斯特先生称，德国各地的每一所高等教育机构，必须与帝国的社会、政治和种族理想相协调。里米写道：“我们被坦率地告知，凡是不符合这一要求的人，就不能在德国的大学中任职，因此解雇某些教授是必要的，也是合理的。”[21]按照他的记载，这位部长的演讲（持续了一个多小时）在海外代表中引发了大量批评，“我承认，我认为这是有道理的”。里米暗示演讲让外国人感到意外。然而，他们怎么可能不知道德国的大学正在进行清洗行动呢？他们怎么可能不知道许多德国著名学者是纳粹的自愿支持者呢？其中最突出的是马丁·海德格尔［（Martin Heidegger），许多人认为他是二十世纪最优秀的哲学家］。海德格尔喜欢身穿纳粹制服在弗赖堡大学授课（1933 年至 1934 年，他在该校担任校长)，他曾亲自参与过将犹太人驱逐出大学的工作。尽管如此，里米仍写道："哥伦比亚大学和任何一所接受邀请派出代表的美国大学都无需为此道歉。"[22]

247 有幸听到部长演讲的不仅仅是代表们。在六月份那个迷人的早晨，他的讲话通过高音喇叭在方圆好几英里的范围内传播，粉碎了西比尔在宁静和美丽的海德堡的愉悦感受。她说："走在大街上，我们看到，花园里和广场上到处可见高音喇叭，几乎没有人聚集在喇叭周围聆听。"后来，她在报纸上看当天的报道时，失望地发现这些报道都没有提起外国人的任何言论。她很快就找到了原因：海外代表每人只被分配了五分钟发言时间。正如《纽约时报》所报道的，很明显，庆祝活动自始至终完全受到纳粹的控制。事实上，该镇已经设立了一个宣传部特别办事处，负责管理每一项活动中的每一个细节。[23]

在西比尔看来，这次周年纪念日证实了她所有最担心的事情。纳粹令人讨厌的程度比英国媒体描述的更甚。她认定，德国没有希望，只能被彻底摧毁。然而，里米在总结自己的经历时写道："我相信，总体来说，庆祝活动是庄严的，给人留下了深刻的印象——而且主要是学术性质的……庆祝活动中出现的黑色或棕色制服肯定不该被解释为具有险恶意义。"他离开海德堡时确信自己参加了一次"著名的学术活动"[24]。

周年庆祝活动结束几天后，爱丁堡乔治·沃森女子学院的一群女生一起合影，然后开始了她们学校组织的德国之旅。“我还记得当时我们有多兴奋。”七十多岁的艾达·安德森（Ida Anderson）多年后回忆，“我们身穿栗色运动装，头戴巴拿马帽，聚集在韦弗利车站。到达科隆时，天已经黑了。”姑娘们鱼贯穿行在大街上，去青年旅舍。“看哪！”汤普森（Thompson）小姐喊起来，“那是科隆大教堂。”艾达写道：“突然，出现了一道强烈的闪电，好像是专为我们而照亮了教堂，紧接着传来一声炸雷，大雨瓢泼而至。”她们的巴拿马帽的帽缘很快落满雨水，水流小瀑布似地灌进她们的脖子。几天后，她们访问海德堡时，“完美无瑕”的冲锋队士兵充当了她们的向导。和西比尔·克罗一样，艾达·安德森也对他们的礼貌印象深深。“他们多么迷人，多么礼貌啊！”姑娘们走近黑森林时，忽然看到“一片林地似乎在朝我们移来，结果是伪装完美的装甲坦克和士兵”，她们似乎并未感到不安。她们对遭遇纳粹战争机器不以为然，笑着说，现在她们体会到麦克白的感觉了。[25] 248

1935 年，季羡林*以研究生身份来到德国，实现他长期以来

* 季羡林是他那个时代最杰出的中国学者之一，是研究梵文和印度历史的专家。1935 年至 1946 年间，他居住在德国。

的梦想。他透过“金黄色的阳光”* 看到的德国是一种理想的化身。但是，几个月后抵达哥廷根时，他坦言自己的幻想已经“泡影似地幻化了去”。尽管如此，他仍然决定在此居留两年，攻读梵文博士学位。结果，他这一住就是十年。在这段漫长的时间中，季羡林一直住在同一栋房子里。他形容自己喜欢的女房东是位典型的家庭主妇——只受过中学教育，态度保守，厨艺优秀。这一切在这位年轻中国学者看来是完全正常的，但其他事情就让他感到困惑了。比方说，她为什么仅仅因为最好的朋友买了跟她一样的帽子就跟人家闹翻呢？他写道：“原来西方妇女——在某些方面，男人也一样——绝对不允许别人戴同样的帽子，穿同样的衣服。这一点我们中国人无论如何也是难以理解的。”[26]他习惯了

249

中国城市肮脏的街道，见老太太用肥皂刷洗哥廷根的人行道，便感到离奇。他喜欢中世纪风格的屋檐悬伸出来的高大房屋，喜欢坐在市中心的橡树林间。每个星期天他都会和其他中国交换生一道去乡下。有时他们会去登山，到俾斯麦的“宝塔”或者在树林里野餐。他们偶尔会去当地一家叫“黑熊”的餐馆吃饭——“大有中国菜味”[27]。尽管季羡林注意到德国人对希特勒的疯狂崇拜，但他从不公开讨论政治。有个漂亮的年轻女孩对他说，若是

---

* 文中引用季羡林原话的部分，参考了相应中文出版物，并作了部分修改。
季羡林：《留德十年》，中国人民大学出版社 2004 年版；
季羡林：《季羡林日记：留德岁月》，江西人民出版社 2014 年版。——编注

她能为希特勒生个孩子，那将是她能想象到的最大荣耀，他听了深感震惊。[28]

季和他的中国朋友们已经习惯了收音机中的“牛吼”（希特勒的讲话）——尤其是在纽伦堡集会期间。在德国重新占领莱茵兰之后，1936 年的纽伦堡党代会（9 月 8 日至 14 日）被称为“荣誉集会”。乍一看，这并不是那种有可能吸引众多学者的事件——杜波依斯在无线广播中收听了集会报道，认为那些进行武力恫吓的言论很“可怕”，并有可能引发战争。但华盛顿特区美利坚大学的查尔斯·C. 坦西尔（Charles C. Tansill）教授却是个坚定的亲德派右翼分子。他还是个虔诚的天主教徒。那一年，他是十四位“有幸”收到正式邀请出席纽伦堡集会的美国人之一，他向一位同事透露，他非常期待见到希特勒和“纳粹其他杰出成员”[29]。除了在大学的教职，他还受聘为美国参议院的历史学家，在参议院研究重要的外交文件。虽然他是个毫不惭愧的修正主义者，但他出版的作品仍赢得了历史学界同行的尊重，而且产生了广泛的影响。

1936 年 10 月 20 日，应德国当局的要求，他从柏林向美国广播。* 他在描述了纳粹德国的奇迹后，转而介绍元首。他对听众解释说：“他从不夸张地做手势，他嗓音并不洪亮，表情也不可怕。这是个最富有魅力的人，质朴而克制，还具有大家一致认同的真诚

250

---

* 坦西尔当时正在撰写他最著名的作品《美国参战》（*American Goes to War*，1938 年），该书分析了美国在第一次世界大战中扮演的角色。

品质。”纳粹一定对这位口若悬河的支持者感到满意。另外，与其他许多外国游客不同的是，他完全理解两个关键问题——他们不断扩大的军事机器“确实是一支防御性军队”；第三帝国在打击共产主义中发挥着独特的作用。坦西尔对听众说：“即使是最有敌意的美国批评者也必须认识到，如果没有元首的乐观情绪，德国就会被布尔什维克主义攻陷。”[30]

杜波依斯的看法颇为不同。他认为，正是由于希特勒，德国实际上已经“被布尔什维克主义攻陷了”。他列举了“该政权对工业的所有权和控制权；对货币和银行的控制；政府控制土地所有权采取的步骤；对工作和薪水的指令；基础设施和住房的建设；其青年运动和单党竞选的情况”等内容。[31]

二十四岁的芭芭拉·朗克尔（Barbara Runkle）对此表示认同。虽然她自己不是一位学者（她当时在慕尼黑学习声乐和钢琴），但她在马萨诸塞州的剑桥长大，祖父曾担任麻省理工学院的校长。她写道：

> 当然，自从我在书本上发现共产主义正处于巅峰状态后，政治便成了我最大的兴趣。渐渐地，我成为纳粹主义的大敌，奇怪的是，出于几乎相同的原因，我也反对共产主义；它们惊人地相似，这让人觉得下一场战争将在德国和俄国之间发生，战争的双方看起来似乎都在维护各自的“宗教”，这愚蠢得几乎让人难以置信。[32]

251

芭芭拉·朗克尔承认，她起初一直支持纳粹。“一开始我确实有这样的倾向，特别是当看到人民相对更有安全感和对未来更有希望。”尽管她很快意识到了自己的错误，但从她的信件中看得出，在纳粹命运的高潮时刻，她对普通德国人的理解惊人地成熟——在这个时刻，他们中的许多人也许是一生中首次对未来感到真正的乐观。在这样的背景下，她对年轻的德国士兵卡尔·梅尔（Karl Maier）的描述值得全文引用，她与梅尔曾多次一道外出：

> 从表面上看，卡尔属于能想象到的最值得信赖的人——身穿绝对合身的制服，匀称的脑袋非常干净，一头极短的栗色卷发，端正的小脸蛋，牙齿洁白，笑容灿烂，帽子倾斜遮住一只绿色的眼睛是他的标志性装扮。他的性格和外表一样值得信赖。用这儿的话来说，他是一个质朴的人——也就是说，他的父母住在乡下，他说一口德语方言，起初我几乎听不懂——但他的美德主要归功于他的家庭出身。他非常自豪，非常敏感，非常有趣，非常深情，会唱歌，还弹得一手漂亮的吉他，既会滑雪还是个神枪手。此外，由于他的生活方式和想法，他对我来说自然是个充满吸引力的人。他是个典型的优秀士兵——动作迅速，外表洁净，勇敢而自豪，并深信德国能够再次强大起来。他不想要战争，但他说，如果战争来了，他会奋战到底，死而后已。我和他就犹太人和共

252

产党人的问题作过一次非常有趣的讨论。起初他甚至不让我提那些人，但最后接受了我们的观点，那就是确实有一些犹太人是好人，他甚至进一步说，从理论上讲，共产主义有一些好的理念。他喜爱士兵生活中的每一个细节，他无疑大有前途。他跟我是同龄人，但令人难以置信的是，他已经是个下士了。[33]

这段奇怪而动人的描写提醒我们，在1936年，并非每个德国年轻人穿起制服都是为了击败犹太人。

芭芭拉在慕尼黑期间要想找其他美国年轻人作伴，是不会有困难的。自二十世纪二十年代以来，“大学三年级海外教育计划”一直是美国大学本科教育的主要组成部分。在整个纳粹时期这个计划持续向德国（特别是慕尼黑）派遣大批学生。这个计划在著名的“七姐妹”女子学院特别受欢迎。[34]奇怪的是，尽管这时德国妇女想要接受高等教育会受到强烈劝阻，在第三帝国时期前往慕尼黑学习的美国女性人数却并未减少。帝国的女性应该在全国各地迅速发展起来的数千所妇产学校中学习助产学，这被认为更加重要。毕竟，德国妇女的主要职能是为祖国生孩子，并为丈夫提供全面的支持。然而，在莉萨·盖特威克（Lisa Gatwick）向布林·茅尔（Bryn Mawr）汇报她在国外的奇遇时，最关心的并不是德国女性的机会在不断减少。她在那里感觉很享受。近来令莉萨感到兴奋的事情之一，是目睹了1936年11月9日纪念在1923年暴动中死于非命的十六名纳粹分子的仪式：

> 人行道两旁排满了来自德国各地的大批人群，人实在太多了，到了午夜时分，想横穿过马路都不行。我们在一个角落站了约四个小时，就算我们不想待在那儿，也让大群民众逼得动弹不得。在其中三个小时中，一队队士兵，包括党卫军士兵、冲锋队士兵、希特勒青年团、退伍军人等在夜阑人静时不停地到来——没有鼓声，没有乐声，什么声音也没有，一切都是在绝对庄严肃穆的气氛中进行的。因为这十六个人被视为当今德国的英烈。人们从数英里外赶来纪念他们。即使希特勒到来时，也没有“希特勒万岁”的欢呼声，有一两个人忍不住喊起来，但很快就受到了制止。[35]

253

她激动地报道说，她曾“四五次近距离”看到希特勒。在莉萨的新闻通讯中，她激动得说话颠三倒四，却从未涉及犹太人遭迫害的内容或纳粹的其他恐怖行径。相反，她描述观看歌剧的观众说，他们“不停地鼓掌，真让人觉得他们会把手拍掉”；每周在皇家啤酒屋的舞会上，“人人都借助美妙的啤酒酒劲跳得非常开心”；说到她每天与之共餐的那家人，“克卢斯曼先生几乎每天都给我们提供有关美德关系的统计数据（全都非常得意地仔细记在他的小笔记本上，笔记本中林林总总无所不包）——人口、祖先、气温——什么都有！”

莉萨甚至很喜欢那里的饭菜，不过按照她的记载，他们一餐从来没有超过两道菜，通常只有一道。“今晚我们吃了一种薄烤饼，里面有葡萄干，用果酱代替糖浆，还有茶、面包和黄油三明治。昨天晚饭我们吃了蔬菜浓汤，然后吃了混合了杏子的冷米饭。”晚饭后，全家人围坐在收音机周围，“真是种享受”，聊天、缝纫和阅读，莉萨从旁观察。其实，收音机已经成为重要的宣传工具，并不像莉萨想象的那么罕见。1934 年，法兰克福一家法院裁定，不允许法警没收收音机，因为这在新德国已经成为不可或缺的物品。《曼彻斯特卫报》援引纳粹一个消息来源报道：“这对254教育公民、对争取德国人民团结的斗争至关重要。”[36]晚上九点半，克卢斯曼家关掉收音机，一家人上床睡觉。莉萨报道说，很难洗个热水澡，但至少公寓有集中供暖。她总结说：“总之，这是一种非常美好的生活。”[37]

她对纳粹德国不加批判的描述，可以被解释为她还年轻天真。当时，这种旅行对大多数美国年轻人都是不寻常的经历，谁能怪她不愿让政治破坏自己的奇遇呢？但对于在这种时刻将她（以及她的二十七名同学）送到慕尼黑的学者来说，却不该有这种借口。他们一定知道德国发生的变故，如果不知道，就是他们没有做好本职工作。即使在事后看来也很离奇的是，在那样一种压抑的、反知识分子的背景下，曼荷莲女子学院的格蕾丝 · M. 培根（Grace M. Bacon）教授（德语教授和大学三年级留学慕尼黑项目的主管）直到1938年还主张：“在慕尼黑的学习拓宽了学生们的视野，只有与另一种文明直接接触，才能让她们学会宽容和理解。”[38]

当然也有坦西尔这类的教授，他们真正地支持纳粹的意识形态，急切地想要表示对纳粹政权的认同。但许多其他学者选择在第三帝国旅行，是因为德国的文化遗产实在太珍贵了，不能因政治而放弃相关研究，尽管那里的政治活动可能令人非常不快。他们对昔日的崇敬扭曲了对当今的判断，结果甘愿无视独裁统治的现实——尽管有奥运会的幻象——但是到了1936年，这个政权便开始以无法形容的种种形式厚颜无耻地胡作非为起来。

第十五章

怀疑的试探

255 到了 1936 年岁末，英国任何一个不是隐士或反犹主义者且不笃信纳粹主义的人，都很难声称不清楚纳粹的暴行。犹太难民、无数报纸文章、集中营幸存囚徒和因宗教而受到迫害的人充分证明，希特勒的独裁统治绝对不是善意的。然而，包括许多当权派人士在内的乐观主义者却继续相信元首的“诚意”，认为他的合理要求若能及时得到满足，一切都会好转。结果，一些知名人士在二十世纪三十年代末来到德国，自认为通过他们的个人接触和理性对话，最终能够确保和平。其他在奥运后前往德国的旅行者还包括反犹太主义者、法西斯支持者、名人、间谍、皇室成员，自然还有米特福德家族的人。与此同时，数以百计的美国和英国普通游客继续在德国度假，尽管他们在报纸上读到过德国的种种情况，但大多数人根本置政治于不顾。他们不会注意不到，德国人对制服和游行有令人咋舌的瘾头，但他们回国时带走的最重要印象，仍然是受到了开朗、256 友好的人民对外国游客最热切的欢迎。乡村依然美丽，中世纪的城镇风景如画，啤酒也很便宜。既然如此，为什么要因为替犹太人担忧而破坏一个假期的好心情呢？

对于威妮弗雷德·瓦格纳，1936 年的拜罗伊特音乐节带来的除了常规的种种焦虑，托马斯·比彻姆（Thomas Beecham）爵士方面也出了问题。里宾特洛甫照例完全弄错了情况，向希特勒报告说，这位英国指挥家是爱德华八世国王（King Edward Ⅷ）的密友；因为国王对纳粹持支持态度，因此比彻姆应当也是一样的。基于这一误会，比彻姆被邀请在当年晚些时候携伦敦爱乐乐团前往德国巡演，费用由纳粹政权承担。

由于比彻姆可望出席音乐节开幕式，瓦格纳夫人便安排了一个小型午餐派对，让他有机会非正式会见希特勒。但是，就在托马斯爵士本应当露面前的几小时，她收到一封电报："抱歉，不能来。顺致问候。比彻姆。"他随意取消约定的行为在旺佛雷德别墅引起极大的不满，因为元首特别希望托马斯爵士陪他坐进瓦格纳家族的包厢。[1]但直到比彻姆确信希特勒已经离开拜罗伊特而且不会回来时，他才露面，此时开幕式的进程已经过半。之后，温文尔雅、衣冠楚楚的比彻姆故意在每次演出结束后都迅速离开，以避免与戈林"资产阶级的且颇为平庸的"姐妹们交谈，她们都以善于传播流言蜚语而著称。[2]

很明显，比彻姆鄙视希特勒政权。然而，他跟其他许多人一样，最终发现德国的诱惑太强烈了，就连纳粹也不能破坏他的旅行计划。拟议中的伦敦爱乐乐团德国之旅在英格兰引起了相当大的争议，但在比彻姆看来，德国尽管有纳粹，但能在这儿展示他新组建的乐团，仍很重要，这是个重视音乐的国家，在这里演出（且所有费用由别人支付）的诱惑实在太大了。更令人难以理解的是，比彻姆是个坚定而自信的人，却屈从于德国的压力，仅仅因为作曲家门德尔松是犹太人，就从节目单中删去他的《苏格兰交响曲》。不过，托马斯爵士完全清楚，乐队要由纳粹支付费用。

257

希特勒在其大部分政府官员陪同下，出席了1936年11月13日在柏林举行的伦敦爱乐乐团首场演出。在第一部乐曲（德沃夏克的《第三号狂想曲》）结束后，人们看到他热烈鼓掌。音乐会经无线电广为传播——比彻姆对着麦克风作了几句著名的评价，所以他一定知道广播这回事——“那个老家伙似乎喜欢这场演出”[3]。不管希特勒对这场演出有什么看法，戈培尔却认为这是垃圾。他在日记中将富特文格勒与比彻姆作比较，说他们就像吉格利（Gigli，著名男高音）与康能博格（Kannenberg，希特勒的手风琴手）之间的区别。[4]他还写道：“你还不得不出于礼貌而鼓掌，让人尴尬。”[5]第二天，报纸上登出一张伪造的照片，照片显示，幕间休息时比彻姆坐在希特勒的包厢中，与主要纳粹分子聊天。但事实上，这位艺术家从未离开过后台的房间。

不出所料，纳粹的全面宣传伴随了伦敦爱乐乐团在德国巡演的全过程。但在所有飘扬着“卐”字旗的招待会和演讲中，偶尔也会瞥见德国的另一个侧面，这个侧面尽管隐秘且历经磨难，但仍然存在。在莱比锡，一封没有落款的私信被秘密传递给比彻姆，告诉他，就在几天前，原来耸立在莱比锡音乐厅门外的门德尔松铜像消失了。绝望的匿名寄信人写道：“谁也不知道它去了哪里，很可能被熔化后用于制造枪炮子弹。”但信中接着说，“他的音乐是不朽的，虽然在德国被严格禁止，但他的音乐将继续在所有文明国家演奏。德国的整个文化界都像我一样，在思考，在感受……在每天的祈祷中呼唤救赎和自由”[6]。如果伦敦爱乐乐团给这些人带来了哪怕是一丝希望，托马斯爵士便有理由认为，这次旅行是正当的。但是在另一方面，假如它只是为纳粹提供了大量的宣传契机，从而推动了他们事业的发展呢？这是个去还是不去的困境，是所有考虑去第三帝国旅行，热爱德国但痛恨纳粹的游客共同面临的困境。无论比彻姆在巡演结束后得出了何种结论，当他接着前往巴黎和自由世界，演奏起门德尔松的《苏格兰交响曲》时，一定会联想到，自己与纳粹的合作活像浮士德与魔鬼签订的出卖灵魂的契约。

258

比彻姆是带着机会主义的侥幸去到纳粹德国的，但在戴维·劳合·乔治的例子里，除了狂妄自大之外，很难弄清他 1936 年 9 月在那里的著名访问真正原因是什么。七十三岁的劳合·乔治确信，欧洲目前的问题源于缺乏强有力的领导——不言而喻，他的意思是自己在第一次世界大战期间作为英国首相有过出色的表现。对此，《西方邮报》（*Western Mail*）调侃道，除非国家再次转向其前领导人，哭喊道：“啊，真是个疯狂的日子，再次投入我的怀抱吧，我迷人的宝贝”[7]，否则在失业率和基础设施等至关重要的问题方面，像希特勒这样的独裁统治将一直胜过类似英国那种羸弱领导下的民主。

正是在这样的背景下，劳合·乔治于9月3日一早抵达了慕尼黑的四季饭店。同行的有他女儿梅甘（Megan）和儿子格威利姆（Gwilym，这两人都是议会议员），还有劳合·乔治执政期间的内阁副秘书托马斯·琼斯（Thomas Jones）博士［此时为斯坦利·鲍德温（Stanley Baldwin）做同样的工作］，他的私人秘书阿瑟·西尔维斯特（Arthur Sylvester）、他的私人医生佩恩·道森勋爵，以及《泰晤士报》信奉绥靖主义的编辑杰弗里·道森（Geoffrey Dawson）。这一行人中还有学者菲利普·康韦尔-埃文斯，三年前，他曾态度平静地目睹了柯尼斯堡大学的焚书事件。康韦尔-埃文斯在幕后谨慎运作，促成了英国一些有影响力的人物与主要纳粹分子之间的联系。例如，1934年12月，希特勒为外国人举办的第一次大型晚宴，幕后推手就是他，当时，罗瑟米尔勋爵是那次晚宴的贵宾。此时，康韦尔-埃文斯及其好友里宾特洛甫凑到了一起，正在策划劳合·乔治的考察之旅。琼斯博士在日记中谈到他的威尔士同胞时写道：“他对德国人缺点的视而不见，让人都开始看出法国人的长处了。”[8]

第一天晚上与里宾特洛甫共进晚餐，他们的交谈并不投机。

令劳合·乔治恼火的是，这位德国新任驻英大使一直都在谈论他最喜欢的主题——英国无法应对共产主义的威胁。然而，第二天却充满了甜蜜和阳光。3点45分，元首派来的车准时停在这一行人下榻的贝希特斯加登大酒店外，接劳合·乔治去希特勒的山间“狼穴”喝茶。英国方面只有康韦尔-埃文斯一同前去，其他人只好心怀悬念，等待他归来。汽车抵达伯格霍夫的入口处时，希特勒走下长长的一段石阶来迎接这位威尔士的政治家。随后，他带领劳合·乔治穿过拱廊，登上台阶，走进他的私人客厅。在腓特烈大帝年轻时代的画像前，他让客人不舒服地坐在一张没有靠背的沙发上。劳合·乔治评论这幅画时，康韦尔-埃文斯注意到这位德国总理微笑地看着他，“眼神里充满了仁爱和钦佩”。他写道，在整个访问过程中，希特勒“几乎目不转睛地盯着他（劳合·乔治）”[9]。

他们的政治谈话涵盖了熟悉的领域：共产主义的威胁，德国对和平的渴望、对生存空间的需求及其殖民地的回归，西班牙内战，等等。这些话题谈论结束后，他们移步走进宽阔的客厅。康韦尔-埃文斯评论说：“这里就像一座古老城堡中的一个大厅。”只见一台贝奇施泰因牌大钢琴上摆着一尊瓦格纳的半身像，墙上挂着一张哥白林挂毯。非常显眼的窗户占据了房间的大部分北墙，“差不多跟剧院的幕布一般大”。康韦尔-埃文斯写道。在晴朗的日子里，可以把玻璃顺着凹槽滑到下面的地板上，让希特勒

260

的客人们愉快地观看广阔的天空和山景。位于希特勒的祖国奥地利北部的萨尔茨堡，在远处清晰可见。“戏剧性的奇观美景让人叹为观止。”康韦尔-埃文斯评论道。[10]

在喝咖啡的时候，希特勒兴致勃勃地谈论了一个最喜欢的话题——高速公路建设。他很高兴地获悉，劳合·乔治就是沿这种新公路从慕尼黑前往贝希特斯加登的。他热切地指出，建造这种道路为缓解失业问题做出了很大的贡献。一则幸存下来的电影片段显示，这队英国人乘坐的奔驰汽车沿着一条空无一人的高速公路向山区驶去。他们在途中只遇到一辆汽车和一辆自行车。由于散热器温度过高，他们被迫停下车来，这时，他们看到一辆满载干草的牛车缓缓穿过了一座横跨公路的桥。[11]

第二天下午，劳合·乔治再次回到伯格霍夫，但这次整队英国人都来了。背景中，西尔维斯特的电影摄影机正在拍摄时，康韦尔-埃文斯作了进一步的记录：

> 进行了一阵一般性交谈后，大家突然发现他们全都在听劳合·乔治先生和希特勒之间的谈话。很难描述当时的气氛，似乎突然变得几近庄严了。人们意识到，大英帝国伟大的战争领袖与恢复了德国目前地位的伟大领导人达成了一个共识。人们似乎正在目睹两国人民之间象征性的和解行为。每个人都在屏息静听，这是一次动人的经历。[12]

接下来还会有更多建立亲密关系的行为。希特勒平静地说：

“协约国赢得了战争，但胜利不该首先归功于士兵，而应该归功于一位伟大的政治家，就是您本人，劳合·乔治先生。”这位年迈的政治家“喉头哽咽”[13]地回答，元首的个人敬意让他深受感动，听到“当代最伟大的德国人”这么说，他感到尤其自豪。[14]

261

如此情绪激昂的活动过后，第二天在慕尼黑郊区鲁道夫·赫斯的家中与主人一道喝茶时，大家情绪多少有些低落。尽管如此，劳合·乔治还是向鲁道夫提出了许多问题。但是，当他问起纳粹和意大利法西斯有什么区别时，这位副元首仅仅回答，他一点儿也不知道，结果引起“哄堂大笑”[15]。

纳粹是如此地渴望炫耀他们为德国复兴带来的每一项利益，在剩下的十天巡回访问中，几乎没有时间再举行什么欢乐活动。来访者参观了戴姆勒-奔驰汽车厂、棉纺厂和符腾堡乳业公司；参观了为农业劳动者、一所乡村学校和劳工阵线总部建造样板房，过程中伴随着认真的讨论、无休止的统计和数英里的行驶。他们访问过几个劳动营，对其中的一个，康韦尔-埃文斯在报告中描述，当一些人排队接受询问时，“道森勋爵让他们深呼吸，检查他们的胸部扩张情况”。这位著名的医生（八个月前曾加速了国王乔治五世的死亡，以便早间版的《泰晤士报》能来得及报道他的死讯）建议在营地里引入治疗体操，以改善他在这些年轻人身体上观察到的种种缺陷。[16]没有记录显示纳粹对这一有益建议反应如何。

262

劳合·乔治回到英国后，对希特勒的赞扬口吻近乎欣喜若狂，在接受《每日快报》采访时，他那番日后成为污点的谈话可谓明证："他天生就是位领袖，富有魅力，个性充满活力，目标专一，有着坚定的意志和无畏的心……他就是德国的乔治·华盛顿——不畏种种压迫赢得了自己国家的独立。""更重要的是，希特勒毫无疑问是个热爱和平的人。"劳合·乔治对该报记者说："至于说德国对欧洲构成了威胁，德国不可抵抗的军队也许会跨越边界，这些根本就不是德国未来的前景……他们已经在上次战争中汲取了这一教训。"[17]在给里宾特洛甫的私信中，他再次表达了这种热情，他在信中形容这次旅行是他和代表团其余成员对欧洲进行的最难忘的访问。他对"你那位好元首"的钦佩之情得到了加深、加强。劳合·乔治写道："他是自俾斯麦以来降临在贵国的最好的运气，我个人认为，他是自腓特烈大帝以来最了不起的领袖。"[18]

尽管他的言论在当时遭到广泛嘲笑，但劳合·乔治并不是唯一表达这种观点的人。1935 年岁末成立的"英德友谊协会"（Anglo-German Fellowship，简称 AGF）中的许多成员也持有相同观点。康韦尔-埃文斯、欧内斯特·坦南特（Ernest Tennant，著名商人，1919 年曾与斯图尔特·罗迪中校一起在柏林服役）和里宾特洛甫是主要的煽动者。从一开始，英德友谊协会就着手吸引富人和有权有势的人，因此在其成员中包括了许多政治家、商人和贵族。一些人狂热地支持着纳粹，但另一些人加入协会仅仅因为他们想促进与德国更加密切的关系。

从1936年11月到1939年7月，英德友谊协会发行了一本月刊，名叫《英德合作评论》（*Anglo-German Review*，简称AGR）。该杂志的版面上充斥着从专业人士到度假游客等旅行者对德国的热情描述。厄休拉·斯科特-莫里斯（Ursula Scott-Morris）夫人“去德国前，预料会听到隆隆的鼓声，看到闪烁的徽章，听到行军的正步声”。但是相反，“转过每个街角看到的都是鲜花——紫罗兰、三色堇和玫瑰”[19]。议会议员弗兰克·克拉克（Frank Clarke）参加了1937年9月去往德国研究高速公路的大型访问团，他们受到了“拜罗伊特漂亮的孩子们”的欢迎。孩子们“穿着精致的连衣裙和整齐的套装”，在高速公路旁列队，向代表团致敬、欢呼、歌唱。访客们回到大巴上时，发现每个座位上放着一份美味的三明治、蛋糕和水果。克拉克写道：“他们见我们露出一脸惊喜，不禁开心欢笑起来。”[20]至于有关犹太人的种种大惊小怪的说法，来自肯辛顿的威廉·弗莱彻（William Fletcher）先生刚刚在弗赖堡待了几个月，他报告说，他“在一个星期五晚上看到犹太人涌向他们的犹太教堂，并未受到任何阻碍或妨害”，还说“快乐的犹太孩子在犹太学校外面玩耍”[21]。

263

虽然这样的评论至少在某些情况下可以纯粹被归结为轻信，但这样的认知几乎完全不适用于来自苏格兰的皇家律师阿奇博尔德·克劳福德（Archibald Crawford）。然而，他在1937年1月出版的《英德合作评论》上发表的文章《旧大陆的新法律》（“New Laws for Old”）却对纳粹法律制度大唱赞歌。克劳福德在慕尼黑参加会议时旁观了刑事审判，觉得能够向他的英国读者保证，在他丰富的法庭经验中，他“从未目睹过司法得到更耐心或更公正的执行”。他写道，被控杀人罪的年轻人“不仅对每一个指控都表示认罪，而且在被判有罪后，被判的刑罚比我个人观察过的苏格兰各刑事法院的处罚都要轻”[22]。克劳福德对受害者只字未提。被告是个犹太人吗？凶手是个纳粹暴徒吗？文章也没有提到距离慕尼黑仅十二英里的达豪集中营。

尽管英德友谊协会为英国与纳粹德国建立友好关系做出了种种努力，更不用说洛锡安侯爵*和伦敦德里侯爵等著名使者做过的种种努力，但是很明显，到了1937年中期，英德关系进入了新的冷淡期，从德国的角度来看，关系下降的原因是英国一直未能与纳粹建立伙伴关系，德国实力不断增强，英国媒体对此怀有敌意。巴里·多姆维尔爵士前去参加1937年的纽伦堡党代会时，一抵达纽伦堡就感觉到了寒意。他评论：“我觉得党卫军比往常更狂暴。”被安排下榻在三楼的一个房间让他恼火，“根本不如去年

264

---

* 洛锡安勋爵是分别在1935年1月和1937年5月会见过希特勒的著名和解人。1939年，他被任命为英国驻美国大使。

的那么好”[23]。事实上，他能住在纽伦堡算是幸运的，因为大多数英国客人都住在四十英里外的班贝格，而且还被要求缴纳住宿费用。那天晚上喝鸡尾酒时，多姆维尔发现欧内斯特·坦南特和菲利普·康韦尔–埃文斯陷入了深深的忧郁。对于像他们这样为与纳粹德国建立友谊付出过大量心血的人来说，这种明显的态度变化让他们深感郁闷。《每日电讯报》甚至有一篇文章强调了英国客人地位的变化。[24]

然而，当他们等待希特勒莅临茶话会时，人群里充满了兴奋情绪。* 这种茶话会是为每年参加纽伦堡党代会的外国要人举行的，为了强调这一场合的重要性，这一年要求客人穿着正式晨礼服。多姆维尔不赞成这样的做法，他挖苦道：“即使在纳粹政权中，朴素也经不起成功的考验。”[25]在招待会上，元首从他身边经过时一句话也没说，这让他更感到失望。其实，希特勒经过英国客人的队列时，一直保持着严肃和无动于衷的表情，直到他被介绍给弗朗西斯·耶茨–布朗（Francis Yeats-Brown），才突然露出笑容。

265

---

* 参加 1937 年纽伦堡纳粹党代会的比较著名的英国客人包括：反犹太作家戈登·博莱索；杰出服务勋章获得者、陆军上校托马斯·卡宁哈姆爵士和卡宁哈姆夫人；约翰·布莱基斯顿–休斯敦中校；议会议员罗伯特·格兰特–费里斯；英国大使内维尔·亨德森（Nevile Henderson）爵士；戴安娜·莫斯利；尤妮蒂·米特福德和汤姆·米特福德；A. P. 劳里教授；伦内尔勋爵；第二十二代斯托顿男爵、第二十六代西格雷夫男爵和第二十六代莫布雷男爵；斯诺登夫人（劳工大臣菲利普·斯诺登的遗孀）；乔治·沃德–普莱斯［《每日邮报》（*Daily Mail*）记者］；海伦·纳丁女士；乔治·皮特–里弗斯上尉；议会议员阿什顿·波纳尔爵士；阿瑟·哈丁爵士的遗孀哈丁夫人；议会议员阿诺德·威尔逊爵士；弗朗西斯·耶茨–布朗等人。

耶茨-布朗的自传《一个孟加拉枪骑兵的生活》（*The Lives of a Bengal Lancer*，1930 年）被好莱坞拍成了电影（由加里·库珀主演），这是希特勒特别喜欢的影片。他认为这部电影是雅利安人对待劣等民族的宝贵示范，他甚至要求党卫军必须观看。[26]

一位英国大使也首次出现在纽伦堡集会上，这无疑是英国在 1937 年进行的更多带着怀疑的试探之一。内维尔·亨德森爵士（4 月份接替埃里克·菲普斯爵士）与法国大使弗朗索瓦-庞塞、美国大使临时代办普伦蒂斯·吉尔伯特（Prentiss Gilbert）出席了为期两天的会议。外交官们住在停在支线上的火车车厢里。第一天早上他们吃早饭时，一个纳粹空军中队的“卐”字形密集编队两次飞越他们的车厢。[27]那天晚上，亨德森对奢华的声光表演印象深刻。三百多道探照灯光在空中交叉，形成广场的“屋顶”，让他觉得既“庄严又美丽”。他写道，这是“难以形容的别致景色”，就像置身于“冰塑的大教堂内”。就“宏大的美景”而言，即使是他在莫斯科欣赏过的俄罗斯芭蕾舞，也无法与纳粹舞蹈艺术媲美。[28]但对于一位英国游客来说，这实在是过于令人兴奋了。灯光秀结束后，在啤酒帐篷里观看表演的英德友谊协会代表沃茨（Watts）少校不得不让一位身材魁梧的党卫军青年抬上大巴。令他的同胞们感到恐怖的是，在返回班贝格的一小时路程中，少校一直醉卧在座位，最后滚落到了地板上。[29]

尽管日程排得很紧，但多姆维尔还是抽空买了一幅赫尔曼·

奥托·霍耶（Hermann Otto Hoyer）油画《太初有道》（*In the Beginning was the Word*）的印刷品。在这幅画中，作者将希特勒描绘为“光明的使者”。他对此非常满意，返回去为一位同行客人又买了一幅。他在日记中写道：“只花了3.6马克，是一笔不错的交易。我肯定他们想要神化希特勒。”[30]

266

虽然出席纽伦堡党代会是一次让人开心的经历，但也让他们精疲力竭，多姆维尔感觉“真的很高兴能够离开”[31]。返回英国后，他在《英德合作评论》上发表了一篇热情洋溢的文章，他告诉读者说，他离开纽伦堡时再次深信，如果人们能去德国“亲眼看看”，而不是待在家里杜撰“奴隶和群众的歇斯底里，用陈词滥调发泄怒气”，他们会惊讶地发现想象与现实之间有多大的鸿沟。他在文章末尾发出警告称：“德国人民想得到我们的友谊，但已经开始对此不抱希望了。他们正在重获信心，争取自力更生，我们没能或不愿意理解他们的观点，已经让他们渐渐感到不耐烦……不能指望德国永远等待。”[32]

伦敦德里勋爵几个月后第三次访问德国，当他于1937年9月返回英国时也未能宽心。他这次发现“我们与德国的友好关系明显恶化了”[33]。这一次，伦敦德里勋爵没有受到戈林在卡琳宫的宴请，而是被打发到波罗的海的一个狩猎庄园，东道主是同为贵族的弗朗兹·冯·巴本（Franz von Papen）*。纳粹似乎终于意识到，这位前空军大臣尽管贵为侯爵，但并不具有他们所指望的影响力。至少在这个场合，伦敦德里勋爵表现出明显的非雅利安人姿态，拒绝向被故意赶到他视野内的麋鹿开枪，他解释，“能看到这些美丽的动物，跟射杀它们一样高兴”[34]。

267 多姆维尔已经指出，纳粹“不会永远等待”，在备战方面，纳粹肯定不会等待。在哥廷根学习梵文的季羡林在1937年9月20日的日记中写道，这是搞防空演习的第一天。“各处全不许有亮，窗子全用黑纸遮起来，这样一直延长一个礼拜。”[35]第二天，凯·史密斯写信给在瑞士上学的女儿卡琴：

> 我们这里正在搞为期一周的防空演习。我们必须用黑纸贴住厨房、女仆房间和浴室的窗户，不能泄漏一点儿光亮。路灯熄灭了。汽车大灯也被遮住，只允许露出一条缝，红色尾灯被遮挡了一半。好在昨晚是满月，还算明亮。我们和匈牙利大使馆随员一道去吃饭，车开得很慢，我们安全抵达了那里，后来也安全返回了。今晚下雨了，我们就待在家里。外面一片漆黑。任何房子都没有漏出灯光。飞机在头顶上飞行，探照灯搜寻到了它们，我们听到远处有机枪射击声。晚

* 冯·巴本曾敦促兴登堡任命希特勒为总理，他相信希特勒很容易被控制。在1934年的“长刀之夜”，他侥幸逃脱了暗杀。

> 上没有拉响空袭警报，但是白天拉响过，昨天上午拉响了两次。一切活动全都停下来，人们躲进地下室，一直等到警报解除声响起。瓦纳曼（Vanaman）夫人（美国大使馆空军武官的妻子）认为她也必须进到地下室。她下去后说，虽然她丈夫多年来一直是个空军飞行员，但这是她第一次体会到飞机轰炸意味着什么——轰炸有可能危及她的生命。他们现在相处更加融洽了。[36]

警报声响起后，按要求每辆车必须停在原地，车上的乘客要赶往最近的避难所。“空袭”期间逗留街头属于可判处监禁的罪行。[37]美国大使馆空军武官的妻子不可能是那个星期（第二次世界大战爆发整整两年前）在柏林的唯一外国人，她觉得，目睹一百多架飞机“轰炸”这座城市是一次改变人生的经历。

268

然而，尽管与英国的关系进入了新的冷淡期，尽管有了这次防空演习周，尽管“先要枪支再要黄油”的呼吁被不断发出，尽管希特勒在东欧坚持不懈地推动“自行决定权”，但一个又一个外国名人游历德国返回后，仍然深信元首心中最不情愿做的事就是发动战争。国际联盟主席阿迦汗三世苏丹·穆罕默德·沙阿爵士（Aga Khan Ⅲ，Sir Sultan Mohammed Shah）于1937年10月访问贝希特斯加登后宣称：“希特勒是和平的支柱。为什么？因为和平是希特勒重建国家的所有计划必需的基础。”这位伊斯玛仪派穆斯林领导人宣称，他从未见过新德国这样“具有建设性且务实的社会主义”。他表示：“一切都是为了绝大多数人的最大幸福而规划的。希特勒先生是个非常伟大的人，谁也不能否认这一点。”[38]

虽然阿迦汗的旅行得到了大量的宣传，但无法与温莎公爵夫妇的访问相提并论。在名气和不当程度的意义上，他们同样发生在那年10月份的访问，是1937年所有外国人对德国访问中最隆重的一次。《观察家报》驻柏林记者写道：“温莎公爵周一早上抵达这里，开始进行为期十二天的访问，行程安排紧张。”[39]他的行程的确紧凑。这位退位国王对劳动条件和工人住房有极大的兴趣，这让纳粹有了展示社会改革成果的绝佳机会。《德意志汇报》（*Deutsche Allgemeine Zeitung*）夸耀说，众多外国人访问德国的目的是来研究德国的制度，接着写道：“现在，温莎公爵也开始亲自来证实新德国解决其社会问题的能力。”[40]这不是乔治六世国王（他四个月前才加冕，并没有收到他哥哥访问德国的通知）或他的政府希望得到的消息。在特别令人不快的劳工阵线领导人罗伯特·利（Robert Ley）博士的陪同下，温莎夫妇参观了工厂和住宅，据公爵的王室侍从达德利·福伍德（Dudley Forwood）说，他们甚至还参观了一个集中营。福伍德回忆，那是一座似乎被废弃的巨大的混凝土建筑。“公爵问这是做什么用的，我们的东道主回答：‘这里是他们存放冻肉的地方。’”[41]

269

福伍德坚持认为，温莎公爵去德国的主要目的是让公爵夫人得到王后般的体验，这话或许是对的。要想让她体会王后的感觉，有什么能比参与一次“国事”访问更好呢？福伍德说，最重要的是，“公爵想要向她证明，他放弃王位什么也没损失掉”[42]。只有在一个国家可以成功进行此类访问，这当然就是德国。纳粹对公爵的追捧对他受伤的自尊心如同一剂舒缓的药膏。鉴于英国皇室排斥公爵夫人的顽固态度，德国人坚持用“殿下”来称呼公爵夫人，让他们特别喜悦。公爵一直强烈感觉到自己身上的日耳曼血统，德语也说得很流利，他显然很享受这次旅行。他去啤酒屋喝酒，戴假胡子加入了歌会，玩撞柱游戏。[43]欢呼的人群、奉承的官员和无休止转动着的电影摄影机——这些一定很容易让他想象自己仍是国王。在贝希特斯加登与希特勒的会面除了那些陈词滥调，什么结果也没有，却对公爵的声誉造成难以言状的损害，英国公众心目中牢牢确定了他是希特勒热情支持者的观念。此外，他对所看到的一切表现出了明显的喜悦，用布鲁斯·洛克哈特（Bruce Lockhart）的话说，这让纳粹相信，他会很快恢复王位，成为“平等社会的国王，开创英国形式的法西斯，并与德国结盟”[44]。

1937年10月13日，当温莎公爵和公爵夫人此行即将结束时，枢密院议长哈利法克斯（Halifax）子爵（在这里，更重要的是，他是一位猎狐大师）收到德国狩猎协会的邀请，请他参加下个月在柏林举行的国际狩猎运动展。虽然看似不太可能，但这成为5月份内维尔·张伯伦（Neville Chamberlain）就任首相以来英

270 国政府对希特勒最为认真地做一次试探的借口。当哈利法克斯同意去的时候，谁都清楚他的真正目的是什么。他后来写信给亨德森说，通过与希特勒进行建设性的斡旋来避免战争，“无疑是新一轮战争发生前最重要的任务”[45]。但是，为了让人相信他的托辞，他去参加了狩猎运动展。用哈利法克斯的传记作者的话说，那是“一场令人厌恶的日耳曼活动”。在几幅巨大的戈林肖像旁边，挂着一张同样巨大的德国失去的殖民地地图。[46]虽然英国贡献的展品仅仅是在最后一刻才收集起来的，但却在大猎物项目中获得了一等奖，获奖无疑是由于乔治六世国王和伊丽莎白王后射杀过几头大野兽。英国猎鹰俱乐部秘书杰克·马弗罗戈达托（Jack Mavrogordato）回忆，这场胜利引发了德国人的冷嘲热讽，他们坚持表示，未能胜过英国人的唯一原因是他们的非洲殖民地被人夺走了。

在参观过展览并欣赏了一只大熊猫标本后，哈利法克斯便可以脱身，开始执行他的真正使命——会见元首。在希特勒坚持下，他们将在贝希特斯加登会面，这意味着他要乘坐希特勒的专列连夜赶去慕尼黑。为了维持这次访问完全是“私人的”和“非正式的”的假象，陪同哈利法克斯的是大使馆一等秘书伊冯·柯克帕特里克，而不是大使本人。“列车上的待者，”柯克帕特里克写道，“显然以为英国人靠威士忌维生，每隔半个小时左右就会送来一个托盘，里面放着威士忌和苏打水。”[47]下车后，一支奔驰车队来迎接他们，车队在雪地中行驶，直达伯格霍夫。哈利法克斯在日记中记录道：“我隔着汽车车窗往外看，看到……穿着黑色裤子的一双腿，下面是丝袜和便鞋。我以为是个侍者来帮我开车门……可我耳边听到一个沙哑的声音，‘这是元首，这是元首’。我这才突然意识到，那双腿不是侍者的，而是希特勒的。”[48]如果说这已经不是一个充满希望的开端，接下来的事情就更糟糕了。

271

伦内尔勋爵（前驻罗马大使，南希·米特福德的岳父）在纽伦堡曾几度与元首会面。在哈利法克斯离开伦敦前，他曾向其介绍情况，建议他“从人性的一面”与希特勒进行“普通人之间的”交往。后来，伦内尔放心地写道，他会发现希特勒“真的很宽容”[49]。如果哈利法克斯相信这些鼓舞人心的话，他一定会大失所望。两人见面时，希特勒“情绪暴躁”，一点也不宽容。经过几小时无果而终的交谈（在希特勒暖气温度过高的客厅里），他们下楼吃午饭。柯克帕特里克记录道，午饭在一个“可怕”的餐厅里，其中摆着一张长长的椴木桌子和几把粉红色软垫椅子。从社交角度看，食物平平淡淡，午餐气氛十分冷淡。一个又一个话题都没能改变这个状况——天气、飞行、赫斯儿子的出生、狩猎运动展。希特勒不喜欢一切野外运动，愤怒地谴责了狩猎，还说了一番令人难忘的话：“带着高度完美的现代武器走出去，自己毫无风险，却要杀死一头毫无防御能力的动物。”喝咖啡时的气氛也没有改善，希特勒宣称，恢复印度秩序的补救办法是“枪杀甘地”，如果不奏效，就“向十几名国会主要成员开火”，如果仍然不起作用，“接着枪杀二百人……”。柯克帕特里克评论，难怪哈利法克斯（前印度总督）“注视着希特勒，目光中混合着惊讶、厌恶和怜悯”[50]。

从外交角度看，哈利法克斯的访问标志着一个令人沮丧的年度令人沮丧地终结。尽管那些善良和伟大的人们对希特勒的努力讨好导致了越来越负面的结果，但大多数普通旅行者，即使人数较少，仍在无拘无束的喜悦中漫游德国。许多人可能是盲目或天真的，但他们的哲学就跟送他们去到那里的旅行社一样简单——总是往好的方面看。

第十六章

旅行相簿

随着纳粹政权对德国生活各个方面加强控制，要想“往好的方面看”变得越来越困难了。然而，在1937年，甚至直到1938年，前往德国的游客数量仍然惊人（其中绝大多数是英国人和美国人），他们不仅因好奇而想要体验纳粹德国的生活，而且渴望度过一段美好时光。其中一位是二十岁的里斯·琼斯（Rhys Jones）*，他那本未出版的日记给人留下了深刻的印象，值得详细引用： 273

1937年8月8日星期日：中午12时15分抵达科布伦茨

第一印象——有一种庞大而坚实的感觉。

这里人的体质肯定比我们好。他们把健康看得比个人外表更重要。按照英国标准，这儿的女孩子很多都太胖了。

山坡上长满了卷心菜。没有树篱。

衣服：并不装腔作势，除了黑色短裤、奇怪的灯笼裤这些。白色鞋子就算是新奇的了。德国人不依天气穿衣服。没

---

* 琼斯后来成为圣大卫大学兰彼得校区的法语讲师和《语法逻辑修辞》（*Trivium*）学报的编辑。

有开领板球衫。贝雷帽不受欢迎——法国样式！

274 语言：有力，几近好斗。

由于我有鹰钩鼻，我可能会被当成犹太人，心中感到不安。

发现了沃尔沃斯超市。

每个国家都有特殊的气味（我们自己的气味除外）。在德国，是一种鱼味和烟草味混合在一起的气味。

男人走路都挺直腰杆，膝盖保持成近似僵挺模样，这是军事时尚。他们为了保持上身平衡，用脚后跟行走。几乎所有人都把脸刮得光光的，秃头亮得像玻璃。

每家子女都非常多。孩子们收拾得干净整洁，就是服装有点过时（带有褶边装饰等）。商店橱窗里摆满了婴儿车。

汽车很少见。德国人太穷，买不起汽车，最多买辆自行车。

女人极为朴实，可以在烈日下扛大包。能够跟任何男人比试！几乎不穿紧身胸衣。

在电影院里能发现贫困的最好证明。只有最便宜的座位是满座的。人们在那里的庄严程度能让我们的许多教会自愧不如。禁止吸烟！禁止吃糖！禁止私语！禁止鼓掌。死一般的沉寂。人们就像牡蛎。他们不知道该对什么鼓掌，不该对什么鼓掌。他们没为希特勒鼓掌！最后也没唱国歌！我听到几声轻笑。“新闻”中没提到英国或法国！偶然听到的音乐是古典音乐。那里的气氛像个监狱。

到处都听不到噪音。河上没有船只的呼啸，街上几乎没有汽车。如此有序，以至于交通附属设施都派不上用场，警察也是如此。我感觉绝对安全。

没有贫民窟，也没有贫民的商店。

学校里不教法语。

我经过了著名的罗蕾莱商店，那里没有女妖，只有插在屋顶上的纳粹旗帜！

我在船上遇到个苏格兰人。对我们说德国人是苏格兰人和英格兰人的朋友，但至于法国人——三年内就要去敲响他们家大门！在这儿没听人们说过一句法语！

书籍、海报等在道德问题上异常端正。街上很少有“小妞”。

口琴、手风琴无处不在。人们热爱民间音乐。

香烟有呛人的硝石味。土耳其制造的。 275

在这儿能把皮肤晒成漂亮的古铜色，在英国没人知道这一点。

人们不会像法国人一样盯着你看。

齐莫斯曼咖啡馆——点了蛋卷，却没有黄油！只好吃蛋糕。

没有垃圾筐，但马路上没有垃圾。

买了《我的奋斗》。店主觉得我可疑，但我付了钱，所以他什么也没说。

今晚听到埃伦布赖特施泰因城堡有射击声。

人们显然想方设法讨好英国人。

人们面容很亲切，难得露出凶恶神色。

人们极其诚实。我的零钱不需要数。不用给小费。

我看到了新教教堂，教堂关着门，周围有铁丝网围着，像个堡垒。

自从我来到这里，只看到一家犹太商店，我也未曾有意去见过任何犹太人。

8 月 15 日星期日：10 时 2 分离开科隆。[1]

里斯·琼斯在慕尼黑时，那里的“堕落艺术展”可以说是德国最引人注目的旅游景点。希特勒曾于 1935 年在纽伦堡宣称：“第三帝国没有立体派、未来派、印象派或客观派艺术家胡说八道的空间。”[2]1937 年 7 月开幕的这个著名展览是为了显示这些艺术家的堕落。展览中，克莱、柯克西卡、康定斯基、迪克斯、诺尔德、格罗茨、贝克曼和凯尔希纳等人的作品被杂乱地展示出来，唯一目的是招致嘲笑。在不远处的德国艺术馆（由希特勒最喜爱的建筑师保罗·特鲁斯特建造的纪念性的新艺术博物馆）中，一个经纳粹批准的“伟大的德国艺术展”也开幕了。然而，在贞洁的雅利安裸体和堕落艺术展之间，公众用脚步作出了果断的选择。

英国作家 J. A. 科尔在他的著作《刚从德国返回》(*Just Back from Germany*，1938 年）中写道：“有些作品我很喜欢，有些我毫无兴趣，另外一些作品，坦白地说，我无法理解。”他写道，到处都是破坏展品的标签、感叹号和问号。“仿佛纳粹担心游客们的嘲笑还不够。”他看到有个中年男子在怂恿游客调侃那些艺术展品，几乎可以肯定那人是画展方请来做这事的一个演员。按照科尔的观察，其实大多数人对此没有任何反应。“他们只是表情麻木地从展品前走过，就像在一个阴雨绵绵的周日下午，走进任何一家美术馆，呆呆地浏览陈列的绘画展品，然后再次走进雨中。”虽然科尔自己并不特别前卫，但画展看到一半时，他感受到一种奇怪的兴奋。他写道：“这些大胆的画作有一种感染力，让人仿佛走进了疯人院，意识到自己多年来一直想要变成个疯子。”[3]

276

杜鲁门·史密斯和凯·史密斯，以及查尔斯·林白和安妮·林白也随着数千名游客涌去参观堕落艺术展。凯吓坏了，评论说：“不停地观看丑陋扭曲的面孔和身体，周围还有他们身体中喷出的血液和呕吐物——真是一种粗俗的恶心画面——这让人产生了明确的生理反应。”平安离开画展来到外面新鲜的空气中后，查尔斯·林白承认，平生首次感到需要喝点儿酒。凯一直在美国媒体上阅读谴责纳粹庸俗的文章，但至少在这个问题上，凯现在完全支持元首。她写道：“我衷心支持希特勒给它起的‘堕落艺术’

这个名称，我很高兴他宣布‘紫牛时代’已经终结。”[4]

在参观了1937年10月12日的展览后，史密斯夫妇和林白夫妇与冯赖歇瑙（von Reichenau）将军共进晚餐。安妮·林白深感叹服：

277

> 他是个周到圆滑、富有魅力、有教养的人，经验丰富、精力充沛、注意力集中，并有敏锐的洞察力和开阔的视野，晚餐席间谈话令人愉快。我想我这辈子能遇到他这种类型的人肯定不会超过两三位。这倒不是说他给人的印象是个“伟大”的人，或者是个天才，或者具有什么了不起的力量……这天晚上我逐渐感受到：这是个文明的人，人们都会发现，他是个十分沉稳，且受过良好教育的人。[5]

整整四年后，在1941年10月10日，德国入侵苏联已经几个月时，接待安妮·林白的这位讨人喜欢的东道主（当时是陆军元帅）向第六军发出了“赖歇瑙猛攻令”。命令称，“这场攻击犹太—布尔什维克体制的战役的最重要目标，就是彻底摧毁其权力来源，根除亚洲对欧洲文明的影响……在这座东部的舞台上，士兵们必须充分领会到，有必要对犹太这个次等人种族进行严厉而公正的惩罚”[6]。随后，冯赖歇瑙的部队参与了对三万三千名乌克兰犹太人的大屠杀。

1937年3月16日，仍在慕尼黑学习音乐的芭芭拉·朗克尔写信给姐姐，描述了她与反犹太主义的主要人物尤利乌斯·施特赖歇尔的相遇经历，她以前可能还对纳粹的成就抱有幻想，但如今早已幻灭：

> 我最近有一次相当激动人心的经历。我得知，德国著名的反犹太主义者尤利乌斯·施特赖歇尔一天晚上在皇官啤酒馆演讲。房东的儿子克劳斯·卢特根斯（Klaus Lüttgens）和我决定去听讲。我们到那儿后才知道，我们的票不能进大厅，只能进一个较小的厅室，在那里听电台对演讲的转播。这也太可怜了，我们就决定不择手段混进大厅。我拿着护照走近守门的傻瓜，解释说我是个对犹太人问题非常感兴趣的美国人。他不相信我不是德国人，最后有个聪明的旁观者向他保证，我确实是个外国人，这才允许我进去。克劳斯被留在外面了，但他从餐具室的一扇窗户跳了进去，当时其他人都在忙着向施特赖歇尔先生欢呼。就这样，我俩都混进了那个充满烟雾和吵闹声的大厅。我有生以来第一次听到接下来这样的演讲。我知道演讲内容当然会让我愤怒，但我完全没有意识到我会真的气得浑身发抖，觉得自己再也听不下去了。首先，他是个一流的煽动家，绝对迷惑住了观众。他知道什么时候该让他们发笑，什么时候该让他们伤感，如何煽起种族偏见的火焰，直到听众迫不及待地要找犹太人发起攻击。他说了一长串令人难以置信的谎言：世界上根本就没有正派的犹太人，他们血液里都携带着一种致病杆菌，给“白人”

278

带来了疾病；是他们导致了世界大战和古罗马的垮台，天知道还有多少灾难。他讲了几个德国女孩因嫁给犹太人而染病的可怕故事，还用一些低俗的笑话阐明每一个论点。我拼命环顾四周，想找到一个不相信这番话的理智听众，但只有克劳斯还算理智。他虽然是个纳粹党人，但听了也很反感，大家都在热心地听讲。当然，他们都是非常无知的普通群众；人格高尚者不会去听施特赖歇尔的演讲，因为他们知道他是个可怕的家伙——但如果他们中的几个人真的去了，可能会对现政权有一点更现实的看法。此后，克劳斯的热情连一半都不剩了。

克劳斯把评论草草记在一张纸上，他想跟我讨论这些观点。我们开始往外走时，一个穿冲锋队制服的人向克劳斯走来，让克劳斯必须跟他一起去找领导人，因为这位妻子（指的是我）显然对演进持反对态度，没有欢呼也没有歌唱，而 279 他（克劳斯）一直在一个本子上写些什么。听了这话，我此前一直压抑的全部愤怒和不安都向这个穿制服的人发泄出来了。其实我很害怕，因为我知道克劳斯所不知道的情况，就在我借给他的同一个本子上，有我写的有关德国犹太人问题的一篇未完稿文章。好在克劳斯几分钟后回到我身边，他神情相当愉快，解释说，他被带去见了一个明智的领导人，那人甚至没有要求看他的本子。谢天谢地。我告诉你，实在惊心动魄呢。要是有人对他谈起了一种国家无所不能的社会制度，并认为那就是天堂，他最好保持安静。谢天谢地，我们没有遇到那种情况。他根本就不了解自己所谈论的东西。[7]

芭芭拉·朗克尔出席施特赖歇尔的讲座几个月后，威廉·博伊尔（William Boyle）大夫和他的夫人意外地目睹了反犹太主义的真实场景。他们最近在内罗毕结婚，威廉在那里行医。他岳父约瑟夫·伯恩（Joseph Byrne）爵士是位准将，还是肯尼亚的总督。这对夫妇回英国探亲后，决定前往德国度蜜月。他们计划随后开车去马赛，在那里登上一艘客船返回肯尼亚。他们的汽车上没有插英国小国旗［《英德合作评论》上刊登的一篇题为《汽车旅行者实用指南》（"Practical Advice for Motor Travellers"）[8]的文章中建议这样做］，但贴了个大大的"英国"标签。尽管英国政府和纳粹政府间的关系降温了，但这个标签对普通德国人仍具有吸引力，他们看到这个标签，会竭力对车主表现出友好。

在法兰克福一个阳光明媚的日子，安妮和威廉对即将发生的事毫无心理准备。他们刚刚把车停下，准备去观光，忽然一名犹太妇女和一个十多岁的女孩朝他们走来。那孩子大约十五岁，走路一瘸一拐，一只脚上穿着鞋底加厚的鞋子。女子直言，她看到了他们车上的英国标志，恳求这对夫妇带她的女儿格蕾塔去英国。是安妮作出了同意的决定。他们在度假中看到的情况，足以让他们意识到，在纳粹德国，一名瘸腿的犹太女孩生活前景绝不乐 280

观，她当场同意了。这既是她一个了不起的慈善行为，也代表了这位母亲对他们的极大信任。当她得知女儿不会去英国而是要去非洲，并没有改变主意，这也是这位妇女绝望的表现。只有一件事是重要的：让女儿离开德国。英国领事馆提供了必要的文件后，博伊尔大夫和夫人就带着此时坐在后座上的女孩格蕾塔一起继续假期旅行。几年后，格蕾塔的一张照片显示，她在博伊尔一家在内罗毕的花园里抱着他们新出生的孩子，她笑得很开心。*

博伊尔夫妇所属的社会阶层对日益受欢迎的度假套餐不屑一顾。然而，《英德合作评论》意识到这种相对较为新颖的旅行形式具有潜力，于是刊载了几篇文章，意在鼓励秘书和店员阶层以这种方式前往德国旅行。1938 年，《英德合作评论》推荐了一个为期两周的假期［包括了莱茵兰、慕尼黑、维也纳、因斯布鲁克、萨尔茨堡和贝希特斯加登等目的地，团队人数至少十五人；包括所有花销在内，费用为三十英镑（约相当于 2016 年的五百英镑）。[9]］在德国，工人的假期由一个国家组织管理，该组织有个引人瞩目的名称——“力量源自欢乐”。它是纳粹比较成功的企业之一，在 1933 年至 1939 年间为大约二千五百万德国工人提供过低消费的度假、一日游和文化活动。

---

* 我们采访了威廉和安妮的女儿爱丽丝·弗利特（照片中的婴儿）。格蕾塔随后的经历尚不清楚，我们目前正在尝试寻找她。

281

因为皇家律师阿奇博尔德·克劳福德已经证明了自己是纳粹德国热情的辩护人，所以他便成为1937年8月受到邀请的四名英国人之一，与一千五百名德国工人及其家属一起乘坐“威廉·古斯特洛夫号”* 前往马德拉群岛和葡萄牙本土。这艘船是专为“力量源自欢乐”建造的，于三个月前下水。克劳福德记录了船上进行的种种活动：游戏、讨论、散步、歌唱和游行。他写道：“我们更像一所大型寄宿学校的学生，而不是一群成年人。我们总得到一系列命令，但人们总是愉快地接受，并迅速服从，这让我感到惊讶。”很多英国人会觉得这种做法让人不安，但克劳福德却看到了积极的一面。他评论，“我得出的结论是，德国人天生就是社会主义者，这在世界上可谓独一无二。”

社会主义原则当然支配着“威廉·古斯特洛夫号”上的生活。作为纳粹鼓励社会融合的努力之组成部分，他们允许中产阶级成员参加此次旅行，但这些人并不能因自己的身份而获得特殊对待。例如，客舱是通过抽签分配的。克劳福德有很多机会跟乘客们交谈。尽管德国人对英国媒体敌视纳粹感到不满，担心“你们的一些共产党人可能会制造骚乱”，但显然，他们最想去的地方也是英国。克劳福德承认，在“威廉·古斯特洛夫号”上度假可能并不完全符合英国人的口味，但他仍然对这次旅行印象深刻：

---

* 这艘船最初被命名为“阿道夫·希特勒号”，但希特勒本人决定以在1936年遭暗杀的瑞士纳粹领导人名字命名为“威廉·古斯特洛夫号”。它于1945年被苏联潜艇击沉，约九千四百名德国人丧生，成为有史以来单艘船丧命人数最多的海难。

这趟两周的旅行是乘坐豪华海轮去里斯本和马德拉群岛观光，船上每天供应六餐，娱乐活动不断，其中有世界上最好的木偶剧团、著名歌剧明星、几个管弦乐团的表演。上岸时还给一些葡萄牙本地货币的零花钱，每个工人的花费只是一般旅游条件下通常花销的很小一部分。[10]

282 虽然绝大多数乘客只是低薪的农民或工人，但由于“力量源自欢乐”为出行所作的安排，如今他们可以去往普天之下任何地方。事实上，一些人已经期待着再次登上“威廉·古斯特洛夫号”，参加1940年前往东京的世界巡游。

在二十世纪三十年代末访问德国的无信仰者看来，纳粹主义似乎已经渗透到了人类存在的每一个角落和缝隙中了。然而，西尔维娅·莫里斯（Sylvia Morris）回忆，在德累斯顿（一贯敌视希特勒的城市），她总算忽视了纳粹的存在，同时感受到了德国最好的一面：

1937年，我去德累斯顿学习小提琴和声乐。我和别的女孩住在一家女生旅社。我完全沉浸在音乐中。每天晚上我都去听歌剧，我还记得在理查德·施特劳斯指挥下合唱的喜悦。谁也不谈论希特勒或政治。我每周都得向警方登记一次，每周也要去一次新娘学校，在那儿学会了缝制衣服和熬汤（后来在军情五处工作时，以及给旺兹沃思监狱的德国囚犯喂汤时，我学的这些本领在战争期间派上了用场）。如果我想壮着

> 胆子偏离正常活动路线，必须要由一位女仆陪同。每个月都有舞会，但都是很正式的舞蹈。要想跟一个男子跳舞，必须事先经过介绍。陪同人员围坐在墙边。只有长辈先开口，我们才能跟人家交谈，对长辈还得行屈膝礼。我遇到了一位音乐家费科·冯·奥姆佩达（Fekko von Omptedа）。他每周要驾机对西班牙轰炸好几次。我去了两次拜罗伊特音乐节。通往节庆大剧院的山路上排满了等待希特勒的人。我仍然记得当时由汗水、双脚和高筒皮靴制造出来的阵阵恶臭味。[11]

1938年2月，十七岁的厄休拉·邓肯-琼斯（Ursula Duncan-Jones）被派往奥斯纳布吕克学习德语，在她看来，要想忽视纳粹的存在是不可能的。她的房东海斯勒（Heisler）医生及其夫人都支持希特勒，实际上在当时，“人人都支持希特勒”。与她同时期前往德国学习者数目惊人，厄休拉从一所女子寄宿学校这样一个受庇护的环境被直接送到了纳粹德国。对她而言，这种转变更加不寻常，因为她父亲——奇切斯特教区的牧师阿瑟·邓肯-琼斯——三年前曾访问过德国，不仅亲身经历了纳粹的统治，而且整个1937年（厄休拉称之为“德国入侵之年”）还在自己的教区为无数难民提供了庇护。他的厨师和秘书都是纳粹的受害者。那么，牧师和妻子为什么会认为奥斯纳布吕克是一个合适的地方，可以把十几岁的天真女儿送去呢？真相是，他们对德国（自他们在慕尼黑度蜜月以来经常前往访问）和德国人民的热爱根深

283

蒂固，就像许多其他英国人一样，这种热爱不仅在大战后保存下来，而且甚至不受纳粹的影响。

厄休拉尽管年轻，却有敏锐的观察力。她觉得海斯勒医生令人厌烦——“他是个拐弯抹角又自大的家伙”，还带着一种愚蠢的幽默感，“按照习俗”被他的妻子和家人纵容过度了。她也不太喜欢他家的两个孩子，他们大部分时间都在参加希特勒青年团的会议和游行。不过，个头矮胖的海斯勒夫人十分友好，她想方设法让厄休拉有宾至如归的感觉。这家的坦特·伯琴（Tante Bertchen）整天坐在厨房的一个角落里编织衣物，听收音机里纳粹的宣传。尽管厄休拉强烈厌恶现政权，但她还是愉快地融入了海斯勒家的生活节奏。后来有一天，她得知希特勒要来奥斯纳布吕克短暂停留：

> 他们兴奋至极。全镇人似乎都出动了，海斯勒全家人随着成群结队的人们走到车站。我们等了又等，直到那列著名的火车最终进站。希特勒在火车上行走，依次出现在每个车窗前，好让每个人都能清楚地看到他。人们回应时的吼声简直无法形容，让我难以置信。在当天其余时间，以及接下来的一周时间里，这家人不断地重复谈论，说见到元首多么美妙，见到他多么幸运，等等。我的反应相当冷静——我承认这是桩有趣的事，仅此而已，我也没再说别的话。[12]

284

就在厄休拉开始她的德国之旅时，芭芭拉·彭伯顿（Barbara

Pemberton）正在享受一种完全不同的经历。她父亲是英国人，母亲有一半德国血统和一半比利时血统。她成长过程的大部分时间住在汉堡。由于健康原因，她经常在巴伐利亚的巴德奥伯多夫过冬。一天下午，她在山坡上的托儿所照看几个孩子时，一位神情愉快的女人找到她，问她是否介意在这群孩子中增加一个“金色卷发的小家伙”。芭芭拉后来得知，这名女子是伊尔丝·赫斯（Llse Hess）——希特勒的副手鲁道夫·赫斯的妻子，那孩子可能是赫斯的侄子。她写道：“我后来与伊尔丝相处，发现其实我很喜欢她，尽管她是一个铁杆纳粹。”

1938年2月，伊尔丝邀请芭芭拉与他们一起参加慕尼黑狂欢节，芭芭拉很高兴，而她父亲就不那么高兴了。经过多次讨论，他勉强准许了，但告诫女儿，一旦她信奉了纳粹的信条，她在家里将不再受欢迎。耳畔回响着这一警告，芭芭拉来到慕尼黑车站，冲锋队的一名队员在那里接她，直接开车送她去了赫斯的家。房子周围是一座大花园，冲锋队队员和他们带领的几只警犬在不断地巡逻。受到热烈欢迎后，他们请芭芭拉坐在一把靠近收音机的椅子上，全家人聚集在那里听元首照例在1月31日这天发表的年度演讲，这是他成为总理的日子。“我脑海里现在还能看到他们当时的模样，”芭芭拉回忆，“大家在仔细聆听他讲的每一句话。”瑞典大使和意大利女伯爵的女儿们也加入了这群人。有一次，大家都去散步，赫斯走在前面。芭芭拉写道：“我们发出一阵

285

阵咯咯的笑声，因为他的秃顶非常惹眼，有人建议，从我们手套上剪下一块毛皮，遮盖在他脑袋上，一定很漂亮。”[13]

在柏林，来自美国南达科他州的钢琴演奏家埃米莉·贝彻（Emily Boettcher）在无尽的法规中苦苦挣扎，这些法规阻碍了她发展音乐事业的努力。自1935年（那时她二十八岁）以来，她长期在德国跟随那个世纪非常伟大的钢琴家威廉·肯普夫、阿瑟·施纳贝尔和艾德温·费雪学习。她决心要获得成功，便专注于她的音乐，每天长时间练琴，并试图忽略周围不愉快的事情。找个合适的房间并不容易，从她写给父母的一封信中可以清楚地看出：

> 我搬到新住处了，但我非常怀疑能不能在这里久住，因为练琴打扰了其中一位室友。我的运气好像糟透了。大多数分租房间的人总是注意隐藏或不泄露屋里的不利情况。这些情况通常是浴室有问题，或者插座没电。我第一次来没注意到这个地方有什么问题，等到午饭吃完了，我才发现医生的太太一直对我隐瞒了她有好几个房客这件事！一共有三个房客，加上她自己，这所房子里住着四个全都是七十多岁的人。我觉得自己好像住进老人院了。[14]

此后不久，她搬了个住处。1938年2月5日，她写道：“床上有臭虫。房间必须喷杀虫药。如果这不起作用，就得用毒气熏，要么我就搬出去。黄油稀缺，没有鸡蛋。”两个月后，她又坐在另一个房间里审视着一切：

> 我第一次意识到，纳粹宣传机器对我的神经造成了毁灭性的严重影响。我像成千上万的其他人一样，不知不觉间对一切都感到恐惧。然而，把我逼到这个状态的不仅仅是宣传。我的电话遭到了窃听。我和一个长相类似犹太人的葡萄牙朋友去餐馆吃饭时，遭到了拒绝。从国外寄给我的所有信件都受到了审查。[15]

286

这种对德国日常生活的描述并不少见，但直到 1938 年，仍有源源不断的普通游客选择在德国度假，这怎么可能呢？更令人费解的是，他们曾在那里亲历过这个政权的种种做法，为什么回国后不大声谴责它？

对此，吉尔·波尔顿（Jill Poulton）博士对二十世纪三十年代末家庭度假的记忆，在一定程度上提供了答案。在吉尔（十几岁时）和她姐姐看来，德国就是天堂。那里遍布中世纪风格的村庄，没有川流不息的车辆，酒店待客友好（从不需要提前预订），当然还有众多让人开心的啤酒花园。最重要的是每个村庄都有游泳池，更不用说游泳池中还有迷人的“美少年”。这跟吉尔在英国经历过的一切都大不一样。驾驶着一辆陈旧的路虎汽车，一家人悠闲地开车穿越德国前往奥地利，一天行驶的里程从不超过一百英里。他们在参观过的每座城镇主要广场停车从未遇到任何困难。每个人都彬彬有礼，就连官员们也是一样。在贝希特斯加登附近的一条小路上，他们遇到一群身穿紧身连衣裙的少女和穿皮短裤的小伙子，他们大步登山，一路歌唱，和声非常悦耳。这个家庭从来没有讨论过政治，也从来没有感受到威胁。穿着制服的聪明的年轻人给两个女孩留下了深刻的印象。吉尔对中世纪风格的法兰克福有着特别美好的记忆。导游带他们来到犹太区的跳蚤市场时，那儿很窄、很黑、很臭，她母亲（来自德国）说了句她常说的反对犹太人的话。直到几年后，吉尔和她姐姐才得知她们的母亲就是个犹太人。[16]

287 同样，并不支持纳粹的作家 J. A. 科尔 1937 年至 1938 年期间在德国长期停留后，也发表了如下评论：

> 在阳光明媚的早晨，我每次初遇一个德国小镇，总是感到精神振奋。我会产生一种感觉，认为这里既拥有令人愉快的异域风情，也是一个可以快乐生活的地方。亚琛的街道宽阔，绿树夹道。人行道、马路和房屋的台阶看上去都像是刚刚被彻底打扫清洗过。人们脸上的肥皂沫和水花闪闪发亮。马车夫们愉快地甩着鞭子。很难找到真正贫穷的人。商店都很漂亮，咖啡馆的数目多得让人喜悦。没有叫卖的小贩，也没有贫民区和乞丐。[17]

看来，即使是那些从根本上反对纳粹的旅行者，也本能地忽视了这个政权，将目光投向了他们想象中真正的德国；这个国家尽管有种种不如意之处，却保持了令人着迷的持久魅力。

第十七章

德奥合并

1938年3月12日，希特勒吞并了奥地利——德奥合并。虽然许多外国人对希特勒最新的无情举动感到震惊，但也有人认为这是一个完全合乎逻辑的发展，有利于奥地利的长远前景。当天在哥廷根，季羡林应铃开门，见一位姓龙的朋友和一位姓田的朋友站在门口，一副焦急模样。他在日记中写道："万没想到龙会带给我这样惊人的消息——德国大军已经进占奥国。我看，这次战争恐怕再也免不了了。将来恐怕会有一天，回国也回不去，在外国住又没有钱，弄到沿街讨乞也说不定。能不能再见故国都成问题了。"[1]与此同时，在德累斯顿，西尔维娅记得每个人都在为庆祝德奥合并大吃奶油——"当时食物短缺，所以这事特别难忘"[2]。希特勒进军奥地利时，第八代格拉斯哥伯爵的女儿玛格丽特·博伊尔女士正在慕尼黑的一所女子精修学校读书。她写道： 289

> 尤妮蒂·米特福德问我们，谁愿意去见希特勒。我们中的一些人认为，这是一个颇有历史意义的时刻，便答应了， 290 列队站在他的车将要经过的马路两旁。士兵在街道上排起了长队，我们前面有个安全岛，所以我们很担心，不知他的车

会经过岛的哪一边。结果是岛的另一边。我们把士兵推开，冲向他的车。他身穿通常那身皮衣站在车上，没有对我们露出甜蜜的微笑，反而为士兵没能拦住我们而怒不可遏。总之我们见到他了。他跟照片上一个模样。[3]

凯·史密斯站在林茨庞大的人群中等待元首凯旋，她写道，人群中一再震耳欲聋地重复着“胜利万岁！胜利万岁！”的呐喊声，“仿佛耳朵里回响着脉搏的巨大跳动声”[4]。

德奥合并把厄休拉·邓肯-琼斯吓坏了，她将其总结为“希特勒卑鄙地吞并了一个名叫奥地利的快乐小国”。她抱怨，要想逃避无休止的无线电广播宣传是不可能的，“室内外都是大喇叭的轰鸣声”。她感到困惑。“毕竟，我对这些人很有感情，他们看上去足够聪明体面，却显然让不停的宣传蒙蔽了。我作为一个旁观者保持着沉默，也保留了自己的想法。对于他们脱口而出的颂扬，我很快就找不到不置可否的合适托辞了。”[5]

德奥合并四天后，《泰晤士报》发表了一篇文章，题为《穿越纳粹奥地利：一个旅行者的印象》（“Across Nazi Austria：A Traveller’s Impressions”）：

进入奥地利的德国机械化部队长长的队列和几乎歇斯底里的人群，使得开车前往维也纳车站既困难又缓慢。在夜间的火车旅行中，透过车窗看到牵引车、卡车和装甲车连绵不断地驶向维也纳，车辆的大灯照亮了乡村。在城镇里，大旅

> 馆被军官和他们的勤务兵占据了。车站餐厅里清一色都是德国士兵，整个场景让人回想起上次大战中的比利时……前往边境的列车上挤满了乘客，大多数是犹太人，但也有众多从因斯布鲁克周边的冬季运动度假村赶来的英国游客，他们认为最好离开奥地利。所有犹太人都被带到因斯布鲁克的警察总部，脱光衣服检查是否携带违禁的货币。但去过冬季运动度假村的英国游客却被允许保留随身携带的钱。[6]

291

十七岁的琼·韦克菲尔德在1938年3月28日的日记中写道，当天上午，正是上面那篇文章激起她跟一名德国女孩在早餐时发生激烈的政治讨论。尤塔（Uta）是德国少女联盟的积极分子，这个联盟是希特勒青年团的女性分支团体。尤塔在农村与农民家庭一起工作六个月后刚刚返回柏林。在柏林大学读书的琼写道："争吵了两个小时！而且是操着德语争吵！"希特勒从维也纳凯旋那天，她陪女房东冯·德姆·布舍-施特赖特霍斯特（von dem Bussche-Streithorst）男爵夫人来到威廉广场，聆听元首讲话。琼原先站在一个喷泉旁，几个褐衫队队员坐在喷泉水池边，晃动着腿。见她不敬礼，他们便抬起腿踢她的脑袋。那天晚上，男爵夫人的爱国热情激荡，在晚餐桌上装饰了"卐"字标志。

一个月后，整个第三帝国于4月10日举行公民投票，寻求对德奥合并的认可。投票前一晚，琼乘坐火车行驶在斯图加特与慕尼黑之间。透过车窗，她看到所有山丘上都燃起篝火，每个村庄上空都绽放出烟花。据称，结果99.7%的选民都赞成合并。季羡林不赞成。他在日记中写道："今天是德国选举的日子，街上走的德国人每人挂了一个徽章。投票处的门口站满黄狗（冲锋队）、黑狗（党卫军）。"第二天，他在日记中补充写道：

292

> 昨天夜里十二点忽然从梦里惊醒来：楼下无线电里一片狗叫声，大概是老希（指希特勒），也许是别人。叫完就有一片快呼的轰声相应和，其声凄厉，静夜听来，直如鬼鸣。德国这民族已经全疯狂了，总崩溃的日子大概也不会远了。[7]

英国查特豪斯公学曲棍球队没有让政治局势吓倒，仍在4月初出发前往德国旅游。一名队员在学校杂志上撰文介绍他们的奇遇：

> 必须承认，查特豪斯曲棍球队抵达科隆时并没有成为主要的兴趣中心。找到原因并不难：希特勒在科隆待了一整天，劝告德国人在即将到来的公投中投赞成票……从最简陋的商店到莱比锡的歌剧院，每一座公共建筑都布满了纳粹的宣传品。在科隆，我们住在一座宏伟的体育场中，这是德国现代建筑中的一个精彩典范。这也是我们此行唯一没有跟德国家庭住在一起的地方。并不是因为德国人不想接待我们，而是每家都住满了来自周边乡村的亲友，他们来到城里，想要一睹领袖的风采……
>
> 我认为可以公平地说，我们大多数人最喜欢的地方就是

莱比锡……这里的气氛比较像英国，与我们访问过的德国其他地方不同，希特勒的精神没有在这座城市里真正滋生……我们每到一处，都能体会到他们与英国保持友谊的愿望……他们的认真态度近乎悲切。他们觉得我们是撒克逊同胞，不相信比起他们这些撒克逊同胞，我们更愿意跟与俄国和捷克斯洛伐克为伍的法国结盟。[8]

乔治·皮特-里弗斯上尉也产生了同样的困惑。他完全不明白为什么英国竟不愿与德国携手合作。到 1937 年中期，英国的纳粹 293 支持者人数已大幅度减少，但在当时剩下的支持者中，没有一个比皮特-里弗斯更狂热。在他看来，德奥合并是个辉煌的成就。他曾多次前往德国旅行，在其中一次结束后返回英国之际，他写信祝贺元首："允许我，一个英国老军官和德国真诚的朋友……表达我深切的感激之情。在你的领导下，在没有流血的情况下，在全体德国和奥地利人民的欢欣鼓舞下，德奥完成了合并。"[9]

奥地利成为帝国一部分的三个月后，1938 年 7 月 6 日，一列火车喷吐着烟雾，沿着从富尔达通往汉诺威的支线缓慢行驶，无论车站多小，每站必停。科维（在哥廷根西北部四十英里开外）就是这样一个边远乡村小站，正是在这里，琼·韦克菲尔德踏上站台，开始了一次难忘的暑假。在柏林，她偶然在德国教师家中遇到了拉蒂博尔（Ratibor）公爵。这位公爵还拥有科维

(Corvey) 亲王和霍亨洛赫-席林斯弗斯特(Hohenlohe-Schillingsfürst)亲王两个头衔。他喜欢这位英国女孩，几天后邀请她和他们一家人一起度过这个夏天，为的是让他几个较小的孩子提高英语水平。“我直接开车去了城堡，”琼记录道，“公爵夫人在门前的台阶上迎接我。”[10]

在那个完美的夏日傍晚，作为前本笃会修道院的“城堡”沐浴在金色的晚霞中。这个家族可能是德国最古老的家族之一，“与历代国王的社会地位相当”[11]。但他们的屋里家具很少，也鲜有现代的舒适感。全家人只有两间浴室可供使用。琼打开行囊整理东西时，这些人正狩猎结束返回，大家都进屋吃饭。目前，德国各地粮食短缺现象十分普遍，但这里的食物全都是庄园提供的，丰富而美味。琼没有记录他们在晚餐席间的交谈内容，但他们不可能讨论当天早些时候公布的一条重要新闻，即现在禁止犹太人搞交易，也不准他们提供某些特定的商业服务。琼当晚在入睡前写道：“有在家里的感觉。结束了与拉蒂博尔一家相处的第一个夜晚，非常开心。”

294

她的第一个星期，在划小艇沿威悉河而下中度过。他们即将出发时，以城堡为背景拍摄了一张照片，上面显示着，一群有魅力的年轻人面带兴奋的微笑。这个世界属于他们，灰蒙蒙的天空并不能让他们的愉快情绪稍减丝毫。一本影集被保留了下来，题为“威悉河划艇之旅——从明登(Münden)到明登

（Minden），1938 年 7 月 9 日至 16 日”。从许多褪了色的（带有褶边的）黑白照片中，能看出河的两岸都是异常空旷的乡野。照片中偶尔会出现一个好奇的孩子或一个孤独的骑行者。半木结构的房屋、宁静的教堂和村庄被拍摄入镜，形成这群朋友划艇旅行的背景。他们经历了雷雨、蚊虫叮咬、与渡船相撞、划艇漏水、晒伤，还有个女房东从一个隐蔽的窥视孔监视过他们。有一次，他们没有懒洋洋地漂向下游，也没有顶着逆风疯狂划桨，而是在比克堡上岸，购买木鞋，大吃威斯特伐利亚火腿。在基乔森（在哈梅林以南五英里处）度过的夜晚是他们最愉快的时光。村里的乐队用曼陀林进行演奏，他们的西班牙表亲跳起了探戈，琼跳了一支波尔卡。夜晚即将结束时，全村人都加入进来。琼写道：“大家享受了一场盛大的联欢。”

一周后，他们搭乘了一辆运蔬菜的卡车回到科维。天气越来越热，每一天都在愉快中消逝，第二天又在愉快中到来。他们打网球、猎鹿、骑马，在威悉河游泳。晚上，他们随着留声机的音乐跳舞，喝着“鲍尔酒”（白葡萄酒和香槟调制的酒），还讨论政治。划艇旅行一周后，他们中的几个人出发去参加德国大奖赛。尽管比赛令人激动，但维克托（Viktor Ratibor，拉蒂博尔的大儿子，也是爵位继承人）觉得，和琼一起乘坐他的弗雷泽·纳什牌汽车回家更令人兴奋。她写道：“旅途有点恐怖，不过落日给葡萄园染上一层华彩的光亮，看着浪漫而可爱。”第二天，广播中宣

295

布，犹太医生不能再行医。

琼在科维城堡的经历也许比任何其他经历都美好，但那里只是这家人避暑的住处。拉蒂博尔家的主宅位于上西里西亚雄伟的前西多会修道院，宅子名称叫劳登城堡。在战前的日子里，这座城堡周围是广阔的庄园，距离波兰边境只有区区几英里。8 月 3 日，全家人带着琼离开科维，前往东部五百多英里外的劳登。他们开车去往柏林，在柏林过了一夜，那一夜漫长而又炎热。琼就像所有外国人一样，对德国高速公路上的高效行驶印象深刻，不过觉得行驶过程太单调。到了柏林，他们很快换上网球服，打了几局网球，晚上在伊甸园酒店跳舞。琼写道："弗朗兹·阿尔布雷希特（Franz Albrecht）完全不会跳吉格舞。"她回忆起几个月前，她曾与男爵夫人的侄子阿克塞尔·冯·德姆·布舍-施特赖特霍斯特（Axel von dem Bussche-Streithorst）在同一家酒店跳舞。那位高大英俊的军官后来成为德国抵抗组织的英雄。1943 年，他二十四岁。在计划好的自杀式刺杀任务中，他按要求作为服装模特儿向元首展示新国防军制服，服装下藏了一枚手榴弹，用来暗杀希特勒。可惜他并未见到希特勒，因为盟军的炸弹摧毁了运送制服的火车。阿克塞尔决心再试一次，结果再次受挫，因为计划中与希特勒的再次会面被取消了。幸运的是，7 月 20 日发生爆炸事件时，他因失去了一条腿而躺在医院，因此躲过了嫌疑。回到 1938 年 8 月那个炎热的夜晚，琼在日记中恋恋不舍地写道："想起我和阿克塞尔在伊甸园吃饭时，我们一起跳舞。真是妙不可言！”

296

第二天，全家再次出发，前往巨大的科普皮茨城堡，那里有哥特式的塔楼、飞拱和壮丽的花园。不过，琼评论：“一点儿也不吸引人。”这个城堡属于沙夫戈奇（Schaffgotsch）家族，他们的巨额财富来自西里西亚煤矿。拉蒂博尔家应邀留在科普皮茨参加为期两天的网球锦标赛。这次锦标赛以德国的标准组织，是最高等级的社交赛事。琼评论道：“那番景象相当可怕。走到网球馆的过程中不得不接受很多人的注目礼。”对于一个离开寄宿学校刚几个月的不谙世事的英国女孩，这是一次令人生畏的经历。“一个人也不认识。只有伯爵跟我说话，这里有数以百计的仆人。喝茶后，我们很快换上打网球的装束，只打了很短时间。我打得不错，让我提振起些许信心。”她被介绍给丹麦的格奥尔格（George）王子，王子也是十七岁。她写道：“他是个健康漂亮的小男孩。”王子对她说，他憎恨德国人，可又不得不说他们的语言。“他对我说，许多母亲总是把她们的女儿推到他面前，太可怕了！”的确，琼不由注意到，他的卧室总是“谨慎”地不让沙夫戈奇家最漂亮的女儿进去。王子虽然有令人肃然起敬的血统，但不擅长打网球。“他的球技糟糕透了，”琼在混双比赛中跟他搭档，不禁抱怨道，“我竭力忍住才没笑出来。他甚至不会跑动接球！”

这次锦标赛场面盛大。琼写道：“源源不断的饮料，成群的服务员，还有冰块，一切都妙极了。”但8月8日这天，当网球在科普皮茨球场上弹跳时，希特勒的家乡林茨以南三百英里处，正在建造新的毛特豪森集中营，用于关押第三帝国最为无可救药的敌人，许多是知识分子，按照计划，要通过强制他们在当地采石场、矿山和弹药厂干奴隶般的苦工，来最终消灭他们。在科普皮茨，颁奖后又举行了盛大的宴会。琼记录道：“格奥尔格王子带我去吃晚饭。我们相处融洽。后来，我几乎整个晚上都在陪他跳舞。我们跳了兰贝斯走步舞。那里挤满了年轻人。大家都非常快活。”

297

第二天，琼和她的朋友们出发去劳登城堡，这是个位于森林中的巨大建筑。三天后，也就是8月12日，希特勒调动了七十五万人的部队。那天下午，琼去格莱维茨*补牙。牙医是个狂热的纳粹分子，给她钻牙的同时，对她宣讲了纳粹的种种优点。在返回劳登的路上，他们遇到“上百辆”满载士兵的坦克和卡车。琼评论：“眼前所见让人生畏。”但随着她再次专注于每天的骑行、在寒冷的森林泳池中游泳、聚会、恶作剧、打网球等活动，焦虑情绪逐渐消失。令琼特别高兴的是她与公爵的几次外出狩猎。每天早上他们6点钟会合，开着他那辆破旧的老福特车出发，车子有鲜艳的橙色挡泥板和绿色的内饰。“看到野猪了，非常兴奋。可惜距离太远，射击不到。”琼在一次这样的出游后写道。

---

* 差不多整整一年后，在1939年8月31日，发生了所谓的“格莱维茨事件”。此事由纳粹策划，成为希特勒第二天（即9月1日）入侵波兰的借口。

遇到下雨天，她喜欢去森林深处遛狗，有时会彻底迷路。8月17日，她被当地农民救出。“我跟农民们进行了交谈。他们都很穷，但很招人喜欢。照我看，他们以前从来没跟一个年轻英国女孩说过话。”就在同一天，纳粹下达了强制命令：使用非犹太人名字的犹太人，男性必须一律改名为“以色列”，女性则改为“萨拉”。

随着9月份（和纽伦堡集会）的临近，希特勒对苏台德区脱离捷克斯洛伐克、并入德意志帝国的要求越来越迫切。苏台德区是该国几个地区的总称（位于摩拉维亚、波希米亚以及捷克属西里西亚的边境区域），这些地区主要讲德语，在第一次世界大战之前属于奥地利。但政治局势越险恶，劳登城堡的生活似乎越充满活力，人们笼罩在自己喜悦的泡沫中。也许是这种即将到来的危机感，让年轻人在那个夏天的快乐增添了一分刺激。不过，几乎没人能预见到，一场灾难将很快击垮上西里西亚的这个强大的德国家族，这场灾难将永远改变他们的生活方式。一天晚上，琼在邻近的一座城堡遇到一位来自布拉格的医生。“他告诉我，无论发生什么情况，捷克人都会战斗。他们将为保住每一寸领土而战。”这样的政治评论在她的日记中很少见。事实上，阅读她的日记时，很难猜得出，在她与拉蒂博尔家交往的整个期间，欧洲一直处于战争的边缘。最后，公爵作出了决定：她必须回国。但在她走之前，还要举行最后一次聚会。 298

舞会那天晚上，公爵和他的儿子们身穿定制的拉蒂博尔家族燕尾服，显得光彩照人。琼选择了她的黑色波点裙——“人人都喜欢这条裙子”。六十位宾客身着全套晚礼服，正襟危坐享用五道菜的大餐。用餐后，公爵夫人和吉多·亨克尔·冯·多纳斯马克（Guido Henckel von Donnersmarck）跳了“相当精彩的”蒂罗尔民间舞和维也纳华尔兹。当地一个乐队演奏了特别欢乐的音乐，一直持续到凌晨四点钟。琼写道：“仆人们也参加了跳舞，不过是在墙的另一侧。”

到了她离开城堡前的最后一天——8月31日星期三：

> 收拾完行李后，我的大行李箱被送走了。我在池塘里沐浴，公爵夫人也来了。打网球——我大败弗朗兹-阿尔布雷希特。公爵等人在旁观。一切都极为有趣。随后，我和弗朗兹-阿尔布雷希特在森林里骑了很长时间马，作为告别。树叶正在变成秋天绚丽的颜色。我很伤感。骑马一路慢跑，很晚才回来，天都漆黑了！最后一次去狩猎小屋——这儿真是可爱。接下来是告别晚餐，我吃了四客咖啡苏打冰淇淋。10时30分，大家全都上床了。我向公爵说晚安并道别，还吻了公爵夫人。弗朗兹-阿尔布雷希特去拿来了我想要的唱片。公爵夫人再次来道别并再次亲吻我后离去了。其他人都跟我说晚安、道别。弗朗兹-阿尔布雷希特最后一个道别，说完匆匆离去。

299

琼最后收拾完行装后，打开收音机听了伦敦大本钟的报时钟声。她凌晨三点就起床，“踮着脚尖走进弗朗兹-阿尔布雷希特的房间！留了字条和那张唱片”。管家为她准备了早餐，送她上汽车。“再见劳登城堡，再见拉蒂博尔家，这是我一生度过的最幸福的两个月时光，充满了友谊和成长！”几乎整整一年后，1939 年 9 月 18 日，在发生于华沙以西四十英里处的布罗科夫战役中，霍亨洛赫-席林斯弗斯特亲王爵位继承人维克托·冯·拉蒂博尔中尉在他的坦克里被活活烧死。

黎明时分，天阴沉沉的，下着细雨，琼乘车离开了劳登。到捷克边境的奥得贝格耗费了一个小时车程。她给了司机一笔小费，给公爵夫人留了一张字条，登上了开往维也纳的火车。在捷克一侧，阴森森的混凝土屏障和带刺的铁丝网清楚地提醒着人们，战争随时都有可能爆发。看到车站和火车上有很多妇女在工作，她感到惊讶。火车开动时大雨瓢泼而至。她写道：“一切都是灰蒙蒙的，让人无比沮丧。”她两个小时前才离开劳登，但她感觉在那里的生活似乎已经很久远了。

火车停在奥地利边境时，纳粹官员上车检查乘客的证件。琼匆忙离开劳登时，忘了办理进入奥地利所需的再入境签证。警卫慢慢翻看护照，仔细检查每一页，最后把护照还给她，告诉她必须下车，去布拉格办理适当的签证，然后才允许进入奥地利。这真是个绝望的时刻。琼既没有钱（携带十马克以上出国是非法的），在捷克斯洛伐克也没有可以求助的任何联系人。她采取了伤心哭泣的明智策略，结果奏效了。警卫喃喃地说，也许她对帝国没有太大威胁，就离开了车厢。

到了维也纳，她抓紧时间赶上了去萨尔茨堡的火车，她要借住在一个美国熟人那里。她叫了辆出租车——“车费很贵，但沿途什么都看到了”。司机很高兴。琼写道：“他非常郁闷，没有外国人就挣不到钱。”她写道，火车站是一个让人深感悲伤的地方。“三五成群的犹太人泪流满面，挥手相互告别。”开往萨尔茨堡的火车上情况同样糟糕，“挤满了离去的犹太人”。好在多瑙河沿岸的景色十分宜人。“林茨等地方位于希特勒胜利进军奥地利的路线上。我们见到几列火车上坐满了开往边境的部队。我们的火车被迫让路，停了很久。林茨火车站有最便宜最好喝的茶。我感觉一点儿也不舒服。花了六分钱，吃了很大一块美味蛋糕，外加一杯咖啡——简直是奇迹！”

她的东道主伊迪丝·凯勒（Edith Keller）在奥地利生活十二年了。她在晚饭时对琼说，德国人五个月前到来时，受到了热烈的欢迎，林茨人尤其热情。奥地利人相信，自己不用付出任何努力，德国就会使他们的国家繁荣起来。如今，尽管他们比以往任何时候更加卖力工作，但仍然很贫穷。结果，奥地利失去了它所有的欢乐和魅力。最重要的是，奥地利人讨厌被组织管理。但是，尽管人们普遍对德奥合并感到失望，却没有人积极抵抗。相反，凯勒夫人说，许多奥地利人为了避免参军或加入希特勒青年团，便逃往山区。外国游客已经不再前来，最好的酒店现在被迫以半价接收“力量源自欢乐”的游客。

这是个悲观的总结，但这并没有破坏琼欣赏萨尔茨堡周围美景的愉快心情。不过，她知道该离开了。9月4日一大早，她仔细看了新闻报道，确保战争不是一朝一夕就会爆发，这才登上开往慕尼黑的火车。几天后，她登上前往日内瓦的另一趟火车。火车越过边境进入瑞士的时候，她感到一阵强烈的喜悦和宽慰。

第十八章

“和平”与破碎的玻璃

301 琼·韦克菲尔德于9月6日离开德国，这天恰好是1938年纽伦堡党代会开会的第一天。为了庆祝德奥合并，这次大会被称为“大德国集会”。英国议会议员特尔玛·卡扎勒特与大多数其他与会英国“贵宾”不同，她强烈反对纳粹，接受里宾特洛甫的邀请，仅仅因为她认为重要的是“知道正在发生什么事情”[1]。第一天晚上，她走进大酒店的餐厅时，一眼就看到尤妮蒂·米特福德陪父母雷德斯代尔勋爵夫妇坐在长长的“英国人桌”旁。她在日记中写道：“尤妮蒂美艳惊人，但是，我从未见过长相这么漂亮却一点也没有魅力的人，她的表情相当愚蠢。”

特尔玛不喜欢纽伦堡。她在瓢泼大雨中坐了好几个小时，观看劳工队伍踢着正步，接受元首的检阅，他们像扛枪一样扛着铁锹；她关车门时把一根手指夹了一下；她也不喜欢受到德国看守控制的二流歌剧。但她觉得最糟糕的时刻是一天早上翻看《泰晤士报》时，读到吞并苏台德地区已迫在眉睫的消息。她写道：302 “对于坐在纽伦堡桌旁的英国人，这是糟糕的一天。我尽快赶回家，觉得有义务给罗斯福总统发送一份电报，建议他飞往欧洲，努力维护和平。”

在杜鲁门·史密斯看来，希特勒在集会最后一天（9月12日）进行激进的主题演讲是“第一次世界大战后最重要的事件之一”[2]。史密斯写信给他的女儿，描述了当时的情景：

周三晚上，我坐在东普鲁士柯尼斯堡酒店用晚餐时，报童给每张桌子送发了一张刚印出的号外。这张报纸上登出了全世界数年来最惊人的消息：英国首相张伯伦要求与希特勒在伯格霍夫会见，他已经准备好次日飞去见他。我环顾四周，望着周围桌旁的许多德国军官和随员。所有人都惊得目瞪口呆。随后，许多外国人露出谨慎神色，而所有德国人的脸上都洋溢着幸福。就好像欧洲的关键时刻已经到来了。

现在看来，第二天的采访似乎是现代最具历史意义的事件之一。张伯伦对希特勒说，他个人赞成分裂捷克斯洛伐克，但他没有得到内阁的批准，也没有听到法国政府表示同意，所以必须首先返回伦敦……星期天，也就是当月18号，英国内阁批准了张伯伦的计划，即捷克斯洛伐克的几个德国区应割让给德国……按照日程安排，今天，即9月22日，张伯伦和希特勒将在莱茵河畔的戈德斯贝格举行一次新的会议，你可能还记得，那是个寂静的小镇，远眺能看到科隆大教堂，近旁是德拉亨费尔斯城堡……张伯伦的访问清楚地表明，法国和英格兰绝不会为捷克斯洛伐克而战。[3]

303 在这些谈判进行期间，瑞士商人努马·泰塔兹（Numa Tétaz）仍在巴伐利亚工作。他的著作《亲历纳粹二十年兴衰：1923年至1943年》（*Ich war dabei*，*20 Jahre Nationalsozialismus 1923–43*）是一本引人瞩目的书。但由于此书是在1944年出版的，他用了个笔名：勒内·朱维（René Juvet）。自从希特勒上台以来，他就密切关注着纳粹对他公司同事的影响，他的态度越来越悲观。他写道，他的老板曾是一位有教养的人，有许多犹太朋友，后来变成一个铁杆纳粹。他警告泰塔兹，对瑞士人来说，仅仅低下头是不够的。从现在开始，每个人必须表现出对元首的积极支持。

到了1938年，管理层一半的职员和公司四分之一的员工都加入了纳粹党。在张伯伦与希特勒首次会面前的几天里，泰塔兹讲述了办公室里的压抑气氛，以及他们的工作如何饱受混乱情绪的影响。公司里最狂热的纳粹分子到处对人们说，不出八天，他们就会把捷克人“丢进垃圾桶”。接着便传来了这个突发消息。泰塔兹写道：“我不记得曾听到过比张伯伦将在贝希特斯加登会见希特勒更具轰动性的消息。”

一位同事对他说：“你会看到，和平将得到维护，希特勒会在不使用暴力的情况下实现他的目标。假如德国和英国没有从根本上团结在一起，老张伯伦就不会冒着风险去贝希特斯加登，因为万一会谈失败，他就成了替罪羊。”纳粹取得了胜利。他声称，世界应该由德国和英国这两个日耳曼主要种族统治，让德国在欧洲大陆得到生存空间，让英国继续统治海上。德国最终要夺回其殖民地，不过现在这不是一个紧迫的问题，因为德国很快就会在东方获得足够多的土地，供其公民世代享用。

公司员工对此的反应大不相同。许多人仍然坚持他们的马克思主义原则。由于在他们中间安插了一名纳粹间谍，有几个人被送往了集中营。他们也认为张伯伦是和平的使者，但他是个要将德国人民从希特勒手中解放出来的使者。

304

那年9月，该公司的一些员工被征召入伍，其中包括他的会计师同事。“他离开时显得很不安，”泰塔兹说，“情况看来并不好。他也许更希望待在家里培养他的纳粹主义理想，而不是手握枪杆子在前线捍卫那个理想。”

允许德国吞并捷克斯洛伐克部分地区的《慕尼黑协定》在1938年9月30日签署。那天，泰塔兹正好在慕尼黑。他写道，每个人都想一睹四巨头的英容——希特勒、墨索里尼、张伯伦和达拉第(Daladier Édouard)。这是个温暖和煦的秋日，人们称之为“希特勒天气”。到处都是旗帜，在柔和的微风中轻轻飘扬。这一次，英国的米字旗、法国的三色旗与纳粹的“卐”字旗插在一起，并排飘扬。甚至在消息发布之前，泰塔兹便指出，似乎没有人会怀疑将有一个成功的结果。英国首相无论出现在慕尼黑的什么地方，都会受到喜悦人群的欢呼。这位瑞士人评论说，非同寻常的是，纳粹的宣传是基于真正自发的公众反应。

后来，泰塔兹与朋友们共进晚餐，这些朋友虽然坚决反对希特勒，但也表现得愉快而兴奋，因为现在和平似乎确信无疑了。他们对该政权的厌恶并没有到希望用一场战争来摧毁它的地步。随后又传来了一条不寻常的消息，德国针对捷克斯洛伐克的要求已经得到充分的满足。慕尼黑沉浸在难以形容的喜悦氛围中。庞大的人群聚集在张伯伦和达拉第下榻的酒店外，一次又一次吁请这两位政治家在阳台上露面。泰塔兹和他的朋友们一起去参加啤酒节的庆祝活动。他以前经常参加啤酒节，但从来没见过这样的规模。整整一个晚上，啤酒不停地传送，在巨大的天蓬下，无忧无虑的人们手挽手组成长长的队伍，在铜管乐队演奏的音乐中不停地舞动。希特勒没费一枪一弹就为他的人民建立了一个帝国，推翻了广受憎恨的《凡尔赛条约》，消除了失业，还把昨天的敌人转变成了朋友。

305

该公司的锁匠没有参加庆祝活动。尽管他绝不是德国唯一的对所有令人兴奋的活动无动于衷的人，但是在那一天，他比谁都清楚，要表达自己的真实感受无异于自杀。[4]

到了1938年10月中旬，德国的生活或多或少已经恢复正常。美国的“大学三年级海外教育计划”项目主任埃德蒙·米勒（Edmund Miller）在给执行委员会写信时谈及：

有时候我们担心《慕尼黑协定》没有产生我们原来希望

的永久性结果，而在另一些时候，世界看起来相当稳定。这里能听到五花八门的观点——有的将欧洲和平归功于张伯伦，有的嘲笑英格兰软弱，有的夸耀希特勒成功地让西方政治家听令于他。在我们住的房子里，有一个老人感叹终于避免了战争！但总的来说，德国人民为没有发生战争而感到高兴。[5]

整个欧洲的局势平静了下来，杜鲁门·史密斯可以安抚他女儿了：

军队正在从捷克斯洛伐克撤回国，预备役军人正在被遣散，马匹和汽车正在归还给它们的主人。昨天我们去过德累斯顿，回家时，我们被长长的机械化队伍挡在路上，他们正沿着我们移动的方向前进，向北返回他们的大本营。所有的汽车和士兵身上都装点着鲜花，车轮的轮辐上扎着花环，花朵沾满了泥土，看着挺滑稽。[6]

他妻子写道："从濒临战争到和平降临，这之间的转变太迅猛了……让我感到迷惑，很多人也有同感。在接下来的半个小时内炸弹不会落下！太不可思议了。"[7] 306

但是，不久之后，在杜鲁门·史密斯写信后不到三周的时间里，传来了"水晶之夜"的灾难性消息。11 月 9 日晚，德国各地的犹太人商店被砸得粉碎，上百名犹太人遭杀害，还有无数人遭到殴打和羞辱。随后，数千人被围捕并被送往集中营。对于把赌注押在纳粹德国的外国人来说，“水晶之夜”是一个触目惊心的启示。它摧毁了任何残存的对绥靖政策的争议，人们终于明白，仅仅在六个星期前签署的《慕尼黑协定》不过是个幻影。

凯·史密斯立即给女儿卡琴写信，解释发生的变故。“昨晚，他们在德国各地砸碎了所有犹太商店的橱窗，作为对厄恩斯特·冯·拉特（Ernst vom Rath）在巴黎被一名（德国出生的）波兰犹太人杀害的报复，也作为对未来的警告。”[8]西尔维娅在德累斯顿目睹了暴徒洗劫犹太人的埃塔姆百货商店。她回忆：“德累斯顿一直很和平，并不支持纳粹，所以这是一桩大事。我们这些寄宿女生让女房东去商店买东西，她吓坏了。我们打开所有窗户，放声高唱门德尔松的歌。”[9]

玛格丽特·布拉德肖（Margaret Bradshaw）原本没料到11月9日晚上她会待在柏林。她本该在印度的焦特布尔陪伴她丈夫——印度政治事务处的约翰·布拉德肖（John Bradshaw）上校。但她的眼睛在一次事故中受伤，迫使她返回英国接受治疗。到了英国她得知，只有一名医生可以为她治疗，可这位医生住在柏林。于是，她出发来到柏林，下榻在一家服装店对面的廉价酒店。服装店的橱窗里展示着一件她渴望购买的绯红色礼服。但是，由于她还不知道治疗费用有多高，所以不敢贸然购买。然而，经过两次痛苦的注射后，她非常高兴地发现，第二天返回英国前还有足够的钱去买衣服。当晚她睡得很沉，但隐约听到有很多喊叫声和

307

玻璃破碎的声音。第二天早上，她早早起床，急于去购买这件礼服。但是，她拉开卧室窗帘，只见商店橱窗砸得粉碎，那件衣服已经不翼而飞。[10]

美国驻斯图加特总领事塞缪尔·霍纳克（Samuel Honaker）报告了当晚犹太教堂被烧毁的情况：

> 11月10日清晨，几乎每一座犹太教堂都被纪律严明、显然装备精良、身穿便衣的年轻人放火焚烧。在符腾堡、巴登和霍亨索伦，至少有十二座犹太教堂遭焚毁。在这一地区的所有城市，即斯图加特、卡尔斯鲁厄、弗赖堡、海德堡、海尔布隆等地，也发生了同样的情况。犹太教堂的门被强行打开。大楼的一些部位和家具被浇上汽油后点燃。《圣经》、祈祷书和其他神圣物品被抛入火焰中。随后当地消防队接到火警报告。在斯图加特，市政当局命令消防队抢救出与人口动态统计有关的档案和其他书面材料。此外，消防队的活动仅限于防止火势蔓延。几个小时后，这些犹太教堂都变成了冒着烟的废墟。[11]

11月10日，泰塔兹驾车经过拜罗伊特一处被烧毁的犹太教堂时，马上意识到这属于恐怖事件。消防队员从燃烧的废墟中搬出烧焦的家具时，一群观望者显得既高兴又激动。前一天，他与几位犹太朋友在纽伦堡度过一个夜晚。那是一个文明的场合，有音乐和葡萄酒。他年迈的东道主在上次大战中失去了一只眼睛和一条腿，并被授予铁十字Ⅰ类和Ⅱ类勋章。泰塔兹担心朋友们的安危，调头开车返回纽伦堡。到达他们位于城市北郊的家后，他眼前所见犹如废墟。门的铰链被撞掉了，家具散落在花园里，水龙头喷着水。泰塔兹几个小时前还弹奏过的斯坦威豪华钢琴被斧头砸成了碎片。每一幅油画都被割裂了。主人的妻子露面时，身上布满了伤痕。她丈夫被送到医院，但第二天就去世了。

308

后来，泰塔兹与公司的纽伦堡集会代表讨论了“水晶之夜”。虽然那位代表是个冲锋队成员，但泰塔兹认为他是一个无害和勤劳的人。那人告诉泰塔兹说，当晚他不在纽伦堡，因为他讨厌暴力，这让泰塔兹松了口气。随后，泰塔兹问他，假如他在那里，他是否会参加打砸。对方回答说:“当然会。命令就是命令。”[12]

埃米莉·贝彻最近回到柏林，她正在为即将到来的春季巡演加紧排练。她写道，11 月 11 日，她给身在英国的丈夫写了一封信（他们五周前曾在“华盛顿号”上相聚）：“我想你听说了也读到了昨天在这里发生的掠夺行为。真是一次可怕的经历。我出门时，正赶上看到他们用石头砸纽曼钢琴商店，他们砸坏了展示橱窗里的每一件乐器。城里所有的犹太商店都被彻底摧毁，犹太教堂遭到了焚烧……库夫斯坦达姆大街看上去好像经受了一次小规模的空袭。”然而，两个月后，她告诉他，“柏林看起来十分安静，不亚于伦敦。街道上几乎空无一人，只有人们无所事事地隔着窗户观望。大多数被砸碎的橱窗已经更换了玻璃，商店被卖给了雅利安人。以前的犹太人商店生意一定很兴隆，因为它们出售的商品更好”[13]。

对于外国普通旅行者，在“水晶之夜”后的几周里，犹太人的痛苦在很大程度上被隐藏了起来。贝彻叙述道，不仅城市很快恢复了正常的外观，而且在他们的街道上现在几乎看不到犹太人。对犹太人生活的限制非常严厉，外国人在帝国待上几周，有可能连一个犹太人都看不到。然而，二十三岁的曼宁·克拉克（Manning Clark）在抵达德国后几天内就会目睹犹太人经受的全部苦难。这位未来的历史学家当时正在看望他同样来自澳大利亚的女友丁夫娜·罗迪威克斯。他获得贝利奥尔学院的奖学金后在牛津大学就读，而他的女友1933年在慕尼黑就读一年后，现于波恩大学攻读博士学位。 309

12月11日，也就是“水晶之夜”过去差不多整整一个月后，这对年轻人与著名地质学家、地理学家阿尔弗雷德·菲利普森（Alfred Philippson）教授（一名犹太人）一起喝茶。克拉克在日记中写道，“菲利普森教授的妻子非常哀伤”：

> 她的声音和举止显露出，她意识到自己有无法承受的负担，悲伤得近乎绝望。她女儿抽着烟，想要表现出镇定。那个男人非常痛苦。“我们住在这四堵墙之内，天知道能维持多久。其他国家对此表示强烈谴责，却不采取任何行动。”他的眼神充满活力，但他的话讲得很简短，甚至有些尖锐。

克拉克非但没有对老教授的困境（他已经七十四岁了）表示愤慨，反而写道："对犹太人的批评是可以理解的，（菲利普森的）批评意见太具有破坏性了，让人担心他还有些什么看法。他的语气带着恶意，话语中总是潜伏着讥讽。他成了智慧的化身。犹太人问题是个非常复杂的问题。"*

在另外一个场合，波恩大学一位退休的物理学教授对克拉克明确表示说，他强烈反对最近发生的大屠杀，但要求不要引用他的话。他确信希特勒与此事无关。如果元首事先知道这件事，就绝对不会允许它发生。克拉克写道："这是我第一次意识到希特勒成了神圣不可侵犯的人。他从来不会以任何方式与可疑的或可能被证明不受欢迎的事情联系在一起。那种事从来是戈林或者戈培尔干的。在普通德国人心目中，希特勒的名声无懈可击，他的头上有个永远正确的光环。"[14]

310

虽然克拉克仍然认为"犹太人问题"很复杂，但是，在"水晶之夜"后，埃德蒙·米勒博士原先可能有过的模棱两可的想法彻底消失了。对他来说，这是让他再也无法忍受的最后一击。在之后不久寄出的辞职信中，他写道，"米勒夫人和我从 11 月 10 日起就一直在绝望的泥淖中挣扎……反犹行动无情的彻底性和德国

---

* 曼宁·克拉克，日记，1938 年 12 月 11 日，澳大利亚国家图书馆，曼宁·克拉克论文，编号：MS 7550，系列 2，第 1 项。四年后，七十八岁的菲利普森与妻女被送到特雷辛斯塔特集中营。他们都幸免于难，部分原因是菲利普森的瑞典地理学家同行斯文·赫定（纳粹支持者）出面进行了干预。

人的卑劣奴性”终于让他们忍无可忍：

> 对目前的运动有很多支持或反对意见。有人说，操控行动的并不是德国人自己，但我们知道有些人肯定与之有关。据说，天主教徒也在遭受类似的对待。总之，我们不得不承认，美国的反对者坚持认为，让美国青年陷入如此压抑的环境是有害的，这种观点迄今为止看似最为正确。即使不是有害的，肯定也是没有必要的。“大学三年级海外教育计划”中有理想主义的成分，也有因美好未来产生的爱与喜悦。但这一切我们暂时都失去了。我们无意将现政权的精神引入美国。我们没有勇气写信推动1939年至1940年的计划。我写这封信是要说明，米勒夫妇不想再返回慕尼黑。我们不愿成为放弃者，但我们认为自己在那里待的时日已经足够多了。[15]

与此同时，“水晶之夜”后不久，美国教友会在费城召开紧急会议，审议如何对这一令人震惊的消息作出妥善的反应。担忧暴力之后会出现的饥馑问题，他们首先关心的是如何为犹太人提供足够的食物。出席会议的人受到一种似曾相识感觉的折磨。难道仅仅在二十年后，德国就需要另一个贵格会食物供给计划了吗？他们进行了多次“平静”的对话，后来决定尽快向德国派遣一个小型代表团，避免一切宣传。著名作家、历史学家鲁弗斯·琼斯（Rufus Jones）被推选为该代表团的领队。陪同者包括罗伯特·亚 311

纳尔（Robert Yarnall），他曾在1919年参与过德国儿童食物供给活动，另外一位是一所学校的校长乔治·沃尔顿（George Walton）。他们出发前，琼斯对自己的使命有准确的分析：

> 对这次冒险行动，我们千万不要抱任何幻想。我们或许能够克服空间、距离、难以逾越的海洋等困难。遇到山可以开隧道，甚至可以把山移走。物质问题无疑是难以处理的，但宇宙中最难以征服的是已经变得根深蒂固的、被神化的思想……我们能否影响思想、感化心灵、让精神力量变为现实力量，这都有待观察。我们将尽最大的努力，以最明智的方式，借助上帝的力量采取行动。[16]

这是一项几近疯狂的勇敢行动。这三人根本不知道他们在柏林会受到怎样的接待，也不知道他们是否真的会受到接待。他们确实有可能会受到身体伤害或被捕。天气非常寒冷，琼斯离七十六岁生日只差几个星期。但12月2日，他们满怀信心，在纽约登上“玛丽女王号”。亚纳尔在航行中阅读了《我的奋斗》，并未受到鼓舞。琼斯买了一顶贝雷帽，学会了一首小曲：

312

> 德·瓦莱拉身穿绿衫背靠着墙，
> 墨索里尼身穿褐衫莽撞行动，
> 希特勒身穿黑衫到处称王；
> “万岁”送给不穿衣衫的甘地！

尽管琼斯一直试图对自己的使命保密，但在大洋中航行时，还是接到了《费城记录报》（*Philadelphia Record*）打到船上的无线电话。他没有透露任何内容，但第二天引起轰动的头条新闻称，三名贵格会信徒要代表犹太人与希特勒交涉。这条消息由伦敦的报纸转载，很快就传到了德国，戈培尔便写了一篇口吻严厉的文章《“三贤士”欲“拯救”德国》(“‘Three Wise Men’ to ‘save’ Germany”)。[17]这个小型代表团甚至还没到欧洲，其使命已经深陷困境。

在巴黎快速过境后，三位勇敢者登上了去柏林的卧铺车厢。在边境，为了与海关官员打交道，他们不得不匆匆着装。第二天早上，当他们接近柏林时，琼斯遭遇了一场困扰：找不到自己的睡衣。另外两人帮他一起翻找，但仍未找到。琼斯非常苦恼（那套睡衣是他妻子亲手缝制的），他想给最后一个火车站发一封电报，希望他的睡衣落在了那里。同事们担心这会引起错误的宣传，便努力劝阻他，向他保证，列车到华沙时，他们再给那里的车站发电报。在柏林，这三个人在一群国际朋友的欢迎下，很快就下榻在大陆酒店。第二天早上，亚纳尔、沃尔顿、琼斯一起吃早饭。他平静地说：“我找到了。”“在哪儿找到的，鲁弗斯？”“我就没脱睡衣。”[18]

贵格会代表团首次尝试与德国当局联系是在德国外交部。但是，德国驻美国大使（当时应召返回柏林）在走廊发现他们后，拔腿就跑。琼斯报告：“我们根本没找到他。我们经常给他打

313

电话，他总是不在。”经过多次无果而终的寻访，他们决定放弃与外交部联系。他们向犹太领导人询问后了解到，最需要的不是食物，而是找到移民的便利方法。他写道：“情况很快变得明朗，只有盖世太保的首领才能签发我们寻求的移民许可。”得出这一令人气馁的结论后，让事情取得突破性进展的是美国总领事雷蒙德·盖斯特（Raymond Geist）。琼斯评论：“如果还有好人，那就是他。”在多次电话联系盖世太保总部未果后，盖斯特“抓起帽子”，消失在柏林八十年来最强烈的风暴和最寒冷的天气中。

半小时后，盖斯特约见贵格会的这个小型代表团。琼斯写道：“我们跳上一辆出租车，开车去了那座宏伟的大厦。六个头戴钢盔手持步枪的黑衣士兵护送我们到了几扇大铁门前。他们给了我们几张通行证，对我们说，进去不需要它们，但需要有它们才能出来！”他们被带着走过七条走廊，每条走廊都通向一个露天的空间。随后，他们爬了五段楼梯，来到一个房间，盖斯特正在里面等着他们。他已经实现了不可能的目标。两名盖世太保的高级军官埃里克·埃林格（Erich Ehrlinger）博士*和库尔特·利什卡（Kurt Lischka）少校**详细听取了贵格会的计划。透过窗户，琼斯可以看到莱因哈德·海德里希（Reinhard Heydrich）*** 在隔壁房间

---

* 埃林格要为后来在俄罗斯和白俄罗斯发生的对犹太人的大规模屠杀负责。

** 1940 年，利什卡成为科隆的盖世太保头目。他要为之后在法国发生的最大规模的一次性驱逐犹太人行动负责。

*** 海德里希被称为“帝国的刽子手”，是大屠杀的主要策划者之一。1942 年，他在布拉格被刺杀。

的办公桌前工作。

乔治·沃尔顿描述了接下来几个场景中的主要角色。“鲁弗斯：清晰、积极、简洁、大胆；盖斯特：执拗、聪明而直率，有获得成功的魔法；利什卡：身材高大、行动敏捷、反应敏锐、半秃顶、一丝不苟。”[19]琼斯向这些“花岗岩面孔”的人提交了事先准备好的一份陈述文件。陈述中提到，上次大战后，德国人与教友会之间有着热络的关系；贵格会曾每天为两百多万名儿童提供食物，曾进口数百头奶牛为住院儿童供应牛奶，供应煤炭为医院供暖。该陈述文件强调，教友会不代表任何政府、国际组织、政党或教派。他们对宣传丝毫不感兴趣。琼斯望着这些盖世太保的头目“缓慢、仔细、凝神”地阅读那份文件，深信文件已经“传达”到他们那里。他补充写道：“我们从他们的表情中注意到他们的态度有软化的迹象，但还需要进一步软化。”接下来是长时间的详细讨论。最后，那两个人宣布，他们现在要与海德里希讨论贵格会的建议，半小时后返回。琼斯写道：“在这段可怕的等待时间内，我们耷拉下脑袋，开始沉思冥想、默默祈祷。这是贵格会唯一一次与盖世太保举行的会议！”

314

令他们惊讶的是，海德里希同意了他们计划中的全部内容。但是，琼斯要求书面确认时，他被告知，盖世太保从不以书面形式作决定，但他们讨论的每一句话都被录了音。琼斯写道：“我们当时很高兴，因为我们一直保持着安静，没有被录下任何话语。”

利什卡告诉他们，德国的每个警察局将在当晚接受电报通知，得到指示允许贵格会调查犹太人的苦难遭遇并启动救济方案。这听起来太好了，简直不像是真的。当然，也的确不是真的。就连永远持乐观态度的琼斯也不相信这个信息已经通知了警察局。不过，他深信，他们的任务并非完全不成功。两名贵格会的特派员获准前往德国，监督贵格会救济资金的支付，特别是帮助那些不依附于犹太教堂的犹太人移民。至少在短暂的一段时间内，贵格会驻柏林办事处获得了新的自由，可以努力加速犹太人的移民。琼斯写道：

315

> 这永远是一个谜——是盖世太保造成了目前的悲剧，我们才前往救济，为什么他们却怀着敬意接待我们，听取我们的请求，还最终批准了我们不寻常的要求，设法弥补他们自己造成的一些伤害？

当然，琼斯仍然相信，他们触动了这些残酷的谈判者。“我们会面结束时，这些男人表现得彬彬有礼，走过去帮我们拿外套，还帮我们穿上，与我们握手告别时，口吻亲切地说着告别的祝福，让我当时和现在回忆起来都感到，他们的内心发生了一些独特的变化。”同样，1948 年去世的琼斯根本不知道，就是这个利什卡，在“水晶之夜”后立即指挥了监禁三万名犹太人的行动。

“水晶之夜”促使美国政府召回其大使休·威尔逊（Hugh Wilson），以示抗议。他的副手，现在负责大使馆日常事务的普伦蒂斯·吉尔伯特，觉得柏林的生活很混乱。他在致国务院的一份报告中描述了德国政府的“奇怪特点”，根据他的经验，德国政府已经成了个“多元矛盾体”。每天都要颁布一些新法令，但许多法令从未得到执行。吉尔伯特认为，这是因为“公正”和“人道”的官员仍然存在，他们利用一切机会改善犹太人和其他纳粹受害者难以忍受的处境。吉尔伯特在报告中写道：“这些人反复对我们说，他们不能作任何文字记录，也不能概括性地说明他们会怎么做，但他们会在处理具体问题时作一些明显且偏向我们的例外处理。”[20] 316

吉尔伯特还谈论了他的外交官同行们在“水晶之夜”后的行为。他们不再接受罗森堡和戈培尔等人的邀请。而且，他们在参加的一些聚会上几乎不跟德国人交谈，宁愿聚集在一起，讨论针对犹太人的最新过激行为。吉尔伯特报告说，意大利人讨论他们与德国人的关系时口吻最为有趣：

> 一位秘书的妻子坐在我旁边。她问我，是否觉得柏林很无聊，让人待不下去？我回答说，美国和德国若互掷石块，自然会出现某些困难。她回答说，在这里，美国人比意大利人轻松得多，因为意大利人无论愿意与否，都得见那么多令人讨厌的人。

偶尔会有这样一个轻松的时刻。尽管拥有全球危机中心的荣誉，但在吉尔伯特看来，柏林明显已经成为一个令人不悦的地方。他写信给大使时，发自内心地说："我猜你仍然在百慕大过圣诞节，我再次对你在辽阔的大海边享受阳光感到羡慕。"[21] 1938 年岁终将至，前往柏林的外国人在不断减少，很少有外国人不同意吉尔伯特在圣诞节前两天写给威尔逊的信中那番描述，"这里的形势仍然严峻"[22]。

第十九章

战争倒计时

1939 年不是德国的旅游业的好年景。“水晶之夜”自然对残存的旅游业务毫无助益。仅仅四个月后，在 3 月 15 日，全世界便被迫眼睁睁地看着希特勒撕毁《慕尼黑协定》，进军布拉格。捷克斯洛伐克不复存在了，其领土这时被定名为“波希米亚和摩拉维亚保护国”。 317

虽然游客流量急剧减少，但据《英德合作评论》的统计显示，游客并未完全流失。该杂志 7 月号上刊登了一幅年轻女子们在北海海滩上身穿泳衣的照片（其中一人在锻炼），照片题为《阳光下的笑声》（“Laughter in the Sunshine”）。照片下的文字写道：“刚刚从德国回来的旅行者说，那里给人留下的最深印象，是一片充满微笑与宁静的土地，充满愉快的音乐，没有困扰外界的烦恼和忧愁。危机可能会让别处的天际黯淡，但似乎不会影响德国的天空。”[1]并非只有《英德合作评论》这样的亲德杂志热衷于推广去第三帝国度假。1939 年，托马斯·库克出版了一本介绍册，鼓动人们去亲眼看看“新德国”。“昔日的全部魅力丝毫不减，而很多新鲜事物会给你留下深刻印象。无论你到哪里，都能 318

体会到舒适、善意、低价。这才是享受假期的第一要素。”[2]

尽管有这种热情洋溢的描述，但很少有外国人选择在德国度假。然而，仍有一些人出于种种原因，继续前往德国。例如，教授弗雷德里克·霍布德（Frederick Hobday）爵士根据其“用心室剥离术治疗马喘鸣症的三十年经验”[3]，在慕尼黑向纯种马育种者发表演讲。包括历史学家阿瑟·布赖恩特（Arthur Bryant）爵士和伊夫林·伦奇爵士在内的许多名人，进行最后的外交尝试，结果终归徒劳。而具有专业兴趣或极右翼观点的人们出发去德国时，并没有被黑暗的景象吓倒。艾达·库克（Ida Cook）和路易丝·库克（Louise Cook）这两位中年妇女仍与父母住在伦敦郊区，她们将对歌剧的热爱当成多次往返德国的掩护，为将要移民的犹太人偷运珠宝。在最后几个月的和平时期中，圣职人员、音乐家、商人、贵格会信徒、教师和间谍，甚至有中国小贩（青田），仍去往第三帝国旅行。如今看来不可避免又迫在眉睫的战争，只是给他们的描述平添了一些刺激。

1938年平安夜，曼宁·克拉克和丁夫娜·罗迪威克斯从波恩出发前往慕尼黑，五年前，丁夫娜（当时是一名学生）曾目睹过焚烧书籍的一幕。克拉克写道：“火车几乎让人难以忍受。我们挤在一个隔间里，在寒冷中坐在硬木座位上。”“火车上挂着的冰凌，车厢里的通告，以及心头一直萦绕着的欧洲处在希特勒统治下的想法在夜晚飞驰”，诱发了他的冒险精神。但是，“一直存在的不适”很快就驱散了“伤感和天真的念头”。[4]

圣诞节那天，他们参加了在圣母教堂举行的弥撒。克拉克写道：“出席弥撒的人群中，中老年人比例很大，偶尔看到一个年轻人令我感觉相当奇怪。”人群中也有几个士兵，但“显得与这个场合不相称，他们在教堂里四下张望，模样显得既困惑又尴尬，仿佛为什么事感到内疚”。富有勇气的讲道给这两个澳大利亚人留下了深刻的印象。“牧师非常热情，他的语言十分纯正，声调优美，讲道的主题有理有据。”[5]虽然牧师避免直接批评纳粹，但他却极其清晰地表达了天主教的立场，克拉克从中得出结论：尽管发生了种种变故，但教会仍保持坚强。

319

他们拜访了丁夫娜的许多熟人。其中一位是个犹太人（“他的妻子是来自波兰的纯种雅利安人”），他对最近被监禁在达豪的描述令人痛心。克拉克写道，他们的“悲惨处境”因对仆人的恐惧而加剧。“他妻子每隔几分钟就走到门口，看看仆人是否在偷听我们的谈话。”[6]这对年轻的情侣在慕尼黑著名的皇家啤酒馆度过的夜晚则比较愉快。在一间屋顶低矮的屋子里，他们坐在长长的木板桌旁，望着“红脸蛋的、肥胖的、或美或丑的服务员为慕尼黑下层社会的人们送上啤酒”。克拉克对女性受到的对待总是很敏感，他并不喜欢同桌的一对年轻夫妇。“那个丈夫的举止几乎像头野兽，而他妻子一副顺从模样，仿佛是他拥有的一件工具。”更有趣的是一位老农夫，他就像一个“昔日的遗存”，对他们说：“希特勒比他们所有人都更有头脑。”克拉克在报告中说，那里的“气氛很好”[7]。

几天后，两人回到波恩，冲动的克拉克决定，他们要马上结婚。但即使是外国人，没有雅利安血统的证明也不能结婚，科隆的英国圣公会牧师别无选择，只得拒绝他们。克拉克便返回英国，不久丁夫娜也只好跟着回去，尽管（按她的未婚夫所说）“残暴、兽性和野蛮的浪潮不断高涨”，但她不情愿中途放弃攻读博士学位。后来，他们于 1939 年 1 月 31 日在牛津结婚，这一天距离希特勒成为德国总理那天差不多过了六年。

320 六个星期后，德国坦克闯进布拉格时，季羡林在哥廷根被收音机喧嚣的国歌声惊醒。他的女房东宣布：“德军已侵入捷克。”随后，她喋喋不休地说：“老希只要和平，捷克人都虐待德国人，又是犹太人，又是俄国，同报纸上说的一样……”季羡林写道：“我当时真是哭笑不得，我真愤怒……而这一般浑蛋德国人也就相信，我现在才知道，正义公理是天地间不存在的一种东西！倘我看不到德国人整个塌台，整个变为奴隶，我死不瞑目！”那天晚上，他离开大学时，注意到大家看上去都很欢乐，每栋房子外面都新挂出国旗。他去黑熊餐厅，与姓龙和姓田的两位朋友一起寻求安慰。“……吃完饭又喝了点酒，八点半出来，又到龙家去，谈到怎样回国著书开学校，怎样认真做一点事情，一直到十点半才回家来。想到今天的事情，我仍然要重复一句：德国人现在自己种因，将来还要自食其果！”[8]

1939年3月25日，沃德·普赖斯（George Ward Price）在柏林阿德隆酒店写信给伦敦德里勋爵。作为《每日邮报》的记者，他多年来一直向纳粹示好，也是纳粹的内部人员。因此，他的评论很有分量。他写道：“上周我与戈林和里宾特洛甫进行过长时间交谈，还跟希特勒的几名私人工作人员交谈过。”根据这些谈话，他自信地确认，现在没有什么能劝阻希特勒在东欧实现他的野心。沃德·普莱斯向伦敦德里勋爵报告：“在捷克领土被占领前几天，他最大的焦虑是担心老先生再次飞来，试图说服希特勒放弃行动。希特勒身边的人说，元首对张伯伦的印象是，他是个喜欢讨价还价的人，对国际问题没有宏观看法。倒是达拉第给元首的印象更好些。”[9]

罗伯特·贾米森（Robert Jamieson）是埃森市一名年轻的英语教师，在捷克斯洛伐克遭侵略后不久，他也曾与伦敦德里勋爵通信。提到张伯伦3月31日（在下议院）向波兰和罗马尼亚（Rumania）* 作出的保证（如果希特勒入侵，英国和法国将援助他们），他写道：“我认为这里有很多人必定感到震惊和不安，因为自从张伯伦对波兰作出承诺以来，跟我交谈过的几乎每个人都自发地告诉我，他们不想要战争。他们说这番话时表现出的深切情感是我在国内从来没有体会过的。”贾米森还是一位有抱负的记

321

* “罗马尼亚（Romania）”这个名称大约是在1975年才确立。

者，他在德国的居留得到了伦敦德里勋爵的资助。他努力地记录下普通德国人对这部正在上演的大戏有何反应。贾米森告诉他的赞助人，他们真的相信捷克政府是自愿寻求希特勒的保护，“如果得不到他们所谓的这个‘起居室’和殖民地，他们都会挨饿。这里并没有真正发生食品短缺，但只有某些食品供应充足，比如乳制品和绿色蔬菜，不过这足以让这种说法可信了”[10]。他补充说，与此同时，每个德国人都在等待希特勒吞并但泽；他确信此举将得到普遍赞同，甚至会得到非纳粹分子的支持。6月份一个阳光明媚的周末，贾米森骑摩托车前往马堡大学城，在那里他遇到一位英语教授。尽管这位教授（研究莎士比亚的权威）经常阅读《泰晤士报》，每晚都听英国广播公司的节目，但就连他也完全相信，如果阻止德国向东方扩张，德国将被敌对国家包围，德国人将会挨饿。

贾米森最有趣的一些信息是通过就职公司总部位于埃森的一批英国工程检查员得到的。一位检查员说他走进一所波兰邮局，一开口说德语，立刻让人赶出门外，尽管他前几次旅行到那里从来都说德语。不寻常的是，直到战争爆发前几个星期，这些检查员都一直在欧洲各地旅行，为外国买家检验货物。毫无疑问，他们的报告也提交到了白厅的许多办公桌上。贾米森的另一位德国朋友向他提出一个有趣的问题：他是否注意到英国报纸在讨论苏联和德国可能达成协议？这人这么问是因为德国报纸目前

322

在说苏联的好话，他便认为一定有“某种事即将发生”。三个月后，即1939年8月23日，里宾特洛甫和莫洛托夫（Molotov）签署了《苏德互不侵犯条约》。[11]

“水晶之夜”可能缓和了贾米森潜在的反犹太主义意识，但并未根除。他在1939年5月20日写道：“恐怕我已经从不可质疑的事实中对犹太人有了足够的了解，以至于我对德国人的问题深感同情，不过，谁也不会宽恕11月的那次行动。”[12]贾米森访问过马堡周边的许多当地村庄（观赏了许多精美的绣花婚纱），认定农民们“非常乐意摆脱犹太人，因为在那个地方，所有牲畜市场都一度掌握在犹太人手中了，而且，你可以猜想到，农民们在贸易中曾受过相当恶劣的对待”[13]。

贾米森是一个经验有限且颇为自大的年轻人，不过，他至少在局势高度紧张的时期，真正作出过努力，记录下普通德国民众的真实想法。但是，像亨利·珀西瓦尔·史密斯（Henry Percival Smith）牧师这样经验老到的牧师竟然在1939年夏天去德国旅行，他有什么借口呢？表面上，他是赴柏林出席英德兄弟会的会议——这是一个成立于1936年的右翼组织，目的是促进英德两国神职人员间的相互理解。在刊登在《英德合作评论》上的一篇描述这次访问的文章中，珀西瓦尔·史密斯毫不掩饰他对纳粹德国的钦佩之情：

在德国居留的十天中（我个人住了整整三个星期），我

323 连一个嘲讽的目光都没遇见过，此外，得到所有人极大的善意和关怀真是一桩了不起的事。照我看，假如目前德国人到访英国，是不能保证受到同等待遇的。看起来，普通德国人都非常希望与英国人保持友好关系……在英国的达拉谟或南威尔士，男子们从十四岁就离开学校，可直到二十二岁都没有工作过一天，但在这里，德国每一个年轻人都受到某种方式的雇用，这会给英国人留下了难以忘怀的印象……这一切都意味着，不论是对提供的服务，还是得到的权利，德国人都只求最好，不会退而求其次。

珀西瓦尔·史密斯在文章中既没有提到“水晶之夜”，也没有提到对捷克斯洛伐克的入侵，但他强调了德国人对希特勒“正直人品”“坚强性格”和“政治智慧”的钦佩。此外，他在文章中还指出（就在德国军队进军布拉格几周后），“他们都嘲笑（希特勒）试图统治其他国家的想法，不过他们对自己可能受他国统治有着强烈的恐惧感，尤其害怕受到共产国际的统治”。因此，牧师告诉读者，他参加此次会议的目的是“让我们与德国人民的关系脱离政治层面，努力理解他们”。目前的“怀疑”和“不信任”是个毒瘤，只有“在善意和兄弟情谊的气氛中才能被治愈”[14]。不知会议能否帮助他“理解”达豪集中营、对犹太人的大屠杀或基督教神职人员遭监禁等问题？无论如何，他对纳粹德国的热情并没有损害他的职业生涯。1956 年，他被提升为诺维奇教区在林恩的副主教。

弗朗西斯·斯图尔特（Francis Stuart）是位作家，也是个爱尔兰民族主义者。1939 年春，他应德国学术交流局的邀请，去德国开办讲座。这是为他解决几个紧迫的个人问题提供的出路。首先他急需这笔钱，其次，他也想逃避不幸福的婚姻。德国人选择斯图尔特并没有明显的理由，因为他迄今出版的十五本书在德国相当不为人所知。但是，在这个时期没有一位英国著名作家可能接受邀请，而这个爱尔兰人至少愿意接受邀请，也能够前来。 324

斯图尔特恰好属于允许个人政治偏见干扰自己对纳粹看法的那类外国人。对于珀西瓦尔·史密斯（与许多支持纳粹的外国人一样）来说，共产主义是妖魔，所以希特勒政权得以正名。而斯图尔特支持希特勒政权是出于对爱尔兰共和党事业的忠诚，以及对新的世界秩序的渴望。他在希特勒身上看到的是“被弄瞎了双眼的大力士参孙，他要推倒我们熟知的西方社会支柱，我仍然相信，新世界要崛起，就必须推翻旧世界”[15]。无论如何，斯图尔特无比醉心于自己的观点，在战争前夕他几乎全然从自己个人生活和内心的角度来看待德国。犹太人的处境没有让他受到明显的触动。他在写给妻子的信中说：“我听说过 1933 年之前发生在这里的一些犹太人活动的消息，他们与共产党人合作，那种活动在许多情况下令人震惊。至于犹太人的现状，在柏林（市中心）或西区几乎看不到他们。但是有一天我去了亚历山大广场以外的东区，那里有许多犹太人。”[16]斯图尔特的讲学之行结束后，他应邀在同年晚些时候返回柏林大学，讲授英语和爱尔兰文学。他接受这份工作的决定后来产生了深远的影响，他的自由因此受限，声誉也严重受损。

历史学家阿瑟·布赖恩特爵士也是一位外国名人，他亲纳粹的立场持续得太久，到了不正当的地步。他天生怀疑左翼知识分子及其政治观点，这加强了他在希特勒德国只看到好的一面的决心。1939年7月9日，他飞往柏林，据称是为了休个短假，并为他将要出版的著作作研究。其实他肩负着一个使命——在内维尔·张伯伦的支持下，去探索敦促纳粹“克制”与“缓和”的可能性——尽管这个任务目前已经发展到了后期阶段。回到英国后不久，他在自己定期撰写文章的“伦敦新闻综述”专栏中记述了那趟旅行（当然没有提到其真实目的）。他在文章中回忆，1918年他首次飞越德国时，曾遇到“炮弹爆炸的白色烟雾和机枪的哒哒声”。但这一次，他从飞机上俯视“这个有着行军队伍、群众游行、大屠杀和集中营，但没有黄油的奇怪国家”，但是他看到，这里似乎完全像英格兰一样平静。“这片土地上有农场、房舍、耕种良好的田地和古老的小教堂……都是常见的文明痕迹：整洁的渡船反射着最后一抹斜阳，让他不由联想到巴布洛克海斯渡口。”想到这样的地方可能不久后会成为轰炸袭击的目标，“不由得让人难过”。他们飞入夜空时，飞行员分发了一张介绍页，上

325

面写着他们要飞越的各城镇名称。布赖恩特写道："奥斯纳布吕克和明登，两百年前，饥饿的英国军队在英国君主的率领下战斗，去征服这两个地方，为的是获得食物；还有汉诺威，我们的皇室和老亨德尔都来自这里。"他的文章于8月5日发表，距离战争爆发已不足一个月。他激发出的这些源自泛黄老照片的想象，与即将到来的冲突现实相矛盾，但肯定触动了对德国有美好回忆的读者的心灵。布赖恩特写道："早在柏林的探照灯在黑暗中烘托出露天表演般的气氛之前，我已经有了强烈的感觉，尽管表面上存在着差异，但我们的欧洲文明是个统一的整体。"[17]

两天后，他在萨尔茨堡一家酒店认识了沃尔瑟·休尔（Walther Hewel）。休尔是参加过1923年暴动的老战士，后来还与希特勒一起被监禁过，因此是元首为数不多的密友之一。由于这个原因，再加上当时党员人数少，他无可争辩地成为了纳粹的上层人士。因为能说一口流利的英语（他曾在荷兰东印度公司旗下的一家英国公司做过咖啡推销员），他以前经常接待希特勒的英国客人。几个月前，不屈不挠的埃米·布勒（基督教学生运动成员）曾在柏林与他交锋。他试图让她相信，她的代表团将从高速公路而不是神学中更多地了解到纳粹。[18]现在，轮到布赖恩特来迎战休尔了。他的主要目标是阐明英国对波兰的承诺具有约束力。休尔显得很疲惫，他在伯格霍夫（距离贝希特斯加登不到二十英里）陪希特勒熬了一整夜。他的回答只有一句话——但泽必须回

326

到帝国怀抱。他还谈到，由于在慕尼黑与张伯伦达成的友好谅解已经在精神上遭到了背叛，希特勒感到非常失望。布赖恩特在给首相的报告中写道：“他提到了慕尼黑会谈后英国所有党派、报界和电台对元首持续的猛烈攻击，他说，这些攻击已经让希特勒愤怒得忍无可忍，他感到难以置信，即使英国政府愿意，也控制不了这样的攻击。”[19]

起初，布赖恩特并不喜欢休尔，把他描绘成个“大胆的商人，而不是个政治家”，不过他倒的确觉得自己是在跟“一个深谙世故的绅士”交谈。[20]他在报告的最后告诉张伯伦，他认为，尽管他此次造访并未真正实现多少目标，但至少也没有带来任何妨害。他甚至认为，他与休尔建立起的“个人谅解和同情的松散纽带，在未来可能会有一些用处”[21]。从历史的角度来看，布赖恩特这次使命的荒诞程度，可以用他二十八英镑的旅费报销申请来概括。[22]

伊夫林·伦奇爵士同样是一位著名的权势人物，那年夏天他和妻子希尔达（Hylda）也前往德国。他在自传中写道：“我们的目的是实地考察西方民主国家与极权国家间是否还有共同点。”1939年6月28日，这对夫妇抵达康斯坦茨。他们越过瑞士边境（距离酒店不到一英里）后遇到的第一个德国人是个女孩——“她是个搬运工，对我们露出了非常友好的微笑，我们认为这是个好兆头”[23]。但是，一幅宣传招贴画上显示英国士兵正炸毁一个阿拉伯村庄，他们的乐观情绪立刻消失了。伦奇评论：“这对英国旅

327

客可不是个非常友好的欢迎方式。”尽管客栈像这对夫妇以前访问时一样令人愉快，但客人却很少。“只有大约二十五位旅客，”伦奇写道，“大多数是德国人，有两三个荷兰人，我觉得我们是仅有的英国人。”对于一个有丰富经历的人（他是个企业家、记者、国际英语联合会创始人、游历广泛的大英帝国拥护者），他的表现天真得出奇。他在日记中的评论表现出明显的惊讶：“德国服务员没有去过英国，似乎不会说英语。”这种失望的情绪，加上外面低垂的乌云和阵阵雷声，使他们难以高兴起来。“我们上床睡觉时，精神稍感沉重。”

7月1日，他们驾车前往弗里德里希斯哈芬，在那里将见到伦奇的老朋友雨果·埃克纳（Hugo Eckener），他是个非常成功的经理，经营齐柏林飞艇项目，以前还是齐柏林飞艇的船长。伦奇欣慰地发现，虽然埃克纳在语言上攻击纳粹，还一直受到被捕的威胁，但他“是个令人愉快的人”。伦奇回忆，人们甚至一度传说，埃克纳要接替兴登堡任总统。几天阴郁过后，老友的愉快重逢，和日落时分的湖边漫步，成了此次旅行的亮点，“半透明的湖水呈碧绿色和珠光灰色”。伦奇记录道：“天气寒冷有雨。我穿着厚厚的衣服，希尔达围着裘皮披肩，她很喜欢这件服饰。”他们没见到“昔日的德国政客”，并敏锐地意识到有不友好的目光投向他们。伦奇评论：“气氛中有很多‘愿上帝惩罚英国’的成分。我们觉得非常压抑。”酒店的餐厅也谈不上舒适。“咖啡很淡，面 328

包也不脆，是用劣质面粉做的。昨晚吃饭时，我们要了烤面包和黄油，被额外加收了六分之一的费用。”最糟糕的是，他们参观大教堂时，一群衣冠楚楚的年轻人嘲笑他们，大喊：“哦，哦，哦，呀，呀，呀！”伦奇哀叹道：“这可是我以前从未见到过的。”他们在康斯坦茨度过了最后一天，两人坐在湖边修剪掉树梢的树下观望路人。伦奇评论：“德国女人的女性气质给我们留下了深刻的印象。她们身上的民族服装看起来很有魅力。我们到处都能看到带着孩子的母亲。我们在其他国家见过许多抑郁的女性，在这里看到的女性不涂抹唇膏、指甲油，让人耳目一新。年轻女孩子都梳着两条耷拉在胸前的长辫子。”

7月5日，他们启程前往柏林，忍受了十三小时折磨人的旅程。“我们搭乘的火车早上8点经过我们住的客栈，大堂脚夫向我们友好地挥手致意。”旅店的价格令人失望，但火车上的早餐却是一次享受。“蛋卷十分香脆，有大量黄油。”透过车窗望出去，他们看到妇女和老人坐在马车上，正在收获干草。伦奇惊讶地评论道：“在各地田野上干活儿的都是女人，她们多辛苦啊！”

> 我们几乎没看到过年轻人。整个国家表面上显得幸福而富足，在这里没见过一个衣帽不整的人，也没有见过一座不整洁的房舍。事实上，我们没有看到一个士兵。我们感觉，仿佛是在一个热爱和平的理想国中旅行。显然，士兵并不部署在德国中部。精心建造的现代工人住宅非常漂亮，有

陡峭的尖屋顶。路边的许多村庄都有室内游泳池，一些私人住宅的阳台上张着色彩艳丽的大阳伞：红色的、带白色斑点的、黄色的、蓝色的。没有看见过波纹铁皮覆盖的简易屋顶，当然也没有高尔夫球场。在我们的整个旅程中，几乎从来没见过一亩未耕种的土地。我很羞愧地想到了我们国内乡村撂荒的田地。他们的粮食产量肯定极大。

329

到了柏林，他们下榻在阿德隆酒店，伦奇立刻着手安排与老朋友见面。在与名义上仍是德国驻美国大使的迪克霍夫(Dieckhoff)先生联系时，他比六个月前的贵格会成功。他觉得，迪克霍夫“坦率得毫无警惕性”。这位大使不明白，英国为何突然对波兰产生了如此“疯狂”的兴趣。他认为，这只会让波兰更加不理智，使德国无法找到和解办法。迪克霍夫对伦奇说，德国无法理解，英国为何硬要充当世界其他国家的道德教母；英国新闻界和议会为何要咬住德国的所谓邪恶不放，却忽视苏联等国的缺点呢？这是一次令人不适的会见，伦奇于是相信，德国“没有能力理解理想主义思潮的含义，这种思潮无疑在盎格鲁-撒克逊国家间发挥着强大的作用，它追求建立一个集体制度，当争执涉及一方利益时，要由第三方作出判断”。但是，他向迪克霍夫提出最后这一点时，迪克霍夫巧妙地扭转了局面，他问英国人是否曾想过准备借第三方的判断解决涉及英国利益的问题。伦奇离开大楼时，向一群官员行了纳粹礼。这是一桩很奇怪的事情，但他后来说："入乡随俗嘛。"

伦奇夫妇在柏林的几次比较有趣的邂逅之一，是与纳粹妇女联盟的两名高级女官员见面，他们一起在一家咖啡馆喝柠檬茶。伦奇报告："我们的交谈'绝对坦率'。她们都十分善良，也是真正的理想主义者，然而，一旦涉及德国的利益，谈话就会受到阻碍。"

330

> 我们遇到的几乎每一个德国人都会为侵略捷克斯洛伐克找借口，因为捷克斯洛伐克的存在是对德国的威胁，德国必须获得"安全"。他们过去二十年生活在苦难中，便忽视了其他国家的苦难，你根本不能让他们从欧洲的视角看问题。他们真的在遭受怨恨与自卑情结的折磨。正如一位意志坚定的德国人对我说的那样："我的国家此时精神不正常，他们看不清楚事实真相。"

7月12日，伦奇拜访了英国大使内维尔·亨德森爵士。两人在伊顿公学一直是好朋友，但自从离开学校后，就再也没有见过面。亨德森觉得伦奇"脾气有点暴躁"，而且对《旁观者》（伦奇是其董事长）主张让温斯顿·丘吉尔进入政府感到愤怒。亨德森打着官腔说，英国必须做的就是团结在张伯伦周围。伦奇写道："他态度非常坚决，声称如果德国使用暴力，我们必须坚定不移，但同时应当设法在但泽问题上找到一个公平的解决方案。"亨德森认为但泽成了关注焦点是桩憾事，因为"德国应当被关注的点非常多”。然而，自捷克斯洛伐克遭侵略以来，大使明确表示，英国“必须坚定地坚持其立场：任何强国无权将其意志强加给弱国”。伦奇一生中花费这么多时间来促进大英帝国的发展，他没想过，其实亨德森也没想过，他们自己的国家有时也会将自己的意志强加给其他或强或弱的国家。但是，伦奇的非种族主义帝国的构想与希特勒的想法有很大的不同，伦奇的帝国构想是各国人民自由联合合作，以促进自治和国际稳定。

331

伦奇真心热爱德国，并曾多次前去访问，他不情愿地得出结论：“这几天在德国的经历并不愉快。”如今，对他们表现出的任何一点小小的善意或礼貌都让他们感到意外。鉴于此，这对夫妇决定改变计划，提前去瑞典。一位德国朋友建议他们“9 月 1 日前返回英国”，他们便于 8 月 26 日从哥德堡乘船出发。伦奇评论说：“我们搭乘的轮船上挤满了回国的英国度假者，以及应征入伍的法国预备役军人。我们于 8 月 28 日抵达蒂尔伯里。”[24]

虽然越来越多的人渴望在 1939 年离开德国，但是另外一些人却同样渴望进入德国。比如歌剧迷艾达·库克和路易丝·库克。1937 年，奥地利指挥家克莱门斯·克劳斯（Clemens Krauss）和他妻子维奥丽卡·乌尔苏莱亚克（Viorica Ursuleac，理查德·施特劳斯最喜欢的女高音歌唱家）曾首次提醒她们关注犹太人危机。但从那时到战争爆发前两周，姐妹俩仍经常前往德国，帮助犹太人办理移民文件，并将他们的贵重物品偷带到英国。这是一个花费高昂的活动，因为要想维持自己在纳粹眼中的信誉，她们就必须入住最好的酒店。不过，1936年，在艾达的第一本书出版后，她作为浪漫小说家的收入［她后来以笔名玛丽·伯切尔（Mary Burchell）在米尔斯-博恩出版社出版了一百多部小说］为她们的英勇冒险活动提供了充足的资金。

艾达和路易丝真心热爱歌剧，这是她们完美的掩护，但姐妹俩面临的危险绝非微不足道。通常情况下，路易丝（周六上午休息）会在周五晚上放下办公室的日常工作，和妹妹一起奔赴克罗伊登机场，正好赶上最后一班飞往科隆的航班。随后，两人登上开往慕尼黑的夜车。艾达在回忆录中写道："我们在往返旅程中都会在法兰克福停留，我们的大部分协助活动就是在这里开展的。"[25]

332 她们的走私活动变得越来越老练。乘飞机前往德国，回国的旅程坐火车离境，以避免两次遭遇同样一批纳粹官员。这一点至关重要，因为离开本国时，她们衣着简单，不佩戴一件珠宝，甚至连手表都不戴。然而，返回途中，两位外表普通的女子却变成了身披毛皮的"穿着过于讲究，并且佩戴珠宝有些过多的英国女孩"。[26]由于两姐妹都没有穿耳洞，便从来没有携带过耳环，因为她们知道，耳环正是训练有素的德国官员重点检查的对象。万一被问及她们的大量珠宝，她们会按计划"采取紧张的英国老处女的行为，坚持说，我们总是把贵重物品带在身边，因为我们不信任家里的任何人，不能把它们留在家里”[27]。她们的回家之旅要经过荷兰，乘夜车越过边境到哈里奇。周一早上，路易丝会乘坐去往伦敦的早班火车，一大早便准时到达她的办公室。

1939年8月，就在艾达和路易丝最后一次前往德国时，《英德合作评论》还在发布大量好消息。例如，南希·布朗（Nancy Brown）最近与亲纳粹组织“纽带”一起对帝国做过为期两周的访问后，在杂志上发表了一篇抒情报道，结果这成了该杂志的最后一期。她写道：“在莱茵兰的这次度假让我对现代德国的印象非常美好，我一定要将这种感受传递给其他读者。”

> 我们坐在开满鲜花的啤酒花园里，在散发着芬芳的菩提树下乘凉，远眺湖面上的涟漪，耳畔响起孩子们的行军歌声。不久，孩子们从黑暗的森林里走出，他们个个背着背包，蜂拥而入花园，抢着吃点心。阳光下，一个眼睛明亮的男孩拉起了手风琴，在他演奏过程中，周围小女孩们金丝般整齐的发辫反射出耀眼的光亮。[28]

在8月的同一期杂志中，登出了以下广告：“年轻的英国女孩，二十岁，希望于10月份在德国寻找互惠生的工作岗位。” 333

随着8月接近尾声，西尔维娅·海伍德仍在德累斯顿学习音乐。她返回英国的火车票日期是9月3日，但考虑到最新的事态发展，将行程提前一周看来是明智的。然而，她本以为自己最多离开两个星期（肯定会有另外一份《慕尼黑协定》），于是便留下了她最珍贵的两件珍宝——她的皮大衣和小提琴——由女房东保管。9月1日，德国军队入侵波兰；两天后，英国向德国宣战。西尔维娅最终从她的女房东那里（通过红十字会发出的一封信）得知了她财产的下落。皮衣被士兵抢走了，西尔维娅希望这件衣服以后能为在东部前线作战的可怜的年轻人带来温暖。小提琴的命运则不同：在炸弹开始落在德累斯顿之前，女房东就已经把它小心打包好，带到附近的公园埋藏了起来。[29]

第二十章

战 争

在最初几个月里，人们很难相信发生了战争。的确，配给制执行得更严格了，但由于配给制已经以不同形式存在了很久，人们几乎注意不到发生了变化。人们更担忧的是空袭。即使发生空袭，至少在最初阶段，造成的损失也相对较小。换言之，《英德合作评论》经常描述的纳粹统治下的“美好生活”并未受到影响，这令人感到惊讶。在另一方面，停电和无处不在的警告——“敌人在窃听”——不断提醒公民，他们的国家确实处于战争状态。尽管在开始阶段似乎表面上没有什么变化，但美国记者霍华德·K. 史密斯（Howard K. Smith）指出，德国民众的心中仍感到“无法掩饰的恐惧”。[1] 335

从 1940 年 1 月史密斯抵达柏林起，到美国参战前夕——1941 年 12 月 6 日他登上开往瑞士的最后一班火车——他特意关注了公众的士气。1941 年 6 月德国入侵苏联是个转折点。在此之前，人们对迅速实现和平的希望已经从一个极端骤然转向了另一个极端。任何荒谬的宣传或最轻浮的谣言都可能引发欢乐或绝望。但是，征服东方的承诺始终未能实现，普通德国人开始意识到受骗了。 336

和平不会迅速实现，最后的胜利也不会到来。与此同时，战争期间仍在帝国旅行的外国人中，占大多数的是记者、外交官、纳粹支持者、难民、在德人士的配偶和少数商人。在亲眼见证了德国陷入长期的苦难与失败的形形色色人物中，有黑森州和莱茵州的英国王妃“佩格”（Peg Hesse），以及在武装党卫军中服役的瑞典人埃里克·沃林（Erik Wallin）。

比迪·麦克诺滕（Biddy Macnaghten）的自传是从左翼的角度对战争进行的生动描述。比迪是北爱尔兰一名法官的女儿，也是社会改革者查尔斯·布思（Charles Booth）的曾外孙女，从小就性格反叛。1927年，她从伦敦斯莱德美术学院艺术专业毕业后，去到柏林生活。战争爆发前，她嫁给了工薪阶层的威利·容格密塔格（Willi Jungmittag），他是一名受过包豪斯学校培训的摄影师和技术制图员。夫妇两人都是共产党员。1939年9月3日是个星期天，他们带着五岁的女儿克拉拉［以共产党国会议员克拉拉·蔡特金（Klara Zetkin）的名字命名］来到公园，坐在草地上。比迪回忆：“那里有一块像板球记分板的大白板，上面写着新闻。我们看到英国对德宣战了。仅此而已。”

将近三个月后，她生下第二个女儿。她与另外十一名妇女躺在同一个病房。每次击沉一艘英国船只，她们都不可避免地听到广播里播放歌曲《我们出发去攻打英国》（“Wir fahren gegen Engeland”）。这不是个生孩子的理想时机。哺乳的母亲得不到额外的口粮，比迪的奶水不够，小格尔达（Gerda）靠黄油、炒熟的小麦粉、奶和水混合成的糊糊维持生命。就在生下孩子三周后，比迪受到盖世太保传唤。原来，有个给他们送奶的女工声称比迪和最近一个谋杀希特勒的计划有牵连。幸运的是，婴儿和比迪的爱尔兰血统使审讯她的人相信，对她的指控毫无根据。假如那个送奶女工得逞，就会得到一千马克的奖励。[2]

337

布丽奇特·吉利根（Bridget Gilligan）也嫁给了一个德国人，但这个德国人来自一个截然不同的社会阶层。雨果·冯·伯恩斯托夫（Hugo von Bernstorff）伯爵出身于一个与丹麦有密切联系的著名贵族家庭。1939 年 1 月他们的婚礼结束后，两人去到位于汉堡以东三十英里的祖宅沃特森城堡生活。如果不是布丽奇特难以证明她血统的纯洁性，他们可能会更早结婚。1938 年 11 月雨果曾在英国写信给她：

> 亲爱的，如果你有丝毫的怀疑，认为自己家族可能有非雅利安人的血统，请一定要告诉我。最糟糕的事情莫过于我们结婚后才发现，因为那样我们就不得不离婚。所以要尽可能提前把一切都查清楚。你千万不要说这太贵了——要弄清楚这些情况，花费多少都不算太贵。[3]

布丽奇特的回答让他难以放心。她回答说：“我认为基督教会根本就不会给我的父系吉利根家出具证书，因为他们都是卫斯理公会的信徒，而卫斯理公会早已过时，教堂也都拆掉了，所以我觉得没有多少希望。”[4]

好在布丽奇特既能干又强硬。宣战后，雨果随团被派往挪威，留下新婚仅八个月的英国妻子掌管一个复杂的家庭和一个大庄园。这并不容易。1940 年 2 月，她前往加米施的希尔特宅子，在和平时期，西格弗里德·萨苏恩和威廉·沃尔顿等名人曾在这所宅子里享受过愉快时光。旅行途中，她在慕尼黑暂住了几个晚上。她在雷吉纳酒店给丈夫写信，说她已经离开了沃特森城堡，她连想一想都快觉得受不了了。她抱怨说：“那么多发牢骚的人，总是在争吵，想要得到更多东西。厨师欺骗我们，他让我觉得恶心。赶紧回来吧，让你的士兵在那里堆雪人好了。”[5]同时，住在慕尼黑与住在柏林或汉堡不同，那里仍然可以买到橘子，这是很“幸福”的。她在希尔特宅子安顿下来后，要忘记这场战争就更容易了。她写信给身在挪威的雨果说：“这里晚饭后还有大量的黄油、真正的茶和巧克力，以及美味的布丁。”然而，村里没有年轻人，商店里没有东西可买（“甚至没有卫生巾”[6]），这让她强烈意识到，战争是个活生生的现实。

338

布丽奇特并非完全得不到来自英国同胞的支持。其他几个嫁到德国大家庭的英国女子住得离沃特森城堡很近。在沃特森堡以南三百五十英里、达姆施塔特以北十英里的地方，佩格·黑森和她丈夫路德维希［Ludwig，昵称路（Lu）］王子住在同样美丽的沃尔夫斯加滕城堡。他们 1936 年度假时在希尔特宅子首次见面。

第二年，两人在伦敦结婚，路德维希王子在德国大使馆工作。现在，佩格和布丽奇特一个是王妃，另一个是伯爵夫人，两人在战争期间定期通信，我们从她们的来往信件中看到，她们相互提供了很多安慰和支持。

在布丽奇特去到慕尼黑一个月后，以作品《走出非洲》（*Out of Africa*）闻名的丹麦作家卡伦·布里克森抵达柏林。她受到斯堪的纳维亚几家报纸的委派，计划待一个月。她对不来梅之行的描述，反映了常态与焦虑的奇怪结合，而这正是战争最初几个月的一大特点。不来梅的中古时期大教堂和市政厅深深地打动了她，这座城市的贵族屋宇也让她敬佩有加，她写道："向经历广博的市民创造的意义深远而具有活力的文化致敬。"不来梅港到处都是船。"绘画和挂毯描绘着整整一支大型商船队；在贵族豪宅的大厅中，陈列着高大的舰船模型，反映家族曾经拥有过的船只，模型比例精确，每张船帆、每根缆绳都准确到位。"然而，1940 年 3 月，这座伟大海港城市面临着严峻的现实。布里克森抵达时已经是深夜，天下着大雪。因为停电，什么也看不见。一位上了年纪的搬运工主动提出帮忙。"我们手拉手走过黑暗的街道，"布里克森回忆，"从火车站到酒店，到警察局（每个游客都要在警察局登记），然后返回来。"这位搬运工曾在大战中作战，如今有两个儿子上了前线。她注意到，这位老人和肯尼亚农场上的非洲人一样，"用舌头发出啧啧声"[7]来表达遗憾。

339

在此时的柏林，和平时期的项目与战争的需求并存。尽管希特勒在前几年委托建造的大型建筑仍在继续建造中（“我在这里看到的所有石制、木制或铁制加工件都做得非常漂亮。”布里克森观察道），但防御和伪装结构在它们旁边迅速建起来。然而，在她看来，这种狂热的活动并不能掩盖柏林已经失去的光彩——“这就像脱毛季节的华丽鸟儿”[8]。她写道，街道上“到处是难以形容的污秽”。人们身穿去年的衣服“小心翼翼”地走着，只有酒店门卫看起来仍与阿德隆酒店的“黄金、大理石、青铜和玻璃”相衬。

她惊讶地发现，德意志剧院仍在上演《李尔王》(*King Lear*)，后来她才意识到，纳粹德国占有外国伟大作家和艺术家的方式与他们占有其他国家领土的方式大同小异。“他们说，从莎士比亚强大的人文精神看，他其实是个日耳曼人；克尔凯郭尔由于他的思想深度，也是个日耳曼人；伦勃朗因其艺术真诚，米开朗基罗因其宏大格局，都属于日耳曼人。”[9]柏林拥挤的剧院让布里克森感到困惑，但是，霍华德·K. 史密斯指出，人们几乎没有其他方面可以花钱。而且，与电影院中充满宣传内容的银幕不同，熟悉的经典作品（当代戏剧遭到禁止）至少可以让人们的思想在几个小时中摆脱战争的阴影。[10]

对于战时德国的图景，美国反纳粹记者的描绘自然与外国支持者的描绘大相径庭。瑞典探险家斯文·赫定是备受帝国青睐的客人，他经常能接触到希特勒和其他主要纳粹分子。1940 年 3 月

340

6日，正当布里克森在不来梅时，他却在卡琳宫与戈林共进午餐。菜单上有“黄油、真正的古雪埃奶酪、鱼子酱、龙虾、新鲜芦笋、几道热菜和各种美味佳肴”。随后，戈林十九个月大的女儿艾达（Edda，意大利外交官的妻子们“正忙着为她编织小衣服”[11]）“踉踉跄跄地走进来，她以漂亮的动作欢迎客人们”。虽然因汽油短缺，私人汽车被禁止出行，但六个月后赫定从柏林前往慕尼黑时，却仍然由公务车一路送去。他这趟旅行与大多数战时旅行者的遭遇非常不同，后者通常被迫在拥挤不堪、寒冷、肮脏的列车上站立数小时，而且列车还总要晚点几个小时。然而，赫定乘坐的汽车却“一路疾驰，穿过波茨坦、威滕伯格、德绍、莱比锡和哈雷，在白丝带般望不到尽头的高速公路上全速行驶”。他注意到，路面上每三十码就竖着一根木柱，为的是防止敌方飞机降落在平坦的高速公路上。他们用七个小时就跑完了四百英里路程（其中一半是在普通道路上）。“我们的速度比特快列车还快。”[12]

1940年6月18日，布丽奇特从沃特森城堡写信给雨果：“西线战事已经结束了，这不是很好吗？就跟老头子（指希特勒？）在梅克伦堡承诺的一样。”[13]战争或许进展顺利，但还有很多其他麻烦。三天后，她对丈夫写道：“我们还没有找到一个女仆。这太可怕了。”到了7月，压力开始显现。“亲爱的，请你一定要立刻回家。这么多次空袭，可不是闹着玩儿的。我很痛苦，炸弹在我们周围爆炸，现在他们说，我们在挪威的部队要去到英国了。我对这种愚蠢的战争厌烦透了。”[14]帕普（Pap）是一位年迈的仆

341 人，让他深感愤怒的是，英国人轰炸了汉堡的俾斯麦纪念堂。几个星期后，他一时忘记了布丽奇特的国籍，宣称：“德国轰炸机前几天没炸死乘火车前往苏格兰的乔治六世国王和他的王后，真是非常遗憾！”[15]收割马铃薯的活动成了一场灾难（“它们都烂在地里了”），巨额的税单更让布丽奇特气馁。

到1940年圣诞节，哥伦比亚广播公司的播音员哈里·弗兰纳里（Harry W. Flannery）接替威廉·夏勒后，已经在柏林待了大约六个星期。他注意到小扁豆、豌豆和菜豆等定量配给的口粮增加了，还注意到额外配给了果酱和糖。圣诞树在促销，轰炸机、潜水艇和士兵服等玩具供应充足。日本大使在报纸上发表的一首诗增添了节日氛围：

看，晨曦即将染红神社，
东亚的白昼正在到来。
“卐”字旗与红、白、绿各色旗帜
在风中欢快地猎猎飘飞
春天就要降临欧洲各国。[16]

比迪与她的家人和威利的哥哥在不来梅附近的农场里过圣诞节。他们不得不在半夜请来一名屠夫，宰杀一头即将窒息的猪。比迪回忆：“我们站在猪栏里，借着油灯的亮光观望。那场景就像

一幅伦勃朗的画作。猪栏和房子都在同一个屋顶下。”杀猪是件有风险的事。就在那年9月，罗斯托克的一个农民因没有取得许可就屠宰了一头猪，结果被判斩首。[17]

到了除夕，一家人返回柏林。临近午夜，弗兰纳里正在柏林的新闻办公室准备广播。威廉·乔伊斯（William Joyce）和玛格丽特·乔伊斯（Margaret Joyce）也在大楼里，人们称呼他们为“霍-霍”勋爵夫妇。两人邀请弗兰纳里跟他们一起喝香槟：

342

> （“霍-霍”）从卷帘门下钻过，去阳台上拿酒。收音机开着，播放出科隆大教堂午夜的钟声，接着，电台的一个纳粹乐队开始演奏《霍斯特·威塞尔之歌》。“霍-霍”夫人挺直了身子，表情变得肃然，伸直手臂行纳粹礼。“霍-霍”从窗帘下走回来，注意到妻子的举止，放下瓶子，脚后跟咔哒一声碰在一起，加入了敬礼的行为。[18]

新年伊始，弗兰纳里采访了一名德国飞行员，他对伦敦进行过大约二十次空袭。飞行员完美的英语让弗兰纳里感到惊讶，后来这位年轻人承认，他母亲是英国人，外祖父和外祖母住在伦敦。那个美国人问他是否轰炸过他们住的地区。他回答：“是的，我轰炸过。我尽量不去想这事。”[19]

伦敦遭受了轰炸，汉堡也是如此。3月13日，布丽奇特·冯·伯恩斯托夫人入住了该市最好的酒店——四季宾馆。据弗兰纳里介绍，那里显然没有受到战争的影响，仍然向客人供应罕见的葡萄酒和真正的茶。每天下午，乐团都会在餐厅里演奏美国人最喜爱的音乐，比如《带我回弗吉尼亚老家》（“Take Me Back to Old Virginny”）和《唐人街》（“Chinatown”）。[20]“你无法想象我们度过了一个多么戏剧性的夜晚。”几天后，布丽奇特在德累斯顿给雨果写信说：

> 11点到3点，以及4点到5点半都躲在地下室。炸弹像下雨一般落下。早上7点离开，去乘坐阿尔托纳的火车。整个天空让火光染成了红色，大部分街道上关门闭户。全城到处冒着滚滚浓烟。火车上挤满了带着孩子的精疲力竭的人，他们一夜没睡。此时的迁徙显然毫无游趣可言。[21]

她在信中告诉他，她很高兴他还在挪威，因为现在有很多部队正在被派往非洲。“在火车上总能看到他们。”[22]

343 当然，如果考虑轰炸和食品问题，农村的生活将比城市好得多。季羡林写道：“城里人谁要是同农民有一些联系，别人会垂涎三尺的……”1941年夏天的一天，他遇到一个德国女孩，她认识一个住在离哥廷根几英里的农民。他们骑自行车去他的果园，在那里花了一天时间摘苹果。除了水果，他们还带回家一袋土豆。季羡林写道：“到了家，把土豆全部煮上，蘸着积存下的白糖，一鼓作气，全吞进肚子，但仍然没有饱意。”[23]

复活节后整整过了一个月，即 1941 年 5 月 10 日晚 5 时 45 分，副元首鲁道夫·赫斯乘着他的梅塞施密特战斗机，飞往了苏格兰。他试图通过汉密尔顿公爵与英国和谈，结果终归徒劳，这让德国公众感到非常震惊。布丽奇特无疑表达了人们普遍的情绪，她在给雨果的信中写道，“赫斯的事似乎对敌人相当有利。赫斯真是太愚蠢了。他应该开枪自杀，而不是去做这种事。我真的为元首感到非常难过”[24]。

然而，仅仅六周后，与 6 月 22 日的事件相比，赫斯之前的大胆行为就显得微不足道了。当天，季羡林从女房东那里了解到，德国入侵了苏联。为了把思绪从这个事件上转移开，这位年轻的学者与两个熟人平克斯（Pinks）太太和格罗斯（Gross）先生一起出去游玩。“格罗斯拉手风琴，沿路大唱……在渡船上看到年青的女孩在河里游泳，更显出身躯的窈窕，令人销魂。”[25]不久后，他写道：“现在我一听到德国打败，从心里有说不出的高兴。倘若德国占一个什么城，临睡时我就先吃上一片安眠药，不然睡不着。我不爱俄国，也不爱英国，但自己也不知道为什么这样恨德国。”[26]

入侵苏联几周前，德国人在忙于征服巴尔干。但是，当一本霍华德·K. 史密斯最喜欢的俄国讽刺短篇小说从当地书店的橱窗里消失时，他便意识到，要发生一些变故了。这一点值得注意，因为这本书在橱窗里展示已经有一年了。史密斯走进这家书 344

店（恰好就在希特勒同父异母的兄弟开的阿洛伊斯餐馆旁边），询问关于俄国书籍的问题。当他明白，现在唯一可找到的就是《我在苏联地狱中的生活》（*My Life in the Russian Hell*）这类书，他便确信，入侵苏联一定已经迫在眉睫了。[27]

比迪也提前感觉到了入侵的预兆。他们就住在火车站旁边，几个星期来，她一直看着部队列车定期开往东部。在“巴巴罗萨行动”的第一天，她在公寓楼的花园里见到了施罗德（Schroeder）夫人，两人在那里有分配给自己的土地。“现在，”她的邻居泪流满面地说，“战争永远不会结束了。”[28]然而，布丽奇特·冯·伯恩斯托夫却认为，三周后一切都会结束。“真不知道接下来会发生什么事。”她的悬念没有拖太久。两个月后，她给雨果写信道：“在汉堡，看到这么多身穿丧服的人，感觉非常压抑。”费利克斯·冯·沙夫戈奇（Felix von Schaffgotsche）只是他们众多伤亡朋友中的一位。“费利克斯肺部中弹，躺在俄国南部一个牛棚里，正在被虫子吃掉。”[29]

那年夏天，比迪和威利带着女儿们去一个农场度假，农场主是个朋友的表亲。那里有个水磨坊，在柏林以东六十英里的奥德河畔的法兰克福。比迪回忆道：“我送给弗里德尔（Friedel）一张鞋子的配给券，她便为我们安排了这趟旅行。”

他们到达车站时没有公交车，只好推着婴儿车步行九英里去农场。路的一侧是森林，另一侧是“8月阳光下灼热的田野”。比迪和农场的一名波兰奴工交上了朋友。他的一只眼睛瞎了，一只脚曾遭受冻伤。他们把身上所有的香烟都给了他。（香烟跟其他东西一样，也是配给供应的——男人每天十二支，女人在五十岁前每天六支，过了五十岁就不再配给。）客人中有两位是来自柏林的打字员，她们“身穿防晒套装，烫着卷发，戴着眼镜，看上去非常时髦”。两个年轻女子见几个奴工衣衫褴褛，便得知这些波兰人属于次等人种族。比迪几次试图给他们启蒙，但最终放弃了，觉得毫无希望。

345

这几天过得很愉快。他们在森林里采蘑菇、摘蓝莓，威利带着克拉拉在“风吹涟漪动的寂静的”湖水边钓鱼。到了该离开的时候，一名退休警察提出带他们去车站。他们坐上一辆两匹马拉的农场马车穿过森林。[30]

这个夏天布丽奇特过得不太愉快。除了不断地为对苏作战的朋友们担忧外，天气也很恶劣。她在信中对雨果说：“每天都下倾盆大雨，没完没了，天气冷得厉害。庄稼全毁了，比去年糟糕得多。”到了10月份，情况也没有好转。“亲爱的，我很想家。我渴望回家，想念家里可口的茶，想念保姆和电影院。没有争吵，用不着费心做安排。我渴望见到我所有的朋友。我多么想念那一切啊。”[31]

就在布丽奇特梦想回到她那个舒适的家时，法国作家雅克·沙尔多纳（Jacques Chardonne）和其他外国作家应纳粹的邀请，正在德国进行文学之旅。他是一个真正的纳粹信徒。他随后在一篇长篇散文中写道："将德国社会作为一个整体考虑时，我感觉它从本质上就是美的。这是一个道德美（勇气、意志、克己、庄重和各种形式的健康）的问题，也是风格和创造力的问题。"纳粹的"高调气氛"是他和其他作家在维也纳霍夫堡出席的招待会的标志：

> 这批外国人……在皇家公寓里的表现不是很好。我们被安排坐在大约二十张圆桌旁，每张桌子上都点燃着一圈红色蜡烛，装饰着一束秋叶，餐具是古老而精美的瓷器。电灯熄灭。我们聆听了一支巴赫的合唱曲，这是一首没有歌词的童声哼唱曲；接着是一首莫扎特的五重奏；之后，是一首无伴奏歌曲，歌曲中一再重复克制的和声。接下来，一片寂静。笼罩着出席者的昏暗、红色蜡烛的摇曳、秋叶和纯美的音乐，这一切融合在一起，创造出一种精神奇观。那天晚上没有演讲。

346

让这个法国人印象深刻的不仅仅是这个场合的宁静与辉煌。他认为，这类纳粹活动的"高贵"与"好品味"既来自音乐和美丽的环境，更源于"某种心态"。他对党卫军的看法同样浪漫，视之为"新的日耳曼产物"，但又有古老的根底。因为他们身材高大，姿态优雅，身穿制服在街上徘徊，他便把他们比成"好战的僧人"阶级。他写道："他们生活质朴，彻底地克己……

他们似乎不会感觉到悲伤、恐惧、饥饿或欲望：他们是来自尼夫海姆*天堂的战争天使，下凡来帮助人们完成一项人类难以完成的任务。”[32]

在德国工作了近两年后，霍华德·K. 史密斯对纳粹的看法大不相同了。他在1941年岁末写道：“让生活愉快的种种小事都消失了。生活所必需的一切东西都变糟了，在某些情况下，可供食用的东西达不到人类健康标准。”他引用了一句来自一位相识的工人妻子的话，她问他：“我们活着还有什么希望？”[33]

年终将至，史密斯与柏林所有剩下的美国记者一样，渴望离开德国。终于，12月6日傍晚时分，他获批了出境签证。既然已经得到签证了，他就想多待一天，跟大家道别。幸运的是，有一位同事让他相信了，即使再拖延一个小时也属疯狂。朋友们聚集在波茨坦车站为他送行。他上车前，大家一起唱歌、喝香槟。 347 他终于要上路去瑞士了。他兴奋得无法入眠，拉开车窗上的遮光窗帘，盯着窗外的黑暗看了一夜，听着“车轮有节奏的哐当声”。破晓时分，从火车的一侧可以看到莱茵河。对面是“马其诺防线上的绿色碉堡，里面的炮都被运走了”。在火车另一侧，“齐格菲防线的灰色碉堡”清晰可见。日光下，破旧的车厢毫发毕现，“磨破的地毯上有香烟烫出的棕色斑迹”，红木嵌板上清漆剥落。火车在弗赖堡停车，史密斯下车买了份报纸。最高司令部发出的

* 北欧神话中原始混沌的世界。

通知引起了他的注意。通知称，由于“前所未有”的早冬，德国军队将缩短在东部前线的防线，为冬季防御作准备。该报的日期为 1941 年 12 月 7 日。当天晚上德国时间 7 点 48 分，日本帝国海军开始袭击珍珠港，将美国带入战争。仍在德国的所有美国人现在都面临着立即遭拘留的命运——而且前途莫测。

第二十一章

旅行的终点

在战争的最后三年里，仍在帝国独立旅行的外国人留下的记叙既吓人又感人。他们一个共同的主题是——轰炸。一连几个小时被困在拥挤不堪、臭气熏天且往往冰冷刺骨的地窖里，上面被炸成烈火与瓦砾的世界，不论你是公主、共产主义者、纳粹拥护者、纳粹反对者、俄国人、瑞典人、梵语学者，还是个爱尔兰民族主义者，这都不重要了，正如布丽奇特·冯·伯恩斯托夫所说，这是个“彻头彻尾的地狱”。 349

努马·泰塔兹写道，到了1942年，战争已经“深入”到了国民的心灵中。即使是在德国的“自由的”外国人，也越来越令人不快，像泰塔兹本人一样有条件逃离的人尤其遭人嫉恨。他的瑞士护照不久前还是人们嘲笑的对象，如今却受到人们强烈的羡慕。尽管遭到轰炸，但工厂仍在运作，众多德国工人离开工作去参战，于是这些工厂主要掌握在非德国人手中。事实上，有数百万外国人在德国工作，他们来自受纳粹控制的欧洲各地——绝大多数人是迫不得已。来自东方的妇女被安排在兵工厂工作，匈牙利人和罗马尼亚人在旅馆和餐馆服务，意大利人一般受雇清理废 350

墟。[1]还有数百万奴工被迫在恶劣的条件下工作，其中有许多人来自波兰和俄罗斯。对于土生土长的雅利安人来说，数目众多的充满敌意的外国人生活在他们中间，与他们密切接触，成了他们焦虑不断加深的根源。

泰塔兹注意到，法国人比其他外国人享有更大的自由。因此，他们接管了许多德国人腾出的较好工作。令他惊讶的是，这种新的接触并没有激起他们的传统敌意，反而让这两国人民意识到，他们有如此多的共同点。[2]如果泰塔兹是对的，这便是一个罕见的例子：战争会创造一些积极的东西。不过一般而言，人们彻底厌倦了战争。在漫长的1942年，人们看不到战争的尽头，无论他们的政治倾向如何，每个人都感到沮丧。

和泰塔兹一样，在柏林为纳粹做广播节目的瑞典人戈斯塔·布洛克（Gösta Block）也敏锐地意识到外国人受到的敌意越来越强烈。他坚持认为，不可能与德国人谈论瑞典而“不受到责骂”。荷兰人、丹麦人和挪威人都抱怨同样的问题。布洛克曾是个热心的纳粹主义者，但他改变了立场。其实，他认为，大多数外国人无论以前多么为纳粹痴狂，现在如果有机会，都会背离德国。但是生计问题和对家人的担忧，使他们被束缚在不再相信的事业上。[3]

同样为纳粹做广播的弗朗西斯·斯图尔特反应却不同。1942年3月，他在日记中写道：“应要求向爱尔兰播放电台谈话节目……至少在一段时间中有些事是我想说的。”[4]几个月过去后，他肯定和布洛克一样想要离开，只是不愿意承认。虽然他和其他人一样，也不断遭遇空袭，但是，一天晚上，他在公寓里看到一架孤零零的苏联飞机飞过，他对这架飞机的描述，简直如诗一般：

351

> 它像一颗柔和的星星在闪耀，扁平的机身周围不断爆出几点白色或红色的火焰。它来自东方，从阳台前的两棵杨树后面经过，转向南方，慢慢消失。我得到了一个奇怪的印象。以前我从未见过轰炸机。但它是一架苏联人的飞机，孤零零地飞越了如此遥远的距离，这都是不争的事实。[5]

布洛克认为，粮食短缺是德国人转而敌对外国人的一个主要原因。当然，对于季羡林来说，食物——或者更确切地说是缺乏食物——正成为一个更加令人痛苦的问题。有一次，他排队买蔬菜时，一位老太太遗失了她的钱包。“（她）瞪大眼问我拿了她的（钱包）没有。我仿佛头上打了一棍子，立刻晕了。”季羡林在日记中愤愤然写道。从他的日记中看得出，他花在寻找食物上的时间多于学习梵语。“十二点到容克饭店去吃饭，酸白菜煮的蛋里面一点油也没有。我虽然很饿，吃了两口不由皱起眉头来。我以为我现在什么样的饭都能吃了，现在才知道不能。”但几个星期后，他在日记里大段描写了他刚刚享用过的“美不可言”的炸羊肉。“在连月饥饿之余，忽得如此美餐，心里简直说不上应该怎样好了。”在一次对柏林的难得的访问中，他去了一家“天津餐馆”，因为他事先得知那里供应鸡肉：

> 仿佛走到一个极奇异又极生疏的世界里去。我们的大同胞非常多，大半都是侨商，只要一看他们那镶着金牙的嘴，再想到他们无恶不作的情形，我真觉得自己仿佛到了鬼的世界里来。而这一群大留学生们却也同他们呼兄唤弟，狼狈为奸，买黑马克，贩私货，嫖女人，打麻将。很少有几个人还想到念书。我一想到这里，全身发冷，替我们国家前途悲观。[6]

1942年11月8日，泰塔兹在“美丽的弗赖堡大学城”与妻子共进午餐时，一则简短的电台公告在餐厅里掀起了恐惧的涟漪。美国和英国军队在北非登陆。[7]随着时间的推移，消息变得越来越糟糕。到了年底，就连斯图尔特也很难保持他一贯的超然态度了。他在日记中写道：“在过去几周，我几乎无心写作，实际上对任何事情都心不在焉。在北非战役和苏联斯大林格勒战役中，德国的战事进展得很糟糕。”[8]

352

1943年2月2日，对斯大林格勒的围困以德国军队投降告终。一周后，佩格·黑森从波茨坦（她丈夫驻扎在克兰普尼茨的军队坦克学校）回到在沃尔夫斯加滕的家里。她给布丽奇特写信说，这是一次“富豪之旅”，一路上都是卧铺车厢和“供我调遣的搬运工”。受到这样的贵宾待遇并非因为她是王妃，而是因为她和冯·伦斯基（von Lenski）将军的妻子同行，这位妻子当时还不知道，她丈夫刚刚在斯大林格勒被俘。

对佩格和路来说，挤出几天时间在沃尔夫斯加滕度假，是为了使战争的压力得到定期的缓解。这年复活节，佩格给布丽奇特写信说：“咖啡、杜松子酒十分美味，这里的寡妇们也都很高兴。我和路再一次感到了喜悦。”此外，还有个额外的享受，这里正在上演一部“优秀的”作品《驯悍记》（*The Taming of the Shrew*）。[9]令人奇怪的是，莎士比亚戏剧似乎是战时德国上演的主要作品。1943 年 3 月 1 日，“柏林迄今最严重的空袭”开始时，弗朗西斯·斯图尔特刚刚看完《安东尼和克里奥帕特拉》（*Antony and Cleopatra*）走出剧院。随后，他“穿过冒着烟的街道，路经许多燃烧着的房子”，步行回家。第二天早上，那些房子的火仍未熄灭。在“蒙蒙细雨”中，凯瑟巷沿路堆满了家具、画像、锅、盆和书籍。这些都没有让他感到触动，至少他自己是这么说的。他写道：“在我们的毁灭中，我的感情依然麻木如初。”[10]

与斯图尔特不同的是，克努特·汉姆生的感情受到了战争的摧残。这位诺贝尔奖得主并没有失去对希特勒的崇敬，更没有失去对戈培尔的钦佩之情。1943 年 5 月 19 日，他在柏林这位有文学气质的宣传部长家待了几个小时。戈培尔得知，北欧国家已不再阅读汉姆生的《作品集》（*Collected Works*），他感到愤怒，便立即决定印刷十万册。汉姆生对此提出异议，他指出，鉴于德国的纸张严重短缺，现在加印时机不对。这次短暂的见面一定给这个挪

353

威人留下了深刻的印象，他一回到家，立刻作出了一个了不起的决定：将诺贝尔奖章寄赠给戈培尔。他在随函中写道：“帝国的部长先生，我从未见过任何人像您一样坚守理想主义，年复一年地代表欧洲和人类写文章、发表演讲。我为寄给您奖章请求您的原谅，因为这对您没有任何用处，但我没有别的东西可以奉送给您。”[11]

汉姆生对纳粹领导人的钦佩之情并未减弱，他对英国的仇恨也是如此。就在五周后，他在维也纳举行的国际作家会议上发表讲话时明确表示了这一点。他对五百名代表说：“我强烈地反对英国。所有的动乱、麻烦、压迫、失信、暴力和国际冲突都源自英国……英国必须下跪。”[12]

汉姆生对纳粹有着坚定不移的忠诚，他拼命寻求与希特勒会面，原因是他对挪威的国家专员约瑟夫·特布霍芬（Josef Terbhoven）深恶痛绝。汉姆生坚持认为，他的残暴政权正在破坏说服挪威人接受德国霸权的希望。1943 年 6 月 26 日，汉姆生在伯格霍夫终于见到了元首，他确信自己能说服元首调走特布霍芬。结果并未成功。希特勒无疑听过戈培尔关于汉姆生的介绍，只想与他谈论写作，汉姆生却执意谈论政治。这位八十四岁的老人（最近曾中风，耳朵聋了）拒不偏离主题，竟然罪大恶极地打断元首。老人在诉苦过程中，一度不禁哭泣。他对希特勒说，“国家专员的方法不适合我们的国家，他的普鲁士方式让人无法容忍。

354

他处决人的手段，我们再也无法忍受了”。希特勒怒不可遏，厌恶地甩开他的手臂，撇下他走到阳台上。对汉姆生，这是一个灾难性的结果。然而，他的传记作者评论道，他回到挪威后仍信任元首，相信第三帝国要创造一个更美好的新世界的使命。[14]

在汉姆生与希特勒那次不愉快会见过去一个月后，“蛾摩拉行动”在汉堡实施，并实际上摧毁了这座城市。布丽奇特写信给雨果说：

> 从来没有发生过像汉堡这儿一样的悲剧。亲爱的你不知道，你无法想象，那里一切都没了，什么都没有留下。每天晚上的轰炸都一样，我们很幸运能活着走出地窖。每个白昼天空都是烟雾弥漫，花园笼罩在黑色尘埃中。今天六点钟，汉堡的居民必须彻底疏散。街道上密布着黑黢黢的尸体，热气袭人。因为没有供水，人们从易北河取水喝，结果爆发了斑疹伤寒。大约有九万人受伤，二十五万人丧生。[15]

几天后，佩格从克兰普尼茨给布丽奇特写信。“谢天谢地，你回家了。感觉自己的心都碎了，只想扑进别人怀里嚎啕大哭。”罗斯托克被炸时，她一直在梅克伦堡，花了两天时间才返回柏林，尽管两地间的距离只有一百二十五英里。她对布丽奇特说：“我经历了那样的场面，看到那么多赤裸裸的悲剧，到这里时，比以往任何时候都更加歇斯底里。”但仅仅三个星期后，她就在沃尔夫斯加滕写信说："我无法描述在这儿感到的狂喜。在朗根车站退票时，真的就像摸到了阿拉丁神灯。这里没有丝毫的恐慌，我从克兰普尼茨写的信，现在看来有些夸张甚至近乎疯狂。"[16]

355

然而，这年7月，比迪·容格密塔格和她的孩子们准备撤离柏林：

> 这趟旅行从法兰克福的阿莱广场站出发。我们必须在上午9点到达那里。火车站有大群的人，希特勒青年团正在装载行李。我们去得迟了，火车已经满员。有过一次空袭警报，但很快就结束了。大约11点，火车轰隆隆缓缓启动。那是一列旧火车，车门都关不住，我们就用绳子把门绑起来。我们让大一点的孩子躺在行李架上睡觉。

黎明时分，他们跨过了维斯瓦河。比迪写道："按规定我们不该拉开窗帘向外张望，但我们拉开窗帘看了。"火车隆隆跨过"那条银色的大河"时，她欣慰地想，"在纳粹及其疯狂的罪行被遗忘很久之后"，大河会依旧存在。

最终，他们到达了离苏联边境不远的库克内塞，这是涅曼河畔的一个大村庄。比迪把沉重的行李箱放在婴儿车里，推到市政厅。他们坐在那里，当地的家庭主妇们"来挑选她们认为适合在自己家住的撤离人员"。幸运的是，比迪和她的孩子们最终住进了善良的德雷格努斯（Dregenus）夫人家，她父亲在村里开商店。比迪回忆："她带我们走进厨房，让我们坐下来喝土豆汤。厨房非常乱，两个为他们服务的女孩都光着脚。”比迪立刻告诉德雷格努斯夫人，自己是英国人。“在某种程度上，我们的秘密相互抵消了：一个是英国人，另一个带着智力有缺陷的孩子。”他们得到了两个房间，但德雷格努斯夫人警告，这屋子冬天太冷了，她前一年存放在那里的土豆已经结了冰。然而，在库克内塞的生活并没有令人不快。晚上可以沿河散步，听夜莺的歌唱，柏林的一位老师还组织了一个合唱团。比迪写道：“我们在河岸边的一个房间里练唱，晚上还在那里缝衣服。”每个星期天，他们都会在空荡荡的北德意志路德教堂里唱歌，阳光从教堂朴素的玻璃窗中透进来。比迪愉快地回忆起，当地村里和农场的孩子们接受坚信礼时，合唱团演唱巴赫的《圣母颂歌》（Magnificat），场面蔚为壮观。她写道：“这是一项非常感人的服务，女孩子们身穿白衣，男孩们首次穿起套装。”[17]

356

1943 年 10 月，佩格在信中对布丽奇特说，她们最近在沃尔夫斯加滕的假期“太悲惨了，根本不像往常那么美好”[18]。原因是黑森州的克里斯托夫亲王在亚平宁山脉的空难中罹难，他是维多利亚女王的曾孙和德国皇帝的侄子。战争开始时，克里斯托夫亲王为加入纳粹空军，辞去了党卫军高级领袖的职务。他的遗孀索菲公主是菲利普亲王最小的妹妹，后来，菲利普亲王成为伊丽莎白二世女王的丈夫。索菲公主的朋友们叫她“小不点”，她如今住在沃尔夫斯加滕以北二十英里的克龙贝格城堡，带着她的四个孩子（还有一个即将出生）和她有女伯爵身份的婆婆——普鲁士的玛格丽特公主。1919 年她曾受到过斯图尔特-罗迪中校的帮助。中校的六个儿子中，有两个在第一次世界大战中阵亡，现在，第三个儿子也在第二次世界大战中丧生了。

佩格告诉布丽奇特："那天的葬礼就像一幕希腊悲剧。克里斯托夫的孪生兄弟和本来应该从卡塞尔来的两个侄子没有到场，我们不知道他们如今是死是活。"葬礼结束后，佩格和路乘坐了一趟慢得要命的火车返回克兰普尼茨。拥挤的车厢里有个患百日咳的孩子，夜里狂咳不止。几个星期后，克龙贝格的教堂遭到轰炸，兰德格拉夫（Landgraf）和他儿子们的棺材在大火中烧毁。佩格写道："兰德格拉夫的命运真惨，就连死者也得不到平静。"[19]

357 但那年秋天并不都是阴郁的。在维克托·冯·普莱森（Victor von Plessen）的生日派对上，布丽奇特站在桌子上跳舞；在柏林，富特文格勒指挥的贝多芬《第七交响曲》"淹没了"佩格的灵魂，让她沉浸在"声音和情感中"；在沃尔夫斯加滕，佩格和路积攒了大量食物，为包括悲伤的"小不点"在内的一批好友举办了一场家庭聚会。"一只烤野猪送上来，味道美极了，我们甚至弄到了二十四只牡蛎！"试图在几个小时中暂时忘掉战争是个勇敢的尝试，但是在现实中，佩格对布丽奇特说："我们胸中都像堵了块铅。"[20]至于布丽奇特，尽管她享有特权地位，但当她总结 1943 年的时候，她的话肯定代表了每个人的心声。"除了弹药和儿童，谁也不再创造任何东西了。不再创造美的东西，原来存在的美正被全数摧毁。没有闲暇，没有浪漫。”[21]

这番话写下后不久，在 1944 年岁初，德国文化的骄傲之一——满城中世纪建筑的法兰克福——被摧毁了。法兰克福位于沃尔夫斯加滕以北仅十五英里处。1944 年 3 月 29 日，佩格写信给布丽奇特：“这座城镇已经不复存在了。汉堡、柏林、卡塞尔都被摧毁了。死伤无数。”[22]在描述了那次空袭的恐怖景象之后，她转而描述春天的最初迹象：沉浸于青蟹、番红花、桃花和紫罗兰之中。她补充说，“不过人们接触到的一切都是黑色的，夹杂着法兰克福飘来的烟尘和骨灰，造纸厂遭到轰炸，花园里到处散落着从造纸厂飘来的英文、德文和西班牙文废纸”。

周围的世界已经分崩离析，佩格便调整自己的视角，对布丽奇特写道：“去达姆施塔特旅行一趟就像去巴黎度了个周末。”

> 埃格尔斯巴赫的“小”裁缝与伦敦的大裁缝旗鼓相当。我享受每一天的每一秒钟，因为我觉得，到明年这个时候，我的生活就不会像现在这样舒适愉快了。任何时刻都可能是生命的最后一刻。昨天，我们在离这里约十公里的火车上时，空中传来震耳欲聋的轰鸣声。火车停了下来，我和路下了车，穿过漂亮的耕地和新长出绿叶的树林，愉快地步行回家。[23]

358

沃尔夫斯加滕的春天可能意味着阳光和鲜花，但是，在比迪和女儿们度过冬季的库克内塞，5月份地面上仍有积雪。她写道："苏联军队一直在向前推进，一个又一个母亲得到她们的丈夫不是倒毙就是失踪的消息。其中一个人非常担心，因为她没有哀悼时穿的黑色长袜。"

5月底，威利从柏林赶来，他们都出发去波罗的海度假：

我们要在库克内塞乘坐汽船。我们必须早点到那儿，大约是早上6点钟。我们推着婴儿车穿过村子。太阳刚刚升起，树木在通往河边的笔直道路上投下一道道斜影。汽船上有一群妇女劳务部的女子，她们身穿蓝色亚麻布裙子和绣花围裙。汽船沿河驶向尼伦途中，她们唱起了民歌。她们要去海边郊游一天。我们下榻在尼登的一家小旅馆里，出门穿过沙丘，走到海滨，在蓝色的大海和银白色的沙滩上，感觉很孤独。天气炎热，沙丘上的小松树和花朵散发着馨香。[24]

这是威利最后一次见到他的女儿们。他返回柏林后遭到逮捕。一个窥探他的邻居发现他窝藏了一名逃犯，向盖世太保告发了他。

359 1944年6月6日，盟军登陆诺曼底。几天后，佩格写道：

布丽奇特，关于这次入侵，我该怎么说呢？我只是尽量不去多想，许多亲戚朋友在战场上交战并相互屠杀的场面，一定难以用言语描绘。我觉得我的心好像被锁在一个铅制隔音盒里，打开盖子时，我觉得必须屏住呼吸，因为疼痛是如此剧烈。[25]

在诺曼底登陆一周后，即6月13日，第一枚V-1飞弹射向伦敦。弗朗西斯·斯图尔特很快记录下这一消息，说“德国的秘密武器”袭击了英国南部。他写道：“这是现代史上最引人注目的日子。虽然我讨厌整个战争，但我认为德国人使用这种武器是有道理的。他们正在反击，这从来都能激起人的同情心。”然而在7月9日，他写道：

对德国来说，各条战线传来的都是坏消息。苏联人距离普鲁士只有一百英里左右，卡昂也即将失陷。但即使能走，我现在也不愿离开这里。这不是我的战争，但无论如何，在德国仍然有好的东西，我不能像与我无关那样随意将它们抛弃掉。尽管有那么多可恨的东西，但仍然有美好的火花。[27]

三周后，他在日记中写道：“战争达到了高潮。苏联人在东普鲁士边界，正要跨越维斯瓦河；在南部已推进到克拉科夫，进入了通向斯洛伐克和匈牙利的山口。”[28]但是，尽管消息显示目前的形势很严峻，斯图尔特和数百万德国人一样，仍希望有奇迹发生。他在8月17日的日记中写道：“虽然情况肯定很糟糕，但我认为，这些情况对德国来说并不像表面上那么糟糕。仍然可能有这样一个计划——用一种新型的反装甲武器对俄国发动进攻，如果 360

这个计划取得了一定的成功，就在此基础上和解，所有部队转而向南和向西调动。”[29]

1944年夏天，天热难耐，让人的心情更加糟糕。斯图尔特窗外的温度计一度升到四十五摄氏度。到了9月，斯图尔特和他（出生在波兰的）德国女友马德琳（Madeleine）渴望离开柏林。但没有旅行证件就无法成行，他们别无选择，只好等待。他在9月4日的日记中写道：“等待。在所有事情中，最难让人接受的就是不确定性。”最终，他获批了临时旅行通行证。9月8日，这对情侣登上了开往慕尼黑的火车。他在马上就要出发前写道：“紧张、兴奋，还有一点儿担忧。”[30]他的“担忧”是有道理的，因为他们要在战争的最后几个月里，从一家残破的酒店毫无希望地流浪到另一家，要忍受饥饿、寒冷和极度的孤独。

除了对食物的幻想，季羡林在1944年夏天的几个月里还在撰写他的论文，并对空袭作了细致的记录。他偶尔把注意力转向女人。“艾尔姆加德（Irmgard）今天特别美，有这样一个宛宛婴婴的女孩子走在身旁，我还颇有点不惯。”[31]但几周后他与中国朋友谈话时，很快就对娶欧洲妻子的想法有了透彻的认识：

> 四点到胡太太家去，她同闵乃大请我们喝咖啡，吃晚饭……谈话谈到中国的孝的观念，德国根本没有。德国夫妇间的关系也同中国不同，他们（连英国美国等都在内）只是极端的个人主义，先想到自己的权利，绝不会替别人着

> 想，我现在感觉到娶一个德国女孩子非中国人之福。德国女孩子样子漂亮，态度活泼，确令人喜爱，但他们要求也多。一个中国人要想在学问上有成就，还是中国女人好。[32]

361

他们的讨论突然被空袭警报声打断了。那年9月，季羡林记录了不少于十七起空袭事件，他还记录道，他现在每晚都要服用四种不同的安眠药。

9月12日星期一，达姆施塔特遭到灾难性的空袭。佩格给布丽奇特写信说："路和我目睹了达姆施塔特遭到轰炸，烧成了一片废墟。我们躲在防空壕里，飞机从我们头顶上呼啸而过时，整个地面都在晃动。大约四十五分钟后，轰炸结束，造成六千到八千人死亡（有人称多达两万人，可我不信）*，全城百分之九十的地方被夷为平地。"[33]

此后不久，在德国接受过自己大部分教育的瑞士经济学家弗朗兹·沃尔夫冈·里佩尔（Franz Wolfgang Rieppel）在火车上遇到了一对逃离达姆施塔特的夫妇。他们只在睡衣外穿了件外套，脚上还穿着拖鞋，手里拿着一个小手提箱，里面装着他们的各种证件以及从被炸毁的公寓里翻找出来的一些贵重物品。最让里佩尔震惊的是，似乎谁也不觉得这有什么不寻常的。[34]他在1944年9月游历德国各地的原因尚不明晰，但他在第二年以笔名"勒内·辛德勒"（René Schindler）发表了他对此次旅行生动形象的描述。

---

* 约一万三千人在空袭中丧生。

在布雷根茨到慕尼黑的火车上，他注意到，车厢里的谈话几乎完全集中在食物上。当其他乘客发现他是瑞士人时，向他追问瑞士的配给制问题。那里可买到的各种食物让他们听了垂涎欲滴，特别是酒类和烟草都用不着配给。但令他们更羡慕的不是食物，而是瑞士人能够度过宁静的夜晚。坐在里佩尔旁边的男子把烟斗塞得满满的，点着一根火柴凑近烟斗。一个士兵问他抽的是什么烟。他回答说："产妇下奶茶。我是从药剂师那里搞到的，味道好极了。我妻子向我保证，这种茶叶非常有益健康。"一名乘客正说着，"秘密武器可不是虚张声势的"，另外一个人就告诉他们，敌人刚刚突破了南部防线。夜幕降临时，车厢里变得一片漆黑，只有偶尔划着的火柴闪出一点亮光。

362

他们到达慕尼黑以西四十五英里的布赫洛厄时，意外地被告知要下车。他们等候了两个小时才登上另一列火车——"慢得要命，挤得满满的，一点儿亮光都没有"。离慕尼黑还有一段距离时，火车停了，他们又一次被命令下车。里佩尔写道："我们被'推上几辆卡车'，行驶中穿过仍然在闷烧的废墟，最终到达了被摧毁的城市。到处弥漫着燃烧的气味。"[35]

令人意外的是，尽管在法兰克福和达姆施塔特被轰炸，佩格仍能给"小不点"打电话。她向布丽奇特报告："她是个可怜的小人儿，正孱弱地慢慢拉着所有孩子进出地窖。"9 月 29 日，佩格和路骑自行车往返四十英里去克龙贝格看望她。"我们上了高速公路，因为这是到达那里的唯一途径。每隔五十米左右，就会经过一枚燃烧弹壳。我们身穿深绿色衣服，伪装得严严实实，看上去像骑在自行车上的灌木。（麦克白，请注意移动的树木。）再次见到‘小不点’，大家高兴得就像上了天堂——我们立刻喝光了她的最后一瓶苦艾酒，吃完了她最后一包黄油饼干。”[36]

比迪一听说威利被捕的消息，立刻带着孩子们回到柏林为他辩护。但所有关于宽大处理的请求都失败了。在威利母亲的陪同下，她最后一次去勃兰登堡监狱看望丈夫。她回忆道：“那是个美丽的秋日，我们得到允许，可以拥抱，可以靠着坐在一起。他看上去很憔悴，告诉我们说，除了审讯，他一直都戴着枷锁。祖母特地从不来梅带来一些苹果。我们谈话的时候他吃了苹果。最后，我们依依惜别。”11月20日，威利被送上断头台。

随后，克拉拉被疏散到萨克森州，四岁的格尔达被送进一家托儿所，比迪便开始找工作。她在一家照明工程工厂找到个工作，但无休止的停电阻碍了大部分生产。虽然她的工友一开始对她持怀疑态度，但她还是得到了大家的友情。“他们就苏联人来了后会发生的事情开玩笑。”随后，在工厂和格尔达的幼儿园都被轰炸后，她不再去上工。“我们只好待在公寓里吃冷土豆。”[37]

363

尽管气温很少升到冰点以上，那年冬天却没有暖气。但即使在这样惨淡的生活中，比迪偶尔也会想到，世界上仍有美好。在一个没有月光的寒冷夜晚，她把威利的衣服放在一个难民中心后，步行回家，被夜空的美景打动了——停电让夜空显得更加清澈明亮。[38]季羡林在哥廷根同样感到寒冷，却没有找到这样的慰藉。他在12月19日的日记中写道："进城去买了点香肠，到梵文研究所去，原来那里也已经停了火，穿着大衣，坐到十点。觉得坐下去也无聊，就回家来。一点吃过午饭，穿着大衣，围了毯子，仍然是冷，现在才知道寒之难对付并不下于饿。"[39]

索菲公主（"小不点"）现在正在照顾九个孩子，尽管如此，她仍然要承担战争工作。佩格向布丽奇特报告说，在沃尔夫斯加滕待了一晚后，她的朋友不得不在黎明时离开，以便能及时回去工作——"把帆布鞋帮钉在木鞋底上"[40]。佩格也在工作——在当地医院和一个老人院做护工。到了秋天，她还照料安置在沃尔夫斯加滕的数十位难民。11月，她给布丽奇特写信说："本周的大事是我们的女医生来访，喝了一杯酒，吃了块土豆饼干。她二十二岁，负责这里的八十个病人。她带来了鲜花，不停地谈论法兰克福。她有一对年仅三岁的双胞胎妹妹。"[41]到了12月，随着苏军从东部推进，盟军从南部和西部推进，凡是有理智的人都不可能对德国即将战败产生任何怀疑。然而，在佩格看来，尽管遭受了种种人间苦难，战争期间的最后一个圣诞节却并不是个不幸的圣诞节：

364

> 厚重的霜冻把世界覆盖成了银白色。蓝天中万里无云，白天强烈的阳光下，树枝在闪着光亮。月亮差不多成了

满月，黑暗中的满天繁星把夜空装点得十分美丽。在这幅美景中，沃尔夫斯加滕看上去安稳而舒适，烟雾从每一根烟囱里慢慢升起，直冲天际。

平安夜是在医院度过的。护士们站在用烛光点亮的树周围唱着德国传统的圣诞颂歌。随后，一个小孩穿着带有一道银色条纹的白色衣服（从一架坠毁的飞机上找到的）背诵了一首诗。佩格在给布丽奇特的信中说："人们当然觉得颇为伤感，在这个平安夜，不论男人还是护士，大家都不禁潸然泪下。有三位护士的丈夫阵亡了，男人们都想家，'圣婴'的母亲已经在轰炸中死去。但人们感到了善良、仁慈和博爱的召唤，要与黑暗的势力搏斗。"第二天，"黑暗的势力"受到进一步的打击，打击形式是举行圣诞盛宴。这次宴会因大家拿出了囤积的奢侈品，成了真正的筵席：

> 鸽子、鹅、猪肉、咖喱（外加酸辣酱）、真正的葡萄干布丁（1930年的陈年食物），还有冬青树和白兰地！菠萝、龙虾罐头、松露，当然还有咖啡、白酒、香槟、茶和蛋糕。我们感到多么享受啊，这一切让我们再次品尝到了昔日的味道！[42]

1944年12月31日午夜，佩格和路拉开窗户，期待听到新年钟声响起。但佩格写道："我们没有听到钟声，只有前线传来的沉闷炮声。"[43]

弗朗西斯·斯图尔特和玛德琳度过圣诞节的方式完全不同。

他们极尽艰难地在慕尼黑一家破旧的旅馆里发现了一个名叫“雅室”的房间。由于管道已经结冰，既没有供热，也没有供水。吃完土豆泥和肉汁组成的圣诞午餐后，他们挤在床上取暖。一次空袭摧毁了酒店的水管和供电系统，他们每周只分配到一支蜡烛。他们决定放弃“雅室”的乐趣，加入到希望越境进入瑞士的成千上万难民行列。他们乘坐的火车车窗没有玻璃，都用纸板挡住。他们还在雨夹雪的天气中步行了好几英里，睡在肮脏的候车室里，最终在瑞士边境以北约二十五英里的图特林根一栋房子里找到个房间。然而，那次临时住宿以灾难告终。斯图尔特在复活节星期一（4 月 2 日）的日记中写道：“真像一场噩梦！这些人想把我们赶出去，对我们大喊大叫，现在他们终于安静了，我们没有地方可去。”后来他感叹：“4 月是个多么恐怖的月份啊！”他补充写道：“但这又是个多么富有内在奇迹的时刻，其中的启示前所未有。”[44]

365

在几次越境尝试失败后，两人撤退到布雷根茨以南十英里处的奥地利小镇多恩比恩。在这里，斯图尔特 5 月 3 日写道：“法国军队占领了这个小镇。对我们来说，漫长的战争和生命的一个阶段结束了。”[45]

与斯图尔特一样，季羡林也在 4 月 2 日写了日记。“美国坦克车离哥城只有四五十公里，炮声震得门窗直动。连我心里不由也慌起来。现在每个人都希望美国兵快进来。他们说美国兵一来，他们就把白旗挑出去。”三天后，几乎没有面包了，季羡林每天早上都要走进镇里，用水桶取水。但随后，4 月 10 日传来了喜讯。法国士兵不仅在机场附近的一个仓库里囤积大量食品，还允许中国人和其他外国人一起进入。“我们如入宝山，简直不知道拿什么好了。结果是把皮包填了个满而又满，才出来。”[46]德国投降后，季羡林还得等待很长时间。直到 1946 年 1 月，他才如愿返回中国。

东部战役打了三年，其中有两年在连连撤退。1945 年 4 月 21 日，武装党卫军的瑞典军官埃里克·沃林被苏军无情击溃，退守到柏林郊区。他的部队隶属党卫军第十一“北欧”志愿装甲掷弹兵师，由外国新兵组成，其中许多人来自斯堪的纳维亚。撤退中，他注意到森林中的树木逐渐稀疏，这才发现他们已经在柏林近郊的杂货店、报摊、邮局、电影院和花园中作战。令他们惊讶的是，他们在不久前遇到的一群平民，不像邻居一样逃离，而是待在原地等待苏联人。到了这时，虽然柏林的防守不过是绝望中摆摆样子，但沃林和他的士兵们一直坚持战斗到最后。他写道：“在交通要道，对苏军坦克的封锁已经准备好，届时只需把拖拉机或坦克拖上道路。路障是装满铺路石块的电车车厢，以及有着著名称号的大货车——诺尔、柏林人、罗普斯尔沙夫特、施梅林等。”[48]他发现隐蔽处配备的人员是老人和“八至十二三岁的希特勒青年团的”小男孩。他就此评论道：“这些男孩跟一线老兵

366

一样坚强。”

最终，沃林的大腿受了重伤。他的战友想方设法才把他送到一家临时医疗点，5月1日，随着苏军到来，战争终于结束了。德方宣布了希特勒死亡的消息。“希特勒死了，柏林失陷了，德国战败了。”一个躺在沃林旁边的德国士兵静静地哭泣。[49]

4月28日星期六，也就是希特勒自裁前两天，布丽奇特·冯·伯恩斯托夫听着英国炮兵炮轰吕讷堡。她后来对佩格说：“我们觉得他们现在就要到了。”

> 星期天没动静，星期一没动静。到了星期二中午，我躺在客厅地板上，查看周围村庄的地图，不知道开始炮轰后，炮弹究竟会落在哪里。沃特森城堡所有屋子上的窗户都已被炸碎了。周三，我动手用锤子敲掉窗户上的玻璃碎片，差点把一根手指割掉。当天早上，约翰斯夫人报告说坦克来了（她举起一张白纸）。大家都集合起来。他们抓了几个士兵作俘虏，从坦克的开口里递给我们“金箔”（香烟），然后接着开拔。午饭刚吃完，听到有人敲门。原来是邓斯坦·柯蒂斯（Dunstan Curtis），他们正要前去解放基尔市。他从妈妈那里得到了我的地址。我见了他放声大哭。[50]

367

整个4月份，比迪一直听到苏军越来越近的隆隆炮声。接着是对柏林的最后一次空袭。此后就再没有停歇，进攻开始了，“持续不断的噪声令人作呕，像牙痛一样让人心烦意乱”。她把格尔达带到公寓楼所有住户都在那躲避的地下室里。大家坐在完全的黑暗中，只在有人需要找个东西时，才点燃蜡烛。比迪时不时上楼去她家阳台，用那些从被炸建筑中收集的木片在破桶里煮土豆。突然，他们听到士兵们在街上奔跑的声音。“接着，有人推地下室的门，地下室的门被打开了。我们坐着一动不动，像变成了石头。”一名苏军士兵走进地下室，坐下来包扎他的手指。他给了格尔达一块水果糖，还在比迪的一张明信片上留言，后来找人翻译出来：“现在你们都安全了，你们会有民主，这个小女孩将要学习俄语。”随后是一周的混乱，比迪和整条街的人一起趁乱劫取物品。终于发生了奇迹，进攻停止了。

“我们真的不知道发生了什么事。看不到报纸，我也没有收音机。”[51]她写道。但有一点是明确的——战争已经结束。再也没有游客在第三帝国旅行了。

后　记

在尝试对上述所有记录和经历作总结时，我们很容易与 369
W. E. B. 杜波依斯产生同感。1936 年他周游第三帝国几个月后，曾写道："今天，要表达一种对德国面面俱到的正确见解，若不经过多次修改和解释是极其困难的。"[1]连杜波依斯这样的智慧型观察者都觉得纳粹德国如此令人困惑，这让那些习惯用事后的立场审视这一时期的人都感到意外。毕竟杜波依斯是位黑人，而且是位学者，这两者都是纳粹的首要目标。为什么他不直接谴责纳粹德国呢？事实上，许多外国游客也同样感到困惑。报纸从纳粹政权成立最初几个月起就纷纷对其发起抨击；街头暴力和镇压的传闻也得到了证实；希特勒出任总理几周后便建立了达豪集中营；最重要的是 1933 年 5 月发生了焚烧书籍运动——这些都应该让所有可能前往德国的旅游者对新德国的现实状况产生警觉。但是，他们一旦到了那里，接受到如此普遍的宣传，接触到经过大肆扭曲的真相，结果许多人便拿不准自己该相信什么了。此外，在早期阶段，还有一个高尚的理由为希特勒开脱——人们相信在他的革命运动中将发展出负责任的政府，游客们对《凡尔赛 370
条约》感到内疚，或者仅仅怀念在德国度过的美好假期。许多外国游客认为，评论德国内政不是自己的事，而更多的人对此根本不感兴趣。

但随着岁月的流逝，外国人越来越难以保持不置可否的态度了。面对1935年的《纽伦堡法案》（剥夺犹太人的公民身份）等事件，原先德国的温和派人士曾作出的保证，说纳粹终将变得稳定、有序，这时变得完全不可信了。到了那时，外国人要么对范围不断扩大的纳粹种种暴行感到恐惧，要么对同样长的所谓成就清单怀有敬意。到了二十世纪三十年代中期，大多数游客甚至在到达德国之前，就已经决定了自己属于哪个阵营。极右翼人士为何受到纳粹德国的吸引，左翼人士为何远离纳粹德国，这是很容易理解的。但更令人感兴趣的是那些鄙视纳粹却继续热爱和赞美德国的游客。这类人中的许多人在第一次世界大战前曾在该国旅行或学习，并发现这种经历会转变其想法，其中的原因不难理解。比德国的自然美景更诱人的，是极为丰富的文化和学术传统——尽管发生过第一次世界大战，但德国在英国和美国的精神生活中继续发挥着关键作用。第一次世界大战让亲德派深陷绝望，不仅仅因为那场人类悲剧，而且因为战争切断了他们与自己生活中极其重要部分的联系。他们并非对纳粹的恐怖麻木不仁，而是他们坚持认为希特勒会迅速淡出，他们的德国——真正的德国——将重新现身于其所拥有的文化荣光之中。其他像托马斯·比彻姆爵士一样的人们，本来能够公开抗议，但他们避开了这种机会，因为纳粹德国提供的职业回报终究还是太诱人了。在这一方面，美国作家托马斯·沃尔夫是个真正的英雄。

371 正是出于对德国文学、音乐和哲学同样的钦佩，那么多思想解放的父母才将孩子送到第三帝国学习。在他们看来，德国文化和语言的重要意义远远超过了一个短暂的政权，无论这个政权多么恶劣。至于英国贵族，他们也将孩子成群结队地送到纳粹德国，许多人公开赞美希特勒——因为他以一己之力让他的国家复兴，特别因为他拥有击败布尔什维克主义的决心。还有更多平淡无奇的把青少年送到纳粹德国的理由：汇率很有利，总是有一些贫困的男爵夫人愿意以适宜的费用向他们提供食宿。人们很难为直到第二次世界大战前夕还有大量英美青年人周游德国各地这一事实找到一个完全令人满意的解释，而第一次世界大战的老兵多次前往德国为希特勒提供资金则相对容易理解——他们是要努力防止发生另一场战争。比较难以理解的是，为什么这些曾获得多种荣誉的爱国者中有相当一部分人成了右翼极端分子。当然，在可怕的战争中幸存下来，他们中的许多人对和平秩序感到失望。与他们在纳粹德国看到的有序的纪律性和目的性相比，自己国家的民主政府显得非常软弱，缺陷太多。

在第三帝国的外国旅行者，无论是普通游客还是经验丰富的外交官，都逃不过无情的宣传轰炸。但他们受到的影响有多大？在诸如奥运会等精心组织的活动中，宣传可能是非常有效的。但是，到了二十世纪三十年代末，宣传形式在很大程度上太粗糙，不会给海外游客留下什么印象——即使对支持纳粹的人来说也是如此。更让他们记忆犹新的是与个人的对话，特别是与年轻人的对话。许多旅行者对普通德国人所表现出的理想主义和爱国精神感到惊讶，他们在自己的国家所能引用的任何东西都无法与之比拟。许多外国人正是从这种使命感中发现了鼓舞人心之处——尤其是他们想起家乡街头那些漫无目的四处徘徊的失业青年时，这种感觉便更加强烈。瑞士学者德·鲁热蒙听说一位十八岁的德国女孩把所有业余时间都花在组织她的团体体操、政治会议和对穷人的拜访上，不禁感慨："拿一位法国同龄姑娘与德国小姐比比看！"[2]旅行者的叙述揭示了第三帝国另一个似乎令人惊讶的侧面——即一般公众的脆弱性。他们渴望得到外国人特别是英国人和美国人的喜爱、理解，最重要的是得到他们的尊重，这是一个不变的主题。这种需要与人们更加熟悉的激进而渴望战争的种族主义者形象非常矛盾。事实上，如果书中的这些目击者是可信的，那绝大多数德国人就像他们将要侵略的地区的人民一样害怕战争。

372

关心犹太人困境的外国游客不得不应对一个无法回答的问题，而大多数游客却忽视了这个问题——这些以职业道德著称并忠于家庭价值观的热心人，怎么可能以如此轻蔑和残忍的态度对待众多德国同胞呢？凡是在第三帝国旅行的外国人，只要决心透过表面现象加以观察，便很容易发现这些矛盾。例如，纳粹主义和共产主义在手段上的相似之处；具有反犹太思维的犹太人；善良与残酷；舒适与街头暴力；刺耳的歌唱和对贝多芬的崇敬……难怪杜波依斯和其他那么多人都发现很难对德国提出全面的看法。

另外还有一点令人感到困惑：肯定没有哪个极权国家像纳粹德国一样友好热情地欢迎外国游客。在莱茵河上泛舟，在阳光明媚的花园里畅饮啤酒，或者跟一群快乐歌唱的学童一道漫步，这些都很容易让人忘记酷刑、镇压和重新武装的传言。即使到了二十世纪三十年代末，外国人仍有可能在德国待上几周，遇到的不愉快也顶多是车子爆胎。然而，“不见”和“不知”是有区别的。在1938年11月9日“水晶之夜”之后，任何外国旅行者都不再可能借口称自己“不知”纳粹的真面目了。 373

从这些旅行者的故事中，也许揭示出一个令人毛骨悚然的事实：这么多非常正派的人从希特勒德国回国后竟为它唱赞歌。纳粹的邪恶渗透到了德国社会的方方面面，然而，当它们与外国游客仍可享受的诱人乐趣混合在一起时，可怕的现实就会经常性地被忽视，而且长期被忽视。从希特勒成为总理算起，八十多年过去了，我们仍然被纳粹所困扰。我们受到困扰是有道理的。

鸣 谢

375

从以下鸣谢清单看得出，本书是大家协同努力的结晶。一本基于未面世史料的书在很大程度上要仰赖许多人的善意。这本书能够出版，要感谢所有允许我查阅私人文件的人，感谢世界各地给我发送文件扫描件的图书馆员和档案保管员。

假如 Piers Brendon 博士不愿意与我分享他对那一时期的深刻见解，这本书的内容将十分贫乏。我欠他一个大人情。Hugh Geddes 不仅通过信件向他姨妈——黑森和莱茵的玛格丽特王妃殿下（HRH Princess Margaret of Hesse and the Rhine）——引荐了我，还向我指出了许多其他方向，使我受益颇丰。我感谢他付出的时间和他的热情，并特别珍视我们在共同探索中形成的友谊关系。我亲爱的朋友 Angelica Patel 自己也写过有关纳粹时期的作品，她为这个项目贡献了她对德国的基本观点，并提出许多改进建议。Frances Wood 博士不仅找到了难以理解的中国资料，而且还翻译了这些资料。在更广泛的意义上，她多年来一直给予我鼓励，向我提出过许多明智的建议。并不是所有学者都像 Bradley Hart 博士那样慷慨地付出自己的时间、分享自己的信息，他还十分善意地让我阅读了他即将出版的书《乔治·皮特-里弗斯与纳粹》（*George Pitt-Rivers and the Nazis*）。Brian Crowe 爵士与我分享了他对德国及其历史的广泛了解。他大方地花费时间阅读了这本书的手稿，并提出众多有益的建议。在构思本书的早期阶段，Barbara Goward 博士和 Camilla Whitworth-Jones 给了我急需的鼓励，提出了许多有益的观点。多年来，Phoebe Bentinck 一直都坚定地支持我写作。在撰写本书过程中，我要特别感谢她指引我找到许多重要的信息来源。

以下各位在允许我了解和引用其家庭文件时对我表现出极大的信任。我深深感谢他们所有人：Viscount Astor、Brigid Battiscombe、Jonathan Benthall、Dominic Graf Bernstorff、Mary Boxall、The Hon. Lady Brooksbank、Sir Andrew Cahn、Sir Edward Cazalet、Randolph Churchill、Sebastian Clark、Miranda Corben、Sir Brian Crowe、April Crowther、Gloria Elston、Dr Richard Duncan – Jones、Francis Farmar、the late Sir Nicholas Fenn、Clare Ferguson、Diana Fortescue、Rosamond Gallant、George Gordon–Lennox、Dr Joanna Hawthorne Amick、Francis Hazeel、Rainer Christoph Friedrich Prinz von Hessen、Rachel Johnson、Jackie and Mick Laurie、Lady Rose Lauritzen、Dr Clara Lowy、Judy Kiss、Colin Mackay、Richard Matthews、Joanna Meredith – Hardy、Keith Ovenden、Jill Pellew、Charles Pemberton、Lord Ramsbotham、David Tonge、Celia Toynbee、Evelyn Westwood、Camilla Whitworth – Jones、Anne Williamson and Patricia Wilson。

376

我很幸运见到了一些女士，尽管她们年事已高，但她们对上世纪三十年代游历德国的时光保留着非常清晰的记忆：已故的 Mary Burns、Alice Frank Stock、Marjorie Lewis、Sylvia Morris、已故的 Hilda Padel、已故的 Jill Poulton 博士和 Joan Raynsford 女士。爱丽丝·弗利特对我讲述了她父母解救一个犹太女孩的动人故事，Annette Bradshaw 则讲述了她母亲在“水晶之夜”的经历。我感谢她们二人允许我使用这些非常私密的叙述。

我有幸结交了 Nancy Sahli 博士和 Ken Quay 等朋友，他们在美国为我做了广泛的研究，作出努力的过程中为我花费了大量时间和精力，对此我深表谢忱。 377

以下各位在许多不同的方面帮助过我。我向他们每一位表示衷心的感谢：Bruce Arnold、Nicholas Barker、Professor Gordon Barrass、Ian Baxter、Lady Beecham、Professor Nigel Biggar、Embla Bjoernerem、Tony Blishen、The Hon. Lady Bonsor、Catherine Boylan、Alison Burns、Lady Burns、Sir Rodric Braithwaite、Georgina Brewis、Edmund and Joanna Capon、Joneen Casey、Professor C. C. Chan、Dr Peter Clarke、Harriet Crawley、Ronia Crisp、Lavinia Davies、Thomas Day、Professor Nicholas Deakin、Guy de Jonquières、Harriet Devlin、David Douglas、Lady Fergusson、Martin Fetherston-Godley、Dr Lucy Gaster、Sally Godley Maynard、Lord Gowrie、the late Graham Greene、Barbara Greenland、Jeremy Lewis、Jon Halliday、Sir Richard Heygate

Bt.、The Lady Holderness、Fiona Hooper、The Lady Howell、Elizabeth James、Professor James Knowlson、Beatrice Larsen、Barbara Lewington、Nigel Linsan Colley、Margaret Mair、Dr Philip Mansel、Jane Martineau、Christopher Masson、Charlotte Moser、Konrad Muschg、Dr Mark Nixon、Sir David Norgrove、The Dowager Marchioness of Normanby、James Peill、Matt Pilling、Dr Zoe Playdon、Catherine Porteous、David Pryce-Jones、Ambassador Kishan Rana、John Ranelagh、Clare Roskill、Nicholas Roskill、Daniel Rothschild、Lord and Lady Ryder、Professor Jane E. Schultz、Dr David Scrase、Kamalesh Sharma、William Shawcross、Michael Smyth、Dr Julia Stapleton、Dr Zara Steiner、Rupert Graf Strachwitz、Jean-Christophe Thalabard、Michael Thomas QC、Sir John and Lady (Ann) Tusa、Professor Dirk Voss、The Lady Young、Sir David Warren、Brendan Wehrung、Patricia Wilson、Joan Winterkorn、Dalena Wright、the late Melissa Wyndham and Louisa Young。

我要感谢以下各位档案保管员和图书馆员，他们在提供文件副本和其他种种方面上对我的帮助远远超出了本职工作的范畴：Carlos D. Acosta-Ponce、Elaine Ardia、Julia Aries、Pamela Bliss、Bodil Børset、Lorraine Bourke、Jacqueline Brown、Christine Colburn、Mary Craudereuff、Kelly Cummins、Jayne Dunlop、Deborah Dunn、Angie Edwards、Jenny Fichmann、Susanna Fout、Neil French、Maggie

378

Grossman、Alison Haas、Amy Hague、Ellie Jones、Christopher Kilbracken、Dr Martin Kröger、Brett Langston、Aaron Lisec、Dr Rainer Maas、Evan McGonagill、Duncan McLaren、Diana McRae、A. Meredith、Michael Meredith、Dr A. Munton、Patricia C. O' Donnell、Janet Olsen、Robert Preece、Carrie Reed、Susan Riggs、Andrew Riley、Steve Robinson、Emily Roehl、Dr Ingo Runde、Sabin Schafferdt、Florian Schreiber、Helge W. Schwarz、Wilfried Schwarz、Dr Joshua Seufert、Adrienne Sharpe、Paul Smith、Angela Stanford、Sandra Stelts、James Stimpert、Rachel Swanston、Susan Thomas、Kristina Unger、Debbie Usher、Anna van Raaphorst、Nathan Waddell、Katharina Waldhauser、Melinda Wallington、Jessica West、Madison White and Jocelyn Wilk。

我要特别感谢剑桥大学丘吉尔学院丘吉尔档案中心主任 Allen Packwood 和他的杰出团队；特别感谢赫伯特·胡佛总统图书馆的 Spencer Howard；特别感谢我的经纪人 Andrew Lownie，是他首先提出了这个著述主题。能与 Jennie Condell 和她在艾略特及汤普生（Elliott & Thompson）图书公司的团队合作，让我万分荣幸。

我也深深感谢 Zita Freitas，她管理我们家达三十年之久。没有她的支持，我会感到不知所措的。

最后，我要感谢与我住在同一个屋檐下的编辑、翻译、顾问、旅伴和耐心的倾听者——我丈夫 John。

参考文献

Adlon, Hedda, *Hotel Adlon: The Life and Death of a Great Hotel*, translated and edited by Norman Denny (London: Barrie books, 1958)

Allen, Mary S., *Lady in Blue* (London: Stanley Paul, 1936)

Allen, Mary S. and Heyneman, Julie, *Woman at the Cross Roads* (London: Unicorn Press, 1934)

Allen, Reginald Clifford, *Plough My Own Furrow: The Story of Lord Allen of Hurtwood as Told through his Writings and Correspondence* (London: Longmans, 1965)

Armstrong, Hamilton Fish, *Peace and Counterpeace* (New York: Harper & Row, 1971)

Baranowski, Shelley, *Strength through Joy: Consumerism and Mass Tourism in the Third Reich* (Cambridge: Cambridge University Press, 2004)

Bartlett, Vernon, *Nazi Germany Explained* (London: Victor Gollancz, 1933)

Bell, Anne Oliver (ed.), *The Diary of Virginia Woolf* (London: Hogarth Press, 1977)

Benoist-Méchin, Jacques, *À L'Épreuve Du Temps*, [*Tested by Time*] Édition établie, présentée et annotée par Éric Roussel (Paris: Juillard, 1989)

Bernays, Robert, *Special Correspondent* (London: Victor Gollancz, 1934)
Blair, Shareen Brysac, *Resisting Hitler: Mildred Harnack and the Red Orchestra* (New York: Oxfo rd University Press, 2000)
Blakeway, Denys, *The Last Dance: 1936, the Year of Change* (London: John Murray, 1910)
Bolitho, Gordon, *The Other Germany* (London: Dickson, 1934)
Bonnell, Andrew G. (ed.), *An American Witness in Nazi Frankfurt* (New York: Peter Lang, 2011)
Bowles, Paul, Miller Jeffrey (ed.), *In Touch: The Letters of Paul Bowles* (London: HarperCollins, 1994)
Brendon, Piers, *The Dark Valley: A Panorama of the 1930s* (London: Jonathan Cape, 2000)
Brendon, Piers, *Edward VIII: The Uncrowned King* (Allen Lane, 2016)
Brendon, Piers, *Thomas Cook: 150 Years of Popular Tourism* (Secker & Warburg, new edition 1992)
Brown, Daniel James, *The Boys in the Boat* (New York: Viking, 2013)
Bucknell, Katherine (ed.), *Christopher Isherwood: Diaries* (London: Methuen, 1996)
Buller, E. Amy, *Darkness over Germany* (London, Longmans Green & Co., 1943)
Burden, Hamilton Twombly, *The Nuremberg Rallies* (London: Pall Mall Press, 1967)
Burns, Michael, *Turned Towards the Sun: An Autobiography* (Norwich: Michael Russell, 2003)
Butler, J.R.M., *Lord Lothian, Philip Kerr, 1882–1940* (London: Macmillan, 1960)
Byron, Robert, *Europe in the Looking-Glass* (London: Routledge & Sons, 1926)
Cahn, Robert Wolfgang, *The Art of Belonging* (Lewes: Book Guild, 2005)
Carr, Jonathan, *The Wagner Clan* (London: Faber & Faber, 2007)

Cazalet Keir, Thelma, *From the Wings: An Autobiography*, (London: Bodley Head, 1967)

Chandler, Andrew (ed.), *Brethren in Adversity: Bishop George Bell, the Church of England and the Crisis of German Protestantism, 1933–1939* (Woodbridge: Church of England Record Society, 1997)

Clark, Christopher, *The Sleepwalkers: How Europe Went to War in 1914* (London: Allen Lane, 2012)

Cole, J.A., *Just Back from Germany* (London: Faber & Faber, 1938)

Collomp, Catherine and Groppo, Bruno (eds.), *An American in Hitler's Berlin: Abraham Plotkin's Diary 1932–33* (Urbana and Chicago: University of Illinois Press, 2009)

Conwell-Evans, T.P. *None so Blind* (London: Harrrison, 1947)

Cook, Ida, *Safe Passage* (London: Harlequin, 2016)

Cowles, Virginia, *Looking for Trouble* (London: n.p., 1942)

Cox, Geoffrey, *Countdown to War: A Personal Memoir of Europe, 1938–1940* (London: William Kimber, 1988)

Cox, Geoffrey, *Eyewitness* (Otago: Otago University Press, 1999)

Crittall, Ariel, *My Life Smilingly Unravelled* (Braintree: Braintree District Museum Trust Ltd, 1988)

D'Abernon, Viscountess, *Red Cross and Berlin Embassy, 1915–1926* (London: John Murray, 1946)

De Rougemont, Denis, *Journal D'Allemagne* (Paris: Gallimard, 1938)

Dalley, Jan, *Diana Mosley* (London: Faber & Faber, 1999)

Dean Paul, Brenda, *A Biography of Brenda Dean Paul Written by Herself* (London: J. Long, 1935)

De Courcy, Anne, *The Viceroy's Daughters* (London: Weidenfeld & Nicolson, 2000)

De Courcy, Anne, *Diana Mosley* (London: Chatto & Windus, 2003)

De Courcy, Anne, *Society's Queen: The Life of Edith, Marchioness of Londonderry* (London: Phoenix, 2004)

De-la-Noy, Michael, *The Life of Edward Sackville-West* (London: Bodley Head, 1988)

Dodd, Martha, *My Years in Germany* (London: Victor Gollancz, 1939)
Dodd, William E., Jr. and Martha Dodd, *Ambassador Dodd's Diary, 1933–1938* (London: Victor Gollancz, 1941)
Domvile, Sir Barry, *By and Large* (London: Hutchinson, 1936)
Domvile, Sir Barry, *From Admiral to Cabin Boy* (London: Boswell, 1947)
Driberg, Tom, *The Mystery of Moral Re-armament* (London: Secker & Warburg, 1964)
Egremont, Max, *Forgotten Land: Journeys among the Ghosts of East Prussia* (London: Picador, 2011)
Elborn, Geoffrey, *Francis Stuart: A Life* (Dublin: Raven Arts Press, 1990)
Evans, Richard, *The Third Reich at War, 1939–1945* (London: Allen Lane, 2008)
Fergusson, Ada, *When Money Dies: The Nightmare of the Weimar Hyper-Inflation* (London: William Kimber & Co. Ltd., 1975)
Firchow, Peter Edgerly, *Strange Meetings: Anglo-German Literary Encounters from 1910 to 1960* (Washington, DC: Catholic University of America Press, 2008)
Fischer, Heinz Dietrich, *Germany through American Eyes: Pulitzer Prize Winning Reports* (Berlin: Lit Verlag Dr. W. Hopf, 2010)
Flannery, Harry W., *Assignment to Berlin* (London: Michael Joseph, 1942)
Fortescue, Diana, *The Survivors: A Period Piece* (London: Anima Books, 2015)
Franck, Harry A., *Vagabonding through Germany* (New York and London: Harper & Bros., 1920)
François-Poncet, André, *The Fateful Years*, translated by Jacques LeClercq (London: Victor Gollancz, 1949)
Fuller, Raymond Tift, *The World's Stage: Oberammergau* (London: Cobden-Sanderson, 1934)

Fussell, Paul, *Abroad: British Literary Travelling between the Wars* (Oxford: Oxford University Press, 1982)
Geissmar, Berta, *The Baton and the Jackboot* (London: Hamish Hamilton, 1944)
Gibbs, Philip, *European Journey: Being a Narrative of a Journey in France, Switzerland, Italy, Austria, Hungary, Germany and the Saar in the Spring and Summer of 1934* (London: William Heinemann, 1934)
Gilbert, Martin and Gott, Richard, *The Appeasers* (London: Weidenfeld & Nicolson, 1967)
Griffiths, Richard, *Fellow Travellers of the Right: British Enthusiasts for Nazi Germany* (London: Constable, 1980)
Griffiths, Richard, *Patriotism Preserved: Captain Ramsay, the Right Club and British Anti-Semitism* (London: Constable, 1998)
Guèrin, Daniel, *The Brown Plague: Travels in Late Weimar & Early Nazi Germany*, translated by Robert Schwartzwald (Durham, NC and London: Duke University Press, 1994)
Guinness, Jonathan, *The House of Mitford* (London: Phoenix, 2004)
Hamann, Brigitte, *Winifred Wagner* (London: Granta books, 2005)
Hamilton, Cicely, *Modern Germanies* (London: Dent & Sons, 1931)
Harding, Brian, *Keeping Faith: The Royal British Legion, 1921–2001* (Barnsley: Pen & Sword Books, 2001)
Hart-Davis, Duff, *Hitler's Games: The 1936 Olympics* (London: Century, 1986)
Hattersley, Roy, *The Great Outsider: David Lloyd George* (London: Little, Brown, 2010)
Hawes, James, *Englanders and Huns* (London and New York: Simon & Schuster, 2014)
Heingartner, Robert W., *American Witness in Nazi Frankfurt: The Diaries of Robert W. Heingartner, 1928–1937*, edited by Andrew G. Bonell (New York: Peter Lang, 2011)

Hessen, Robert (ed.), *Berlin Alert: The Memoirs and Reports of Truman Smith* (Stanford: Hoover Institution Press, 1984)
Henderson, Nevile, *Failure of a Mission* (New York: G.P. Putnam's Sons, 1940)
Heygate, John, *Motor Tramp* (London: Cape, 1935)
Hillblad, Thorolf (ed.), *Twilight of the Gods* (Mechanicsburg, PA: Stackpole Books, 2009)
Hills, Denis, *Tyrants and Mountains: A Reckless Life* (London: John Murray, 1992)
Hitler's Winter Olympic Games 1936 (World Propaganda Classics, 2009)
Hutchison, Graham Seton, *Challenge* (London: n.p., 1934)
Isherwood, Christopher, *Christopher and His Kind* (London: Eyre Methuen, 1977)
Isherwood, Christopher, *The Berlin Novels* (London: Vintage, 1999)
Johnson, Gaynor, *The Berlin Embassy of Lord D'Abernon* (Basingstoke: Palgrave Macmillan, 2002)
Jones, Thomas, *A Diary with Letters, 1931–1950* (London and New York: Oxford University Press, 1954)
Juvet, René, *Ich war dabei…* [*I was there…*] (Zurich: Europa Verlag, 1944)
Kennedy, Richard S. and Reeves, Paschal (eds.), *The Notebooks of Thomas Wolfe*, volume II (Chapel Hill: University of North Carolina Press, 1970)
Kent, Madeleine, *I Married a German* (New York: Harper & Brothers, 1939)
Kershaw, Ian, *Hitler* (London: Penguin, 1998)
Kershaw, Ian, *Making Friends with Hitler: Lord Londonderry and Britain's Road to War* (London: Allen Lane, 2004)
Kessler, Charles (ed./trans), *Berlin in Lights: The Diaries of Count Harry Kessler (1918–1937)* (London: Weidenfeld & Nicolson, 1971)

Kirkpatrick, Ivone, *The Inner Circle: Memoirs* (London: Macmillan, 1959)
Kolloen, Ingar Setten, *Knut Hamsun: Dreamer and Dissenter* (New Haven: Yale University Press, 2005)
Knowlson, James, *Damned To Fame* (London: Bloomsbury, 1997)
Knox, James, *Robert Byron* (London: John Murray, 2003)
Lacqueur, Walter, *Weimar: A Cultural History, 1918–1933* (New York: Putnam, 1974)
Lancaster Marie-Jacqueline (ed.), *Brian Howard: Portrait of a Failure* (London: Blond, 1968)
Larsen, Erik, *In the Garden of Beasts* (New York: Crown Publishers, 2011)
Leitner, Maria, *Elisabeth, Ein Hitlermädchen: Erzählende Prosa Reportagen und Berichte* [Elizabeth, A Hitler Girl: Narrative prose and reports] (Berlin: Aufbau-Verlag, 1985)
Lewis, Jeremy, *Shades of Greene* (London: Jonathan Cape, 2010)
Lindbergh, Anne Morrow, *The Flower and the Nettle: Diaries and Letters of Anne Morrow Lindbergh, 1936–1939* (New York: Harcourt Brace Jovanovich, 1976)
Lubrich, Oliver (ed.), *Travels in the Reich 1933–1945: Foreign Authors Report from Germany* (Chicago: University of Chicago Press, 2010)
Lucas, John, *An Obsession with Music* (Woodbridge: Boydell, 2008)
Lewis, Wyndham, *Hitler* (London: Chatto & Windus, 1931)
Lewis, Wyndham, *The Hitler Cult* (London: Dent, 1939)
Lockhart, Robert Bruce, *The Diaries of Sir Robert Bruce Lockhart*, edited by Kenneth Young (London: Macmillan, 1973)
Markham, Violet R., *A Woman's Watch on the Rhine: Sketches of Occupation* (London: Hodder & Stoughton, 1920)
McKenna, Mark, *An Eye for Eternity: The Life of Manning Clark* (Melbourne: Melbourne University Press, 2011)

Melchior, Ib, *Melchior Lauritz: The Golden Years of Bayreuth* (Fort Worth: Baskerville, 2003)
Mosley, Charlotte (ed.), *The Mitfords: Letters between Six Siblings* (New York: Fourth Estate, 2007)
Mowrer, Lilian T., *Journalist's Wife* (London and Toronto: William Heinemann, 1938)
Naess, Harald and McFarlane, James, *Knut Hamsen: Selected Letters*, 2 volumes (Norwich: Norvik Press, 1998)
Natwar-Singh, Kirpal, *The Magnificent Maharajah: The Life and Times of Bhupinder Singh of Patiala, 1891–1938* (New Delhi: Harper-Collins India, 1998)
Noakes, Jeremy and Pridham, Geoffrey (eds.), *Documents on Nazism, 1919–1945* (London: Cape, 1974)
Norwood, Stephen H., *The Third Reich in the Ivory Tower: Complicity and Conflict on American Campuses* (Cambridge and New York: Cambridge University Press, 2009)
O'Keeffe, Paul, *Some Sort of Genius* (London: Jonathan Cape, 2000)
Parker, Peter, *Isherwood* (London: Picador, 2004)
Picton, Harold, *Germans and Nazis* (London: Allen & Unwin, 1940)
Pottle, Mark (ed.), *Champion Redoubtable: The Diaries and Letters of Violet Bonham Carter, 1914–1944* (London: Weidenfeld & Nicolson, 1998)
Pryce-Jones, David, *Unity Mitford: A Quest* (London: Weidenfeld & Nicolson, 1976)
Rawson, Andrew, *Showcasing the Third Reich: The Nuremberg Rallies* (Stroud: History Press, 2012)
Reynolds, Rothay, *When Freedom Shrieked* (London: Victor Gollancz, 1939)
Rhodes James, Robert (ed.) *Chips: The Diaries of Sir Henry Channon* (London: Penguin, 1937)
Rhodes James, Robert, *Victor Cazalet: A Portrait* (London: Hamish Hamilton, 1976)

Roberts, Andrew, *The Holy Fox: The Life of Lord Halifax* (London: Weidenfeld & Nicolson, 1991)
Roddie, W. Stewart, *Peace Patrol* (London: Christophers, 1932)
Roskill, Stephen W., *Man of Secrets* (London: Collins, 1970–74)
Saikia, Robin (ed.), *The Red Book: The Membership List of the Right Club – 1939* (London: Foxley Books, 2010)
Schindler, René, *Ein Schweizer Erlebt Das Geheime Deutschland* [A Swiss experience of Secret Germany] (Zurich and New York: Europa Verlag, 1945)
Seymour, Miranda, *Noble Endeavours: The Life of Two Countries, England and Germany, in Many Stories* (London: Simon & Schuster, 2013)
Shapiro, James, *Oberammergau* (London: Little, Brown & Co., 2000)
Shirer, William L., *Berlin Diary* (London: Hamish Hamilton, 1941)
Smith, Howard K., *Last Train from Berlin* (London: Cresset Press, 1942)
Smith, Michael, *Foley, the Spy Who Saved 10,000 Jews* (London: Hodder & Stoughton, 1999)
Spender, Stephen, *World within World: The Autobiography of Stephen Spender* (London: Readers Union, 1953)
Spotts, Frederic, *Bayreuth: A History of the Wagner Festival* (New Haven and London: Yale University Press, 1994)
Sylvestor, A.J., *Life with Lloyd George* (New York: Harper & Row, 1975)
Sylvester, David, *The Brutality of Fact: Interviews with Francis Bacon* (London: Thames & Hudson, 1987)
Taylor, D.J., *Bright Young People* (London: Chatto & Windus, 2007)
Tennant, Ernest, *True Account* (London: Max Parish, 1957)
Tobias, Fritz, *The Reichstag Fire: Legend and Truth*, translated by Arnold J. Permans (London: Secker & Warburg, 1963)
Tuohy, Ferdinand, *Craziways Europe* (London: Hamish Hamilton, 1934)

Tusa, Ann and Tusa, John, *The Nuremberg Trial* (New York: Skyhorse Publishing, 2010)
Tweedy, Owen, *Gathering Moss A Memoir of Owen Tweedy*, (London: Sidgwick & Jackson, 1967)
Urbach, Karina, *Go-Betweens for Hitler* (Oxford: Oxford University Press, 2015)
Vansittart, The Rt. Hon. Lord, *Lessons of my Life* (London: Hutchinson, 1943)
Van Til, William, *The Danube Flows through Fascism* (New York and London: Charles Scribner's Sons, 1938)
Vassiltchikov, Princess Marie 'Missie', *The Berlin Diaries, 1940–45* (London: Pimlico, 1999)
Waddell, Dan, *Field of Shadows: The Remarkable True Story of the English Cricket Tour of Nazi Germany 1937* (London: Bantam Press, 2014)
Waddy, Helena, *Oberammergau in the Nazi Era: The Fate of a Catholic Village in Hitler's Germany* (New York and Oxford: Oxford University Press, 2010)
Waln, Nora, *The Approaching Storm: One Woman's Story of Germany, 1934–1938* (London: Creset Women's Voices, 1988)
Walters, Guy, *Berlin Games: How Hitler Stole the Olympic Games* (London: John Murray, 2006)
Ward Price, George, *I Know These Dictators* (London: Harrap, 1937)
Wessling Berndt W., *Toscanini in Bayreuth* (München: Desch, 1976)
Wheeler-Bennett, John, *Knaves, Fools and Heroes* (London: Macmillan, 1974)
Williamson, Anne, *Henry Williamson: Tarka and the Last Romantic* (Stroud: Alan Sutton, 1995)
Williamson, Henry, *Goodbye West Country* (London: Putnam, 1937)
Wilson, Arnold Talbot, *Walks and Talks Abroad* (Oxford: Oxford University Press, 1939)

Wolfe, Thomas, *You Can't Go Home Again*, 2 volumes (Gloucester: Dodo Press, 2008)
Woolf, Leonard, *A Writer's Diary* (London: Hogarth Press, 1953)
Woolf, Leonard, *Downhill All The Way: An Autobiography of the Years 1919–1939* (London: Hogarth Press, 1967)
Wrench, John Evelyn, *Immortal Years (1937–1944): As Viewed from Five Continents* (London: Hutchinson, 1944)
Wrench, John Evelyn, *Francis Yeats-Brown* (London: Eyre & Spottiswoode, 1948)
Wrench, John Evelyn, *Geoffrey Dawson and Our Times* (London: Hutchinson, 1955)
Wright, Jonathan, *Gustav Stresemann: Weimar's Greatest Statesman* (Oxford: Oxford University Press, 2002)
Youngday, Biddy, *Flags in Berlin* (published privately by Mary Brimacombe and Clara Lowy, 2012)

档案来源

UK

Archives of the National Maritime Museum, Greenwich
Beckett Archive, University of Reading
Bodleian Library, University of Oxford,
Borthwick Institute, University of York,
British Library
Cambridge University Library
Charterhouse School Archives
Churchill Archives Centre, Churchill College, University of Cambridge
Coleraine Library, University of Ulster
Cumbria Archive Centre
Eton College Archives
Exeter Cathedral Archives
Henry Williamson Literary Estate Archive (HWLEA)
Hull History Centre
Liddell Hart Military Archives, King's College London
Middle East Centre Archive, St Antony's College, University of Oxford
Mitford Archives, Chatsworth House
National Archives

National Library of Wales
Parliamentary Archives
Public Record Office of Northern Ireland
Royal Academy of Music, London
Society of Friends Library, London
Thomas Cook Archives, Peterborough
University of Warwick Library
West Sussex Public Record Office

USA

Archives and Special collections, Rembert E. Stokes Learning Resources Center, Wilberforce University
Beinecke Library, Yale University
Bryn Mawr College
Columbia University Archives
Harry Ransom Center at the University of Texas at Austin
Herbert Hoover Presidential Library
Lake Placid Olympic Museum
Library of Congress, Manuscript Division
Louis Round Wilson Special Collections, University of North Carolina
Northwestern University Archives
Rush Rhees Library, Department of Rare Books and Special Collections, University of Rochester
Sophia Smith Collection and Smith College Archives
Special Collections Research Center, Morris Library, Southern Illinois University
Special Collections University of Kentucky Library
Stanford Digital Repository
Swem Library Special Collections, College of William and Mary
United States Holocaust Memorial Museum (online)
University of Chicago Library, Special Collections

University of Massachusetts, Amherst Libraries Special Collections
and University Archives
Virginia Historical Society

Germany

Auswärtiges Amt Politisches Archiv, Berlin
Hessisches Staatsarchiv, Darmstadt
Richard Wagner Museum

Australia

National Library of Australia, Canberra

New Zealand

Alexander Turnbull Library, Wellington

旅人简介*

阿迦汗三世苏丹·穆罕默德·沙阿爵士（1877—1957）** 395

尼扎里·伊斯玛仪派的领袖。1937 年，他会见希特勒时，曾担任国际联盟主席。他像许多其他游历德国的贵宾一样，会见希特勒后相信他是个真诚的人。

玛丽·艾伦（1878—1964）

持极右翼观点的英国女警察先驱。在第二次世界大战期间，她险遭拘留。

艾达·安德森（婚前姓瓦特，1918—2013）

她曾是爱丁堡戈登·沃森女子学院的学生，1936 年参加学校组织的旅行前往莱茵兰。

W. H. **奥登**（1907—1973）

这位诗人在德国旅居了十个月（1928—1929），期间首次接触到德国的政治和经济动荡，这成为他诗作的一个中心主题。此外，那次旅行也为他提供了一个探索自己同性恋倾向的机会。

---

* 人物排序参照英文原著。——编注

** 括号内的数字为生、卒年份。下同。——编注

弗朗西斯·培根（1909—1992）

二十世纪最著名的艺术家之一。他创作出的强有力的形象主题集中在人类的创伤、疏离和痛苦上。十多岁时，他曾在德国度过几个月时光。

396

布丽吉特·巴洛（1916—2004）

作家和音乐家。她嫁给了伊拉斯穆斯·达尔文·巴洛。她的自传《家庭事件》（*A Family Affair*）讲述了她十几岁时在德国的时光、战争期间在英国的生活，以及婚后在达尔文家族中的生活。

塞缪尔·贝克特（1906—1989）

爱尔兰剧作家和小说家。二十世纪最具影响力的文学人物之一。他从1936年9月到1937年4月在德国旅行。战争期间，他加入了法国抵抗运动。

托马斯·比彻姆爵士（1879—1961）

乐团指挥。1932年，他（与马尔科姆·萨金特爵士共同）创建了伦敦爱乐乐团，1936年他在德国做了一次有争议的巡演。他雇用犹太难民伯塔·盖斯马尔担任他的乐团经理，这是在她被迫辞去在柏林为指挥家威尔海姆·富特文格勒工作的职位之后。

雅克·伯努瓦-米琴（1901—1983）

右翼政治家和记者。他作为一名年轻的军官，在法国占领德国期间驻扎在鲁尔区。由于他与维希政府合作，战后被监禁。

罗伯特·伯奈斯（1902—1945）

记者和政治家。1931 年，他被选为布里斯托尔北部选区在议会的自由党议员。他一贯对纳粹持批评态度，二十世纪三十年代曾多次访问德国。他在亚得里亚海上空的一次飞机失事中丧生。

布丽奇特·冯·伯恩斯托夫伯爵夫人（1910—1982）

出生于英国，1939 年嫁给雨果·冯·伯恩斯托夫伯爵。她的信件生动地叙述了战争期间在德国的生活。

弗雷德里克·伯查尔（1871—1955） 397

《纽约时报》记者。1934 年，他因关于纳粹德国的报道而获得普利策奖。

戈斯塔·布洛克（1898—1955）

记者、报纸编辑、公共关系顾问和商人。他因支持右翼而于 1942 年接受了在柏林电台广播的工作。

埃米莉·贝彻（1907—1992）

来自南达科他州的音乐会钢琴家。她在二十世纪三十年代末曾在柏林学习。

多萝西·博根（婚后改姓法林顿，1905—1996）

十七岁的加州游客。1922 年随父母访问德国。

维奥莉特·博纳姆·卡特女士（1887—1969）

自由派活动家。她是 1908 年至 1916 年任职英国首相的赫伯特·阿斯奎斯的女儿。

玛格丽特·博伊尔（婚后改姓斯特林—埃尔德，1920—2015）

第八代格拉斯哥伯爵的女儿。她像那个时代许多上流社会女孩一样，在慕尼黑上了一所女子精修学校。

威廉·博伊尔医生（1903—1982）**和安妮夫人**（1911—1984）

1936年，他们在德国度蜜月时，救出了犹太残疾女孩格蕾塔，把女孩带回了他们在肯尼亚的家。

玛格丽特·布拉德肖（1906—1996）

剑桥大学历史专业的毕业生。她嫁给了印度政治事务处的约翰·布拉德肖上校。她去柏林接受治疗时，碰巧在柏林经历了“水晶之夜”。

伊万·布朗（1908—1963）

美国雪橇运动员。在1936年冬奥会上获得一枚金牌。

398 **阿瑟·布赖恩特**（1899—1985）

持右翼观点的历史学家。他的书在他在世时赢得了极大的赞誉。他是《伦敦新闻画报》（*Illustrated London News*）的定期专栏作家。

弗兰克·布克曼牧师（1878—1961）

“牛津团契”的创始人，该团体于1938年至2001年间也被称为“道德重整运动”（Moral Re-Armament），后改称“变革倡议项目”（Initiatives of Change）。他参加了1935年纽伦堡集会。

保加利亚国王鲍里斯（1894—1943）

他出席了1936年柏林奥运会。战争期间，他亲自制止了将犹太人从保加利亚驱逐到死亡营的行动。

埃米·布勒（1891—1974）

她与基督教学生运动有着密切的联系，在德国组织过几次会议，目的是更好地理解纳粹对哲学和宗教的态度。她的书《黑暗笼罩德国》（*Darkness ouer Germany*）记录了她与众多德国人的多次对话。

迈克尔·伯恩（1912—2010）

士兵、记者和作家。纳粹德国给年轻时的他留下了良好的印象。他访问过达豪集中营，并参加了1935年纽伦堡集会。

罗伯特·拜伦（1905—1941）

作家、艺术评论家、历史学家和强烈反对纳粹的批评家。他出席了1938年纽伦堡集会。他旅行前往埃及时，搭乘的船遭鱼雷击中，他不幸遇难。

哈莱特·坎贝尔（1916—2014）

参加1936年柏林奥运会的土耳其击剑队员，也是首位参加奥运会的穆斯林女性。她拒绝会见希特勒。

特尔玛·卡扎勒特（1899—1989）

热心的女权主义者。她在 1931 年至 1945 年期间担任伊斯灵顿选区在议会的保守党议员。

399 **维克托·卡扎勒特（1896—1943）**

1924 年当选为奇彭勒姆选区在议会的保守党议员，二十世纪三十年代，他经常前往德国。他在直布罗陀的一次飞机失事中遇难。

休斯敦·斯图尔特·张伯伦（1855—1927）

英国出生的作家和哲学家，1916 年成为德国公民。与理查德·瓦格纳的女儿伊娃结婚，住在拜罗伊特。纳粹推崇他的种族主义（和国际知名的）作品《十九世纪的基础》（1899 年）。

内维尔·张伯伦爵士（1869—1940）

人们对他的记忆主要是他的绥靖政策。他于 1937 年至 1940 年任英国首相。

亨利·钱农爵士（1897—1958）

他有个“土豆片”的绰号，是出生于美国的英国保守党议员、社会名流和日记作者。他出席了 1936 年柏林奥运会。

雅克·沙尔多纳（1884—1968）

与维希政府合作的作家。他是促进法国和纳粹德国之间密切文化联系的合作团体成员。

约翰·克里斯蒂（1882—1962）

格莱德堡歌剧节（1934年创办）的创始人。他是希尔德客栈的常客。在两次世界大战之间，这间位于加米施—帕滕基兴附近的简陋木屋是最受美国和英国文人喜爱的地方。

空军上校马尔科姆·克里斯蒂（1881—1971）

航空工程师，1933年至1940年在德国各处旅行，为外交部收集情报。

曼宁·克拉克（1915—1991）

澳大利亚历史学家、六卷本《澳大利亚史》（*History of Australia*）的作者。1938年，他去探望他的未婚妻丁夫娜·罗迪威克斯，当时她在波恩大学攻读博士学位。

J. A. 科尔（生卒年份不详） 400

英国作家。他的书《刚从德国返回》生动地讲述了二十世纪三十年代末纳粹统治下的日常生活。

T. **菲利普·康韦尔-埃文斯**（1891—1968）

历史学家和神秘人物。表面上是纳粹的热心支持者（他是1935年"英德友谊协会"的创始人之一，后来曾担任《英德合作评论》的编辑），他实际上有可能是为英国情报部门工作。

艾达·库克（1904—1986）**和路易丝·库克**（1901—1991）

喜欢歌剧的两姐妹。在二十世纪三十年代末多次前往德国救援犹太难民，偷运出他们的贵重物品。艾达以玛丽·伯切尔的笔名创作过浪漫小说。

杰弗里·考克斯（1910—2008）

在1932年获得罗德奖学金入读牛津大学之前，曾于这年夏天在海德堡学习德语。战后，他成为电视台记者的先驱。

西比尔·克劳（1908—1993）

牛津学者。她在剑桥大学攻读博士学位时，曾于1936年6月访问德国。她的父亲是外交官艾尔·克劳爵士，第一次世界大战前几年是外交部德国问题首席专家。

第一代达伯农子爵埃德加·文森特（1857—1941）

第一次世界大战后英国首任驻德国大使（1920年至1925年）。他妻子海伦（1886年至1954）不喜欢柏林，但支持丈夫为恢复英德关系作出努力。

皮埃尔·德·马哲睿（1861—1942）

法国占领鲁尔区的时段均在他担任法国驻德国大使（1922年至1931年）任期内。

401 **丹尼斯·德·鲁热蒙**（1906—1985）

瑞士哲学家和作家。他于1935年至1936年期间在法兰克福大学任教一年。

多萝西·德策尔（1893—1981）

美国贵格会成员，第一次世界大战后参与儿童援助工作。

玛莎·多德（1908—1990）

美国大使威廉·E. 多德的女儿。最初支持纳粹，后被招募为苏联间谍。

威廉·E. 多德（1869—1940）

1933 年至 1937 年任美国驻柏林大使。他是一位自由派的民主党人，一贯对纳粹持批评态度。他经常与国务院步调不一。

海军中将巴里·多姆维尔爵士（1878—1971）

1927 年至 1930 年期间任海军情报局长，1932—1934 年期间任格林尼治皇家海军学院院长。因支持纳粹在第二次世界大战期间被拘留。

W. E. B. 杜波伊斯（1868—1963）

非洲裔美国学者，民权活动家，热衷瓦格纳歌剧的亲德者。他难以归纳自己在纳粹德国的经历。他像许多外国旅行者一样，注意到国家社会主义和共产主义之间有众多相似之处。

阿瑟·邓肯-琼斯（1879—1955）

1924 年开始终生任奇切斯特教会的教长。

厄休拉·邓肯-琼斯（婚后姓贝利，1920—2007）

奇切斯特教长阿瑟·邓肯-琼斯的女儿。1938 年她在奥斯纳布吕克与一个德国家庭生活过几个月，战争期间是英国皇家海军女子服务队成员，后来活跃在“大赦国际”。

402 **露西・费尔班克**（1892—1983）

约克郡的女教师，电影摄影爱好者。1934 年，她和朋友克拉丽斯・芒廷一起去上阿默高小镇观看《耶稣受难剧》。

埃里克・芬恩牧师（生卒年份不详）

长老会神学家和学院院长。他 1935 年访问柏林时，担任“基督教学生运动”的助理主任。

霍勒斯・芬利森（1885—1969）

1923 年德国恶性通胀危机最严重时，担任英国驻柏林大使馆财务顾问。

哈里・W. 弗兰纳里（1900—1975）

美国记者和播音员。1940 年至 1941 年，担任哥伦比亚广播公司驻柏林的记者。

王室侍从达德利・福伍德爵士（1912—2001）

温莎公爵的王室侍从。1937 年他陪同公爵和公爵夫人访问德国。

哈里・A. 弗兰克（1881—1962）

第一次世界大战期间在陆军服役，后随美国远征军在莱茵兰服役。

安德烈·弗朗索瓦-庞塞（1887—1978）

1931 年至 1938 年期间任法国驻德国大使。战争期间被德国人囚禁三年。

巴兹尔·弗莱（生卒年份不详）

克里斯托弗·伊舍伍德的表亲。1928 年伊舍伍德首次访问德国时，他与英国副领事弗莱住在不来梅。

琼·玛丽·弗赖（1862—1955）

英国贵格会和平与社会改革运动家。第一次世界大战刚结束，她便在德国各地开办讲座并提供援助。她哥哥罗杰·弗赖是布卢姆斯伯里团体成员，一位颇具影响力的艺术家和评论家。

403

菲利普·吉布斯爵士（1877—1962）

作家和战地记者。

安德烈·纪德（1869—1951）

法国作家，1947 年诺贝尔文学奖得主。

普伦蒂斯·吉尔伯特（1883—1939）

外交家。他参加过 1938 年纽伦堡集会，在柏林担任美国大使馆代办时去世。

马蒂·格利克曼（1917—2001）

美国运动员。在 1936 年柏林奥运会上，他入选参加四百米接力赛，最后一刻被撤下。人们普遍认为，这是由于他是犹太人。

赫尔曼·戈德伯格（1915—1997）

参加柏林奥运会的美国棒球队员。球队没有参赛，只打了几场表演赛，向德国人介绍这项运动。

玛丽·古德兰（婚后改姓伯恩斯，1915—2016）

从牛津大学毕业后，她在伦敦政治经济学院教授社会工作和心理健康课程。

戴安娜·戈顿-伦诺克斯（1908—1982）

她是一位海军上将的女儿，以加拿大女子滑雪队员的身份参加了冬奥会。

休·C. 格林（1910—1987）

从1934年开始任英国《每日电讯报》驻柏林记者，1939年遭驱逐。1960年至1969年期间任英国广播公司总干事。他是小说家格雷厄姆·格林的弟弟，他哥哥曾前往柏林拜访他。

404

肯尼思·P. 格里芬（1912—2002）

参加1936年柏林奥运会的美国体操运动员。

丹尼尔·盖林（1904—1988）

法国左翼作家，最出名的作品是《无政府主义：从理论到实践》（*Anarchism：From Theory to Practice*，1970年）。

第一代哈利法克斯伯爵爱德华·伍德（1881—1959）

曾任印度总督，1938年至1940年期间任外交大臣，绥靖政策的主要支持者。1940 年至 1946 年，任驻美国大使。

西塞莉·汉密尔顿（1872—1952）

演员、小说家、记者和女权主义者。她在作品《现代德国》（*Modern Germanies*，1931 年）中讲述了自己在魏玛时期环德国旅行的经历。

克努特·汉姆生（1859—1952）

挪威作家。1920 年诺贝尔文学奖得主。他钦佩纳粹，对英国人持同等程度的憎恨态度。

第一代男爵莫里斯·汉基（1877—1963）

第一次世界大战期间任劳合·乔治的内阁大臣，任此职直到 1928 年。

马斯登·哈特利（1877—1943）

受德国表现主义影响的美国艺术家。

罗伯特·W. 海因加特纳（1881—1945）

美国外交家。1928 年至 1937 年在法兰克福任领事官员。

内维尔·亨德森爵士（1882—1942）

绥靖政策的支持者。于 1937 年接替埃里克·菲普斯爵士任驻德国大使。

黑森和莱茵的玛格丽特王妃殿下（1913—1997） 405

她在加米施-帕滕基兴附近的希尔德客栈遇见她后来的丈夫路

德维希王子。两人于1937年在伦敦结婚，当时他在德国大使馆工作。

第四代男爵约翰·海盖特（1903—1976）

记者和小说家，二十世纪三十年代初在柏林的乌发电影公司制片厂工作。他和亨利·威廉姆森一起参加了1935年纽伦堡集会。

德里克·希尔（1916—2000）

住在爱尔兰的英国肖像画家。1934年，他在慕尼黑学习舞台设计。

马格努斯·赫希菲尔德博士（1868—1935）

德国犹太人医生和性学家。他的性研究所于1919年7月6日在柏林成立。

布赖恩·霍华德（1905—1958）

奥登形容称，霍华德是他认识的人中最不快活的人。他是“睿智青年帮”的关键成员。他在1927年访问过柏林，痛恨那座城市。托马斯·曼的孩子埃里卡和克劳斯是他的朋友。

克里斯托弗·伊舍伍德（1904—1986）

在《柏林故事》(*Berlin Stories*，1945年）中描述魏玛德国典型特征的作者，这部作品由两篇中篇小说构成：《再见柏林》和《诺里斯先生换乘火车》（*Mr Norris Changes Trains*）。

罗伯特·贾米森（生卒年份不详）

1939 年他在德国教英语时，定期从德国向伦敦德里勋爵发送报告。

季羡林（1911—2009）

那个时代最杰出的中国学者之一。1941 年，他在哥廷根大学获颁梵语研究博士学位。他最初只打算在德国学习几年，因战争爆发被困在德国，直到 1946 年才返回中国。 406

加雷斯·琼斯（1905—1935）

威尔士记者。曾陪同希特勒和戈培尔参加了 1933 年的选举集会。在中国遭谋杀。

里斯·琼斯（生卒年份不详）

威尔士教师。1937 年，作为一个年轻人曾在莱茵兰度假，并对此作过生动的描述。

鲁弗斯·琼斯（1863—1948）

美国贵格会成员、作家、哲学家和大学教授。“水晶之夜”后，他曾率领一个代表团前往德国。

比迪·容格密塔格（婚前姓麦克诺滕，1904—1987）

北爱尔兰一名法官的女儿，她不顾其上流社会背景，加入共产党，嫁给一名德国工薪阶层的摄影师。

哈里·凯斯勒（1868—1937）

外交官、出版商、剧作者（他参与创作了理查·施特劳斯的歌剧《玫瑰骑士》（*Der Rosenkavalier*）的剧本），还参加过很多其他活动。他的日记展示出两次大战之间引人入胜的欧洲画卷。

爱丽斯·基耶（1893—1967）

在冬奥会上，她是美国女子滑雪（红丝袜）队的队长。

迈克尔·金（1899—1984）

马丁·路德·金的父亲。1934 年从德国回国后，他为自己和儿子改名，增添了“路德”二字。

伊冯·柯克帕特里克爵士（1897—1964）

1933 年至 1938 年期间任英国大使馆一等秘书。1937 年 11 月，他陪同哈利法克斯勋爵出席了与希特勒的会晤。战后，他被任命为英国的德国事务高级专员。

407

悉尼·拉金（1884—1948）

诗人菲利普·拉金的父亲。1922 年被任命为考文垂市财务主管。在整个二十世纪三十年代，他和家人经常前往德国度暑假。

沃尔特·莱格（1906—1979）

爱乐乐团的创始人。他作为《曼彻斯特卫报》的音乐评论家出席了 1933 年的拜罗伊特音乐节。他与女高音歌唱家伊丽莎白·施瓦茨科普夫结婚。

玛利亚·莱特纳（1892—1942）

匈牙利犹太人作家和记者。她曾非法进入纳粹德国，为左翼媒体报道。她在马赛试图获得赴美签证时去世。

安妮·斯宾塞·林白（1906—2001）

与查尔斯·林白结婚。她也是一名飞行员，写过几本主题涉及范围广泛的书。

查尔斯·林白（1902—1974）

1927 年他首次横跨大西洋飞行。1932 年他的小儿子遭绑架谋杀，这引发了令他无法忍受的宣传报道，迫使他举家赴欧洲避难。二十世纪三十年代，他和妻子安妮经常与杜鲁门·史密斯（美国大使馆武官）一起待在柏林。

罗纳德·林赛爵士（1877—1945）

1926 年至 1928 年期间，他接替达伯农勋爵担任英国驻德国大使。

第一代德威弗尔伯爵戴维·劳合·乔治（1863—1945）

自由派政治家和国务活动家。1916 年至 1922 年期间，担任战时联合政府首相，在 1919 年巴黎和会上发挥过重要作用。 408

丁夫娜·罗迪威克斯（1916—2000）

澳大利亚语言学家和教育家。她 1933 年在慕尼黑读书时目睹了焚书事件。后来她回到德国，在波恩大学攻读博士学位。她嫁给了历史学家曼宁·克拉克。

第七代伦敦德里侯爵查尔斯·斯图尔特·亨利·韦恩-坦佩斯特-斯图尔特（1878—1949）

绥靖政策的著名支持者。二十世纪三十年代，他经常前往德国，受到主要纳粹分子的招待。当时，伦敦德里处于青少年时期的女儿梅丽陪同他们出席了冬奥会。

弗兰克·J. 卢宾（1910—1999）

1936年柏林奥运会美国篮球队队员。

阿诺德·伦恩爵士（1888—1974）

滑雪、登山运动员，障碍滑雪项目的发明者。他儿子彼得是英国队领队，他是冬奥会评委。两人都拒绝参加开幕式。

詹姆斯·格罗夫·麦克唐纳（1886—1964）

美国外交官。1933年至1935年期间任国际联盟负责德国难民问题的专员。战后在1949年至1951年期间受命任驻以色列大使。

汤姆·曼（1856—1941）

英国共产党人、联合主义者，于1924年访问柏林。

维奥莉特·马卡姆（1872—1959）

作家、社会改革家、行政官。她是建筑师和园艺家约瑟夫·帕克斯顿爵士的孙女。1919年，她陪同丈夫（一位上校）到科隆任职。

409

卡尔·马腾医生（生卒年份不详）

江湖医生。为许多英国上流社会人士提供“治疗”，以“治愈”他们的同性恋。

罗杰·马丁·杜加尔（1881—1958）

法国作家，1937 年诺贝尔文学奖得主。

劳里茨·梅尔基奥尔（1890—1973）

丹麦男高音歌唱家，以其在瓦格纳歌剧中担任的角色而闻名。在职业生涯早期，他得到了英国小说家休·沃波尔爵士的经济支持。

埃德蒙·米勒博士（生卒年份不详）

“大学三年级海外教育计划”项目主任。该计划为美国学生提供了在欧洲学习的机会。米勒的办公地点在慕尼黑，“水晶之夜”后不久辞职。

戴安娜·米特福德（1910—2003）

雷德斯代尔勋爵和夫人的第四个孩子。她的第一任丈夫是布赖恩·吉尼斯（Bryan Guinness）。1936 年，在约瑟夫·戈培尔和马格达·戈培尔位于柏林的家中，他与奥斯瓦尔德·莫斯利爵士结婚。因与纳粹关系密切，她在战争期间被拘留。

托马斯·米特福德（1909—1945）

雷德斯代尔勋爵和夫人的独子。在缅甸与日本人作战时牺牲。

尤妮蒂·米特福德（1914—1948）

雷德斯代尔勋爵和夫人的第五个孩子以迷恋希特勒著称。

西尔维娅·莫里斯（婚前姓海伍德，1920— ）

职业音乐家。她后来参与了剧院演出。她在德累斯顿学习，直到战争爆发前一周。

410 **莉莲·莫勒**（1889—1990）

作家和戏剧评论家。嫁给了《芝加哥每日新闻》驻柏林记者埃德加·莫勒。1933年，埃德加被纳粹勒令离开德国。

哈罗德·尼科尔森（1886—1968）

外交官、作家、日记作者、政治家。维塔·萨克维尔-韦斯特的丈夫。他是一个忠实的亲法国人士，1928年被派往柏林，但在第二年辞去其外交职务。

帕蒂亚拉的王公布平德尔·辛格爵士（1891—1938）

他是第一次世界大战中的荣誉中校，是一名有成就的板球运动员，也是第一个在印度拥有飞机的人。1926年至1931年期间，他担任王公议会主席。

布伦达·迪恩·保罗（1907—1959）

她是一位有抱负的年轻演员，受到吸引去柏林，盼望在乌发电影公司找到工作。

韦斯特布鲁克·佩格勒（1894—1969）

报道1936年冬奥会的美国记者。他的“情与理”专栏被广为转载。

芭芭拉·彭伯顿（婚后改姓洛奇，1921—2013）

战争期间，她在皇家空军女子服务队“Y”部门服役，当时她的英德双母语这一优势得到了充分利用。

埃里克·菲普斯爵士（1875—1945）

1933年，他在柏林接替霍勒斯·朗博尔德爵士的职位，一直留任到1937年被任命为英国驻法国大使。

乔治·亨利·莱恩–福克斯·皮特–里弗斯上尉（1890—1966）

人类学家、优生学家、反犹主义者。他因极端的亲纳粹观点，在战争期间被拘留。

亚伯拉罕·普洛特金（1893—1998） 411

出生于乌克兰，幼年时随犹太家庭移民到美国。他是女装工人工会著名的积极分子。

埃米莉·波拉德（1896—1972）

她叔叔是弗吉尼亚州州长约翰·加兰·波拉德。她留下了1930年在德国度假的日记。

第一代男爵阿瑟·波里特（1900—1994）

新西兰医生、政治家和运动员。他作为国际奥委会委员出席了柏林奥运会。

吉尔·波尔顿博士（婚前姓亨特，1923—2017）

二十世纪三十年代末，在青少年时期，她随家人开汽车在德国度假。战争期间学医，后在剑桥当全科医生。

普鲁士公主玛格丽特（1872—1954）

嫁给黑森州的查尔斯·弗雷德里克王子，是维多利亚女王的孙女、德皇威廉二世的妹妹。她住在法兰克福附近的克龙贝格名叫弗得里希霍夫的城堡里。她的两个儿子在第一次世界大战中丧生，另一个儿子（黑森的克里斯多夫亲王）在第二次世界大战中丧生。她的儿媳——黑森的索菲公主——是爱丁堡公爵菲利普亲王殿下最小的妹妹。

阿瑟·F. J. 里米（约 1871—1954）

哥伦比亚大学维拉德学院德语语言学教授。他出席了 1936 年 6 月海德堡大学的周年庆祝活动。

弗朗兹·沃尔夫冈·里佩尔（1917—2000）

瑞士经济学家。以笔名勒内·辛德勒发表了他在战时德国的经历。

412 **第一代子爵哈罗德·罗瑟米尔**（1868—1940）

《每日邮报》和《每日镜报》（*Daily Mirror*）的拥有者。最初，他是希特勒的热情支持者，在多种场合会见过希特勒。

第十代朗博尔德男爵安东尼爵士（1911—1983）

1935 年，他听从霍勒斯爵士进入外交部门，职业末期在奥地利任大使。

康斯坦蒂娅·朗博尔德（1906—2001）

霍勒斯爵士夫妇的女儿。她对柏林生活的描述和她母亲的一样生动。

埃塞雷德·朗博尔德夫人（1879—1964）

霍勒斯爵士的妻子。在柏林居住时，她给母亲写了一封封愉快而自然的信。

第九代朗博尔德男爵霍勒斯爵士（1869—1941）

1928 年，他接替罗纳德·林赛爵士任驻德国大使，任职到 1933 年。他对纳粹持批评态度。

芭芭拉·朗克尔（婚后改姓霍桑，1912—1992）

先后在纽约的茱莉亚音乐学院和慕尼黑学习钢琴和歌唱。她是一位才华横溢的作家和语言学家，1951 年嫁给一个英国人，定居在剑桥。

第五代萨克维尔男爵爱德华·萨克维尔-韦斯特（1901—1965）

音乐评论家、小说家，维塔·萨克维尔-韦斯特的表弟。他于 1924 年首次前往德国接受马腾医生的同性恋“治疗”。1927 年，他回到德累斯顿学习音乐和德语。

维塔·萨克维尔–韦斯特（1892—1962）

作家、园林设计师，哈罗德·尼科尔森爵士的妻子。她不喜欢德国和德国人。

413 **克拉拉·路易丝·希弗**（生卒年份不详）

1933 年夏天，她随一个美国学校团体访问过德国。

丹尼斯·塞夫顿·德尔默（1904—1979）

二十世纪三十年代初《每日快报》驻柏林记者。他目睹了国会大厦燃烧的场景。

威廉·夏勒（1904—1993）

美国记者和战地记者，以他在纳粹德国所做的广播节目而闻名。

肯尼思·辛克莱–洛蒂特（1913—2003）

1934 年，他和一名同学骑自行车穿越德国。离开剑桥后，他学习了医学，参加过西班牙内战。1961 年至 1973 年退休期间，他在世界卫生组织工作。

亨利·K. 珀西瓦尔·史密斯牧师（1898—1965）

纳粹德国的狂热支持者。他对 1939 年春在那里的访问作了热情洋溢的描述。1956 年至 1961 年期间，他是诺维奇大教堂在林恩的副主教。

霍华德·K. 史密斯（1914—2002）

美国记者、播音员和政治评论员。美国参战前，他赶上了从柏林到瑞士的最后一班火车。

凯瑟琳·阿林·霍利斯特·史密斯（1898—1992）

简称凯。杜鲁门·史密斯的妻子。她是一个有着强烈保守观点的女性，写了她在德国时代的自传《我的生活》（*My Life*），未出版。

杜鲁门·史密斯中尉（1893—1970）

在第一次世界大战中服役，后与美国远征军一起驻扎在科布伦茨。1920 年至 1924 年期间在美国驻柏林大使馆任助理武官，1935 年至 1939 年升任武官。他是第一位采访过希特勒的美国官员（1922 年）。他后来成为查尔斯·林白的密友。 414

斯蒂芬·斯彭德（1909—1995）

英国诗人。与奥登、伊舍伍德一样，在魏玛时期的德国度过了几个月，受到其强烈的影响。

威廉·斯图尔特·罗迪中校（1878—1961）

1920 年至 1927 年期间，他在柏林盟军内部控制委员会任职。他认识那个时期许多关键的军事和政治人物，以及前德国王室成员。

古斯塔夫·施特雷泽曼（1878—1929）

德国政治家和国务活动家。1923 年，他曾短暂担任总理，1923 年至 1929 年担任外交部长。他是 1926 年诺贝尔和平奖的共同获得者之一。

弗朗西斯·斯图尔特（1902—2000）

爱尔兰作家。他在纳粹德国度过的岁月引起很大的争议，但并没有影响他获得爱尔兰最高艺术荣誉。

努马·泰塔兹（1926—2005）

1923 年至 1943 年间住在慕尼黑的瑞士商人。他以笔名勒内·朱维写作，在《我在那里……》（*Ich war dabei*…）一书中描述了自己的经历（1944 年）。

琼·汤奇（1916—2004）

二十世纪三十年代被送到慕尼黑精修学校就读的众多英国上流社会女孩之一。

阿尔图罗·托斯卡尼尼（1867—1957）

意大利音乐大师。于 1930 年和 1931 年在拜罗伊特音乐节指挥乐团演奏。但为了抗议纳粹虐待犹太音乐家，不顾威妮弗雷德·瓦格纳的恳求，拒绝在 1933 年再次执棒指挥。

安东尼·汤因比（1913—1939）

著名历史学家阿诺德·汤因比的儿子。1934 年在波恩大学学习。

玛丽·柯里·特里西德（1893—1970） 415

她与丈夫唐纳德·特里西德一起参加了冬奥会。她丈夫在1943年至1948年期间任斯坦福大学校长。

弗朗西斯·特维尔-彼得（1901—1941）

英国考古学家。在柏林与奥登和伊舍伍德熟识。

欧文·特威迪（1888—1960）

英国士兵、公务员和自由撰稿人。他详细记录了1933年在希特勒上台后几周内自己访问德国的情况。

梅丽·韦恩-坦佩斯特-斯图尔特（婚后改姓伯里，1921—2009）

第七代伦敦德里侯爵和妻子伊迪丝最小的女儿。1936年她随父母访问德国，并出席冬奥会。

第一代男爵罗伯特·范西塔特（1881—1957）

1930年至1938年期间任外交部常务次官。他出席了柏林奥运会。范西塔特是埃里克·菲普斯爵士的姐夫。

琼·韦克菲尔德（婚后改姓雷恩斯福德，1920—）

1938年春在柏林学习后，与一个德国家庭在上西里西亚度过了夏天。第二年夏天，她再次来到德国，在战争爆发前几周返回英格兰。

爱德华·沃尔（1908—1988）

教师、律师和政治家。二十世纪三十年代末，他在中欧和东欧广泛旅行，成为研究德国少数民族人口的专家。晚年他被任命为德国最高赔偿法院的法官。

416 **埃里克·沃林**（1921—1997）

瑞典士兵。曾在东部前线的武装党卫军担任军官，并在柏林战役中作战。

诺拉·沃恩（1895—1964）

美国小说家和记者。1934 年至 1938 年期间住在德国。

休·沃波尔（1884—1941）

英国著名小说家。1925 年他陪同丹麦男高音劳里茨·梅尔基奥尔参加拜罗伊特音乐节，在那里遇到希特勒，并与威妮弗雷德·瓦格纳成为朋友。

乔治·沃德·普赖斯（1886—1961）

《每日邮报》驻柏林记者，他与纳粹建立了密切的联系，赢得了希特勒的信任。

布拉德福德·沃瑟曼（1918—1986）

来自弗吉尼亚州里士满的十五岁犹太人童子军成员。他记录了自己 1933 年在德国的游历情况。

洛利娅·威斯敏斯特公爵夫人（婚前姓庞森比，1902—1993）

二十世纪三十年代初，她和朋友康斯坦蒂娅·朗博尔德住在柏林。

约翰·惠勒-贝内特爵士（1902—1975）

英国历史学家。1927年至1934年间在德国度过。他与那个时期许多最重要的政治家有个人联系。

赫伯特·怀尔德曼（1912—1989）

参加过1932年和1936年奥运会的美国水球运动员。

阿奇·威廉姆斯（1915—1993）

非洲裔美国运动员。在柏林奥运会上赢得男子四百米金牌。

亨利·威廉姆森（1895—1977）

417

第一次世界大战退伍军人、农夫、《水獭塔尔卡》(1928年）的作者。他陪同约翰·海盖特参加了1935年纽伦堡集会。

阿诺德·威尔逊爵士（1884—1940）

士兵、作家、政治家。1933年，他当选为希钦选区在议会的议员，曾在纳粹德国各处旅行，对看到的许多活动表示支持。然而，战争爆发时，他虽然已经五十五岁而且是一名议员，却仍然自愿加入了英国皇家空军。他在轰炸机被击落时牺牲。

温莎公爵夫人（1896—1986）

沃莉丝·辛普森（Wallis Simpson）出生在美国，两度离婚。

她的丈夫前国王爱德华八世为娶她而放弃了王位。

温莎公爵殿下（1894—1972）

于1936年1月成为爱德华八世国王，是年12月11日为了与沃莉丝·辛普森夫人结婚而退位。温莎公爵和公爵夫人次年对德国作了一次有争议的访问。

托马斯·沃尔夫（1900—1938）

美国小说家和亲德分子。他曾在德国各地旅行。他的书在德国受到高度重视。

约翰·伍德拉夫（1915—2007）

非洲裔美国运动员。在柏林奥运会上，他在男子八百米比赛中后来居上夺金，引起轰动。

伦纳德·伍尔夫（1880—1969）

作家、政治理论家。弗吉尼亚·伍尔夫的丈夫。1917年他们夫妻二人一起创办了霍加斯出版社（Hogarth Press）。

弗吉尼亚·伍尔夫（1882—1941）

作家、布卢姆斯伯里团体的主要成员。她由于精神疾病而溺水自杀。

418 **伊夫林·伦奇爵士**（1882—1966）

大英帝国的忠实倡导者，“皇家海外联盟”（Royal Over-Seas League）和“英语联盟”（English Speakimg Union）的创始人。

1925 年至 1932 年期间任《旁观者》编辑。

米尔顿·S. J. 赖特（1903—1972）

非洲裔美国学者，1932 年在海德堡大学获得经济学博士学位。在那期间，他与希特勒进行过长达数小时的会面。1959 年，他成为俄亥俄州威尔伯福斯学院院长。

珀西·温德姆·刘易斯（1882—1957）

画家、小说家和“漩涡画派”（Vorticist）之父。1930 年访问德国后，他出版了《希特勒》，这是对这位元首的第一部长篇研究作品。

路易斯·西尔维·赞佩里尼（1917—2014）

美国运动员。他在柏林奥运会上参加了男子五百米跑比赛。

注　释*

导　言

1 Martha Dodd, *Through Embassy Eyes* (London: Gollancz, 1939), p. 25.
2 Pegler syndicated column, 'Fair Enough', 2 April 1936.
3 Quoted in Dirk Voss, 'Travel into the Heart of Evil: American Tourists in Nazi Germany, 1933–1939'; 'Ernst Schmitz Gives Talk on German Travel Facilities', *Daily Boston Globe*, 29 March 1938. For more detailed statistics regarding British and American travel to Germany, see Rudy Koshar, *German Travel Cultures* (Oxford and New York: Berg, 2000), p. 129.
4 Louis MacNeice, from *Autumn Journal*, IV (London: Faber & Faber, 1939).
5 Nancy Mitford, *Pigeon Pie* (London: Hamish Hamilton, 1940), p. 43.

第一章　裸露的伤口

1 W. Stewart Roddie, *Peace Patrol* (London: Christophers, 1932), p. 97
2 Hedda Adlon, *Hotel Adlon: The Life and Death of a Great Hotel* (London: Barrie Books, 1958), pp. 74–75.
3 Harry A. Franck, *Vagabonding Through Changing Germany* (New York: Grosset & Dunlap, 1920), p. 172.
4 Ibid., p. 37.
5 Ibid., pp. 25–26
6 Ibid., pp. 28–29.
7 Violet R. Markham, *A Woman's Watch on the Rhine* (London: Hodder & Stoughton, 1920), p. 181.
8 Franck, p. 74.
9 20 December 1918, Truman Smith papers (TSP), Herbert Hoover Presidential Library.
10 Ibid.

---

* 注释中所标的页码为英文原书页码，即本书边码。

11 Ibid., 23 December.
12 'The American Watch on the Rhine by an American', Society of Friends Library, London, Friends' Emergency War Victims Relief Committee (FEWVRC) 1914–1924, 10/3//7.
13 Truman Smith to his wife, Kay, 20 December 1918, TSP.
14 Markham, pp. 15–16.
15 Ibid., pp. 56–57.
16 Ibid., p. 71.
17 Alice Holtby and J. McWilliam (eds.), *Winifred Holtby: Letters to a Friend* (London: Collins, 1937), p. 280.
18 Ibid.
19 Ibid., 16 March 1919.
20 Ibid., 14 February 1919.
21 Ibid., 23 December 1918.
22 Franck, p. 114.
23 Stewart Roddie to Lord Stamfordhaven, 30 January 1920, Parliamentary Archives, Lloyd George papers, F/29/4/6.
24 Stewart Roddie, pp. 22–23.
25 Ibid., p. 1.
26 Franck, pp. 115, 130, 132–133.
27 Ibid., p. 102.
28 Stewart Roddie, p. 20.
29 Ibid., pp. 138, 139.
30 Franck, p. 19.
31 *The Friend*, 2 May 1919.
32 Joan Mary Fry, *In Downcast Germany* (London: James Clarke, 1944), p. 13.

第二章 苦难日益深重

1 *The Friend*, 8 August 1919.
2 2 August 1919, Society of Friends Library, Relief Mission Germany, Joan M. Fry, FEWVRC/Missions/10/1/6/7.
3 Ibid., 2 August 1919.
4 Franck, pp. 190, 195.
5 Smith, to Kay, 11 May 1919, TSP.
6 Stewart Roddie, pp. 96.
7 Essen, 28 July 1919, Friends Library, FEWVRC/Missions/10/1/6/7.
8 Markham, p. 128.
9 Franck, p. 268.
10 Ibid., pp. 272–273.
11 Bonham Carter, Diary, 1–2 March 1923, vol. 15, University of Oxford, Bodleian Library (Bod.), Special Collections, MSS. Quoted in Mark Pottle

(ed.), *Champion Redoubtable: The Diaries and Letters of Violet Bonham Carter 1914–1944* (London: Weidenfeld & Nicolson, 1998), p. 141.

12 Ibid., (not quoted in Pottle).

13 Ibid., 5 March 1923.

14 D'Abernon, p. 69.

15 Ibid., p. 83.

16 Ibid., pp. 68–69.

17 Ibid., p. 71.

18 Ibid., p. 78.

19 Bonham Carter, Diary, 3 March 1923.

20 Ibid.

21 D'Abernon, p. 112.

22 Ibid., p. 73.

23 Tom Mann to his wife, 2 April 1924, University of Warwick Archives, Tom Mann papers, MSS 334/3/6/14.

24 Bonham Carter, Diary, 3 March 1923.

25 Ibid., 5 March.

26 Ibid., vol. 16, 10 March.

27 Stewart Roddie, p. 50.

28 3 June 1921, Joan M. Fry papers, TEMP MSS 66/6.

29 Princess Margaret of Prussia to Lady Corkran, 21 October 1924, Bod., MSS Eng. Lett. d. 364.

30 Ibid.

31 25 July 1922, Fry papers, TEMP MSS 66/8.

32 Dorothy Detzer, 3 September, 1923, Society of Friends Library, FEWVRC 1914–24, 10/3/7.

33 Jacques Benoist-Méchin, *À L'Épreuve Du Temps* [*The Test of Time*] (Paris: Juillard, 1989), p. 167.

34 Ibid., p. 164.

35 For contemporary evidence rebutting such allegations, see Sally Marks 'Black Watch on the Rhine: A Study in Propaganda, Prejudice and Prurience', *European Studies Review*, vol. 13, no. 3 (1983), pp. 297–333.

36 Truman Smith, *Berlin Alert* (Stanford: Hoover Institution Press, 1984), p. 57.

37 Ibid., p. 46.

38 Benoist-Méchin, pp. 172–173.

39 D'Abernon, p. 117.

第三章 性自由与阳光

1 Horace Finlayson, Diary, University of Cambridge, Churchill College, Churchill Archives Centre (CAC) GBR/0014/FLYN.

2 René Juvet, *Ich war dabei… [I was there…]* (Zurich: Europa Verlag, 1944), p. 5; René Juvet was the pseudonym of Numa Tétaz

3 Dorothy Bogen, Diary, 26 September 1922, Farrington Historical Society, San José, CA.

4 *The Friend*, 22 February 1924.

5 John Wheeler Bennett, *Knaves, Fools and Heroes* (London: Macmillan, 1974), p. 21.

6 D'Abernon, 19 October 1923, p. 113.

7 Quoted in Jonathan Wright, *Gustav Stresemann* (Oxford: Oxford University Press, 2002), p. 505.

8 Wright, p. 271.

9 13 April 1926, *Berlin in Lights: The Diaries of Count Harry Kessler* (New York: Grove Press, 1999), p. 290.

10 Sir Ronald Lindsay to Sir Esme Howard, 17 August 1926, Cumbria Archive Centre, Carlisle, Howard papers, DHW/4/2/17.

11 Christopher Isherwood, *Christopher and His Kind* (London: Methuen 1985), p. 10.

12 Edward Sackville-West, commonplace book, 8 November 1927, British Library (BL) Add. MS 68906.

13 Sackville-West, Diary, 19 March 1924, BL, Add. MS 71871C.

14 Sackville-West, Diary, 6, 9, 10, 14 March 1924.

15 B.H. Fry, *Friends, Philosophers and Fishermen* (Oxford: Basil Blackwell, 1932), p. 15.

16 Peter Parker, *Isherwood* (London: Picador, 2005), pp. 153–154.

17 *Christopher and His Kind*, p. 10.

18 Ibid., p. 17.

19 Parker, p. 168.

20 *Christopher and His Kind*, pp. 19–20.

21 Ibid., p. 28.

22 Spender to Isaiah Berlin, n.d. 1931, un-catalogued letters, Bod.

23 *Christopher and His Kind*, p. 30.

24 Michael De-la-Noy, *The Life of Edward Sackville-West* (London: Bodley Head, 1988), p. 117.

25 David Sylvester, *The Brutality of Fact: Interviews with Francis Bacon* (London: Thames & Hudson, 1987), p. 186.

26 'Europe Revisited 1: The Rhineland', *The Spectator*, 20 September 1929.

27 Lilian T. Mowrer, *Journalist's Wife* (London: Heinemann, 1938), p. 194.

28 Emily Pollard, Diary, 29 July 1930, University of North Carolina, Louis Round Wilson Special Collections Library, vol. 7, folder 19.

29 10 October 1930, Spender to Isaiah Berlin.

30 October 1927, letters to James Stern from Brian Howard 1927–1955, BL, Add MS 80860.

31 June 1931, Paul Bowles to Daniel Burns and Edouard Roditi, Jeffrey Miller (ed.), *The Letters of Paul Bowles* (London: HarperCollins, 1994), pp. 68, 72.
32 26 May, 1928, CAC, RDCH 1/2/41.
33 De-la-Noy, pp. 112–113.
34 Lady Rumbold to her mother, Lady Fane, 17 December 1929. Unless otherwise stated, all Rumbold papers quoted are in a private collection (p.c.).
35 Kessler, 22 January 1929, p. 361.
36 Ibid., 10 May 1929, p. 362.
37 Peter Edgerly Firchow, *Strange Meetings* (Washington, DC: Catholic University of America Press, 2008), p. 134.
38 Piers Brendon, *The Dark Valley* (London: Pimlico, 2001), p. 90.
39 Cicely Hamilton, *Modern Germanies* (London: Dent & Sons, 1931), pp. 13–14.
40 'Europe Revisited 1', *The Spectator*, 20 September 1929.
41 Stephen Spender, *World within World: The Autobiography of Stephen Spender* (London: Readers Union, 1953), p. 92.
42 Kessler, 4 June 1930, p. 390.
43 Hamilton, p. 188.
44 Geoffrey Cox to his mother, 3 August 1932, p.c.
45 Mowrer, p. 169.
46 Pollard, Diary, 25 July 1930.
47 Hamilton, pp. 140, 145.

第四章　“沸腾的酿造锅”

1 Pollard, Diary, 26, 28 July 1930.
2 Hamilton, pp. 160–161.
3 John Henry Mears, *Racing the Moon* (New York: Rae D. Henkle Co., 1928), p. 99.
4 Ibid., pp. 24, 27, 28, 30 July.
5 Lady Rumbold to her mother, 11 September 1928.
6 Loelia, Duchess of Westminster, *Grace and Favour* (London: Weidenfeld & Nicolson, 1962), p. 135.
7 Martin Gilbert, *Sir Horace Rumbold* (London: Heinemann, 1973), p. 325.
8 Lady Rumbold to her mother, 16 October 1928.
9 Ibid.
10 Lady Rumbold to her mother, 11 January 1929.
11 Victor Cazalet, Diary, 1–12 January 1929, Eton College Archives, MS 917/2/4.
12 Lady Rumbold to her mother, 16 March 1929.
13 Lady Rumbold to a friend, 27 March 1929
14 Lady Rumbold to her mother, 16 March 1929
15 Ibid.
16 Victor Cazalet, Diary, first week September 1928.
17 *Berliner Zeitung*, 12 April 1929.

18 *The Observer*, 28 April 1929.
19 Mowrer, p. 181.
20 Kessler, p. 353.
21 Mowrer, p. 221.
22 Lady Rumbold to her mother, 13 January 1929.
23 Brenda Dean Paul, *My First Life* (London: John Long, 1935), pp. 78, 80–81.
24 Loelia, Duchess of Westminster, p. 115.
25 Constantia Rumbold, 'Changing Night Haunts of Berlin', n.d., c. 1930.
26 Stephen Spender to Isaiah Berlin, 30 January 1930.
27 Mowrer, p. 210.
28 Rumbold to Harold Nicolson, 3 November 1930, Bod., MS. Rumbold dep. 38.
29 Kessler, 29 November 1931, p. 405.
30 Pollard, Diary, 25 July 1930.
31 *Christopher and His Kind*, p. 43.
32 *The Spectator*, 26 September 1930.
33 Rumbold to King George V, 31 October 1930, Bod., MS. Rumbold dep. 38.
34 Rumbold to his mother, 19 October 1930, ibid.
35 Quoted in Gilbert, p. 319.
36 Rumbold to Constantia, November 1928, Bod., MS Rumbold dep. 36.
37 Lady Rumbold to her mother, 27 February 1931.
38 John Maynard Keynes, 22 June 1926, *Collected Writings of John Maynard Keynes* (London: Macmillan, 1981), vol. 10, p. 383.
39 Hamilton, pp. 180–181.
40 W.H. Auden, Letter to Lord Byron Part V, quoted in Edward Mendelson (ed.), *The English Auden* (London: Faber & Faber, 1977), p. 198.
41 Wyndham Lewis, *Hitler* (London: Chatto & Windus, 1931), p. 42.
42 Ibid., p. 10.
43 Mowrer, pp. 229–231.
44 Lewis, p. 46.
45 Rumbold to Arthur Henderson, 31 October 1930, Bod., MS Rumbold dep. 38.

第五章 绞索在拉紧

1 Rumbold to Sir Robert Vansittart, 29 May 1931, Bod. MS. Rumbold dep. 38.
2 *The Observer*, 10 August 1930.
3 Kessler, 30 June 1930, p. 394.
4 Lady Rumbold to her mother, 18 June 1930.
5 Rumbold to Constantia, 7 January 1931, Rumbold MS. Dep. 38.
6 Rumbold to Constantia 10 March, 1931, Bod., Rumbold MS. Dep. 38.
7 *Time*, 23 March 1931.
8 Jewish Telegraphic Agency, 12 March 1931.

9 André François-Poncet, *The Fateful Years: Memoirs of a French Ambassador in Berlin 1931–1938* (London: Victor Gollancz, 1949), pp. 10–11.
10 28 June 1932.
11 Rumbold to Lady Rumbold, 30 July 1931, Bod., MS. Rumbold dep. 38.
12 Lady Rumbold to her mother, 27 September 1931.
13 Tom Mitford to Randolph Churchill, 19 November 1931, CAC, RDCH 1/2/41.
14 Lady Rumbold to her mother, 16 July 1931.
15 Spender, p. 111.
16 Boothby to W.S. Churchill, 22 January, 1932, CAC, CHAR 1/398A/48-50.
17 Cox to his mother, 3 August 1932, p.c.
18 Geoffrey Cox, *Eyewitness* (Otago, New Zealand: Otago University Press, 1999), pp. 71–71.
19 Cox to his mother, 11 August 1932, p.c.
20 Lady Rumbold to her mother, August 1932.
21 *Pittsburgh Courier*, 30 May 1942. Also material provided by the Archives and Special Collections, Rembert E. Stokes Learning Resources Center, Wilberforce University, Ohio.
22 Lady Rumbold to her mother, 11 August 1932.
23 Sanger to Havelock Ellis, 16 July 1932, *The Selected Papers of Margaret Sanger: Birth Control Comes of Age, 1928–1939*, vol. 2, Esther Katz, Cathy Moran Hajo and Peter C. Engelman (eds.) (Urbana and Chicago: University of Illinois Press, 2006), pp. 196–197.
24 Ibid.
25 Lady Rumbold to her mother, n.d. August 1932.
26 Ibid.
27 Thelma Cazalet MP, 6 October 1932, Eton College Archives, MS 917/2/8.
28 Kessler, p. 432–434.
29 Lady Rumbold to her mother, 15 October 1932.
30 Wheeler-Bennett, *Hindenburg* (London: Macmillan, 1967), p. 40.

第六章 怪物还是奇迹?

1 Isherwood, *Christopher and His Kind*, pp. 92–93.
2 Constantia Rumbold, n.d.
3 Ibid and Mowrer, p. 247.
4 Constantia Rumbold, n.d.
5 Owen Tweedy, Diary, 16 February 1933, University of Oxford, St Antony's College, Middle East Centre Archive, GB165-0289, Box 3/4. All subsequent Tweedy quotations are taken from this source and are dated between 16 February and 31 March 1933.
6 'Reflections on the German Revolution', *The Nineteenth Century and After*, May 1933, p. 518.

7 Catherine Collomp and Bruno Groppo (eds.), *An American in Hitler's Berlin: Abraham Plotkin's Diary 1932–33* (Urbana and Chicago: University of Illinois Press, 2009), 6 February, p. 148.
8 Ibid., 11 February, p. 157.
9 Gareth Jones, Hitler-Diary, National Library of Wales, Gareth Vaughan Jones papers, B1/9.
10 Sefton Delmer, *Daily Express*, 2 February 1933 and *Trail Sinister* (London: Secker & Warburg, 1961), pp. 185–200.
11 Philip Gibbs, *European Journey* (London: William Heinemann, 1934), p. 313.
12 Harold Picton, *From Republican to Nazi Germany* (Letchworth, 1938), p. 175.
13 Lady Rumbold to her mother, 22 March 1933.
14 *Christopher and His Kind*, pp. 96, 98.
15 2 April 1933.
16 Christopher Isherwood, *The Berlin Novels* (London: Vintage Books, 1999), pp. 488–489.
17 Barbara McDonald Stewart, Richard Breitman and Severin Hochberg (eds.), *Advocate for the Doomed: Diaries and Papers of James G. Grover McDonald* (Bloomington and Indiana: Indiana University Press, 2007), 4 April 1933, p. 40.
18 Ibid., 7 April 1933, p. 48.
19 Ibid., 9 April, p. 50.
20 Karina Urbach, *Go-Betweens for Hitler* (Oxford: Oxford University Press, 2015), p. 300.
21 T. Conwell-Evans, 'Impressions of Germany', *The Nineteenth Century and After*, January 1934, pp. 72–82.
22 Robert Bernays, *Special Correspondent* (London: Victor Gollancz, 1934), p. 124.
23 Evelyn Wrench, 'What I saw in Germany', *The Spectator*, 13 April 1933
24 University of Chicago Library, Special Collections, Martin Flavin papers, Box 1, Folder 9.
25 Quoted in Mark McKenna, *An Eye for Eternity: The Life of Manning Clark* (Melbourne: Meigunyah Press of Melbourne University, 2011), p. 133.
26 Conwell-Evans, 'Impressions of Germany', pp. 74–75.
27 Lady Rumbold to Lucy Wingfield, 11 May 1933.
28 Frederick Birchall, *New York Times*, 11 May 1933. Quoted in Heinz-Dietrich Fischer (ed.), *Germany through American Eyes, Pulitzer Prize Winning Reports* (Berlin: Lit Verlag Dr. W. Hopf, 2010), pp. 76–78.

第七章　夏日假期

1 Daniel Guérin, *The Brown Plague* (London: Duke University Press, 1994), 85. Translated by Robert Schwartzenwald. Banned in 1934, it was released in 1937, then published as *La Peste Brune* (Paris: Spartacus, 1965).

2 Ibid., p. 90.
3 Quoted in Griffiths, *Fellow Travellers of the Right* (London: Oxford University Press, 1983), p. 157.
4 Letter from Sir Eric Phipps to Sir Maurice Hankey, 26 October 1933, CAC, Hankey papers, HNKY 5/5.
5 Nora Waln, *The Approaching Storm: One Woman's Story of Germany 1934–1938* (London: Cresset Women's Voices, 1988), pp. 42–43. First published as *Reaching for the Stars* (Boston: Little, Brown & Co., 1939).
6 Hankey to Phipps, ibid.
7 Ibid.
8 Guérin, p. 93.
9 Ibid., pp. 148–149.
10 Hankey to Phipps, ibid.
11 Hartley to Adelaide Kuntz, 27 May 1933, 'Letters from Germany', *Archives of American Art Journal*, 1985, vol. 25, no. 1/2.
12 Hartley to Kuntz, 12 July 1933, ibid.
13 *Manchester Guardian*, 26 May 1933.
14 Quoted in Kristen Semmens, *Seeing Hitler's Germany* (Basingstoke: Palgrave Macmillan, 2005), pp. 144–145.
15 Ibid.
16 Bradford J. Wasserman, Diary, 17 July–21 August 1933, Virginia Historical Society.
17 Clara Louise Schiefer, Diary, July–August 1933, Special Collections Research Center, Swem Library, College of William and Mary, Williamsburg, Virginia.
18 Louise Willson Worthington, Diary, 1 August 1933, University of Kentucky Library, Special Collections.
19 Interview with the late Mrs Mary Burns, London, 9 February 2015.
20 Constantia Rumbold, c. May 1933.
21 Ibid.
22 Andrew Chandler (ed.), *Brethren in Adversity*, Church of England Record Society, vol. 4 (London: Boydell Press, 1997), pp. 47–48.
23 'Memorandum by the Dean of Chichester on His Visit to Germany', ibid, pp. 52–58.
24 Gibbs, p. 323.
25 Duncan-Jones, draft letter to the Editor, *The Spectator*, 11 July 1937, West Sussex PRO, un-catalogued papers of Duncan-Jones in three boxes.

第八章　庆典与炫耀

1 Houston Stewart Chamberlain, *Foundations of the Nineteenth Century* (London: John Lane, 1911), p. 542, translated by John Lees.

2 Quoted in Jonathan Carr, *The Wagner Clan* (London: Faber & Faber, 2007), p. 105.
3 Franck, p. 326.
4 Ibid.
5 Walpole, Diary, 23 July 1925.
6 *John O'London's Weekly*, 11 October 1940; quoted in Rupert Hart-Davis, *Hugh Walpole: A Biography* (London: Macmillan, 1952), p. 264.
7 Walpole, Diary, 23 July 1925.
8 Hart-Davis, p. 264.
9 Walpole to Macmillan, 14 July 1925, BL, Add. MS. 54958-61.
10 Ibid., 1 August.
11 *Time*, 4 August 1930.
12 From documents in the Richard Wagner Museum, Bayreuth; quoted in Harvey Sachs, *Reflections on Toscanini* (London: Robson Books, 1992), p. 112.
13 Quoted in Brigitte Hamman, *Winifred Wagner* (London: Granta Books, 2005), p. 143.
14 Ibid., p. 159.
15 Ibid., p. 160.
16 Sachs, p. 119.
17 Ibid.
18 *Manchester Guardian*, 5 August 1933.
19 Friedelind Wagner, *The Royal Family of Bayreuth* (London: Eyre & Spottiswoode, 1948), pp. 99–100.
20 *Manchester Guardian*, ibid.
21 Waln, pp. 74–76.
22 *The Times*, 2 October 1933.
23 Konrad Warner, 'Harvest Festival 1935'; see Oliver Lubrich (ed.), *Travels in the Reich* (Chicago and London: University of Chicago Press, 2012), pp. 77–78.
24 Sir Eric Phipps to Sir Orme Sargent, 3 October 1934, CAC, PHPP, 2/10.
25 Warner (Lubrich), p. 78.
26 *The Times*, 2 October 1933.
27 Ibid., 1 August 1934.
28 *Traveller's Gazette*, April 1930, Thomas Cook & Son Archives.
29 *The Observer*, 20 May 1934.
30 Quoted in Raymond Tift-Fuller, *The World's Stage: Oberammergau 1934* (London: Cobden-Sanderson, 1934), p. 17.
31 *Manchester Guardian*, 30 May 1934.
32 Tift-Fuller, pp. 11, 12.
33 Sydney Larkin, Diary, 8 August 1934, Hull University Archives, Hull History Centre, U DLN.
34 5 July 1942, *Hitler's Table Talk, 1941–44* (New York City: Enigma Books, 2000), p. 578.

35 *New York Times*, 30 September, 1930.
36 *The Times*, 18 May 1934.
37 Lucy Fairbank, 1934 Travel Journal, p.c.
38 Ibid.
39 'Hitler at Oberammergau', letter to *The Times*, 26 March 1940.
40 The Rev. John W. Bradbury, 'Watchman Examiner', 13 September 1934. Quoted in Walter Wink, *Naming the Powers* (Philadelphia: Fortress Press, 1984), vol. 1, p. 116.
41 Wink, ibid.
42 10 August 1934 (from a summary of letters to his wife, Helga), Bod., Hugh C. Greene papers, Dep. c. 888. Parts of the HCG quotations used here are quoted in Jeremy Lewis, *Shades of Greene* (London: Jonathan Cape, 2010), p. 153.
43 Phipps to Sir John Simon, 8 August 1934; quoted in Gaynor Johnson, *Our Man in Berlin: The Diary of Sir Eric Phipps 1933–37* (London: Palgrave Macmillan, 2008), p. 69.
44 *New York Times*, 22 August 1934.
45 Ibid.
46 Ibid., Frederick T. Birchall, 25 June 1935.
47 *Manchester Guardian*, 27 June 1938.

第九章 希特勒万岁

1 Andrew G. Bonelli (ed.), *An American Witness in Nazi Frankfurt: The Diaries of Robert W. Heingartner, 1928–37* (Bern and New York: Peter Lang, 2011), p. 235.
2 Michael Burn, *Turned Towards the Sun* (Norwich: Michael Russell Publishing, 2007), p. 72.
3 Robert Byron, 'Nuremberg 1938', *The Spectator*, 22 August 1987.
4 *Manchester Guardian*, 9 September 1936.
5 Geoffrey Cox, *Countdown to War* (London: William Kimber, 1988), p. 21.
6 *The Observer*, 3 December 1933.
7 David Pryce-Jones, *Unity Mitford* (London: Phoenix Giant, 1995), p. 99.
8 Ibid., p. 132.
9 John Heygate, *Motor Tramp* (London: Jonathan Cape, 1935), p. 177.
10 Ibid., pp. 198–200.
11 John Heygate to Henry Williamson, 18 March 1934, quoted from 'John Heygate: some notes on his life in the 1930s as gathered from documents in the Henry Williamson archive (HWLEA), compiled by Anne Williamson'.
12 Robert Byron to his mother, n.d. 1937, Robert Byron papers, Yale University, Beinecke Library, GEN MSS 605, Box 4, Folder 32.
13 Geoffrey Cox to his brother, 7 September 1934, p.c.
14 J.A. Cole, *Just Back From Germany* (London: Faber & Faber, 1938), pp. 124–125.
15 Jan Dalley, *Diana Mosley* (New York: Alfred A. Knopf, 2000), p. 186.

16 Anne de Courcy, *Diana Mosley* (London: Chatto & Windus, 2003), p. 135.
17 Joan Tonge, memoir, p.c.
18 Kenneth Sinclair-Loutit, *Very Little Baggage* (www.spartacus-educational.com, 2009). The author chose not to identify his travelling companion, instead calling him 'Matthew'.
19 Sinclair-Loutit, p. 20.
20 Edward Wall, Diary, 1935, p.c.
21 Ibid.
22 Ibid
23 Sinclair-Loutit, p. 22.
24 Quoted in J. Lewis, p. 140.
25 Cazalet, Diary, n.d. 1934, Eton College Archives, MS 917/2/5.
26 Arnold Wilson, *Walks and Talks Abroad, The Diary of a Member of Parliament in 1934–36* (London: Oxford University Press, 1939), p. 126.
27 Ibid., p. 83.
28 McDonald, p. 97.
29 Burn, pp. 76–77.
30 Bruce Arnold, *Derek Hill* (London: Quartet Books, 2010), pp. 29–30; Ariel Crittall, *My Life Smilingly Unravelled* (Braintree: Braintree District Museum Trust Ltd, 1988), pp. 35–36.
31 Tonge.
32 Crittal, p. 36.
33 Ibid., p. 32.
34 Sarah Baring, *The Road to Station X* (Bracknell: Wilton 65, 2000), p. 1.
35 Letter from Lady Margaret Stirling-Aird to David Pryce-Jones, n.d., p.c.
36 Baring, p. 2.
37 Dodo Lees, *Dodo* (Self Publishing Association Ltd, 1993), p. 39.
38 Baring, p. 4.
39 Hugh C. Greene papers, Bod., Dep. C. 887.
40 De Courcy, pp. 144–145.
41 Shi Min, *Deguo youji*, Tao Kangde (ed.), *Ou feng mei yu*, 3rd edition (Shanghai: Yuzhou feng she, 1940), pp. 162–184. Bod., HD Chung Chinese Studies, translated by Frances Wood.
42 Cox to his brother, 7 August 1934, p.c.
43 Cox, p. 137.
44 *The Spectator*, 1 November 1934.
45 Antony Toynbee, Diary, 5 November 1933, p.c.
46 Ibid., 14 February 1934.
47 Ibid., 1 November 1934.
48 Brigit Barlow, *A Family Affair* (Lewes: Book Guild Ltd, 1990), p. 46.
49 Ibid.

第十章　老 兵

1 Kirkpatrick to R.F. Wigram, 17 September 1935, NA, FO/371/18858.
2 Truman Smith, *An Estimate of the Inner Political Situation 1935–1936*, TSP, Box 2, Folder 1.
3 Yencken report to Foreign Office, 6 October 1935, NA, FO/371/18858.
4 Ibid.
5 Katherine (Kay) Smith, *My Life*, 11, TSP, Box 3.
6 Yencken report, ibid.
7 Ibid.
8 Reproduced in Nina Boyd, *From Suffragette to Fascist: The Many Lives of Mary Sophia Allen* (Stroud: The History Press, 2013).
9 Mary Allen, *Lady in Blue* (London: Stanley Paul, 1936), p. 148.
10 Ibid., p. 149.
11 Ibid., p. 150.
12 Conversation between the author and Lady Normanby.
13 Phipps to Vansittart, 8 January 1935, CAC, PHPP 2/17.
14 William L. Shirer, 28 November 1934, *Berlin Diary* (New York: Alfred A. Knopf, 1941), p. 25.
15 Gaynor Johnson (ed.), *Our Man in Berlin: Diaries of Sir Eric Phipps 1933–37* (Basingstoke: Palgrave Macmillan, 2008), p. 56.
16 Ibid., pp. 56–57.
17 Ibid., p. 57.
18 Ibid., p. 58.
19 Seton Hutchison to Ezra Pound, 15 June 1934, BL, ADD MS 74270.
20 Graham Seton Hutchison, *Challenge* (London: Hutchinson & Co., 1939), pp. 195–196.
21 Pitt-Rivers papers, CAC, PIRI Box 3, 17/3.
22 Karl Astel to Heinrich Himmler, 14 June, 1937, quoted in Günter Grau (ed.), *The Hidden Holocaust: Gay and Lesbian Persecution in Germany 1933–45*, (London: Cassell, 1995), p. 119.
23 Astel to Pitt-Rivers, 31 December 1935, CAC, PIRI 17/3.
24 This photograph is published in Brian Harding, *Keeping the Faith: The Royal British Legion 1921–2001* (Barnsley: Pen and Sword Books, 2001), p. 152.
25 Quoted in Iain Kershaw, *Hitler 1889–1936* (London: Penguin, 1999), p. 558.
26 *Regimental Chronicle of Prince of Wales Volunteers (South Lancashire)*, vol. X, 4 October 1935, pp. 305–306.
27 Ibid.
28 Ibid.
29 The Reverend Professor Eric Fenn, unpublished memoir, p.c.
30 Buller's book, *Darkness over Germany* (1945), records the many interviews she had with a wide range of Germans during the 1930s.

31 S.C. Carpenter, *Duncan-Jones of Chichester* (London: A.R. Mowbray, 1956), p. 88.
32 Carpenter, memoir.
33 Fenn.
34 Ibid.
35 Admiral Sir Barry Domvile, Diary, 4 August 1935, Archives of the National Maritime Museum, Greenwich, Dom 52.
36 Ibid., 5 August.
37 Ibid.
38 Kirkpatrick to Wigram, 17 September 1935, NA FO/371/18858.
39 Domvile, Diary, 7–14 August 1935, Dom 52.
40 Quoted in K. Natwar-Singh, *The Magnificent Maharaja: The Life and Times of Bhupinder Singh of Patiala – 1891–1938* (New Delhi: HarperCollins, 1998), pp. 273–274.

第十一章　文学“游客”

1 1 August 1935, HWLEA. A summary of this letter was provided by Anne Williamson. By 1935 Heygate had published *Decent Fellows* (1930), *White Angel* (1934) and *Talking Picture* (1935).
2 Henry Williamson, *Goodbye West Country* (London: Putnam, 1937), p. 228.
3 Williamson, p. 235.
4 Letter from Frank Buchman to Garth Lean, 29 November 1936, Moral Re-Armament Collection, Manuscript Division, Library of Congress, Box 54.
5 Ibid.
6 *Time Magazine*, 14 October 1935.
7 19 September 1935, NA, FO/371/188858.
8 Williamson, p. 255.
9 Broadcast on 11 October 1969.
10 *New Yorker*, 'In From the Cold', Jeffrey Franks, 26 December 2005.
11 21 June 1938, quoted in Robert Ferguson, *Enigma* (London: Hutchinson, 1987), p. 338.
12 Hamsun to W. Rasmussen, 11 March 1934, H. Naess and J. McFarlane, *Knut Hamsun Selected Letters*, vol. 2, 1898–1952 (Norwich: Norvik Press, 1998), p. 209.
13 Hamsun to his daughter, 8 February 1934, Harald Naess, *Knut Hamsuns Brev* (Gyldendal: Norsk Forlag, 2000), vol. 6, 1934–50, letter 2368.
14 Ibid., 29 September 1934, letter 2399.
15 Ibid., Hamsun to his son, October 1934, letter 2406.
16 Richard S. Kennedy and Pashcal Reeves (eds.), *The Notebooks of Thomas Wolfe*, vol. II (Chapel Hill: University of North Carolina Press, 1970), p. 748.
17 Kay Smith, p. 2.
18 Martha Dodd, *My Years in Germany* (London: Victor Gollancz, 1939), p. 81.

19 Kennedy and Reeves, p. 745.
20 Thomas Wolfe, *New Republic*, 'I Have a Thing to Tell You', 10 March 1937, pp. 132–136.
21 Ibid.
22 *New Republic*, 24 March 1937, pp. 202–207.
23 Ibid.
24 Denis de Rougemont, *Journal d'Allemagne* (Paris: Gallimard, 1938), p. 19.
25 De Rougemont, p. 17.
26 Amy Buller, *Darkness over Germany* (London: The Right Book Club, 1945), p. 4.
27 Kay Smith, p. 24.
28 Interview, 2015.
29 Nancy Mitford to Deborah Mitford, 25 September 1939, Charlotte Mosely (ed.), *The Mitfords: Letters between Six Sisters* (London: Fourth Estate, 2008), p. 152.
30 De Rougemont, pp. 24–25.
31 Leonard Woolf, *Downhill All the Way* (London: Hogarth Press, 1967), p. 185.
32 Ibid., p. 191.
33 12 May 1935, Anne Oliver Bell (ed.), *The Diary of Virginia Woolf*, vol. IV, 1931–1935 (Harmondsworth: Penguin, 1983), pp. 311–312.
34 Ibid.
35 Leonard Woolf, p. 193.
36 De Rougemont, pp. 26–27.
37 Maria Leitner, *Elizabeth ein Hitlermädchen: Erzählende Prosa, Reportagen und Berichte*, 'Dorfschule im Dritten Reich' [*Elizabeth, A Hitler Girl: Narrative Prose and Reports*, 'Village Schools in the Third Reich'] (Berlin und Weimar: Aufbau-Verlag, 1985), p. 226.
38 Ibid., 'Die Stummen von Höchst', p. 212.
39 Ibid., 'Besuch bei Heinrich Heine', 224; see Lubrich: 'A Visit to Heinrich Heine', 165. Originally published in *The Word* (Moscow), 3 January 1938.
40 Beckett to Thomas MacGreevy (TM), 18 January 1937. Quoted in James Knowlson, *Damned to Fame: The Life of Samuel Beckett* (London: Bloomsbury, 1996), p. 238.
41 Samuel Beckett, German diaries (GD), Beckett Archive, University of Reading, notebook 2, 6 December 1936. Quoted in Mark Nixon, *Samuel Beckett's German Diaries 1936–1937* (London: Continuum, 2011), p. 28.
42 GD, notebook 6, 9 March 1937.
43 GD, notebook 4, 13 January 1937; quoted in Knowlson, p. 244.
44 Knowlson, p. 244.
45 Quoted in Nixon 90.
46 GD, notebook 2, 24 November 1936.
47 GD, notebook 4, 2 February 1937; quoted in Knowlson, p. 251.

48 GD, notebook 1, 29 September 1936; quoted in Knowlson, p. 231.
49 GD, notebook 4, Leipzig, 22 January 1937.
50 GD, notebook 3, Berlin, 31 December 1936; quoted in Nixon, 33 and Knowlson, p. 233.
51 Beckett to TM, 7 March 1937; quoted in Knowlson, p. 256.
52 GD, notebook 1, 6 October 1936; quoted in Nixon, p. 7.
53 See letter from Beckett to TM, 18 January 1937, 'I shan't be in Germany again after this trip'; quoted in Nixon, p. 7.
54 See Lubrich, pp. 33–35.
55 Summary of letter dated August 1934, Hugh C. Greene papers, Bod., Dep. C.888, 18.63.
56 Jean Genet, 'A Race of Thieves', *The Thief's Journal* (New York: Grove Press, 1964), 123–124, translated by Bernard Frechtman; see Lubrich, pp. 157–158.
57 Pryce-Jones, p. 62.

第十二章　冬雪与“卐”字旗

1 François-Poncet, p. 203.
2 Nicholas Howe, 'Alice Kiaer and her Red Stockings', *Skiing Heritage Journal*, June 2006, vol. 18, no. 2, pp. 22–28.
3 Quoted in Jim Ring, *How the English Made the Alps* (London: Faber & Faber, 2011), pp. 253–254.
4 William Shirer, *Berlin Diary* (New York: Alfred A. Knopf, 1941), pp. 46–47.
5 Westbrook Pegler, 'Fair Enough' column, *Evening Independent*, 14 February 1936, Pegler papers, Hoover Presidential Library.
6 Ibid., 25 February.
7 Shirer, pp. 46–47.
8 Mary Curry Tresidder, Diary 1936, Stanford Digital Repository.
9 *Ottowa Evening Citizen*, 8 February 1936; *Canadian Amateur Ski Association Year Book 1936*; conversation with Diana's son George Gordon-Lennox.
10 Nicholas Howe, ibid.
11 Tresidder, Diary.
12 Ibid., 13 January.
13 Ibid., 7 February.
14 Lady Marie Vane-Tempest-Stewart, Diary, 7 February 1936, PRONI, Londonderry papers, D4567/1/5.
15 Ibid., 31 January.
16 Ibid., 4 February.
17 Quoted in Lawrence Whistler, *Laughter and the Urn* (London: Weidenfeld & Nicolson, 1985), p. 136.
18 Quoted in Max Egremont, *Siegfried Sassoon* (Oxford: Picador, 2005), p. 326.

19 John Christie, 5 January 1959, Hessisches Staatsarchiv, Darmstadt, Haus Hirth papers, D26.
20 Mairi Vane-Tempest-Stewart, Diary, 16 February 1936.
21 Pegler, 17 and 20 February 1936.
22 Lady Londonderry to Hitler, D3099/3/35/1/1; partly quoted in Kershaw, *Making Friends with Hitler* (London: Allen Lane, 2004), p. 145.
23 Shirer, p. 48.
24 Kay Smith, p. 84.
25 De Rougemont, pp. 44–45; quoted in Lubrich, p. 84.
26 Kay Smith, p. 85.
27 De Rougemont, ibid.
28 Kay Smith, p. 85.
29 *The Carthusian*, 1936, p. 295, Charterhouse School.
30 Anne Morrow Lindbergh, *The Flower and the Nettle* (New York: Harcourt Brace & Co., 1976), 80–81.
31 Kay Smith, 95.
32 Quoted in Truman Smith, *Berlin Alert*, 95.
33 Anne Lindbergh, 86.
34 Kay Smith, pp. 98–99.

第十三章 希特勒的奥运会

1 Wolfe, vol. II, p. 232.
2 Frederick T. Birchall, *New York Times*, 2 August 1936.
3 *Manchester Guardian*, 3 August 1936.
4 Ibid.
5 *New York Times*, 25 July 1936.
6 Soundtrack from *Olympia-Zeitung*; quoted in Karl Lennartz, 'I had the Cup of Spiridon Louis in my Hand', *Journal of Olympic History*, 2012, vol. 2, p. 25.
7 Birchall, ibid.
8 Arthur Porritt, Diary, 1 August 1936, Alexander Turnbull Library, MS. Papers-9608-01-14.
9 Louis S. Zamperini, interview with George A. Hodak, June 1988 (http://library.la84.org/6oic/OralHistory/OHZamperini.pdf).
10 Archie Williams, ibid.
11 Herbert A. Wildman, interview with George A. Hodak, October 1987 (http://library.la84.org/6oic/OralHistory/OHWildman.pdf).
12 Ibid.
13 Ibid.
14 Ibid.
15 Herman Goldberg, oral interview, 15 May 1996 (https://collections.ushmm.org/search/catalog/irn504462).

16 Wildman.
17 Kenneth P. Griffin, oral interview with George A. Hodak, August 1988 (http://library.la84.org/6oic/OralHistory/OHZamperini.pdf).
18 Ibid.
19 John Woodruff, oral interview (https://collections.ushmm.org/search/catalog/irn504460).
20 Obituary, *Daily Telegraph*, 23 January 2014.
21 Kay Smith, p. 108.
22 *New York Times*, 7 August 1936.
23 Ibid.
24 *San Francisco Chronicle*, 12 June 1984.
25 Marty Glickman, oral interview, 1966 (https://collections.ushmm.org/search/catalog/irn504463).
26 *Evening Post*, vol. CXXII, issue 34, 8 August 1936, National Library of New Zealand.
27 Iris Cummings Critchell, oral interview with George A. Hodak, May 1988 (http://library.la84.org/6oic/OralHistory/OHCummingsCritchell).
28 'A Busman's Holiday', 10 September 1936, CAC, Vansittart papers, VNST 1/17.
29 Ibid.
30 'A Busman's Holiday'.
31 Ibid.
32 Joachim von Ribbentrop, *The Ribbentrop Memoirs* (London: Weidenfeld & Nicolson, 1954), p. 65.
33 'A Busman's Holiday'.
34 Ibid.
35 Goebbels's diary, 2 August 1936.
36 'A Busman's Holiday'.
37 Ibid.
38 Goebbels's diary, August 1936.
39 *New York Times*, 7 August 1936.
40 Ibid.
41 *Sydney Morning Herald*, 17 August 1936.
42 *Milwaukee Sentinel*, 3 November 1936.
43 *Chicago Tribune*, 6 August 1936.
44 François-Poncet, pp. 206–207.
45 Robert Rhodes James, *Chips: The Diaries of Sir Henry Channon* (London: Penguin, 1970), p. 137.
46 *Ribbentrop Memoirs*, p. 64.
47 François-Poncet, p. 206.
48 Channon, p. 140.
49 Ibid., p. 141.

50 'A Busman's Holiday'.
51 *New York World Telegram*, 26 August 1936; quoted in Tom Driberg, *The Mystery of Moral Re-Armament: A Study of Frank Buchman and His Movement* (London: Secker & Warburg, 1964), pp. 68–71.
52 'A Busman's Holiday'.
53 *Evening Post*, vol. CXXII, issue 34, 8 August 1936, ibid.
54 *Evening Post*, ibid.
55 *Pittsburgh Courier*, 5 December 1936.
56 *Brooklyn Daily Eagle*, 15 September 1936 and *New York Times*, 16 September 1936.

第十四章 学术荒地

1 Victor D. Lindeman to Du Bois, 26 March 1936, W.E.B. Du Bois papers (MS 312), University of Massachusetts Amherst Libraries, Special Collections and University Archives.
2 Du Bois to Lindeman, 31 March 1936, ibid.
3 Du Bois, unpublished paper, 'Russia and America: an interpretation', ibid.
4 Du Bois to American Committee for Anti-Nazi Literature, 5 May 1936, ibid.
5 'Fact and Forum', *Pittsburgh Courier*, 19 September 1936.
6 Ibid., 7 November 1936.
7 'Man of color tours Nazi Germany', *Staatszeitung und Herold*, February 1937, Du Bois papers.
8 *Pittsburgh Courier*, 5 December, 1936.
9 Ibid., 21 November 1936; quoted in Werner Sellors 'W.E.B. Du Bois in Nazi Germany: A Surprising, Prescient Visitor', *Chronicle of Higher Education*, 12 November 1999.
10 *Staatszeitung und Herold*, ibid.
11 *Pittsburgh Courier*, 5 December 1936.
12 Du Bois to Stein, 10 March 1937, Du Bois papers.
13 *Pittsburgh Courier*, 31 October 1936.
14 Sibyl Crowe, Travel Journal, p.c.
15 Quoted in Stephen N. Norwood, *The Third Reich in the Ivory Tower* (Cambridge: Cambridge University Press, 2009), p. 63.
16 De Rougemont, pp. 22–23.
17 *New York Times*, 28 June 1936.
18 Crowe.
19 Ibid.
20 'A Report of the Celebration of the 550th Anniversary of Heidelberg University, June 27th–July 1st, 1936', by Arthur F.J. Remy, Columbia University Archives, Central Files, Box 549, Folder 13.
21 Ibid.

22 Ibid.
23 *New York Times*, 28 June 1936.
24 Remy, 'A Report'.
25 Mrs Ida Anderson, unpublished memoir, George Watson's College, Archive.
26 Ji Xianlin, *Zehn Jahre in Deutschland* [Ten Years in Germany] *(1935-1945)*, (Göttingen: Göttingen University Press, 2009), p. 60; translated from *Ji Xianlin liu De huiyi lu*, [Memories of Study in Germany] (Hong Kong: Zhonghua shuju, 1993)
27 Ji Xianlin, *Ji Xianlin ri ji: liu De sui ye* [Ji Xianlin Diaries: My Stay in Germany], (Nanchang Shi: Jiangxi Renmin Chubanshi, 2014) 6 vols., p. 482, pagination runs right through.
28 Ji Xianlin, *Zehn Jahre in Deutschland*, p. 159.
29 Quoted in Norwood, p. 137, Tansill to Ernest S. Griffiths, 7 September 1936, Tansill personnel file, AUA.
30 Transcript of Tansill's radio talk, 'Impressions of Germany', 20 October 1936, Hoover Presidential Library, Tansill papers.
31 Du Bois, 'America and Russia: An Interpretation'.
32 Runkle to Mrs Robert C. Withington, 16 March 1937, p.c.
33 Runkle to her sister, 14 November 1936.
34 Vassar, Smith, Mount Holyoke, Wellesley, Bryn Mawr, Radcliffe and Barnard.
35 *Bryn Mawr College News*, 15 January 1936.
36 *Manchester Guardian*, 10 April 1934.
37 *Bryn Mawr College News*.
38 Grace M. Bacon, 'German Department Report to the President', 1 June 1938; quoted in Norwood, p. 106.

第十五章　怀疑的试探

1 Berta Geissmar, *The Baton and the Jackboot* (London: Hamish Hamilton, 1944), p. 211.
2 Ibid., p. 215.
3 Multiple sources, including the *Guardian*, 6 April 2001.
4 Quoted in Hamann, pp. 258–259.
5 Goebbels, Diary, 14 November 1936.
6 Geissmar, pp. 238–239.
7 *Western Mail*, 30 September 1936. The quote is from Lewis Carroll, *Jabberwocky*.
8 Thomas Jones C.H., *A Diary with Letters 1931–1950* (London: Oxford University Press, 1954), p. 242.
9 National Library of Wales, Sylvester papers, B1990/42, B55.
10 Ibid.
11 Lloyd George 'Visiting Germany 1936' (https://www.llgc.org.uk/blog/?p=12184).
12 Sylvester papers.

13 Jones, p. 250.
14 Sylvester papers.
15 Ibid.
16 Ibid.
17 *Daily Express*, 17 September 1936.
18 Sylvester papers.
19 *AGR*, October 1937.
20 Ibid., December 1937.
21 Ibid., September 1937.
22 Ibid., January 1937.
23 Domvile, Diary, 6 September 1937, Dom 54.
24 Ibid., 9 September 1937.
25 Domvile, Diary, 9 September 1937, Dom 54.
26 Ivone Kirkpatrick, *The Inner Circle* (London: Macmillan, 1959), p. 97.
27 *The Times*, 11 September 1937.
28 Henderson, pp. 66–67.
29 Pitt-Rivers, 28 September 1937 and Catherine Sharpe, 28 June 1938 to Raymond Beazley, Pitt-Rivers papers, PIRI 25/2, 25/3.
30 Domvile, Diary, 10 September 1937, Dom 54.
31 Ibid., 11 September.
32 *AGR*, October 1937.
33 Londonderry papers, 28 September 1937, D3099/2/19/36.
34 Londonderry papers, D3099/2/19/37A.
35 Ji Xianlin, Diaries, 20 September 1937, p. 534.
36 Kay Smith to Kätchen Smith 21 September 1937, TSP.
37 Truman Smith to Kätchen Smith, 21 September 1937, ibid.
38 *AGR*, May 1938.
39 *The Observer*, 10 October 1937.
40 Quoted in the *Manchester Guardian*, 13 October 1937.
41 Obituary, Sir Dudley Forwood Bt, *Daily Telegraph*, 27 January 2001.
42 Ibid.
43 Philip Ziegler, *King Edward VIII* (London: Collins, 1990), p. 391; *Daily Express*, 15 August 1938; *Manchester Guardian*, 13 October, 1937.
44 Bruce Lockhart, Diary, 22 November 1937, vol. 1, p. 403; quoted in Ziegler, p. 392.
45 Halifax to Henderson, 24 November 1937, Halifax papers, Borthwick Institute, A4.410.3.2 (i).
46 Andrew Roberts, *The Holy Fox* (London: Head of Zeus, 1991), p. 96.
47 Kirkpatrick, p. 94.
48 19 November 1937; quoted in The Earl of Halifax, *Fulness of Days* (London: Collins, 1957), p. 185.

49 Rennell to Halifax, 14 November 1937, Halifax papers, A4 410. 3. 2 (ix).
50 Kirkpatrick, pp. 95–97.

第十六章 旅行相簿

1 Rhys S. Jones, 'Impressions of Germany 1937', Rhys S. Jones papers, National Library of Wales.
2 Speech given at the 1935 Nuremberg Rally.
3 J.A. Cole, *Just Back from Germany* (London: Faber & Faber, 1938), pp. 138, 142–143.
4 Kay Smith, p. 104.
5 Anne Lindbergh, p. 184.
6 Quoted in William Craig, *Enemy at the Gates: The Battle for Stalingrad* (New York: Penguin, 2000), pp. 10–11.
7 Runkle to her sister, 16 March 1937.
8 *AGR*, May 1938.
9 *AGR*, April 1938.
10 *AGR*, May 1938.
11 Interview with Sylvia Morris (née Heywood), 2015.
12 Ursula Duncan-Jones, unpublished memoir, p.c.
13 Barbara Pemberton, unpublished memoir, p.c.
14 Letter from Emily Boettcher to her parents, 9 January 1938, unpublished, undated biography edited by Elsa Heald, compiled from letters and other sources; Northwestern University Archives, Emily Boettcher Papers, Box 1, Folder 1, series 19/3/6.
15 April 1938, ibid.
16 Jill Poulton, interview, March 2016.
17 Cole, p. 16.

第十七章 德奥合并

1 Ji Xianlin, Diaries, 12, March 1938, p. 638.
2 Sylvia Morris interview, 2015.
3 Lady Margaret Stirling-Aird (née Boyle) to David Pryce-Jones, n.d., p.c.
4 Kay Smith, memoir, p. 269.
5 Ursula Duncan-Jones, unpublished memoir.
6 'Across Nazi Austria: A Traveller's Impressions', *The Times*, 16 March 1938.
7 Ji Xianlin, Diaries, 10–11 April 1938, p. 657.
8 *The Carthusian*, 1938, Charterhouse School archives, pp. 904-7.
9 2 June 1938, CAC, PIRI 17/4.
10 Joan Wakefield, Diary, 6 July 1938, p.c. All J.W.'s quotations are from this source.
11 Margaret Lavinia Anderson, *Practicing Democracy* (New York: Princeton University Press, 2000), p. 69.

第十八章 “和平”与破碎的玻璃

1 Thelma Cazalet, Diary, 6–10 September 1938, Eton College Archives, MS 917/2/8.
2 Truman Smith to his daughter, 23 September 1938, TSP.
3 Ibid.
4 Juvet, pp. 67–75.
5 Edmund Miller to Executive Council of Junior Year Abroad, 17 October 1938, Smith College Archives, Sophia Smith Collection, Office of the President.
6 Truman Smith to his daughter, 21 October 1938, TSP.
7 Kay Smith, memoir, p. 228.
8 Kay Smith to her daughter, 10 November 1938, TSP.
9 Sylvia Morris, interview.
10 Interview with Mrs Bradshaw's daughter, Annette Bradshaw.
11 German Historic Documents and Images, vol. 7. Nazi Germany, 1933–1945: Description of Anti-Semitic Persecution and Kristallnacht and its after effects in the Stuttgart Region (November 12 and November 15, 1938).
12 Juvet, 78–82; quoted in Lubrich, pp. 176–178.
13 Boettcher papers, ibid.
14 Ibid., 2 December 1938.
15 Miller to Professor Diez, 27 November 1938, Sophia Smith Collection, Office of the President.
16 Rufus Jones, 'The Day of Broken Glass', Rufus M. Jones papers, Quaker Collections, Haverford College Library, n.d. Box 81, 1130.
17 Ibid.
18 Quoted in Elizabeth Gray Vining, *Friend of Life: The Biography of Rufus M. Jones* (London: Michael Joseph, 1959), p. 288.
19 Quoted in Vining, p. 293.
20 Prentiss Gilbert to Pierrepont Moffat, 10 December 1938, University of Rochester, Rush Rhees Library, Department of Rare Books and Special Collections, Box 1, Folder 5.
21 Ibid., 23 December 1938.
22 Ibid.

第十九章 战争倒计时

1 *AGR*, July 1939.
2 Thomas Cook brochure, 1939, Thomas Cook Group archives.
3 Ibid., June 1939.
4 Manning Clark, Diary, 23 December 1938.
5 Ibid., 25 December.
6 Ibid., 28 December. When Dymphna returned to Munich in 1964, she could find no trace of the couple or their family.

7 Ibid., 27 December.
8 Ji Xianlin, Diaries, 15 March 1939, pp. 845–846.
9 Londonderry papers, D3099/2/19/214.
10 Jamieson to Londonderry, 8 April 1939, Londonderry papers, D3099/2/19/280.
11 Ibid., 20 May 1939, D3099/2/19/297.
12 Ibid.
13 Ibid., 19 June 1939, D3099/2/19/B.
14 *AGR* July 1939.
15 Quoted in Geoffrey Elborn, *Francis Stuart: A Life* (Dublin: Raven Arts Press, 1990), p. 114.
16 Ibid., p. 113.
17 *Illustrated London News*, 5 August 1939.
18 Buller, pp. 76–77.
19 Bryant report to Chamberlain, 13 July 1939, King's College, Liddell Hart Military Archives, Bryant papers, C66, 8.
20 Ibid., C66, 12.
21 Ibid., C66, 19.
22 Letter to A.N. Rooker, 1 August 1939, C68.
23 Wrench Journal, 28 June, British Library, Add. MS 59594/40.
24 Wrench, *Immortal Years* (London: Hutchinson & Co., n.d.), p. 17.
25 Ida Cook, *Safe Passage* (London: Harlequin, 2016), 121; first published by Hamish Hamilton in 1950 under the title *We Followed our Stars*.
26 Ibid., p. 135.
27 Ibid., p. 184.
28 *AGR*, July 1939.
29 Interview with Sylvia Morris.

第二十章 战 争

1 Howard K. Smith, *Last Train from Berlin* (London: The Cresset Press, 1942), p. 66.
2 Biddy Youngday, *Flags in Berlin* (published by Mary Brimacombe and Clara Lowy, 2012), pp. 53, 56–57.
3 Hugo von Bernstorff to Bridget Gilligan, 21 November 1938, Bernstorff papers (BP) BL, Add. MS 71515.
4 Gilligan to Bernstorff, 1 December 1938, ibid, 71516.
5 Bridget von Bernstorff to her husband, 2 February 1940, ibid.
6 9 February, ibid.
7 Isak Dinesen (alias Karen Blixen), *Daguerretypes and other Essays* (Chicago: University of Chicago Press, 1979), p. 101. Originally published in 1948 as *Letters from a Land at War* in the Danish journal *Heretica*.
8 Ibid., p. 113.

9 Ibid., p. 130.
10 Smith, p. 114.
11 Princess Marie 'Missie' Vassiltchikov, *The Berlin Diaries 1940–45* (London: Pimlico, 1999), p. 7.
12 Sven Hedin, *Sven Hedin's German Diary* (Dublin: Euphorion Books, 1951), pp. 82, 144
13 18 June, 1940, BP 71516.
14 4, 10 July, ibid.
15 27 August, 3 September 1940, ibid, 71517.
16 Quoted in Harry W. Flannery, *Assignment to Berlin* (London: Michael Joseph, 1942), p. 95.
17 Smith, p. 100.
18 Flannery, p. 95.
19 Ibid., p. 98.
20 Ibid., p. 295.
21 15, 19, March 1940, BP, 71516.
22 21 March 1941, ibid 71517.
23 Ji Xianlin, *Zehn Jahre in Deutschland*, p. 117
24 15 May 1941, BP, 71517.
25 Ji Xianlin, Diaries, 22 June, 1941 p. 1210
26 Ibid 14 August 1941, p. 1231.
27 Smith, pp. 46–47.
28 Youngday, p. 62.
29 12 August 1941, BP, ibid.
30 Youngday, pp. 62–64.
31 6, 12, 22 August 1941, BP, 71518.
32 Jacques Chardonne, *Le Ciel de Niflheim* (self-published, 1943); quoted in Lubrich, pp. 266–268.
33 Smith, p. 100.
34 Smith, pp. 261–264.

第二十一章　旅行的终点

1 René Schindler, *Ein Schweizer Erlebt Das Geheime Deutschland* [*A Swiss experience of Secret Germany*] (Zurich and New York: Europa Verlag, 1945), p. 44.
2 Juvet, p. 121.
3 Reichssicherheitshauptamt, report on Gösta Block's *Tyskland inifran* [*Germany from Inside*], 18 June 1943, Bundesarchiv R58/1091; quoted in Lubrich, p. 286.
4 Francis Stuart, Diary, n.d. March 1942, Southern Illinois University, Special Collections Research Center, Morris Library, 1/4/MSS 167.
5 Ibid., 30 August 1942.

6 Ji Xianlin, Diaries, 19 January 1942, p. 1298; 20 April, p. 1366; 19 August, p. 1388; 2 January 1943, p. 1447.

7 Juvet, p. 121.

8 Stuart, Diary, 25 November 1942.

9 Peg to Bridget, 21 February, 28 April 1943; letters between HRH Princess Margaret (Peg) of Hesse and the Rhine and Bridget, Gräfin von Bernstorff, Hessisches Staatssarchiv, Darmstadt (HStDA), D26 Nr. 41/1.

10 Stuart, Diary, 2 March 1943.

11 Hamsun to Goebbels, draft, 17 June 1943; quoted in Ingar Setten Kolloen, *Knut Hamsun: Dreamer and Dissenter* (New Haven: Yale University Press, 2005), p. 279.

12 Hamsun speech in Vienna, 23 June 1943, printed in the NS party newspaper *Fritt Folk*, 24 June; quoted in Kolloen, p. 280.

13 The account of Hamsun's meeting with Hitler is based on Ernst Züchner's notes sent to the Office of Norway's Chief of Police 25 June 1945; see Kolloen, pp. 282–286.

14 Ibid., p. 288.

15 Bridget to Hugo, 30 July 1943, BP, 71520. In fact, the death toll was closer to 45,000.

16 Peg to Bridget, 2, 23 August 1943, D26 Nr. 41/4.

17 Youngday, pp. 71–77.

18 Peg to Bridget, 30 October 1943, D26 Nr. 41/1.

19 Ibid., 29 November 1943.

20 Ibid.

21 Bridget to Peg, 9 October 1943, D26 Nr. 40/3.

22 Peg to Bridget, 29 March 1944, D26 Nr. 41/2. About 5500 were killed.

23 Ibid., 13 May.

24 Youngday, pp. 78, 80.

25 Peg to Bridget, 14, 22 June 1944, D26 Nr. 41/2.

26 Stuart, Diary, 18 June 1944.

27 Ibid., 9 July.

28 Ibid., 1 August.

29 Ibid., 17 August.

30 Ibid., 4, 8 September 1944.

31 Ji Xianlin, Diaries, 18 July 1944, p. 1669

32 Ibid, 11 August 1944, p. 1679,

33 Peg to Bridget, 17 September 1944, D26 Nr. 41/2.

34 Schindler, p. 17.

35 Schindler, pp. 8–10.

36 Peg to Bridget, 24 September 1944, D 26 Nr. 41/2.

37 Youngday, pp. 92, 94–96.

38 Ibid., p. 95.
39 Ji Xianlin, Diaries, 19 December 1944, p. 1730.
40 Peg to Bridget, 23 October 1944, D26 Nr. 41/2.
41 Ibid., 13 November.
42 Ibid., 26 December.
43 Ibid., 12 January 1945, D26 Nr. 41/3.
44 Stuart, Diary, 3 May 1945, Francis Stuart papers, Coleraine Library, University of Ulster.
45 Ibid.
46 Ji Xianlin, Diaries, 2 April 1945, pp. 1774, 1779.
47 Erik Wallin, *Twilight of the Gods*, Thorolf Hillblad (ed.) (Mechanicsburg, PA: Stackpole Books, 2002), p. 72. First published 1945.
48 Ibid., p. 82.
49 Ibid., p. 99.
50 Bridget to Peg, 7 July 1945, D26 Nr. 40/5.
51 Youngday, p. 100.

后 记

1 Du Bois to Stein, 10 March 1937, W.E.B. Du Bois papers.
2 De Rougemont, p. 27.

索　引*

* 索引中所标的页码为英文原书页码，即本书边码。

C

L

M

T

著作权合同登记号　图字:01-2018-7702

图书在版编目(CIP)数据

第三帝国的旅人／(英) 朱莉娅·博伊德著；贾令仪译. —北京：北京大学出版社，2020.2

ISBN 978-7-301-31102-8

Ⅰ. ①第…　Ⅱ. ①朱…　②贾…　Ⅲ. ①德国—历史—通俗读物　Ⅳ. ①K516.09

中国版本图书馆 CIP 数据核字(2020)第 029551 号

书　　　名	第三帝国的旅人 DISANDIGUO DE LÜREN
著作责任者	〔英〕朱莉娅·博伊德　著　贾令仪　译
责 任 编 辑	柯　恒　李雅雯
标 准 书 号	ISBN 978-7-301-31102-8
出 版 发 行	北京大学出版社
地　　　址	北京市海淀区成府路 205 号　100871
网　　　址	http://www.pup.cn　http://www.yandayuanzhao.com
电 子 信 箱	yandayuanzhao@163.com
新 浪 微 博	@北京大学出版社　@北大出版社燕大元照法律图书
电　　　话	邮购部 010-62752015　发行部 010-62750672 编辑部 010-62117788
印　刷　者	涿州市星河印刷有限公司
经　销　者	新华书店
	850 毫米×1168 毫米　A5　16.5 印张　240 千字 2020 年 2 月第 1 版　2020 年 2 月第 1 次印刷
定　　　价	98.00 元

1922年9月17日，来自美国加利福尼亚州的十七岁青年多萝西·博根（后排右起第三位）在一辆观光巴士上，当天旅行的目的地是波茨坦无忧宫（腓特烈大帝的夏宫）。

1931年3月13日，查理·卓别林在柏林的佩加蒙博物馆里。他正凝望着这座博物馆著名的古希腊祭坛上的浮雕。由于纳粹分子的抗议与干扰，卓别林缩短了他在柏林的行程，匆匆离去。

第一次世界大战结束仅仅几个月后面市的旅游宣传册《德国邀请你》，以美国游客为目标群体。这是德国几家主要酒店为刺激旅游业复苏所做的大胆尝试。

1934年4月4日托马斯·库克父子旅游公司在著名周刊《笨拙》(*Punch*)上刊登的广告，向英国民众推广上阿默高《耶稣受难剧》及瓦格纳的拜罗伊特音乐节。

托马斯·库克1937年、1938年和1939年的德国旅游宣传册。

朗博尔德夫人（左）与她的表亲伊迪丝·劳瑟。朗博尔德夫人对魏玛德国以及纳粹统治初期的观察颇具慧眼。

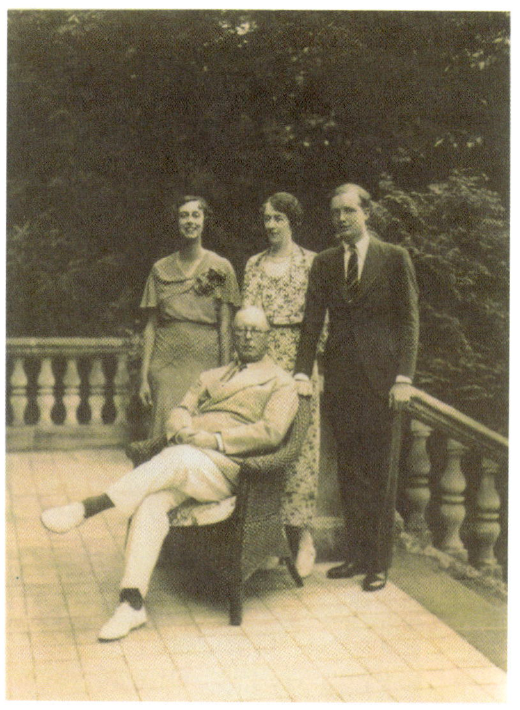

朗博尔德男爵夫妇及女儿康斯坦蒂娅、儿子安东尼。

1936年柏林奥运会宣传海报。

1936年柏林奥运会开幕式，火炬手跑进主会场。

1935年，在贝希特斯加登，一群游客与希特勒不期而遇。

20世纪30年代，一位正在德国享受假期的英国游客。

1938年，英国退伍军人代表团来到位于柏林菩提树下大街的“新岗哨”战争纪念馆（即当时的“阵亡战士纪念馆”）。

《英德合作评论》1938年6月号（左）和1938年9月号。

1937年纽伦堡集会上，希特勒的演讲让希特勒青年团成员热情高涨。